KB236586

2026 최신개정판

LOGIN essence

전산세무 2급

김영철 지음

머리말

회계는 매우 논리적인 학문이고, 세법은 회계보다 상대적으로 비논리적이나, 세법이 달성하고자 하는 목적이 있으므로 세법의 이면에 있는 법의 취지를 이해하셔야 합니다.

회계와 세법을 매우 잘하시려면

왜(WHY) 저렇게 처리할까? 계속 의문을 가지세요!!!

1. 회계는 이해하실려고 노력하세요.

   (처음 접한 회계와 세법의 용어는 매우 생소할 수 있습니다.

   생소한 단어에 대해서 네이버나 DAUM의 검색을 통해서 이해하셔야 합니다.)

2. 세법은 법의 제정 취지를 이해하십시오.
3. 이해가 안되시면 동료들과 전문가에게 계속 질문하십시요.

전산세무를 공부하시는 수험생들 중 대다수는 이론실력이 없는 상태에서 전산프로그램 입력연습에 너무 많은 시간을 할애합니다. 그런 수험생들을 보면 너무 안쓰럽습니다.

전산세무2급은 회계이론의 기초가 바탕이 된 상태에서 세법을 이해하셔야 합니다. 세금은 기업의 경영성과에 대한 기업의 사회적 책임입니다.

전산프로그램 입력 실기보다는 이론공부와 직접 신고서를 수기로 작성해 보십시오.

회계이론과 세법이론을 튼튼히 해야 응용력이 생깁니다. 또한, 난이도에 상관없이 자신감도 붙게 됩니다. 더더욱 고급과정에 도전할 수험생이라면 더 말할 나위없이 중요한 것이 이론 공부입니다. 그러므로 전산세무2급은 이론공부에 70%, 실기연습(특히 부가세신고서 작성 등)에 30%정도로 할애하여 공부하셔도 충분합니다.

회계와 세법은 여러분 자신과의 싸움입니다. 자신을 이기십시요!!!

2026년 2월

김 영 철

국가직무능력 표준(NCS)

1. 정의

국가직무능력표준(NCS, national competency standards)은 산업현장에서 직무를 수행하기 위해 요구되는 지식·기술·소양 등의 내용을 국가가 산업부문별·수준별로 체계화한 것으로 산업현장의 직무를 성공적으로 수행하기 위해 필요한 능력(지식, 기술, 태도)을 국가적 차원에서 표준화한 것을 의미

2. 훈련이수체계

수준		회계·감사	세무
6수준	전문가	사업결합회계	세무조사 대응 조세불복 청구 절세방안 수립
5수준	책임자	회계감사	법인세 신고 기타세무신고
4수준	중간 관리자	비영리회계	종합소득세 신고
3수준	실무자	원가계산 재무분석	세무정보 시스템 운용 원천징수 부가가치세 신고 법인세 세무조정 지방세 신고
2수준	초급자	전표관리 자금관리 재무제표 작성 회계정보 시스템 운용	전표처리 결산관리
–		직업기초능력	
수준 / 직종		회계·감사	세무

3. 회계 · 감사직무

(1) 정의

회계 · 감사는 기업 및 조직 내 · 외부에 있는 의사결정자들이 효율적인 의사결정을 할 수 있도록 유용한 정보를 제공하며, 제공된 회계정보의 적정성을 파악하는 업무에 종사

(2) 능력단위요소

능력단위(수준)	수준	능 력 단 위 요 소	교재 내용
전표관리	3	회계상 거래 인식하기	재무회계
		전표 작성하기	
		증빙서류 관리하기	
자금관리	3	현금시재관리하기	재무회계
		예금관리하기	
		법인카드 관리하기	
		어음수표관리하기	
원가계산	4	원가요소 관리하기(3)	원가회계
		원가배부하기(3)	
		원가계산하기	
		원가정보활용하기	
결산관리	4	결산분개하기(3)	재무회계
		장부마감하기(3)	
		재무제표 작성하기	
회계정보 시스템 운용	3	회계 관련 DB마스터 관리하기	실무능력
		회계프로그램 운용하기	
		회계정보활용하기	
재무분석	5	재무비율 분석하기(4)	
		CVP 분석하기(4)	
		경영의사결정 정보 제공하기	
회계감사	5	내부감사준비하기	
		외부감사준비하기(4)	
		재무정보 공시하기(4)	
사업결합회계	6	연결재무정부 수집하기(4)	
		연결정산표 작성하기(5)	
		연결재무제표 작성하기	
		합병 · 분할회계 처리하기	
비영리회계	4	비영리대상 판단하기	
		비영리 회계 처리하기	
		비영리 회계 보고서 작성하기	

4. 세무직무

(1) 정의

기업의 활동을 위하여 주어진 세법범위 내에서 조세부담을 최소화 시키는 조세전략을 포함하고 정확한 과세소득과 과세표준 및 세액을 산출하여 과세당국에 신고·납부하는 업무에 종사

(2) 능력단위요소

능력단위(수준)	수준	능력단위요소	교재 내용
전표처리	2	회계상 거래 인식하기	재무회계
		전표 처리하기	
		증빙서류 관리하기	
결산관리	2	손익계정 마감하기	
		자산부채계정 마감하기	
		재무제표 작성하기	
세무정보 시스템 운용	3	세무관련 전표등록하기	부가가치세, 원천징수실무
		보고서 조회·출력하기	
		마스터데이터 관리하기	
원천징수	3	근로/퇴직/이자/배당/연금/사업/기타소득 원천징수하기	소득세
		비거주자의 국내원천소득 원천징수하기	
		근로소득 연말정산하기	
		사업소득 연말정산하기	
부가가치세 신고	3	세금계산서 발급·수취하기	부가가치세
		부가가치세 부속서류 작성하기	
		부가가치세 신고하기	
종합소득세 신고	4	사업소득 세무조정하기	소득세
		종합소득세 부속서류 작성하기	
		종합소득세 신고하기	
법인세 세무조정	3	법인세신고 준비하기	
		부속서류 작성하기	
법인세 신고	5	각사업년도소득 세무조정하기	
		부속서류 작성하기	
		법인세 신고하기	
		법인세 중간예납 신고하기	
지방세 신고	3	지방소득세 신고하기	
		취득세 신고하기	
		주민세 신고하기	
기타세무 신고	5	양도소득세/상속 증여세 신고하기	
		국제조세 계산하기	
		세목별 수정신고·경정 청구하기	

합격수기

DAUM카페 "로그인과 함께하는 전산회계/전산세무"에 있는 수험생들의 공부방법과 좌절과 고통을 이겨내면서 합격하신 경험담을 같이 나누고자 합니다.

본 합격수기의 형민킴 님은 2025년 제62회 세무사 시험에 최종합격하였습니다.

"전교꼴찌의 전산세무2급 합격수기"

형민킴 님

안녕하세요. **2017년 7월 처음 공부란 걸 시작해서 전산회계2급을 취득한 전교꼴찌입니다!!! 8월에 전산회계2급을 취득하고 9월 초부터 전산회계1급, 세무2급, TAT2급을 6주간 공부해서 모두 자격증을 취득하고 합격수기**를 남깁니다~! 전산회계1급 같은 경우엔 회계2급과 내용이 비슷하고, 추가되는 내용 대해서도 심도 깊은 내용이 나오지 않아서 큰 부담이 없었는데 **전산세무 2급 경우엔 소득세까지 추가되고, 실무에서도 부가세, 소득세 내용이 갑자기 많이 나와버려서 시험 전까지 긴장을 놓지 못하고 시험을 봤어요!** 저는 이전과 같이 이론 위주로 공부를 했습니다. 재무회계에서는 내용이 대부분 비슷하게 나와서 마음 편히 공부를 하려 했는데… **시험을 보니 지문이 상당히 길어졌더라고요. 저는 책을 많이 읽지 않아 국어능력이 많이 떨어지는데 지문이 길어지니 당황하고 꽤나 많이 틀렸어요…** 그래서 저는 이론에서 5문제만 틀리자 라는 목표로 공부를 했습니다. 그렇다고 이론을 소홀히 공부한 게 아니에요! 실무에서 70점이 나오지만, 실무 또한 이론을 바탕으로 공부하기에 정말 열심히 공부했어요! 저는 79점으로 합격을 했습니다. 비록 좋은 점수로 합격을 하진 못했지만, 제가 공부한 방법을 소개시켜 드릴게요!

1. 재무회계

전산회계에서 공부한 내용 8 - 90%가 동일하게 나오지만 절대 방심하면 안됩니다!!! 실무에서 일반전표문제는 여전히 나오고 난이도는 더 올라가니 내가 알고 있고 분개하기가 귀찮다고 마음을 먹으면 제일 쉬운 부분에서 점수를 많이 잃을 수 있어요!!! 이론 문제도 꽤 많이 나오기 때문에 절대 놓치면 안돼요! 그리고 **실무 결산조정사항에서는 비용,수익의 이연은 1년에 3 - 4번 나오기 때문에 반드시 알고 있으셔야 됩니다.**

2. 원가회계

전산회계 1급에서 완벽하게 공부하셨으면 큰 어려움을 느끼진 않을 거에요.다른 합격수기나 인터넷에 올라온 글들을 보면 많은 분들이 원가에서 어려움을 느끼시는 글을 보게 되는데 원가에서는 처음 접해보는 단어들이 너무 많기 때문에 어려움을 가지시는 것 같습니다. **하지만 원가는 이해만 하시면 정말 재미있게 공부를 하실 수 있고, 내용 또한 부가세, 소득세 보단 비교적 적으므로 계속 쓰고 입을 말하고 하면서 공부를 하면 어려움을 느끼지 않을 것 같습니다.** 또한 실무에선 원가가 나오지 않기 때문에 이론에서만 시간을 투자하시면 점수를 얻을 때 큰 어려움을 없을 것 같습니다. 저는 원가 같은 경우에 하루에 많은 양을 공부하지 않고 매일매일 짧은 시간을 투자해서 공부했습니다.

3. 부가가치세

부가가치세에선 참 많이 애를 먹었어요… **신고서 작성이 너무 어렵더라고요. 전산세무2급에서는 부가세가 많은 부분을 차지하기 때문에 심도 있게 공부했습니다.** 이론을 꽤 많은 시간에 투자하셨으면 실무를 집중적으로 공부하셔야 됩니다. 매입매출전표와 신고서 작성이 나오니 절대 포기하지 마시고! **가산세개념을 정확히 이해하세요! 그리고 부가세는 부분점수가 있으니 완벽하게 작성을 안했다고 낙심하지 마세요!!!** 부가가치세는 구분하고 빈칸채우기가 전부이니 기계적인 연습과 책에 있는 문제를 전부 풀어보시고 **직접 신고서 와 부속서류를 손으로 작성해 보시는 것을 추천합니다.**

4. 소득세

소득세가 어렵다고 느끼는 이유는 '예외'가 참 많기 때문인 것 같습니다. 이론에서도 2-3문제가 나오고 실무에서 10점이 나오니 소홀히 공부하시면 안됩니다!!! 이론을 정확히 숙지하시면 부가세와 같이 그냥 구분하고 빈칸 채우기가 전부이고 부분점수도 있으니 포기하지 마시고 특별세액공제에 대해서 완벽히 숙지하고 있으시면 큰 어려움은 없을 거에요!!!

쓰다보니 너무 당연한 애기만 작성했군요ㅎㅎㅎ **결국 이론이 바탕이 되어야 빈칸을 채우고 작성하고 하는 것이니 이론을 빠삭하게 알고 계셔야 됩니다.** 저는 갑자기 난이도가 올라가서 당황했지만 결국 시간과 노력으로 커버가 되더군요. 시험2주전 까진 이론만 공부했어요. 그리고 실무를 계속적으로 공부했는데 실무 난이도도 갑자기 올라가서 여유롭게 실무공부해야지 라는 마음을 잡으면 힘드실 거에요. 좋은 점수로 합격하진 못했지만 여러분들에게 응원하고 싶은 마음으로 합격수기를 남겼어요!

12월에 전산세무1급에 도전했는데 64점으로 합격하지 못하였습니다.

결론적으로 전산세무 1급과 전산세무2급의 공부량은 4배 이상이 되는 것 같습니다. 그러나 **전산세무2급에서 90점이상만 맞으면 전산세무1급도 충분히 합격할 것 같은데…** 제가 전산세무 2급의 자격증을 취득했으나 이론적으로 습득이 완벽하지 않은 것 같아, 전산세무2급의 기초부분을 다시 공부하고 있습니다. 꼭 세무1급도 합격해서 이렇게 합격수기를 남길게요! 여러분들도 모두 열공하시고 파이팅입니다!!

최종 합격 확인서

성 명	김■민	생년월일	19■■. 1. 18
주 소	충청남도 천안시 서북구 ■■■■ (두정동, ■■■■아파트)		
자 격	세무사		

2025년 제 62회 세무사(2025년 08월 02일 시행) 시험에 최종 합격하였음을 확인합니다.

합 격 확 인

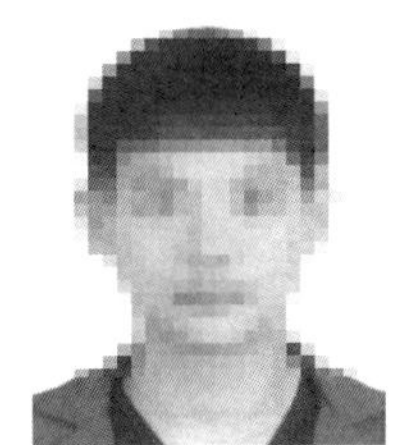

성 명 : 김■민

주민등록번호 : ■■0118 -*******

회 차	자격종목	자격번호	합격일자	유효기간	자격증구분
89회	세무회계 2급	3209200331	2020.10.28	2020.10.28 ~2025.10.27	국가공인
73회	전산회계 2급	2207314868	2017.09.06	2017.09.06 ~2022.09.05	국가공인
74회	전산회계 1급	2107411236	2017.11.01	2017.11.01 ~2022.10.31	국가공인
74회	전산세무 2급	1207406105	2017.11.01	2017.11.01 ~2022.10.31	국가공인
92회	전산세무 1급	1109202519	2020.10.28	2020.10.28 ~2025.10.27	국가공인

위와 같이 한국세무사회 주관 자격시험에 합격하였음.

韓國稅務士會

선택	번호	년도	회차	이름	생년월일	등급	합격일자	합격(자격)번호	유효기간	비고
-	2	2018	32회	김■민	940118	FAT 1급	2018-12-24	FAT1-32-02927	2018-12-24 ~ 2023-12-23	
	1	2017	25회	김■민	940118	TAT 2급	2017-11-08	TAT2-25-04231	2017-11-08 ~ 2022-11-07	

"회계1급, 세무2급, 기업회계1급까지 합격했어요"

이순호

밑에 쓰신 분들처럼 전산세무1급까지는 아니지만 그래도 합격하면 꼭 써보고 싶었어서 글 올립니다.ㅎㅎ

저는 6월12일에 **전산회계1급, 전산세무2급, 기업회계1급을 응시하였고 세 과목 모두 합격**하였습니다.

전공이 이쪽 계열이기는 했어도 공부를 그다지 열심히 하지는 않았어서 모르는게 정말 많았어요.

간단한 분개조차 겨우 할까말까하는 수준이었기 때문에 큰맘먹고 공부해보자 하는 생각으로 1~2월부터 열심히 공부를 시작했고, 3월말쯤 있었던 재경관리사 시험에 합격했습니다.

합격 후 회계에 어느정도 자신감이 붙어서 전산세무1급을 바로 도전할까 생각했었는데 지금 생각하면 엄청난 착각이었던거 같아요 ㅎㅎㅎㅎ 기초부터 천천히 해보자 라는 생각으로 전산회계1급을 공부를 시작했는데 웬걸 재경관리사와는 다른 내용이 많아서 처음에는 어렵게 느껴지더라구요. 만만하게 봤다가 뒤통수맞은 느낌이었어요 ㅋㅋㅋ 그래도 웬만하면 아는 내용이라 독학으로 1주일만에 이론을 다 끝내고 1주일 동안은 실무공부를 했습니다. 실무공부하기 전에는 실무가 너무 두려워서 밤에 잠도 못자고 내가 이걸 잘 해낼 수 있을까 하며 해보지도 않고 불안해하고 걱정도 많이 했었어요. 지금와서 보면 왜그랬나 싶네요ㅎㅎ

실무공부는 처음 이어서 두목넷으로 인강끊고 들으면서 공부했고 이론과 실무 모두 마친 후에는 기출문제 풀면서 실력 체크하고 취약한 부분도 점검하는 식으로 했습니다. 그리고나서 곧바로 전산세무2급 공부를 시작했습니다. 전산세무2급 또한 독학으로 1주일정도 이론공부를 했는데 전회1급과는 달리 최소2회독 했습니다. 특히 소득세부분은 혼자 이론만 공부하려니까 무슨 내용인지 파악이 잘 안되서 애를 많이 먹었어요ㅜㅜ그래서 여기는 실무부분이랑 같이 하면서 공부하는게 좋을것 같아 카페에 있는 동영상을 보며 실무공부를 했습니다. 근데 제가 정말정말 놀랐던것은 카페 등업만 하면 실무 동영상을 공짜로 볼수 있다는 사실이었습니다.

물론 두목넷에 있는 동영상이 최신이라 더 좋기는 하겠지만 카페에 있는 동영상도 무리없이 공부할수 있겠더라구요!

정말 도움 많이 되었어요ㅜㅜ너무너무 감사해요!!ㅜㅜ

그렇게 한 달 동안 전회1급이랑 전세2급을 끝내놓고 시험당일까지 한달여 정도 남았길래 다른 시험을 또 준비해보자 하다가

눈에 들어온게 기업회계1급 이었습니다. 무식하면 용감하다고 이 시험이 얼마나 어려운지도 모른채 무작정 시작했다가 하루하루가 멘붕이었네요 ㅋㅋㅋㅋ공부하면서 울어본게 처음일 정도로 제 수준에선 너무 어려웠어요..ㅎㅎㅎ

3주정도 공부했는데 짧게 공부한 것 치고는 좋은 결과가 나온것 같아 기쁘네요 ㅎㅎ 그 3주가 너무 힘들었지만..ㅎㅎ

이 시험은 로그인과는 별개인것 같아 길게 말하지 않을게요 혹시 궁금하시면 댓글로 알려드릴게요!ㅎㅎ

막판에는 전회1급 신경을 거의 안썼더니 전세2급 점수가 더 높은 아이러니한 상황이...!ㅋㅋㅋㅋ

제가 단기간에 시험을 준비하고 합격했지만 하루에 최소 10시간 정도 공부했었습니다. 그러다보니 공부하는 자세도 어느정도 잡히더라구요. 또 재경관리사 공부했던게 정말 많은 도움이 되었어요! 각각 다른시험이긴 해도 회계라는 테두리안에 있는 비슷한 학문이기에 독학하는데 그리 어렵지는 않았던 거 같아요 ㅎㅎ

그리고 제가 시험에 합격할 수 있도록 도와주신 김영철 세무사님과 카페운영자님들도 모두 감사드려요! 질문도 많이 하고 했었는데

그 때마다 답글 달아주시고 친절히 알려주셔서 도움 많이 되었어요ㅜㅜ특히 실무동영상은 정말 최고! 주변 사람들한테도 이카페를 널리 알릴생각이에요!ㅎㅎㅎ 정말 **로그인 교재와 이 카페 덕에 많은 걸 얻어갑니다.** 앞으로 전산세무1급까지 공부하게 될텐데 미리 감사드릴게요 ㅎㅎㅎ이 글을 보시는 모든분들께 드리고 싶은 말은 제가 했으니까 여러분도 하실 수 있다는 말 해드리고 싶어요.

회계 문외한 이었지만 열심히 하니까 이만큼 이루었네요. 뭐든지 맘먹기 달린것 같아요! 여러분들도 모두 화이팅 하셔서 좋은 결과 얻으시길 바래요!!ㅎㅎ

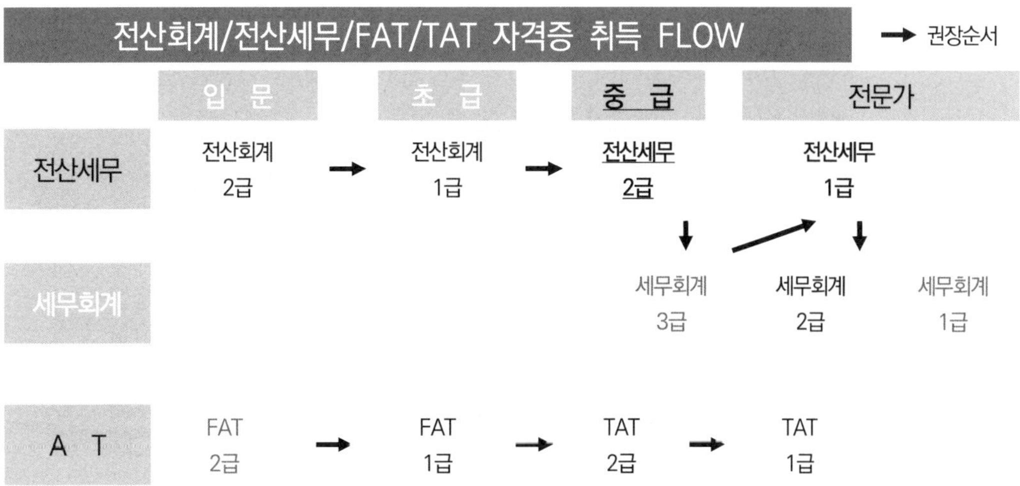

[2026년 전산세무회계 자격시험(국가공인) 일정공고]

1. 시험일자

회차	종목 및 등급	원서접수	시험일자	합격자발표
124회	전산세무 1,2급	01.02~01.08	01.31(토)	02.26(목)
125회		03.05~03.11	04.04(토)	04.23(목)
126회		04.30~05.06	06.06(토)	06.25(목)
127회		07.02~07.08	08.01(토)	08.20(목)
128회		08.27~09.02	10.03(일)	10.29(목)
129회		11.05~11.11	12.05(토)	12.24(목)
130회		2027년 2월 시험은 2026년 세법기준으로 출제		

2. 시험종목 및 평가범위

등급	평가범위	
전산세무 2급	이론	재무회계(10%), 원가회계(10%), 세무회계(10%)
	실무	재무회계 및 원가회계(35%), 부가가치세(20%), 원천제세(15%)

3. 시험방법 및 합격자 결정기준

1) 시험방법 : 이론(30%)은 객관식 4지 선다형 필기시험으로,
실무(70%)는 수험용 표준 프로그램 **KcLep(케이 렙)**을 이용한 실기시험으로 함.
2) 응시자격 : 제한없음(**신분증 미소지자는 응시할 수 없음**)
3) 합격자 결정기준 : 100점 만점에 70점 이상

4. 원서접수 및 합격자 발표

1) 접수기간 : 각 회별 원서접수기간내 접수
(**수험원서 접수 첫날 00시부터 원서접수 마지막 날 18시까지**)
2) 접수 및 합격자 발표 : 자격시험사이트(http://www.license.kacpta.or.kr)

차 례

제2편 실무능력

제3편 최신기출문제

〈LOGIN 전산세무2급 시리즈 5종〉

도서명	도서 내용	기출문제	용도
LOGIN 전산세무2급 (기본서)	이론, 실무, 기출	4회	강의용/독학용
LOGIN 전산세무2급 essence (에센스)	이론 및 실무 요약, 기출	6회	강의용
LOGIN 전산세무2급 핵심요약 및 기출문제집	이론 및 실무 요약, 기출	22회	최종마무리용
LOGIN 전산세무2급 기출문제집(상반기)	기출문제	15회	

다음(Daum)카페 **"로그인과 함께하는 전산회계/전산세무"**

1. **실습 데이터(도서출판 어울림에서도 다운로드가 가능합니다.)**
2. 오류수정표 및 추가 반영사항
3. Q/A게시판

로그인카페

NAVER 블로그 "로그인 전산회계/전산세무/AT"

1. **오류수정표 및 추가반영사항**
2. **개정세법 외**

[로그인 시리즈]

전전기	전기	**당기**	차기	차차기
20yo	20x0	**20x1**	20x2	20x3
2024	2025	**2026**	2027	2028

1분강의 QR코드 활용방법

본서 안에 있는 QR코드를 통해 연결되는 유튜브 동영상이 수험생 여러분들의 학습에 도움이 되기를 바랍니다.

방법 1

❶ 스마트폰에서 다음(Daum)을 실행한 후 검색창의 오른쪽 아이콘 터치

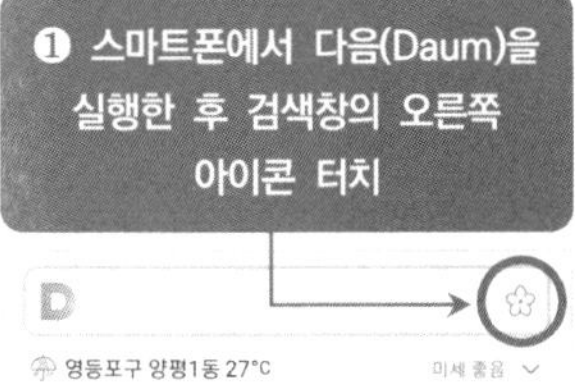

❷ '코드검색'을 터치하면 카메라 앱이 실행됨

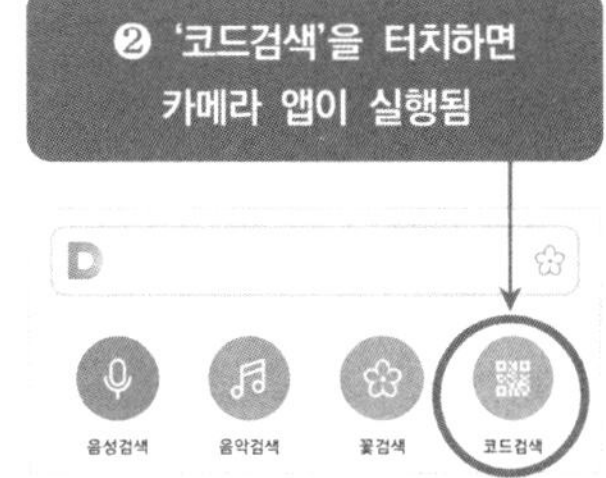

❸ 도서의 QR코드를 촬영하면 유튜브의 해당 동영상으로 자동 연결

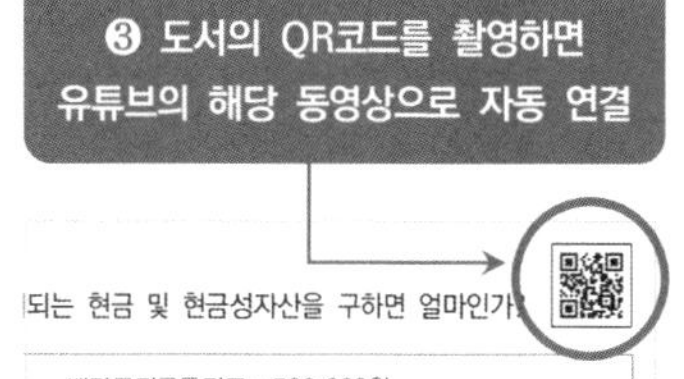

방법 2

카메라 앱을 실행하고, QR코드를 촬영하면 해당 유튜브 영상으로 이동할 수 있습니다.

개정세법 반영

유튜브 상단 댓글에 고정시켰으니, 참고하시기 바랍니다.

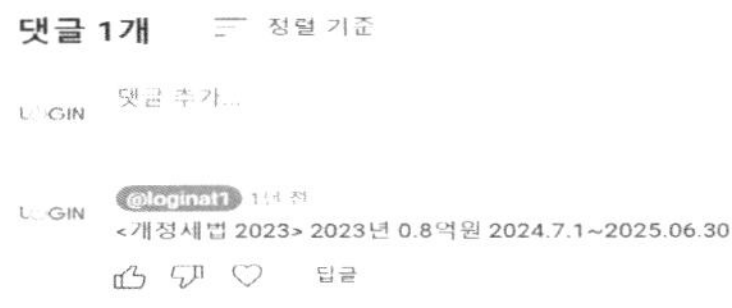

✔ 과도한 데이터 사용량이 발생할 수 있으므로, Wi-Fi가 있는 곳에서 실행하시기 바랍니다.

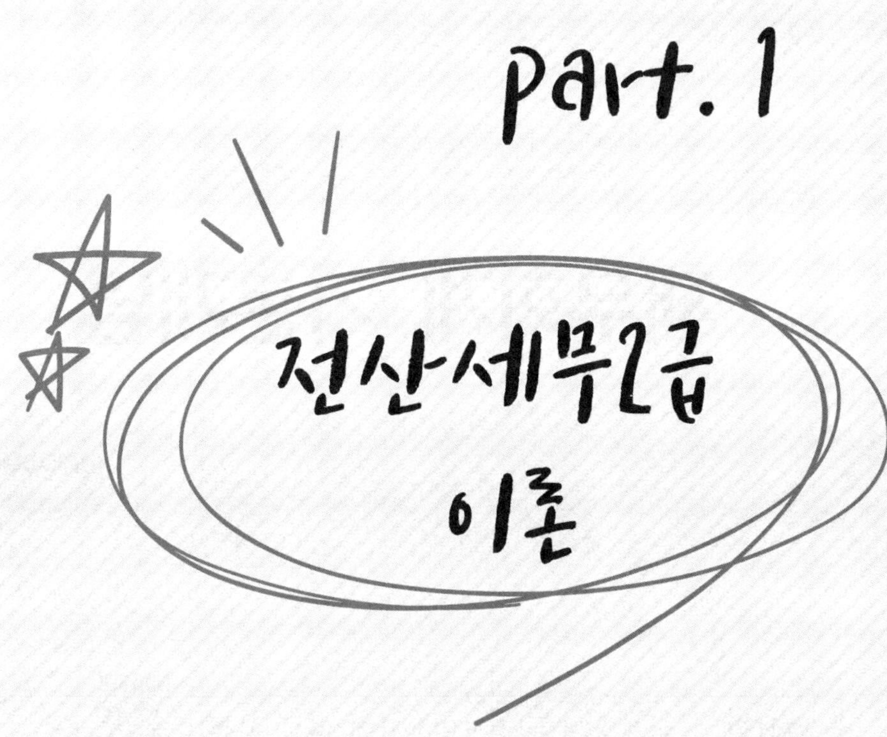

<전산세무 2급 이론 출제내역>

1. 재무회계	10점	객관식 5문항
2. 원가회계	10점	객관식 5문항
3. 부가가치세, 소득세	10점	객관식 5문항
계	30점	

Chapter

재무회계 기본개념 1

로그인 에센스 전산세무 2급

Login

제1절 회계의 분류(정보이용자에 따른 분류)

	재무회계	관리회계
목 적	외부보고	내부보고
정보이용자	투자자, 채권자 등 외부정보이용자	경영자, 관리자 등 내부정보이용자
최종산출물	**재무제표**	**일정한 형식이 없는 보고서**
특 징	**과거정보의 집계보고**	**미래와 관련된 정보 위주**
법적강제력	있음	없음

제2절 재무회계 개념체계(일반기업회계기준)

재무회계 개념체계란 재무보고의 목적과 기초개념을 체계화함으로써 일관성 있는 기업회계기준을 제정케 하고, 재무제표의 성격 등에 관한 기본적 토대를 제공한다.

개념체계와 일반기업회계기준이 상충될 경우에는 일반기업회계기준이 개념체계보다 우선한다.

1. 재무제표의 작성에 필요한 기본가정(회계공준)

① 기업실체의 가정	기업은 주주나 경영자와는 별개로 존재하는 하나의 독립된 실체이다
② 계속기업의 가능성	재무제표를 작성시 계속기업으로서의 존속가능성을 평가하여야 한다 → **역사적 원가주의의 근간**
③ 기간별보고의 가정	인위적인 단위(회계기간)로 분할하여 각 기간별로 재무제표를 작성하는 것

2. 유용한 재무제표가 되기 위한 질적특성

1. 이해가능성		회계이용자에게 이해가능한 형태로 제공되어야 한다.
2. 목적적합성	**예측역할**	정보이용자가 기업실체의 미래 재무상태, 경영성과 등을 예측하는데 그 정보가 활용될 수 있는지의 여부를 말한다.
	확인역할	회계정보를 이용하여 예측했던 기대치를 확인하거나 수정함으로써 의사결정에 영향을 미칠 수 있는지의 여부를 말한다.
	적시성	적시성 있는 보고와 신뢰성 있는 정보 제공의 장점에 대한 상대적 균형을 고려할 필요
3. 신뢰성	**표현의 충실성**	기업의 재무상태나 경영성과를 초래하는 사건에 대해서 충실하게 표현되어야 한다는 속성이다.
	중립성	회계정보가 특정이용자에 치우치거나 편견을 내포해서는 안된다.
	검증가능성	다수의 독립적인 측정자가 동일한 경제적 사건이나 거래에 대하여 동일한 측정방법을 적용한다면 유사한 결론에 도달할 수 있어야 함을 의미한다.
4. 비교가능성	기업간(통일성)	동종산업의 다른 기업과 유사한 정보와 비교할 수 있는 속성
	기간별(계속성)	기업의 재무제표를 다른 기간의 재무제표와 비교할 수 있는 속성

☞ 보수주의 : 불확실한 상황에서 추정이 필요한 경우, 자산이나 수익이 과대평가되지 않고 부채나 비용이 과소평가되지 않도록 상당한 정도의 주의를 기울이는 것을 말한다. 논리적 일관성이 결여되어 있다.

〈가장 중요한 질적특성인 목적적합성과 신뢰성이 상충관계 예시〉 

	목적적합성 高	신뢰성 高
자산측정	공정가치	역사적원가(원가법)
손익인식	발생주의	현금주의
수익인식	진행기준	완성기준
재무보고	중간보고서(반기, 분기)	연차보고서

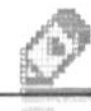

3. 회계정보의 제약요인

① 효익과 원가간의 균형	비용>효익 → 그러한 정보제공은 정당화될 수 없다
② 중요성	**특정회계정보가 정보이용자의 의사결정에 영향을 미치는 정도 → 금액의 대소로 판단하지 않고** 정보이용자의 의사결정에 영향을 미치면 중요한 정보

제3절 재무제표

1. 재무제표의 종류 

1. 재무상태표	일정 **시점**의 재무상태(자산, 부채, 자본)
2. (포괄)손익계산서	일정 **기간**의 경영성과(수익, 비용, 포괄이익)
3. 현금흐름표	일정기간의 현금유출입 내역을 보고 → **영업활동현금흐름, 투자활동현금흐름, 재무활동현금흐름**
4. 자본변동표	자본의 크기와 그 변동에 관한 정보보고 → **소유주(주주)의 투자, 소유주에 대한 분배**
5. 주석	재무제표상에 필요한 추가적인 정보보고**(주기는 재무제표가 아니다.)**

☞ 정태적(일정시점)보고서 : 재무상태표
동태적(일정기간)보고서 : 손익계산서, 현금흐름표, 자본변동표

2. 재무제표 요소의 측정 

[자산 평가의 측정속성]

시장 \ 시간	과거가격	현행가격	미래가격
유입가치(재화 유입시장)	취득원가(역사적원가)	현행원가(현행유입가치)	-
유출가치(재화 유출시장)	-	현행유출가치	현재가치

① 역사적원가	취득의 대가로 **취득당시에 지급한** 현금 등
② 현행원가	동일하거나 또는 동등한 자산을 **현재시점에서 취득할 경우**에 그 대가
③ 실현가능가치	정상적으로 처분하는 경우 **수취할 것으로 예상되는** 현금 등
④ 현재가치	자산이 창출할 것으로 기대되는 **미래 순현금유입액의 현재할인가치**로 평가

3. 재무제표 작성과 표시의 일반원칙 

① 작성책임		**재무제표의 작성과 표시에 대한 책임은 경영자**
② 계속기업		**계속기업을 전제로 재무제표를 작성**
③ 중요성과 통합표시		중요하지 않는 항목은 **성격이나 기능이 유사한 항목과 통합하여 표시할 수 있다.** **→ 중요한 항목인 경우 주석으로 기재**
④ 공시	비교정보	- 계량정보 : **전기와 비교하는 형식으로 작성** - 비계량정보 : 전기 재무제표의 비계량정보를 비교하여 주석에 기재한다.
	표시와 분류	재무제표의 항목의 표시와 분류는 원칙적으로 매기 동일
	금액표시	금액을 천원이나 백만원 단위 등으로 표시할 수 있다.

4. 재무상태표의 작성기준 

1. 구분표시의 원칙	자산 · 부채 및 자본을 종류별, 성격별로 적절히 분류하여 일정한 체계 하에 구분 · 표시한다.
2. 1년 기준	자산과 부채는 **결산일 현재 1년 또는 정상적인 영업주기를 기준으로 구분, 표시**
3. 유동성배열	**자산, 부채는 환금성이 빠른 순서로 배열한다.**
4. 총액주의	**순액으로 표기하지 아니하고 총액으로 기재한다.** ☞ 매출채권과 대손충당금은 순액표시가능 → 단 주석기재사항
5. 구분과 통합표시	**1. 현금 및 현금성자산 : 별도항목으로 구분표시** **2. 자본금 : 보통주자본금과 우선주 자본금으로 구분표시** **3. 자본잉여금 : 주식발행초과금과 기타자본잉여금으로 구분표시** **4. 자본조정 : 자기주식은 별도항목으로 구분하여 표시**
6. 미결산항목 및 비망계정(가수금, 가지급금 등)은 그 내용을 나타내는 적절한 계정과목으로 표시하고 재무제표상 표시해서는 안된다.	

5. 손익계산서의 작성기준

1. 발생기준	**현금 유·출입시점에 관계없이 당해 거래나 사건이 발생한 기간에 수익·비용을 인식**
2. 실현주의	수익은 **실현시기(원칙 : 판매기준)를 기준으로 계상**한다.
3. 수익·비용대응의 원칙	비용은 관련수익이 인식된 기간에 인식한다.
4. 총액주의	**수익과 비용은 총액으로 기재한다.**(이자수익/이자비용) ☞ 동일 또는 유사한 거래 등에서 발생한 차익, 차손 등은 총액으로 표시하지만 중요하지 않는 경우에는 관련 차익과 차손 등을 상계하여 표시할 수 있다.
5. 구분계산의 원칙	손익은 매출총손익, 영업손익, 법인세비용차감전순손익, 당기순손익, 주당순손익으로 구분하여 표시한다. ☞ **제조업, 판매업 및 건설업 외의 업종에 속하는 기업은 매출총손익의 구분표시를 생략할 수 있다.**
6. 환입금액표시	영업활동과 관련하여 비용이 감소함에 따라 발생하는 **퇴직급여충당부채 환입, 판매보증충당부채환입 및 대손충당금 환입 등은 판매비와 관리비의 부(-)의 금액으로 표시**한다.

6. 중간재무제표

1. 작성기간	3개월(분기), 6개월(반기)이 대표적이나 그 밖의 기간도 가능
2. 종류	연차재무제표와 동일
3. 공시	연차재무제표와 동일한 양식으로 작성함을 원칙으로 하나, **다만 계정과목 등은 대폭 요약하거나 일괄 표시할 수 있다.**

7. 주석

1. 정의	정보이용자가 재무제표를 이해하고 다른 기업의 재무제표와 비교하는데 도움이 되는 정보
2. 내용	① **일반기업회계기준에 준거하여 재무제표를 작성하였다는 사실의 명기** ② 재무제표 작성에 적용된 유의적인 회계정책의 요약 ③ 재무제표 본문에 표시된 항목에 대한 보충정보 ④ **기타 우발상황, 약정사항 등의 계량정보와 비계량정보**

연/습/문/제

O,X 문제

01. 자본변동표는 자본의 크기와 그 변동에 관한 정보를 제공하는 재무보고서로서, 자본을 구성하고 있는 자본금, 자본잉여금, 자본조정, 기타포괄손익누계액, 이익잉여금(또는 결손금)의 변동에 대한 포괄적인 정보를 제공하는 수단이다. ( )

02. 재무제표에는 명칭과 기업명, 보고기간종료일 또는 회계기간 및 보고통화 및 금액단위를 함께 기재한다. ( )

03. 현금흐름표는 영업활동현금흐름, 투자활동현금흐름, 재무활동현금흐름으로 구성된다. ( )

04. 제조업, 판매업 및 건설업의 업종에 속하는 기업은 매출총손익의 구분표시를 생략할 수 있다. ( )

05. 자산의 평가방법 중 시가법은 신뢰성이 높고, 원가법은 신뢰성이 낮다. ( )

06. 재무제표는 특정 기업실체에 관한 정보를 제공하고 또한 산업 또는 경제 전반에 관한 정보도 제공한다. ( )

07. 재무상태표에 나타난 자산과 부채의 가액만으로 기업실체의 가치를 직접 평가할 수 있는 것은 아니지만, 재무상태표는 다른 재무제표와 함께 기업가치의 평가에 유용한 정보를 제공한다. ( )

08. 수익과 비용은 총액에 의하여 기재함을 원칙으로 하고 수익항목과 비용항목을 직접 상계함으로써 그 전부 또는 일부를 손익계산서에서 제외하여서는 아니된다. ( )

09. 자산 · 부채 및 자본은 총액에 의하여 기재함을 원칙으로 하고, 자산의 항목과 부채 또는 자본의 항목을 상계함으로써 그 전부 또는 일부를 재무상태표에서 제외하여서는 아니된다. ( )

10. 재무제표가 기업회계기준에 따라 작성된 경우에는 그러한 사실을 주석으로 기재 하여야 한다. ( )

11. 이익잉여금처분계산서는 자본금과 이익잉여금의 처분사항을 명확히 보고하기 위하여 자본금과 이익잉여금의 총변동사항을 표시하여야 한다. ( )

12. 확인역할(피드백가치)이란 정보이용자가 기업실체의 미래 재무상태, 경영성과, 순현금흐름 등을 예측하는 데에 그 정보가 활용될 수 있는 능력을 의미한다. ( )

13. 예측역할(가치)이란 제공되는 회계정보가 기업실체의 재무상태, 경영성과, 순현금흐름 등에 대한 정보이용자의 당초 기대치를 확인 또는 수정되게 함으로써 의사결정에 영향을 미칠 수 있는 능력을 말한다. ( )

14. 회사가 소모품을 구입하면서 이를 모두 당기의 비용으로 회계처리하였을 경우 중요성이란 회계개념을 적용한 것이다. ( )

15. 일정 시점 현재 기업이 보유하고 있는 경제적 자원인 자산과 경제적 의무인 부채, 그리고 자본에 대한 정보를 제공하는 재무보고서로서, 정보이용자들이 기업의 유동성, 수익성과 위험 등을 평가하는 데 유용한 정보를 제공하는 재무제표는 재무상태표이다. ( )

16. 중립성이란 동일한 경제적 사건이나 거래에 대하여 동일한 측정방법을 적용할 경우 다수의 독립적인 측정자가 유사한 결론에 도달할 수 있어야 함을 의미한다. ( )

17. 보수주의는 재무적 기초를 견고히 하는 관점에서 이익을 높게 보고하는 방법을 선택하는 것을 말한다. ( )

18. 적시에 제공되지 않은 정보는 주어진 의사결정에 이용할 수 없으므로 그 정보가 의사결정에 반영될 수 있도록 적시에 제공되어야 신뢰성이 증가된다. ( )

19. 경영자는 재무제표를 작성함에 있어서 특수한 상황에 처한 경우를 제외하고는 기업이 계속 존속하리라는 것을 전제로 한다. ( )

20. 재무제표는 재무상태표, 손익계산서, 이익잉여금처분계산서 또는 결손금처리계산서, 현금흐름표, 자본변동표로 구성되며 주석을 포함한다. ( )

21. 순이익의 인식기준을 현금주의 대신 발생주의를 선택하는 경우에는 신뢰성이 높아지나 목적적합성은 낮아진다. ( )

22. 자산 평가와 관련하여 공정가액을 적용하면 신뢰성은 향상되는 반면 목적적합성은 저하될 수 있다. ( )

23. 수익 인식과 관련하여 완성기준을 적용하면 목적적합성은 향상되는 반면 신뢰성은 저하될 수 있다. (　)

24. 전기 재무제표의 비계량정보가 당기 재무제표를 이해하는데 필요한 경우에는 이를 당기의 정보와 비교하여 주석에 기재한다. (　)

25. 매출채권은 총액으로 기재한 후 대손충당금을 차감하는 형식 또는 매출채권에 대한 대손충당금을 해당 자산에서 직접 차감하는 형식으로 표시할 수 있다. (　)

26. 현금 및 현금성자산은 기업의 유동성 판단에 중요한 정보이므로 별도 항목으로 구분하여 표시한다. (　)

27. 자본잉여금은 감자차익과 기타자본잉여금으로 구분하여 표시한다. (　)

28. 자기주식처분손실을 제외한 자본조정항목은 기타자본조정으로 통합하여 표시할 수 있다. (　)

29. 중요한 항목은 재무제표의 본문이나 주석에 그 내용을 가장 잘 나타낼 수 있도록 구분하여 표시하며, 중요하지 않은 항목은 성격이나 기능이 유사한 항목과 통합하여 표시할 수 있다. (　)

30. 재무제표 본문과 주석에 적용하는 중요성의 기준은 다를 수 있으므로 본문에 통합표시한 항목이라도 주석에는 이를 구분하여 표시할 수 있다. (　)

연/습/문/제 답안

O,X문제

1	2	3	4	5	6	7	8	9	10
○	○	○	×	×	×	○	○	○	○
11	**12**	**13**	**14**	**15**	**16**	**17**	**18**	**19**	**20**
×	×	×	○	○	×	×	×	○	○
21	**22**	**23**	**24**	**25**	**26**	**27**	**28**	**29**	**30**
×	×	×	○	○	○	×	×	○	○

[풀이 - O,X문제]

04. **제조업, 판매업 및 건설업 외**의 업종에 속하는 기업은 매출총손익의 구분표시를 생략할 수 있다.
05. 자산의 평가방법 중 **역사적원가법은 신뢰성이 높고, 시가법은 목적적합성이 높다.**
06. 재무제표는 산업 또는 경제 전반에 관한 정보를 제공하지 않는다.
11. 이익잉여금처분계산서는 이익잉여금의 처분사항에 대해서만 표시한다.
12. 예측역할(가치)에 대한 설명이다.
13. 확인역활(피드백가치)에 대한 설명이다.
16. 검증가능성에 대한 설명이다.
17. **이익을 낮게 보고하는 것이 보수주의**이다.
18. 적시성은 목적적합성의 하부속성이다.
21. **발생주의는 목적적합성이 높아지고** 신뢰성은 낮아진다.
22. **공정가액은 목적적항성이 향상되나** 신뢰성은 저하된다.
23. 완성기준을 적용하면 신뢰성은 향상되고 목적적합성은 저하된다.
27. **주식발행초과금과 기타자본잉여금으로 구분 표시**한다.
28. 자본조정은 **자기주식과 기타자본조정으로 통합하여 표시**할 수 있다.

Chapter

재무회계 2

제1절 유동자산

1. 당좌자산

(1) 현금 및 현금성자산 

1. 현금	통화	지폐나 주화
	통화대용증권	**타인발행수표(가계수표, 당좌수표), 송금수표, 여행자수표, 우편환증서, 배당금지급통지서, 지급기일이 도래한 공사채의 이자표, 만기도래어음** **(예외) 부도수표, 선일자수표 → 매출채권(OR 미수금)**
	요구불예금	당좌예금, 보통예금 등 당좌예금의 잔액을 초과하여 지급된 금액을 당좌차월이라 하며, **당좌차월은 부채로서 "단기차입금"으로 분류**
2. 현금성 자산	큰 비용없이 현금으로 전환이 용이하고 이자율변동에 따른 가치변동의 위험이 중요하지 않은 것으로서 **취득당시 만기가 3개월 이내인 금융상품**	

☞ 우표, 수입인지, 수입증지 : 비용 or 선급비용, 차용증서 : 대여금

(2) 단기투자자산

결산일(보고기간말)로부터 만기가 1년 이내 도래	
1. 단기금융상품	정기예금, 정기적금 등 기타 정형화된 상품 등으로 단기적 자금운용목적으로 소유
2. 단기매매증권	지분증권, 채무증권 시장성 & 단기적 자금운용의 목적 또는 처분목적
3. 기타	단기대여금 등

(3) 유가증권 회계처리

<table>
<tr><td>1. 취득시</td><td colspan="4">취득원가 = 매입가액 + 부대비용(수수료등)
※ 단기매매증권은 부대비용을 수수료비용(영업외비용)
유가증권의 단가산정방법 : 총평균법, 이동평균법</td></tr>
<tr><td rowspan="6">2. 보유시</td><td rowspan="4">기말
평가</td><td>단기매매증권</td><td>공정가액</td><td>단기매매증권평가손익(영업외손익)</td></tr>
<tr><td>매도가능증권</td><td>공정가액
(원가법)</td><td>매도가능증권평가손익
(자본 : 기타포괄손익누계액)</td></tr>
<tr><td>만기보유증권</td><td>상각후원가</td><td>–</td></tr>
<tr><td colspan="3">단기매매(매도가능)증권의 기말장부가액 = 시가(공정가액)</td></tr>
<tr><td rowspan="2">수익</td><td>1. 이자
(채무증권)</td><td colspan="2">2. 배당금(지분증권)
현금배당금 / 주식배당금</td></tr>
<tr><td>이자수익</td><td>배당금수익</td><td>회계처리를 하지 않고 수량과 단가를 재계산</td></tr>
<tr><td>3. 처분시</td><td colspan="4">단기매매증권처분손익 = 처분가액 – 장부가액
매도가능증권처분손익 = 처분가액 – 취득가액(= 장부가액 + 평가손실 – 평가이익)</td></tr>
<tr><td>4. 손상차손</td><td colspan="4">발행회사의 신용악화에 따라 증권의 가격이 폭락하는 위험
유가증권 손상차손 = 장부가액 – 회수가능가액
☞ 단기매매증권은 손상차손을 인식하지 않는다. 왜냐하면 단기매매증권은 기말마다 공정가치로 평가하고, 평가손익을 당기손익으로 반영하였기 때문이다.</td></tr>
</table>

① 단기매매증권과 매도가능증권

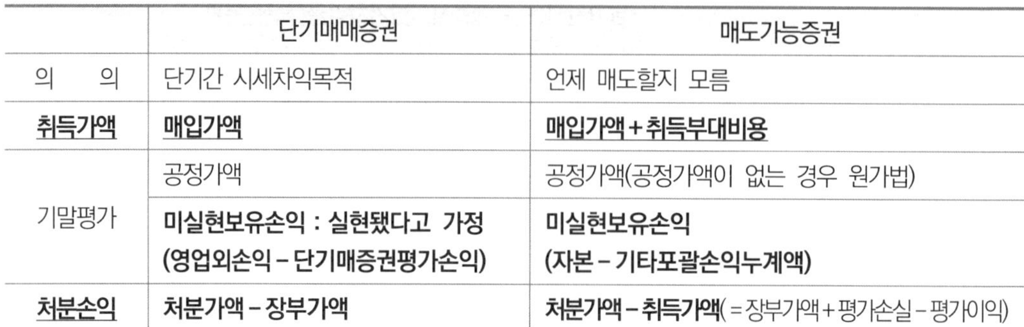

	단기매매증권	매도가능증권
의 의	단기간 시세차익목적	언제 매도할지 모름
취득가액	**매입가액**	**매입가액 + 취득부대비용**
기말평가	공정가액	공정가액(공정가액이 없는 경우 원가법)
	미실현보유손익 : 실현됐다고 가정 (영업외손익 – 단기매증권평가손익)	**미실현보유손익 (자본 – 기타포괄손익누계액)**
처분손익	**처분가액 – 장부가액**	**처분가액 – 취득가액**(= 장부가액 + 평가손실 – 평가이익)

② 유가증권의 재분류 – 보유목적 변경

에서	으로	비고
단기매매증권	단기매매증권	
매도가능증권	매도가능증권	**단기매매증권이 시장성상실**
만기보유증권	만기보유증권	

가능 ⟶ 불가능 ····▸

③ 지분법적용투자주식

다른 회사에 **유의적인(중대한) 영향력**을 행사할 수 있는 주식 ← **경제적 단일실체**	
요건	1. 의결권있는 주식의 **20% 이상**을 보유 2. 이사회등에의 참여 3. 영업정책결정과정에 참여 4. 경영진의 인사교류 5. 필수적인 기술정보의 교환 6. 중요한 내부거래 중 하나 이상 충족시
평가	지분법으로 평가 → 피투자회사의 당기순이익이 100억일 경우 투자회사의 지분율이 30%일 경우 30억에 대해서 지분법손익(영업외손익)으로 인식

(4) 채권 · 채무회계

① 매출채권 어음의 할인 및 추심 

	중도매각(매각거래)	추심(만기)
	할인료	추심수수료
성격	영업외거래	영업거래
회계처리	영업외비용	판관비
	(차) 현　　금 ×× **매출채권처분손실(영)** ×× (대) 받을어음 ××	(차) 현　　금 ×× **수수료비용(판)** ×× (대) 받을어음 ××

② 대손회계

<table>
<tr><td>1. 대손시</td><td>★ 대손충당금 계정잔액이 충분한 경우
(차) 대손충당금 ××× (대) 매출채권 ×××
★ 대손충당금 계정잔액이 부족한 경우
(차) 대손충당금(우선상계) ××× (대) 매출채권 ×××
대손상각비(판) ×××</td></tr>
<tr><td>2. 대손처리한 채권회수시</td><td>★ 대손세액공제적용 채권
(차) 현 금 등 ××× (대) 대손충당금 ×××
부가세예수금 ×××[*1]
*1. 회수금액 × 10/110
★ 대손세액공제미적용 채권
(차) 현 금 등 ××× (대) 대손충당금 ×××</td></tr>
<tr><td>3. 기말설정</td><td>기말 설정 대손상각비 = 기말매출채권잔액 × 대손추정율 − 설정 전 대손충당금잔액
★ 기말대손추산액>설정전 대손충당금잔액
(차) 대손상각비(판관비) ××× (대) 대손충당금 ×××
★ 기말대손추산액 〈 설정전 대손충당금잔액
(차) 대손충당금 ××× (대) 대손충당금환입(판) ×××</td></tr>
<tr><td>4. 대손상각비의 구분</td><td><table><tr><th></th><th>설 정</th><th>환 입</th></tr><tr><td>매출채권</td><td>대손상각비(판관비)</td><td>대손충당금환입(판)</td></tr><tr><td>기타채권</td><td>기타의 대손상각비(영 · 비)</td><td>대손충당금환입(영 · 수)</td></tr></table></td></tr>
<tr><td>5. 대손충당금 표시</td><td>총액법(매출채권과 대손충당금을 모두 표시)으로 할 수 있으며, 순액법(매출채권에서 대손충당금을 차감)으로 표시한 경우 주석에 대손충당금을 기재한다.</td></tr>
</table>

2. 재고자산

① 재고자산의 범위 

1. 미착상품 (운송중인 상품)	① 선적지인도조건	**선적시점**에 매입자의 재고자산
	② 도착지인도조건	**도착시점**에 매입자의 재고자산
2. 위탁품(적송품)	**수탁자가 고객에게 판매한 시점**에서 위탁자는 수익을 인식	
3. 시송품(시용품)	**소비자가 매입의사를 표시한 날**에 회사는 수익을 인식하	
4. 반품률이 높은 재고자산	㉠ **합리적 추정가능시**	**인도시점에서 수익을 인식**하고 예상되는 반품비용과 반품이 예상되는 부분의 매출총이익을 반품충당부채로 인식
	㉡ **합리적 추정이 불가능시**	구매자가 **인수를 수락한 시점이나 반품기간이 종료된 시점**에 수익을 인식한다.

② 재고자산의 수량 및 단가결정

수량	1. 계속기록법	2. 실지재고조사법
단가	1. 개별법	**가장 정확한 원가배분방법**
	2. 선입선출법	재고자산의 진부화가 빠른 기업이 적용
	3. 후입선출법	실제물량흐름과 거의 불일치되고 일부 특수업종에서 볼 수 있다.
	4. 평균법	**계속기록법인 이동평균법**과 **실지재고조사법인 총평균법**
	5. 소매재고법	추정에 의한 단가 산정방법**(원칙적으로 유통업에만 인정)**

③ 각방법의 비교 

물가가 상승하는 경우

		선입선출법		평균법		후입선출법
구입순서 1.10원 2.20원 3.30원	매출액(2개)	100원(50×2개)		100원		100원
	매출원가(2개)	30원(10+20)	<	40원(20×2개)	<	50원(30+20)
	매출이익 (당기순이익) (법인세)	70원	>	60원	>	50원
	기말재고	30원	>	20원	>	10원

〈크기 비교 : 물가상승시〉

언제나 중앙

	선입선출법	평균법(이동, 총)	후입선출법
기말재고, 이익, 법인세	>	>	>
매출원가	<	<	<

☞ 물가하락시 반대로 생각하시면 됩니다.

〈선입선출법 VS 후입선출법〉 

	선입선출법	후입선출법
특징	• **물량흐름과 원가흐름이 대체적으로 일치** • 기말재고자산을 현행원가로 표시 • **수익과 비용 대응이 부적절**	• **물량흐름과 원가흐름이 불일치** • 기말재고자산이 과소평가 • **수익과 비용의 적절한 대응**

④ 재고자산의 회계처리 

1. 취득시		취득원가 = 매입가격 + 매입부대비용(운반비, 보험료, 관세 등)
2. 평가	① 감모손실 (수량)	• **정상감모 : 매출원가** • **비정상감모 : 영업외비용(재고자산감모손실)**
	② 평가손실 (단가)	• **저가법적용 : 하락시 평가손실만 인식하고 회복시 최초의 장부가액을 한도로 하여 시가회복분만 환입** • **제품, 상품, 재공품 : 순실현가치(정상판매가격 – 추정판매비)** • **원재료 : 현행대체원가** → ***원재료<완성될 제품 : 저가법 미적용***
	☞ **감모손실을 먼저 인식한 후 평가손실을 인식하세요!!!!!**	

연/습/문/제

O,X 문제

01. 현금 및 지폐, 타인발행당좌수표, 자기앞수표, 취득당시 3개월이내 만기 도래기업어음(CP), 부도수표는 현금 및 현금성자산으로 분류한다. ( )

02. 유가증권을 보유함에 따라 무상으로 주식을 배정받은 경우 장부가액을 증가시키는 회계처리를 하고, 수량과 단가도 계산한다. ( )

03. 단기매매증권이 시장성을 상실한 경우에는 매도가능증권으로 분류하여야 한다. ( )

04. 영업활동과 관련하여 비용이 감소함에 따라 발생하는 매출채권의 대손충당금환입은 영업외수익으로 처리한다. ( )

05. 결산시 대손충당금을 과소설정 하였다. 이로 인하여 당기순이익이 과소 계상되고, 자산은 과대계상된다. ( )

06. 선급비용이 과소계상되면 당기순이익 과소계상되고, 미수수익이 과대계상되면 당기순이익이 과소계상된다. ( )

07. 결산일 현재 공정가치로 평가할 때 장부가액과의 차액은 단기매매증권은 영업외손익, 매도가능증권은 자본의 기타포괄손익누계액으로 반영한다. ( )

08. 후입선출법은 실제물량흐름과 방향이 일치하고 기말재고액이 최근의 가격, 즉 시가인 현행원가를 나타내는 장점이 있는 반면, 현행수익과 과거원가가 대응되므로 수익비용 대응이 적절하게 이루어지지 않는 단점이 있다. ( )

09. 미착품이 선적지인도조건인 경우에는 상품이 선적된 시점에 소유권이 매입자에게 이전되기 때문에 미착품은 매입자의 재고자산에 포함한다. ( )

10. 반품률이 높은 재고자산은 반품률을 합리적으로 추정할 수 없을 경우에는 구매자가 상품의 인수를 수락하거나 반품기간이 종료된 시점까지는 판매자의 재고자산에 포함한다. ( )

11. 재고자산평가손실은 매출원가에 차감하고 재고자산평가충당금환입은 매출원가에서 가산한다. ( )

12. 물가상승시 후입선출법은 현재의 매출수익에 오래된 원가가 대응되므로 수익 · 비용대응이 잘 이루어지지 않는다. ( )

13. 재고수량이 동일할 때 물가가 지속적으로 상승하는 경우에는 선입선출법을 적용하면 다른 평가방법을 적용하는 경우보다 상대적으로 이익이 크게 표시된다. ( )

14. 재고자산의 가격이 계속 하락하는 경우 재고자산을 가장 낮게 보수적으로 평가하는 방법은 후입선출법이다. ( )

15. 재고자산의 시가가 장부가액 이하로 하락하여 발생한 평가손실은 재고자산의 차감계정으로 표시하고 매출원가에 차감한다. ( )

16. 성격이 상이한 재고자산을 일괄하여 구입한 경우에는 총매입원가를 각 재고자산의 공정가치 비율에 따라 배분하여 개별 재고자산의 매입원가를 결정한다. ( )

17. 적송품은 수탁자가 제3자에게 판매를 할 때까지 수탁자가 점유하고 있기 때문에 제3자에게 판매하기 전까지는 수탁자의 재고자산에 포함한다. ( )

18. 이동평균법은 재고자산의 수량이 바뀔 때마다 단가를 새로 평균내는 방법으로서 실지재고조사법 하에서의 평균법이다. ( )

19. 후입선출법은 선입선출법에 비해 수익비용 대응이 원칙에 부합하며 일반적으로 물가상승 시 당기순이익을 과소계상하여 법인세를 이연하는 효과가 있다. ( )

20. 유가증권은 취득한 후에 만기보유증권, 단기매매증권, 매도가능증권, 지분법적용투자주식 중의 하나로 분류한다. ( )

21. 매도가능증권은 만기보유증권으로 재분류할 수 있으며 만기보유증권도 매도가능증권으로 재분류할 수 있다. ( )

22. 단기매매증권이 시장성을 상실한 경우에는 만기보유증권으로 분류하여야 한다. ( )

23. 단기시세차익 목적으로 보유한 단기매매증권의 평가손실은 영업외비용으로 영업이익에 영향을 미치지 아니한다. ( )

24. 단기시세차익 목적으로 보유한 단기매매증권의 처분손익은 처분가액(처분시 수수료는 차감)에서 장부가액을 차감하여 계산한다. ( )

25. 보고기간말로부터 1년 또는 정상영업주기 내에 판매되지 않았거나 생산에 투입할 수 없어 장기체화된 경우 저가법을 적용한다. ( )

26. 재고자산을 완성하거나 판매하는데 필요한 원가가 하락한 경우에 저가법을 적용한다. ( )

27. 매도가능증권 중 시장성이 없는 지분증권의 공정가치를 신뢰성 있게 측정할 수 없는 경우에는 취득원가로 평가한다. ( )

28. 재고자산의 감모손실은 주로 수량의 감소에 기인하고, 재고자산의 평가손실은 시가의 하락에 기인한다. ( )

29. 유가증권 보유자가 유가증권에 대한 통제를 상실하지 않고 유가증권을 양도하는 경우, 당해 거래는 매각거래로 본다. ( )

30. 원재료를 투입하여 완성할 제품의 시가가 원가보다 높을 때에도 원재료에 대하여 저가법을 적용한다 ( )

31. 담보로 제공된 예금 또는 법적으로 사용이 제한된 예금 등 사용이 제한되어 있는 예금으로서 1년 이내에 해당 제한 사유를 해제하여 예금으로 현금화할 수 있는 경우에는 단기금융상품으로 분류하고 그 제한사유를 주석으로 기재하여야 한다. ( )

32. 현금성자산이란 큰 거래비용 없이 현금으로 전환이 용이하고 이자율 변동에 따른 가치변동의 위험이 경미한 금융상품으로서 취득 당시 만기일이 3개월 이내인 것을 말한다. ( )

33. 단기매매증권을 공정가치법에 의하여 회계처리하는 경우, 당기의 공정가치 변동에 따른 공정가치와 장부금액의 차액은 단기매매증권평가이익(또는 손실)으로 인식하여 기타포괄손익에 반영한다. ( )

34. 계속적으로 물가가 상승하고, 기말상품재고량은 기초상품재고량 보다 증가한 상황일 때 기말상품가액은 선입선출법이 이동평균법보다 작게 평가된다. ( )

35. 지분증권으로부터 회수할 수 있을 것으로 추정되는 금액이 지분증권의 취득원가보다 작다는 것에 대한 객관적인 증거가 있는 경우에는 이에 대한 손상차손을 인식한다. ( )

36. 시가가 장부가액보다 상승한 경우에는 최초의 장부가액을 초과하지 않는 범위 내에서 평가손실을 환입하고 매출원가에서 차감한다. ( )

37. 반품률을 합리적으로 추정 가능한 상태로 판매하는 경우에는 판매자의 재고자산에서 제외하고 수익을 인식한다. ( )

38. 비정상감모의 경우에는 매출원가에 가산하고, 정상감모의 경우에는 영업외비용으로 처리한다. ( )

39. 이동평균법은 재고자산의 입출고시 마다 단가를 기록하기 때문에 현행원가의 변동을 단가에 민감하게 반영시킨다. ( )

분개연습

01. 당사 거래처인 ㈜아산의 외상대금 1,000,000원을 동점발행 약속어음으로 받아 국민은행에서 할인하고 할인료 1%를 차감한 잔액은 당사 당좌예금계좌로 입금하였다.(매각거래로 처리)

02. 거래처인 대한㈜에 제품을 매출하고 수령한 대한㈜ 발행 약속어음 600,000원을 신한은행에 추심의뢰하였는데 금일 만기가 도래하였다. 이에 대하여 신한은행으로부터 추심수수료 10,000원을 차감한 잔액이 당사 당좌예금 계좌에 입금되었다.

03. 국민은행에 예입한 정기예금[만기 : 9개월]이 만기가 되어 원금 1,000,000원과 이자소득 100,000원에 대해서 이자소득에 대한 원천징수세액 14,000원을 차감한 금액이 당사 당좌예금계좌에 입금되었다. 원천징수세액은 자산처리하시오.

04. 단기간 매매차익을 목적으로 ㈜사성전자의 주식 10주(액면 5,000원)을 주당 7,000원에 현금매입하고 증권회사에 거래수수료 5,000원을 현금으로 지급하였다.

05. 3월 31일에 단기매매증권의 ㈜천안의 주식 600주를 주당 2,000원에 매각하고 매각수수료 20,000원을 제외한 매각대금을 하나은행 보통예금으로 송금받다. 주식에 대한 거래현황은 다음 자료 이외에는 없다고 가정하며, 단가의 산정은 이동평균법에 의한다.

취득일자	주식수	취득단가	취득가액
3월 12일	200주	1,500원	300,000원
3월 24일	800주	1,200원	960,000원

06. 단기매매증권(20x0년도 취득가액 100,000원 20x0년말 공정가액 120,000원)을 20x1년 7월 5일 95,000원에 처분하고 매각수수료 2,000원을 차감한 잔액 93,000원이 당사 보통예금계좌로 입금되었다.

07. 6번문제가 매도가능증권(투자자산)일 경우 회계처리하시오.

08. 전기에 대손처리한 (주)천안에 대한 외상매출금 전액(4,400,000원)이 보통예금 계좌로 입금되었다. 대손세액공제를 받은 경우 회계처리하시오.

09. 8번문제가 대손공제를 받지 않은 경우를 가정하여 회계처리하시오.

10. 전기에 ㈜서울에게 대여한 단기대여금 10,000,000원을 대손처리하였으나, 금일로 1,000,000원이 당사 보통예금계좌에 입금되었다. 회사는 전기에 대손충당금과 상계하여 회계처리하였다.

11. 상품매출에 대한 ㈜경기 외상매출금 잔액 (4,000,000원)을 보통예금으로 송금받았다. 동 대금잔액은 7일전에 발생한 (2/10, n/30)의 매출할인 조건부 거래에 대한 것으로서 매출할인 금액을 차감한 금액이 입금되었다(단, 부가가치세는 고려하지 않는다).

12. 원재료 매입처 중앙㈜의 외상매입금 잔액(1,400,000원)을 다음과 같이 지급하였다. 200,000원은 거래처인 두정㈜로부터 받은 약속어음을 배서하여 주고 100,000원은 사전 약정에 의해 할인을 받았으며 잔액은 현금으로 지급하였다.

13. 시장성이 있는 매도가능증권에 대한 보유내역이 다음과 같다. 기말 매도가능증권평가에 대한 회계처리를 하시오.

- 전기 취득가액 : 2,000,000원
- 전기 기말 공정가액 : 2,200,000원
- 당기 기말 공정가액 : 1,900,000원

14. 제품의 실사평가를 한 결과 다음과 같으며, 수량감소는 비정상적으로 발생한 것이다. 비정상감모분에 대하여 회계처리하시오.

- 장부상 수량 : 1,000개
- 실지재고 수량 : 900개
- 단위당 취득원가 : 14,000원
- 단위당 시가(공정가치) : 13,000원

주관식

01. 재무상태표에 표시해야 할 현금및현금성자산을 계산하시오.

• 통화	100,000원	• 만기도래국채이자표	200,000원
• 타인발행수표	300,000원	• 타인발행약속어음	400,000원
• 6개월 만기 정기예금	500,000원	• 선일자수표	600,000원
• 취득당시 만기일이 4개월 이내인 환매조건부 채권	700,000원		

02. 다음은 매출채권과 대손에 관한 자료이다. 20x1년도 손익 계산서에 계상될 대손상각비를 구하시오.

- 1월 1일 현재 대손충당금 계정의 잔액은 1,000,000원이다.
- 2월 18일 당기에 매출한 800,000원의 매출채권이 회수불가능한 것으로 확정되다.
- 5월 15일 전기에 대손 처리한 매출채권 700,000원이 회수되었다.
- 12월 31일 현재 매출채권의 잔액은 100,000,000원이며 1%가 대손될 것으로 예상된다.

03. 다음의 유가증권을 단기매매증권으로 분류하는 경우와 매도가능증권으로 분류하는 경우의 20x1년에 계상되는 당기손익의 차이 금액은 얼마인가?

㈜로그인은 A회사 주식 1,000주를 주당 5,000원(공정가치)에 매입하면서 거래비용으로 50,000원이 발생하였고 기말에 주당 공정가치가 5,500원으로 평가되었다.

04. 다음 자료를 기초로 하여 매출원가를 계산하시오.

항 목	금 액	비 고
기초재고액	100,000원	-
당기매입액	500,000원	도착지 인도조건의 미착상품 30,000원 포함
기말재고액	50,000원	창고보유분
시 송 품	30,000원	고객이 매입의사를 표시 한 금액 10,000원
적 송 품	100,000원	60% 판매완료

05. (주)로그인은 화재로 인해 재고자산이 유실되었다. 다음 중 유실된 재고자산을 구하시오.

- 기초재고자산 : 80,000원
- 당기중 매출액 : 800,000원
- 기말재고 실사금액 : 100,000원
- 당기중 매입액 : 1,000,000원
- 매출총이익율 : 20%

06. 다음 자료에 의할 경우, 20x1년에 인식할 매도가능증권 처분손익은 얼마인가?

- 20x0년 6월 1일 매도가능증권 120주를 주당 6,000원에 취득하였다.
- 20x0년 기말 매도가능증권평가손실 120,000원(주당 공정가치 5,000원)
- 20x1년 5월 1일 120주를 주당 5,000원에 처분하였다.

07. (주)로그인의 20x1년 5월 상품관련 자료이다. 5월달 매출원가를 구하시오.(단, 상품은 단일품목이고 선입선출법을 적용하고 있다.)

- 5월초 상품 1,000개(단위당 원가 100원)
- 5월 25일 매출 2,500개
- 수량감모는 정상감모에 해당한다.
- 5월 5일 매입 2,000개(단위당 원가 120원)
- 5월말 실제상품 400개(단위당 시가 110원)

08. 기말제품에 대한 자료이다. 재무상태표에 계상될 재고자산의 금액은 얼마인가?

수량	단위당		
	취득가격	추정판매가격	추정판매비용
1,000개	700원	1,000원	200원

09. 당사의 감사는 재고담당자가 재고자산을 횡령하였다고 추정하고 있다. 다음 자료를 이용하여 자재관리 담당자의 횡령에 의한 재고자산 손실 금액을 계산하시오.

- 기초재고액 100,000원
- 실사에 의한 기말재고액 200,000원
- 당기매입액 900,000원
- 당기매출액 1,000,000원
- 매출총이익률 40%

연/습/문/제 답안

O,X문제

1	2	3	4	5	6	7	8	9	10
×	×	○	×	×	×	○	×	○	○
11	12	13	14	15	16	17	18	19	20
×	×	○	×	×	○	×	×	○	○
21	22	23	24	25	26	27	28	29	30
○	×	○	○	○	×	○	○	×	×
31	32	33	34	35	36	37	38	39	
○	○	×	×	○	○	○	×	○	

[풀이 - O,X문제]

01. **부도수표는 기타비유동자산**에 해당한다.

02. 무상주를 받은 경우 장부가액은 변동이 없다.

04. 영업활동과 관련하여 **대손충당금환입은 판관비의 부(-)금액으로 표시**한다.

05. 비용의 과소계상으로 당기순이익이 과대계상되고, 자산의 차감항목인 대손충당금이 과소설정으로 자산도 과대계상된다.

06. **대차평균의 원리에 따라 자산과 이익은 비례관계**이다. 즉 자산이 과대계상되면 당기순이익이 과대계상되고, 자산이 과소계상되면 당기순이익이 과소계상된다. 선급비용, 미수수익 모두 자산이므로 당기순이익이 과대계상된다.

08. 선입선출법에 대한 설명이다.

11 재고자산평가손실은 비용이므로 **매출원가에 가산**하고, **환입은 매출원가에서 차감**한다.

12. **후입선출법**은 현재의 수익에 현행원가가 대응되므로 **수익 · 비용 대응이 잘 이루어진다.**

14. 물가하락시 재고자산을 가장 낮게 평가하는 방법은 선입선출법이다.

15. **재고자산평가손실은 매출원가에 가산**한다.

17. 판매전까지 위탁자의 재고자산으로 한다.

18. **계속기록법하의 평균법이 이동평균법**이다.

22. 매도가능증권으로 분류하여야 한다.

26. **완성하거나 판매하는 데 필요한 원가가 하락한 경우** 순실현가능가치(추정판매가액 - 추가가공원가 - 추가판매비용)가 상승하므로 **저가법을 적용할 필요가 없다.**
29. 자산에 대한 통제를 상실하지 않았다고 하는 것은 **자산을 담보로 하여 자금을 차입한 것**으로 본다.
30. 원재료를 투입하여 **완성할 제품의 시가가 원가보다 높을 때는 저가법을 적용하지 아니한다.**
33. 단기매매증권의 평가손익은 당기손익으로 한다.
34. 선입선출법은 최근 구입한 것으로 기말자산가액을 구성하므로 더 크게 평가된다.
38. **정상감모는 매출원가, 비정상감모는 영업외비용으로 처리**한다.

분개연습

[1]	(차)	당 좌 예 금	990,000	(대)	받 을 어 음((주)아산)	1,000,000
		매출채권처분손실	10,000			
[2]	(차)	당 좌 예 금	590,000	(대)	받 을 어 음(대한(주))	600,000
		수수료비용(판)	10,000			
[3]	(차)	당 좌 예 금	1,086,000	(대)	정 기 예 금(당좌)	1,000,000
		선 납 세 금	14,000		이 자 수 익	100,000
[4]	(차)	단기매매증권	70,000	(대)	현 금	75,000
		수수료비용(영)	5,000			
[5]	(차)	보 통 예 금	1,180,000	(대)	단 기 매 매 증 권	756,000
					단기매매증권처분익 (단기투자자산처분익)	424,000

☞ 이동평균법에 의한 주식의 취득단가 = (300,000 + 960,000)/1,000주 = 1,260원/주
단기투자자산은 단기매매증권을 포함하는 포괄적인 계정과목입니다.

[6]	(차)	보 통 예 금	93,000	(대)	단기매매증권	120,000
		단기투자자산처분손	27,000			

☞ 20x0년말 회계처리 (차) 단기매매증권 20,000 (대) 단기투자자산평가익(I/S) 20,000

[7]	(차)	보 통 예 금	93,000	(대)	매도가능증권(투자)	120,000
		매도가능증권평가익	20,000			
		매도가능증권처분손(영)	7,000			

☞ 20x0년말 회계처리
(차) 매도가능증권 20,000 (대) 매도가능증권평가익(자본 - 기타포괄손익누계액) 20,000

☞ 처분손익(단기매매증권) = 처분가액 - 장부가액 = 93,000 - 120,000 = 27,000원
처분손익(매도가능증권) = 처분가액 - 취득가액 = 93,000 - 100,000 = △7,000원

[8]	(차)	보 통 예 금	4,400,000	(대)	대손충당금(외상)	4,000,000
					부가세예수금	400,000

[9]	(차) 보 통 예 금	4,400,000	(대)	대손충당금(외상)	4,400,000
[10]	(차) 보 통 예 금	1,000,000	(대)	대손충당금(단기대여금)	1,000,000
[11]	(차) 보 통 예 금	3,920,000	(대)	외상매출금((주)경기)	4,000,000
	매 출 할 인(상품매출)	80,000			

☞ (2/10, n/30)은 인도 10일 이내 결제하면 2%의 할인, 30일이내 대금결제조건이다.
따라서 10일이내 결제하였으므로 매출할인은 80,000원이 계산된다.

[12]	(차) 외상매입금(중앙(주))	1,400,000	(대)	받 을 어 음(두정(주))	200,000
				매 입 할 인(원재료)	100,000
				현 금	1,100,000
[13]	(차) 매도가능증권평가익	200,000	(대)	매도가능증권(투자)	300,000
	매도가능증권평가손	100,000			

☞ 전기 기말 평가시 분개
(차) 매도가능증권 200,000 (대) 매도가능증권평가익 200,000

[14]	(차) 재고자산감모손실	1,400,000	(대)	제 품(타계정대체)	1,400,000

☞ <u>비정상감모손실 = 단위당 취득가액 × 감모수량</u> = 14,000원 × 100개
기말재고자산은 900개 × 13,000원 = 11,700,000원을 자동결산으로 입력하면 된다.

주관식

01	600,000원	02	100,000원	03	450,000원
04	460,000원	05	340,000원	06	처분손실 120,000원
07	296,000원	08	700,000원	09	200,000원

01. • 현금및현금성자산 = 통화 + 만기도래국채이자표 + 타인발행수표 = 600,000원
• **<u>타인발행약속어음, 선일자수표 : 채권</u>**
• **<u>6개월 만기 정기예금, 환매조건부채권 : 단기투자자산</u>**

02.

대손충당금

대손	800,000	기초	1,000,000
		회수	700,000
기말	1,000,000	*<u>대손상각비(설정)</u>*	*<u>100,000</u>*
계	1,800,000	계	1,800,000

03.

	단기매매증권	매도가능증권
취득시	(차) 단기매매증권 5,000,000원 수수료비용 50,000원 (대) 현금 등 5,050,000원	(차) 매도가능증권 5,050,000원 (대) 현금 등 5,050,000원
기말평가	(차) 단기매매증권 500,000원 (대) 평가익(수익) 500,000원	(차) 매도가능증권 450,000원 (대) 평가익(자본) 450,000원
당기손익	**500,000－50,000＝450,000원(수익)**	**영향없음(기타포괄손익누계액)**

04. 도착지 인도조건의 미착상품은 구매자의 재고자산이 아니다.

기말재고＝창고보유분＋시송품(매입의사 미표시)＋적송품(미판매분)

＝50,000＋(30,000－10,000)＋100,000×40%＝110,000

재고자산

기초재고	100,000	*매출원가*	*460,000*
총매입액	500,000	기말재고	110,000
미착상품	(30,000)		
계	570,000	계	570,000

05. 매출원가율＋매출총이익율(0.2)＝1

매출원가＝매출액×매출원가율＝800,000원×0.8＝640,000원

재고자산(장부상)

기초재고	80,000	매출원가	640,000
순매입액	1,000,000	**기말재고**	**440,000**
계	1,080,000	계	1,080,000

유실된 개고자산＝기말재고실사금액(100,000)－장부상 기말재고(440,000)＝－340,000원

06. **처분손익＝처분가액－취득가액**＝120주×(5,000원－6,000원)＝△120,000원(처분손실)

(차) 현금	600,000원	(대) 매도가능증권	600,000원
매도가능증권처분손실	120,000원	매도가능증권평가손실	120,000원

07.

상 품(선입선출법)

기초	1,000개	@100	100,000	*매출원가*	*1,000개* *1,500개*	*@100* *@120*	*280,000*
				감모손실	*100개*	*@120*	*12,000*
순매입액	2,000개	@120	240,000	*평가손실*	*(400개)*	*@10*	*4,000*
				기말	*400개*		*44,000*
계(판매가능재고)			340,000	계			340,000

매출원가＝매출원가＋정상감모손실＋평가손실＝280,000＋12,000＋4,000＝296,000

08. 재고자산은 저가법에 의하여 취득원가와 시가를 비교하여 낮은 금액으로 표시한다.
재고수량×Min [취득 단가, **시가(개당 추정판매가격 - 개당 추정판매비용)**]
→ 1,000개×700원 = 700,000원

09. 매출원가 = 매출액 - 매출총이익 = 1,000,000원 - (1,000,000원×40%) = 600,000원

재고자산

기초	100,000	매출원가	600,000
순매입액	900,000	**기말**	**400,000**
계	1,000,000	계	1,000,000

횡령액 = 장부상 기말재고액 - 실사기말재고액 = 400,000원 - 200,000원 = 200,000원

제2절 비유동자산

1. 투자자산

1. 장기금융상품	정기예적금등 보고기간말로부터 만기가 1년 이내에 도래하지 않는 것
2. 유가증권	보고기간말로 부터 만기가 1년 이후에 도래하는 매도가능증권, 만기보유증권
3. 투자부동산	**투자목적 또는 비영업용으로 소유하는 토지나 건물**
4. 장기대여금	

2. 유형자산

① 취득원가

취득가액 = 매입가액 + 부대비용(직접원가)

☞ 부대비용 : 취득세, 등록면허세, 설치비, 차입원가(건설자금이자), 전문가에게 지급하는 수수료, 시운전비 등

☞ 국공채 등을 불가피하게 매입시 **채권의 매입가액과 현재가치와의 차액은 부대비용**에 해당

1. 일괄구입	각 유형자산의 상대적 공정가치비율에 따라 안분
2. 현물출자	취득한 자산의 공정가치. 다만 유형자산의 공정가치를 신뢰성있게 측정할 수 없다면 발행하는 주식의 공정가치
3. 자가건설	원가계산방법에 따라 산정한 제조원가(재료비, 노무비 등)
4. 무상취득	취득한 자산의 공정가치
5. 정부보조금	상환의무가 없을 경우 해당 자산의 취득가액에서 차감표시
6. 장기연불구입	미래현금유출액의 현재가치

ⓐ 철거비용

	타인건물구입후 즉시 철거	사용중인 건물철거
목 적	**토지 사용목적으로 취득**	**타용도 사용**
회계처리	**토지의 취득원가**	**당기비용(유형자산처분손실)**
폐자재매각수입	토지 또는 유형자산처분손실에서 차감한다.	
분개	(차) **토 지** ×× (대) 현금(건물구입비용) ×× **현금(철거비용)** ××	(차) 감가상각누계액 ×× **유형자산처분손실** ×× (대) 건물 ×× **현금(철거비용)** ××

ⓑ 교환취득 

	동종자산	이종자산
회계처리	장부가액법	공정가액법
취득원가	제공한 자산의 장부가액	제공한 자산의 공정가액*1
교환손익	**인식하지 않음**	**인식(유형자산처분손익)**

*1. 불확실시 교환으로 취득한 자산의 공정가치로 할 수 있다. 또한 자산의 교환에 현금수수시 현금수수액을 반영하여 취득원가를 결정한다.
이종자산 간의 교환시 신자산의 가액 = 제공한 자산의 공정가액 + 현금지급액 – 현금수취액

〈이종자산 교환거래 – 유형자산, 수익〉

	유형자산 취득원가	수익인식
원칙	**제공한 자산의 공정가치**	**제공받은 재화의 공정가치**
예외(원칙이 불확실시)	**취득한 자산의 공정가치**	**제공한 재화의 공정가치**

ⓒ 차입원가(금융비용의 자본화)

1. 원칙	**기간비용(이자비용)** ☞ 선택적으로 자본화를 허용
2. 자본화대상자산	1. 재고자산 : 제조(구입)등이 개시된 날로부터 의도된 용도로 사용(판매)할 수 있는 상태가 될 때까지 1년 이상의 기간이 소요 2. 유무형자산, 투자자산, 비유동자산
3. 대상금융비용	1. 차입금과 사채에 대한 이자비용 2. 사채발행차금상각(환입)액 3. 현재가치할인차금상각액 4. 외화차입금에 대한 환율변동손익 5. 차입과 직접 관련하여 발생한 수수료 ☞ 제외 : 받을어음 매각시 매출채권처분손실, 연체이자, 운용리스료

② 유형자산 취득이후의 지출 

수익적지출(비용)	자본적 지출(자산)
자본적지출 이외	**1. 자산가액 ↑ 또는 2. 내용연수 ↑**
부속품의 교체, 건물의 도색, 건물의 유리교체	냉난방장치(중앙)설치, 건축물의 증축, 엘리베이터의 설치
비용(수선비등)처리	해당 자산가액 처리

③ 유형자산의 감가상각 → 취득원가의 합리적 · 체계적 배분

1. 감가상각대상금액(A) (취득가액 - 잔존가치)	정액법	A/내용연수
	연수합계법	A×잔여내용연수/내용연수의 합계
	생산량비례법	A×당기실제생산량/예상총생산량
2. 장부가액(B) (취득가액 - 기초감가상각누계액)	정률법	B×상각율
	이중체감법	B×(2/내용연수)
초기 감가상각비	**정률법(이중체감법)**[*1] **>내용연수합계법>정액법** *1. 정률법의 상각율과 이중체감법의 2/내용연수에 따라 달라질 수 있다.	
초기 장부가액	정액법>내용연수합계법>정률법(이중체감법)	
3. 감가상각제외자산	1. 토지 2. 건설중인자산 **3. 폐기예정인 유형자산** ☞ **일시적으로 운휴 중에 있는 자산은 감가상각대상자산임 (영업외비용)**	
4. 정부보조금(국고보조금)	상환의무가 없는 경우 국고보조금을 수령한 경우 **자산의 취득원가에서 차감하여 표시**한다. 그리고 **그 자산의 내용년수에 걸쳐 감가상각액과 상계하며, 해당 유형자산을 처분시에는 정부보조금잔액을 처분손익에 반영**한다.	

④ 유형자산의 손상차손

1. 손상가능성의 판단기준	1. 유형자산의 시장가치가 현저하게 하락한 경우 2. 유형자산의 사용강도나 사용방법에 현저한 변화가 있거나, 심각한 물리적 변형이 초래된 경우 3. 해당 유형자산으로부터 영업손실이나 순현금유출이 발생하고, 이 상태가 미래에도 지속될 것이라고 판단되는 경우 등
2. 인식기준	1. **유형자산의 손상차손=회수가능가액-손상전 장부금액** 2. **회수가능가액=MAX[ⓐ순공정가치, ⓑ사용가치]** ⓐ **순공정가치=예상처분가액-예상처분비용** ⓑ 사용가치=해당 자산의 사용으로부터 예상되는 미래 현금흐름의 현재가치

⑤ 재평가모형 

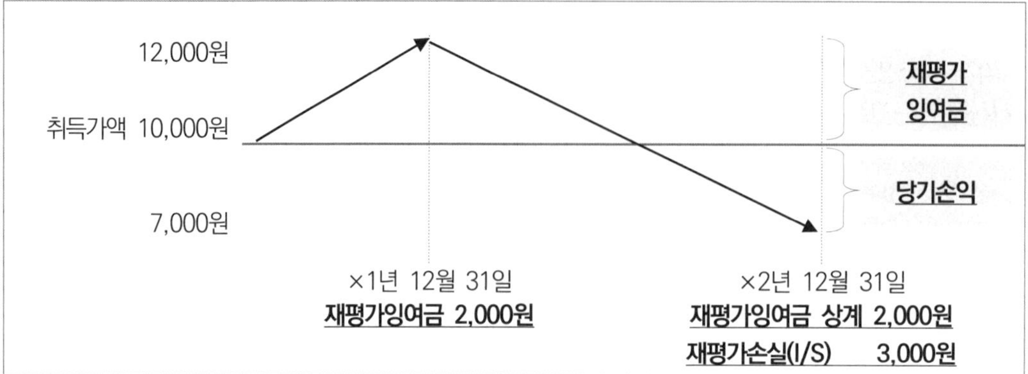

1. 재평가증	(차) 유형자산	×××	(대) 재평가손실(I/S)*1 **재평가잉여금** **(자본 – 기타포괄손익누계액)**	××× ×××
	*1. 당기이전에 재평가손실액이 있는 경우 우선 상계한다.			
2. 재평가감	(차) **재평가잉여금***2 **재평가손실(I/S)**	××× ×××	(대) 유형자산	×××
	*2. 재평가잉여금 잔액이 있는 경우 우선 상계한다.			

3. 무형자산

종 류	영업권, 산업재산권, 광업권, 어업권, **개발비, 소프트웨어** ☞ 외부구입영업권만 인정함. 자가창설영업권 불인정
취득가액	매입가액+부대비용 ☞ 내부창출무형자산의 취득가액 : 그 자산의 창출,제조, 사용준비에 직접 관련된 지출과 <u>합리적이고 일관성 있게 배분된 간접지출을 포함</u> 1. 인건비 2. 재료비, 용역비 3. 유형자산의 감가상각비, 무형자산의 상각비 4. 무형자산의 창출에 필요하며 합리적이고 일관된 방법으로 배분할 수 간접비용 5. 차입원가중 자본화를 선택한 비용
보 유 시 (상각)	**<u>무형자산은 사용가능시점부터 상각하고, 비한정무형자산은 상각하지 아니한다.</u>** ☞ 비한정인 무형자산 : 내용연수를 추정하는 시점에서 내용연수를 결정하지 못하는 무형자산
	무형자산상각비 = [취득가액 – 0(잔존가치는 원칙적으로 "0")]/내용연수 **= <u>미상각잔액(장부가액)/잔여내용연수</u>**
	무형자산의 상각기간은 독점적·배타적인 권리를 부여하고 있는 관계법령이나 계약에 의해 정해진 경우를 제외하고는 **20년을 초과할 수 없다.**
	상각방법 : 정액법, 정률법, 연수합계법, 생산량비례법 등 단, **<u>합리적인 상각방법을 정할 수 없는 경우에는 정액법 사용(영업권은 정액법만 인정)</u>**

〈개발비〉

<table>
<tr><td>정 의</td><td>신제품 또는 신기술의 개발과 관련하여 발생한 비용(내부에서 개발한 소프트웨어 관련비용으로 자산인식기준을 충족시키는 것 포함)으로서 개별적으로 식별가능하고 미래의 경제적 효익을 기대할 수 있는 것으로 본다.</td></tr>
<tr><td>회계처리</td><td>
<table>
<tr><th>연구단계</th><th>개발단계</th><th colspan="2">생산단계</th></tr>
<tr><td rowspan="3">연구비(판관비)</td><td>경상개발비(일상)</td><td colspan="2">무형자산상각</td></tr>
<tr><td rowspan="2">개발비(자산충족시)</td><td>제조관련 ○</td><td>제조관련 ×</td></tr>
<tr><td>제조경비</td><td>판관비</td></tr>
</table>
</td></tr>
</table>

〈유형자산 VS 무형자산〉

	유형자산	무형자산
측정	원가모형 또는 재평가모형 선택가능	**원가모형만 허용**
취득가액	매입가액+부대비용	좌동(간접지출도 포함)
잔존가액	처분시 예상되는 순현금유입액	**원칙적으로 "0"**
내용년수	경제적 내용연수	좌동 **원칙 : 20년 초과 불가**
상각방법	정액법, 정률법, 내용연수합계법, 생산량비례법등	좌동 **다만 합리적인 상각방법이 없는 경우 "정액법"**
재무제표 표시	간접상각법	**직접상각법, 간접상각법 가능**

4. 기타비유동자산

① 임차보증금

② 부도어음과 수표

어음이 부도되면 어음소지인은 어음발행자에게 어음금액을 청구할 수 있으며, 이때 어음소지인은 어음금액과 법정이자, 공증인에 의한 지급거절증서 작성 비용 등을 청구한다. 이러한 모든 비용을 처리 어음 발행자에게 청구한다.

회사는 **관리목적상 정상적인 어음과 구분하기 위하여 부도어음과수표계정(청구비용 등 포함)을 사용하고, 추후 회수가능성을 판단하여 대손처리**한다.

연/습/문/제

O,X 문제

01. 무형자산을 창출하기 위한 내부 프로젝트를 연구단계와 개발단계로 구분할 수 없는 경우에는 그 프로젝트에서 발생한 지출은 모두 개발단계에서 발생한 것으로 본다. ( )

02. 자본적지출로 처리하여야 할 것을 수익적지출로 잘못 회계처리한 경우 당기순이익이 과소계상되고, 자산이 과소계상된다. ( )

03. 새로운 건물을 신축하기 위하여 사용 중이던 기존건물을 철거하는 경우 기존건물의 장부가액은 제거하여 처분손실로 반영하고, 철거비용은 자산의 취득가액을 구성한다. ( )

04. 유형자산의 감가상각은 자산이 사용가능한 때부터 시작한다. 즉, 경영진이 의도하는 방식으로 자산을 가동하는 데 필요한 장소와 상태에 이른 때부터 시작한다. ( )

05. 자산관련 정부보조금으로 취득한 자산을 처분할 경우에는 감가상각액과 상계하고 남은 정부보조금 잔액을 해당 자산의 처분손익에 차감 또는 가산하는 방식으로 회계처리하여야 한다. ( )

06. 유형자산 취득시 그 대가로 주식을 발행하는 경우 주식의 발행가액(공정가치)을 그 유형자산의 취득원가로 하여야 하나 주식의 공정가치가 불분명시 취득하는 유형자산의 공정가치로 할 수 있다. ( )

07. 유형자산의 취득과 관련하여 국·공채 등을 불가피하게 매입하는 경우 당해 채권의 매입금액과 기업회계기준에 따라 평가한 현재가치와의 차액은 유형자산의 취득원가를 구성한다 ( )

08. 무형자산의 상각기간은 독점적, 배타적인 권리를 부여하고 있는 관계법령이나 계약에 정해진 경우를 제외하고는 10년을 초과할 수 없다. ( )

09. 제조설비의 감가상각비는 제조원가를 구성하고, 연구개발 활동에 사용되는 유형자산의 감가상각비는 무형자산의 인식조건을 충족하는 자산이 창출되는 경우 무형자산의 취득원가에 포함된다. ( )

10. 내부적으로 창출한 영업권의 경우, 미래경제적효익을 창출할 수 있다면 자산으로 인식할 수 있다. ( )

11. 무형자산의 감가상각방법은 자산의 경제적 효익이 소멸되는 행태를 반영한 합리적인 방법이어야 하며, 합리적인 상각방법을 정할 수 없는 경우 정률법으로 한다. ( )

12. 이종자산간 교환하는 경우에는 교환으로 취득한 유형자산의 취득가액은 취득자산의 공정가치로 측정한다. ( )

13. 동종자산의 교환인 경우에는 제공한 자산의 장부가액을 취득한 자산의 취득가액으로 하나, 교환에 포함된 현금이 유의적(중요)이라면 이종자산간의 교환으로 본다. ( )

14. 유형자산의 사용 및 처분으로부터 기대되는 미래의 현금흐름 총액의 추정액 및 순공정가치가 장부가액에 미달할 경우에는 손상차손을 인식한다. ( )

15. 유형자산이 정상적으로 작동되는지 여부를 시험하는 과정에서 발생하는 원가는 비용처리한다.( )

16. 유형자산의 취득에 사용된 차입금에 대하여 당해 자산의 취득완료시점까지 발생한 이자비용은 자산의 취득원가에 가산함을 원칙으로 한다. ( )

17. 유형자산의 취득원가는 구입원가 또는 경영진이 의도하는 방식으로 자산을 가동하는데 필요한 장소와 상태에 이르게 하는데 지출된 직접원가와 간접원가를 포함한다. ( )

18. 무형자산의 내용연수가 독점적 · 배타적 권리를 부여하고 있는 관계 법령에 따라 20년을 초과하는 경우에는 상각기간은 20년을 초과할 수 있다. ( )

19. 유형자산의 잔존가액이 중요할 것으로 예상되는 경우에는 자산의 취득시점에서 잔존가액을 추정한 후 물가변동에 따라 이를 수정하여야 한다. ( )

20. 무형자산은 상각기간이 종료되는 시점에 거래시장에서 결정되는 가격으로 잔존가치를 인식하는 것이 원칙이다. ( )

21. 개발비상각액은 제조와 관련 있는 경우에는 관련 제품의 제조원가에 포함시키고, 기타의 경우에는 판매비와관리비로 처리한다 ( )

22. 기업회계기준에서는 '내부적으로 창출된 무형자산'의 취득원가는 그 자산의 창출, 제조, 사용준비에 직접 관련된 지출과 합리적이고 일관성있게 배분된 간접 지출을 모두 포함하도록 규정하고 있다. ( )

23. 내부적으로 창출한 브랜드, 고객목록 및 이와 유사한 항목에 대한 지출은 무형자산으로 인식하지 않는다. ( )

24. 유형자산의 장부금액이 재평가로 인하여 증가되는 경우 재평가로 인한 기타포괄손실을 먼저 차감한 후 당기손익으로 인식하여야 한다. ( )

25. 무형자산의 공정가치가 증가하는 경우 취득원가와의 차액 부분을 반영하여 상각한다. ( )

분개연습

01. 기계장치의 고장에 따른 수리시 원재료로 구입한 부품 100,000원을 수리용 부품으로 사용하였다.

02. 투자목적으로 보유중인 상가(취득가액 15,000,000원) 1동을 (주)아산에 20,000,000원에 매각하고 대금은 약속어음(만기 : 1년 이내)으로 받았다.

03. 건설 중인 공장 건물이 완공되었다. 또한 동 건물을 등기하면서 취득세 300,000원을 현금으로 지급하였다(동 거래와 관련하여 건설중인자산 계정의 금액은 5,000,000원이고 동 금액도 본계정에 대체하시오.)

04. 업무용 차량을 등록하면서 등록세 400,000원을 현금으로 납부하고, 공채(액면가 500,000원, 공정가액 300,000원)를 액면가액에 현금으로 구입한 후 등록을 완료하였다. 상기의 공채는 만기까지 보유할 예정이다.

05. 본사사옥을 자가건설하기 위하여 건물이 세워져 있는 아산물산 토지를 5,000,000원에 구입하고 당좌수표를 발행하여 지급하였다. 또한 구 건물의 철거비용 200,000원과 토지정지비용 100,000원을 현금으로 추가 지급하였다.

06. 승용차(취득가액 1,000,000원, 폐차시 감가상각누계액 900,000원)를 경기폐차장에서 폐차시키고, 업체로부터 고철비 명목으로 70,000원 현금으로 받다. 단, 부가가치세는 고려하지 않는다.

07. 제품을 보관하기 위한 창고(취득가액 10,000,000원, 감가상각누계액 8,000,000원)가 화재로 완전히 소실되었다. 또한 창고에 보관하던 제품(장부가 500,000원, 시가 900,000원)도 완전히 소실되었다.

08. 사용 중인 공장건물을 새로 신축하기 위하여 기존건물을 철거하였다. 철거당시의 기존건물의 자료는 다음과 같다.

1. 건물의 취득가액 : 10,000,000원
2. 철거당시 감가상각누계액 : 8,000,000원
3. 건물철거비용 : 3,000,000원을 현금지급함
4. 철거시 폐자재매각대금 : 1,000,000원이 보통예금계좌로 입금됨.

09. 대표이사로부터 취득원가 10,000,000원인 토지를 기증 받았다. 이 토지의 공정가액은 9,000,000원이다.

10. 창고용 토지를 취득하고, 아래와 같은 지출이 발생하였다. 단, 토지구입과 관련해서 전월에 계약금(건설중인자산으로 회계처리함)으로 5,000,000원을 지급한 사실이 있다.

항 목	지출액(원)	비 고
잔금지급액	25,000,000	전액 보통예금에서 이체
중개수수료	78,000	원천징수세액(기타소득세 및 지방소득세) 22,000원을 차감한 금액으로서, 전액 현금지급
취득세등	300,000	천안시청에 국민카드로 납부함.

11. 회사는 기말 현재 결산항목 반영 전에 재무상태상 개발비 미상각 잔액이 4,800,000원이 있다. 개발비는 전기 초에 설정되어 전기 초부터 사용하였고 모든 무형자산은 사용가능한 시점부터 5년간 상각한다.

12. (주)아산으로부터 받은 약속어음(발행인 : (주)아산, 만기 : 1년 이내) 중 10,000,000원을 만기일에 발행인의 거래은행에 지급제시를 하였으나 부도로 확인되었다. 당사는 거절증서작성비용 등 150,000원을 현금으로 별도 지급하고 (주)아산에 어음대금과 함께 청구하였다.

13. 국고보조금으로 7월 1일 구입한 기계장치(취득원가 15,000,000원)를 기업회계기준에 따라 정액법으로 감가상각비를 계상하였다. 내용연수는 4년이며 월할상각한다. 결산분개를 하시오.

7월 1일 회계처리			
(차) 기 계 장 치	15,000,000	(대) 보 통 예 금	15,000,000
국고보조금 (보통예금차감)	10,000,000	국고보조금 (기계장치차감)	10,000,000

14. 회사는 재평가모형에 따라 회계처리하고 있으며 다음은 토지에 대한 감정평가를 시행한 결과이다. 20x1년말 유형자산 재평가에 따른 회계처리를 하시오.

20x0년		20x1년	비고
취득가액	기말 감정가액	기말 감정가액	
1,000,000원	1,300,000원	900,000원	

주관식

01. 유형자산의 자료이다. 연수합계법에 의한 3차년도 감가상각비를 구하시오.

- 기계장치 취득원가 : 1,000,000원(1월 1일 취득)
- 내용연수 : 5년
- 잔존가치 : 취득원가의 10%
- 정률법 상각률 : 0.4

02. 1번의 자료를 가지고 정률법을 적용하여 3차년도 감가상각비를 구하시오.

03. ㈜로그인은 사용하던 기계장치를 다음과 같이 거래처의 이종자산으로 교환하여 취득하였다. 교환시 처분손익은 얼마인가?

- (주)로그인이 제공한 기계장치 관련 금액
  취득원가 3,000,000원 감가상각누계액 2,500,000원 공정가치 600,000원
- ㈜천안으로부터 제공받은 차량운반구 관련 금액
  취득원가 2,000,000원 감가상각누계액 1,500,000원 공정가치 500,000원

04. ㈜로그인은 사용 중인 기계장치 A를 ㈜천안의 비품 B와 교환하기로 하였다.

- 기계장치 A의 취득원가 : 13,000,000원
- 기계장치 A의 감가상각누계액 : 11,000,000원
- 기계장치 A의 공정가치 : 불분명함
- 비품 B의 공정가치 : 10,000,000원
- ㈜로그인의 현금지급액 : 7,000,000원

㈜로그인이 인식해야 하는 처분손익은 얼마인가?

05. 토지를 전기 초 50,000,000원에 취득하였으며, 당기에 손상징후가 있고 당기말순공정가치와 사용가치는 각각 15,000,000원과 20,000,000원이었다. 당기 손상차손으로 인식할 금액은 얼마인가?

06. ㈜로그인은 전기에 공장건물을 건설할 목적으로 토지를 1,000,000원에 취득하였으며, 재평가모형을 적용하기로 하였다. 전기말 토지의 공정가치는 1,200,000원 당기말 공정가치 700,000원이다. 20x1년 손익계산서에 계상될 토지 재평가손실은 얼마인가?

연/습/문/제 답안

O,X문제

1	2	3	4	5	6	7	8	9	10
×	○	×	○	○	○	○	×	○	×
11	12	13	14	15	16	17	18	19	20
×	×	○	○	×	×	○	○	×	×
21	22	23	24	25					
○	○	○	×	×					

[풀이 - O,X문제]

01. **구분할 수 없는 경우에는 연구단계에서 발생한 것**으로 보고 당기비용처리한다.

03. 철거비용도 당기 비용화 한다.

08. 20년을 초과할 수 없다.

10. **내부적으로 창출한 영업권**은 원가를 신뢰성 있게 측정할 수 없을 뿐만 아니라 기업이 통제하고 있는 식별가능한 자원도 아니기 때문에 **자산으로 인식하지 않는다.**

11. **합리적인 상각방법이 없는 경우 정액법**으로 한다.

12. 이종자산간의 교환시에 취득자산의 원가는 **제공한 자산의 공정가치로 측정**한다.

15. 시운전비는 취득부대비용으로 보아 취득원가에 가산한다.

16. **차입원가는 기간비용 처리함을 원칙**으로 한다. 자본화대상자산에 해당될 경우 취득원가에 산입할 수 있다.

19. 물가변동이 있는 경우에는 잔존가액은 수정하지 아니하나, **잔존가치가 유의적인 경우 매보고기간말에 재검토한다.**

20. 무형자산의 **잔존가치는 없는 것을 원칙**으로 한다.

24. 재평가증일 경우 과거 **당기비용으로 인식한 금액을 우선 상계 후 기타포괄손익으로 인식**한다.

25. **무형자산은 취득원가 모형만 허용**한다. 따라서 무형자산을 취득원가로 측정하고, 공정가치 변동은 반영하지 않는다.

분개연습

		차변	금액		대변	금액
[1]	(차)	수 선 비(제)	100,000	(대)	원 재 료(타계정대체)	100,000
[2]	(차)	미 수 금((주)아산)	20,000,000	(대)	투자부동산	15,000,000
					투자자산처분익	5,000,000
[3]	(차)	건 물	5,300,000	(대)	현 금	300,000
					건설중인자산	5,000,000
[4]	(차)	차량운반구	600,000	(대)	현 금	900,000
		만기보유증권	300,000			

☞ 공채등을 불가피하게 매입한 경우 채권의 매입가액(500,000원)과 현재가치(공정가액 300,000원)와의 차액(200,000원)은 유형자산의 취득부대비용에 해당한다.

		차변	금액		대변	금액
[5]	(차)	토 지	5,300,000	(대)	당 좌 예 금	5,000,000
					현 금	300,000

☞ <u>타인건물 구입즉시 철거시 철거비용과 구입대금은 토지의 취득원가를 구성</u>한다.

		차변	금액		대변	금액
[6]	(차)	감가상각누계액(차량)	900,000	(대)	차량운반구	1,000,000
		현 금	70,000			
		유형자산처분손실	30,000			
[7]	(차)	감가상각누계액(건물)	8,000,000	(대)	건 물	10,000,000
		재 해 손 실	2,500,000		제 품(타계정대체)	500,000
[8]	(차)	감가상각누계액(건물)	8,000,000	(대)	건 물	10,000,000
		보 통 예 금	1,000,000		현 금	3,000,000
		유형자산처분손실	4,000,000			
[9]	(차)	토 지	9,000,000	(대)	자산수증이익	9,000,000
[10]	(차)	토 지	30,400,000	(대)	건설중인자산	5,000,000
					보 통 예 금	25,000,000
					예 수 금	22,000
					현 금	78,000
					미 지 급 금(국민카드)	300,000
[11]	(차)	무형자산상각비(판)	1,200,000	(대)	개 발 비	1,200,000

☞ <u>무형자산상각비 = 취득가액/내용연수 = 미상각잔액(장부가액)/잔여내용년수</u> = 4,800,000/4년 = 1,200,000원

		차변	금액		대변	금액
[12]	(차)	부도어음과수표	10,150,000	(대)	받 을 어 음((주)아산)	10,000,000
		((주)아산)			현 금	150,000

☞ 부도로 인하여 발생된 모든 비용에 대해서 채무자로 부터 청구할 권리가 있다.

[13] (차) 감가상각비(제) 1,875,000 (대) 감가상각누계액(기계) 1,875,000
국고보조금 1,250,000 감가상각비(제) 1,250,000

☞ 감가상각비 = 15,000,000 × 1/4년 × 6개월/12개월 = 1,875,000원
국고보조금상각액 = 10,000,000 × 1/4년 × 6개월/12개월 = 1,250,000원
자산차감항목인 국고보조금은 당해자산의 감가상각시 동일한 비율만큼 당기 감가상각비와 상계처리한다.

[14] (차) 재평가잉여금(자본) 300,000 (대) 토지 400,000
재평가손실(영 · 비) 100,000

주관식

01	180,000원	02	144,000원	03	처분익 100,000원
04	처분익 1,000,000원	05	30,000,000원	06	300,000원

01. 연수합계법 감가상각비

연수합계법(3차년도) : (1,000,000원 - 100,000원) × 3/15 = ***180,000원***

02. 정률법 감가상각비

	감가상각비 계산근거(B × 상각율)	감가상각비	감가상각누계액 (A)	기말장부금액 (B = 취득가액 - A)
1차년도	1,000,000 × 0.4	400,000	400,000	600,000
2차년도	600,000 × 0.4	240,000	640,000	360,000
3차년도	360,000 × 0.4	**144,000**		

03. 이종자산의 교환시 **제공한 자산의 공정가치가 신자산의 취득원가**이다.

처분손익 = 처분가액 - 장부가액 = 600,000 - (3,000,000 - 2,500,000) = 100,000(처분이익)

(차) 감가상각누계액 2,500,000원 (대) 기계장치 3,000,000원
차량운반구 600,000원 유형자산처분이익 100,000원

04. 이종자산 교환시 취득가액 = **제공한 자산의 공정가액**, 다만 제공한 자산의 공정가치가 불확실한 경우에는 **취득한 자산의 공정가치를 취득원가로 할 수 있다.**

기계장치(A) + 현금지급액(7,000,000원) = 비품(B, 공정가치 10,000,000원)이므로 기계장치(A)의 공정가치(처분가액)는 3,000,000원으로 추정할 수 있다.

따라서 유형자산처분이익 = 처분가액(3,000,000) - 장부가액(13,000,000 - 11,000,000)
= ***1,000,000원(처분이익)***

(차) 비품(B) 10,000,000원 (대) 기계장치(A) 13,000,000원
감가상각누계액 11,000,000원 현 금 7,000,000원
유형자산처분이익 1,000,000원

05. 회수가능액 = Max(15,000,000원, 20,000,000원) = 20,000,000원
당기말 손상차손 = 20,000,000원 - 50,000,000원 = △30,000,000원

06. 전기 말 : (차) 토지 200,000 (대) 재평가이익(기타포괄손익) 200,000
당기 말 : (차) 재평가이익(기타포괄손익) 200,000 (대) 토 지 500,000
재평가손실(당기손익) 300,000

▶ 재평가손실 = 공정가액(700,000) - 취득가액(1,000,000) = △300,000원

제3절 부채

1. 충당부채와 우발부채

확정부채		지출시기와 지출금액이 확정된 부채	
추정부채	충당부채	지출시기 또는 지출금액이 불확실한 부채	재무상태표의 부채로 기재
	우발부채		**"주석"기재 사항**

[충당부채와 우발부채의 구분]

	신뢰성있게 추정가능	신뢰성 있게 추정불가능
가능성이 매우 높음	**충당부채로 인식**	**우발부채 – 주석공시**
가능성이 어느 정도 있음	**우발부채 – 주석공시**	
가능성이 거의 없음	공시하지 않음	

[충당부채]

1. 측정	① 보고기간말 현재 **최선의 추정치**이어야 한다. ② 명목가액과 현재가치의 차이가 중요한 경우 **현재가치로 평가**한다.
2. 변동	보고기간마다 잔액을 검토하고, 보고기간말 현재 **최선의 추정치**를 반영하여 증감조정한다.
3. 사용	최초의 인식시점에서 **의도한 목적과 용도에만 사용**하여야 한다.

2. 퇴직연금

운용책임	확정기여형(종업원)	확정급여형(회사)
설정	–	(차) 퇴직급여 ××× (대) 퇴직급여충당부채 ×××
납부시	(차) 퇴직급여 ××× (대) 현금 ×××	(차) **퇴직연금운용자산**[*1] ××× **(퇴직급여충당부채 차감)** 수수료비용(판/제) ××× (대) 현금 ×××
운용수익	회계처리없음	(차) 퇴직연금운용자산 ××× (대) 이자수익(운용수익) ×××
퇴직시	회계처리없음	(차) 퇴직급여충당부채 ××× 퇴직급여 ××× (대) 퇴직연금운용자산 ××× 현금 ×××

*1. 퇴직연금운용자산이 퇴직급여충당부채와 퇴직연금미지급금의 합계액을 초과하는 경우에는 초과액을 투자자산의 과목으로 표시한다.

3. 사채

(1) 발행

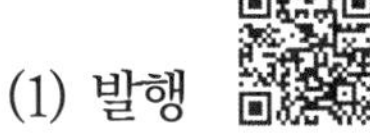

- **사채의 구성요소 : 액면가액, 액면(표시)이자율, 만기**
- 액면이자율 : 사채를 발행한 회사에서 지급하기로 약정한 증서에 표시된 이자율
- 시장이자율(유효이자율) : 사채가 시장에서 거래될 때 사용되는 이자율

시장이자율 = 무위험이자율 + 신용가산이자율(risk premium)

구분		
액면발행	액면가액 = 발행가액	액면이자율 = 시장이자율
할인발행	액면가액 > 발행가액	액면이자율 < 시장이자율
할증발행	액면가액 < 발행가액	액면이자율 > 시장이자율
할인발행	(차) 예 금 등 xxx 사채할인발행차금 xxx **(선급이자성격)**	(대) 사 채 xxx
할증발행	(차) 예 금 등 xxx	(대) 사 채 xxx 사채할증발행차금 xxx **(선수이자성격)**

(2) 사채의 상각(유효이자율법)

[사채장부가액과 사채발행차금상각(환입)액]

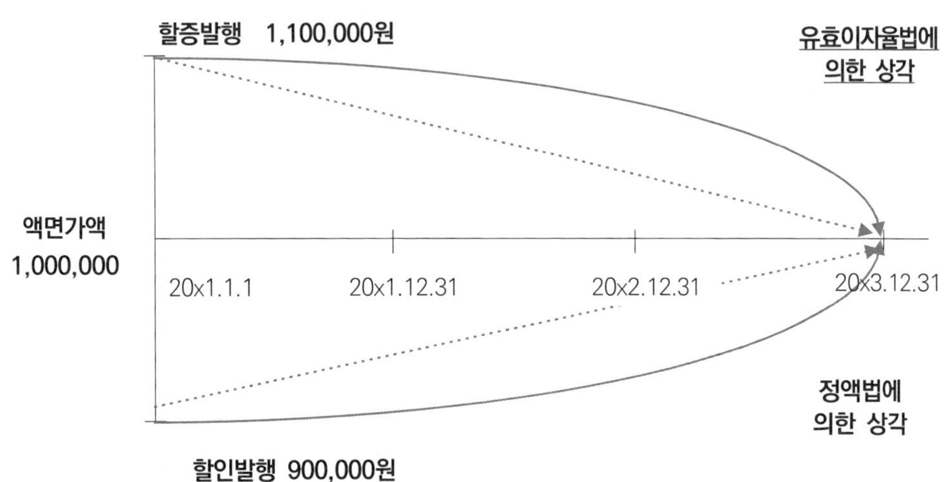

발행유형	사채장부가액	사채발행차금상각	총사채이자(I/S이자비용)
액면발행(1,000,000)	동일	0	액면이자
할인발행(900,000)	매년증가	**매년증가**	매년증가(액면이자 + 할인차금)
할증발행(1,100,000)	매년감소		매년감소(액면이자 – 할증차금)
사채할인(할증)발행차금은 **유효이자율법으로 상각(환입)**하고 그 금액을 사채이자에 가감한다. 이 경우 **사채할인(할증)발행차금 상각액은 할인발행이건 할증발행이건 매년 증가한다.**			

(3) 조기상환

사채상환손익 = 순수사채상환가액 – 사채의 장부가액(액면가액 ± 미상각사채발행차금)

〈자산 · 부채의 차감 및 가산항목〉

	자산	부채
차감항목	**대손충당금(채권)** **재고자산평가충당금(재고자산)** **감가상각누계액(유형자산)** **현재가치할인차금[*1](자산)** **정부보조금(유무형자산)**	**사채할인발행차금(사채)** **퇴직연금운용자산(퇴직급여충당부채)** – **현재가치할인차금[*1](부채)** –
가산항목	–	**사채할증발행차금(사채)**

*1. 장기성 채권(채무)의 미래에 수취(지급)할 명목가액을 유효이자율로 할인한 현재가치와의 차액을 말한다.
현재가치할인차금 = 채권(채무)의 명목가액 – 채권(채무)의 현재가치

☞ 퇴직연금운용자산이 퇴직급여충당부채와 퇴직연금미지급금의 합계액을 초과하는 경우에는 초과액을 투자자산의 과목으로 표시한다.

제4절 자본

1. 자본의 분류

1. 자본금	• **자본금 = 발행주식총수 × 주당액면금액** **보통주자본금과 우선주자본금은 구분표시한다.**
2. 자본잉여금	영업활동 이외 자본거래(주주와의 자본거래)에서 발생한 잉여금으로서 **주식발행초과금과 기타자본잉여금으로 구분표시한다.** **주식발행초과금** / **감자차익** / **자기주식처분익** / –
3. 자본조정	자본거래 중 자본금, 자본잉여금에 포함되지 않지만 자본항목에 가산되거나 차감되는 임시적인 항목으로서, **자기주식은 별도항목으로 구분하여 표시한다.** **주식할인발행차금** / **감자차손** / **자기주식처분손** / **자기주식**
4. 기타포괄손익누계액	손익거래 중 손익계산서에 포함되지 않는 손익으로 **미실현손익** (예) 매도가능증권평가손익, 해외사업환산차손익, 재평가잉여금 등
5. 이익잉여금	순이익 중 주주에게 배당하지 않고 회사 내에 유보시킨 부분 **(1) 기처분이익잉여금**: ㉠ **법정적립금(이익준비금) : 회사는 자본금의 1/2에 달할 때까지 매기 결산시 금전에 의한 이익배당액의 1/10 이상의 금액을 이익준비금으로 적립** ㉡ **임의적립금** **(2) 미처분이익잉여금**

2. 신주발행(유상증자)

액면발행	액면가액 = 발행가액	
할인발행	액면가액 > 발행가액	**주식할인발행차금(자본조정)**
할증발행	액면가액 < 발행가액	**주식발행초과금(자본잉여금)**

• **자본금 = 발행주식총수 × 주당액면금액**
• **발행가액 : 주식대금납입액에서 신주발행비 등을 차감한 후의 금액**

3. 자본금의 감소(감자) 

		주식수	자본금	순자산(자본)
실질적감자(유상)	(차) 자본금 XX (대) 현금 등 XX	감소	감소	감소
형식적감자(무상)	(차) 자본금 XX (대) 결손금 XX	감소	감소	변동없음

4. 자본잉여금 VS 자본조정

	자본잉여금	자본조정
신주발행	주식발행초과금	주식할인발행차금
자본금감소(감자)	감자차익	감자차손
자기주식	자기주식처분익 –	자기주식처분손 자기주식

<u>자본잉여금은 발생시점에 이미 계상되어 있는 자본조정을 우선 상계하고, 남은 잔액은 자본잉여금으로 계상한다. 또한 반대의 경우도 마찬가지로 회계처리한다.</u>

5. 배당

	현금배당	주식배당
배 당 선 언 일	(차) 이월이익잉여금 ××× (대) 미지급배당금 ××× (유동부채)	(차) 이월이익잉여금 ××× (대) 미교부주식배당금 ××× (자본조정)
	(투자자) (차) 미 수 금 ××× (대) 배당금수익 ×××	(투자자) **- 회계처리없음 -**
배 당 지 급 일	(차) 미지급배당금 ××× (대) 현 금 ×××	(차) 미교부주식배당금 ××× (대) 자 본 금 ×××
재 무 상 태	**-주식발행회사의 최종분개**	
	(차) 이월이익잉여금(자본) ××× (대) 현 금(자산) ×××	**(차) 이월이익잉여금(자본) ××× (대) 자 본 금(자본) ×××**
	<u>순자산의 유출</u>	**<u>재무상태에 아무런 변화가 없다.</u>**

6. 주식배당, 무상증자, 주식분할, 주식병합

	주식배당	무상증자	주식분할	주식병합
주식수	증가	증가	증가	감소
액면금액	불변	불변	감소	증가
자본금	증가	증가	불변	불변
자 본	불변	불변	불변	불변

연/습/문/제

O,X 문제

01. 사채할인발행차금은 재무상태표에 사채의 발행금액에서 차감하는 형식으로 표기한다. ( )

02. 사채할증발행차금은 당해 사채의 액면가액에서 차감하는 형식으로 기재한다. ( )

03. 퇴직연금운용자산, 감가상각누계액, 대손충당금, 사채할인발행차금, 사채할증발행차금은 자산 · 부채의 차감적 평가계정이다. ( )

04. 액면이자율보다 시장이자율이 더 작으면 할증발행된다. ( )

05. 사채를 발행시 할증발행이나 할인발행이나 유효이자율법으로 상각(환입)시 상각(환입)금액은 매년 증가한다. ( )

06. 사채가 할증발행되고 유효이자율법이 적용되는 경우 사채의 장부금액은 매기 감소한다. ( )

07. 충당부채는 과거 사건이나 거래의 결과에 의한 현재의무로서 자원이 유출될 가능성이 매우 높아야 하고, 금액을 신뢰성 있게 측정할 수 있어야 한다. ( )

08. 사채가 할인발행 되고 유효이자율법이 적용되는 경우 총사채 이자비용은 초기에 많고 기간이 지날수록 이자금액이 적어진다. ( )

09. 자본거래에서 발생하며, 자본금이나 자본잉여금으로 분류할 수 없는 항목으로 감자차손, 자기주식, 자기주식처분손실, 주식할인발행차금을 자본 조정이라 한다. ( )

10. 자본조정은 당해 항목의 성격으로 보아 자본거래에 해당하나 최종 납입된 자본으로 볼 수 없거나 자본의 가감 성격으로 자본금이나 자본잉여금으로 분류할 수 없는 항목이다. ( )

11. 수식배당시 자본금은 증가하고 이익잉여금도 증가한다. ( )

12. 자기주식처분이익은 자본조정으로 회계처리하며, 자기주식처분손실은 자기주식처분이익의 범위 내에서 상계처리하고 잔액은 자본잉여금으로 회계처리한다. ( )

13. 주식할인발행차금은 주식발행초과금의 범위 내에서 상계처리하고 잔액은 자본조정으로 회계처리한다. ( )

14. 비유동부채가 보고기간종료일로부터 1년 이내에 상환기일이 도래하더라도, 기존의 차입약정에 따라 보고기간종료일로부터 1년을 초과하여 상환할 수 있고 기업이 그러한 의도가 있는 경우에는 비유동부채로 분류한다. ( )

15. 기업이 주주에게 순자산을 반환하지 않고 주식의 액면금액을 감소시키거나 주식 수를 감소시키는 경우에는 감소되는 액면금액 또는 감소되는 주식 수에 해당하는 액면금액을 감자차손으로 하여 자본조정으로 회계처리한다. ( )

16. 기업이 이미 발행한 주식을 유상으로 재취득하여 소각하는 경우에 주식의 취득원가가 액면금액보다 작다면 그 차액을 감자차손으로 하여 자본조정으로 회계처리한다. ( )

17. 충당부채의 명목금액과 현재가치의 차이가 중요한 경우에는 의무를 이행하기 위하여 예상되는 지출액의 현재가치로 평가한다. ( )

18. 우발부채는 부채로 인식하지 아니한다. 의무를 이행하기 위하여 자원이 유출될 가능성이 아주 낮지 않는 한, 우발부채를 주석에 기재한다. ( )

19. 현재의무를 이행하기 위하여 소요되는 지출 금액에 영향을 미치는 미래사건이 발생할 것이라는 충분하고 객관적인 증거가 있는 경우에는, 그러한 미래사건을 감안하여 충당부채 금액을 추정한다. ( )

20. 주식발행의 경우 발생하는 등록비, 법률 및 회계자문 수수료는 당기비용으로 계상하지 아니하고 주식발행초과금에서 가산하거나 주식할인발행차금에 차감한다. ( )

21. 이익준비금은 매 결산기에 현금배당액 및 주식배당액의 10분의 1 이상을 자본금의 2분의1에 달할 때까지 적립한다. ( )

 분개연습

01. 회사는 사원의 퇴직금지급을 위하여 한성생명㈜에 확정급여형 퇴직연금에 가입하고 1,000,000원을 현금으로 입금하였다. 동 금액에는 한성생명(주)에 대한 사업비가 1% 포함되어 있다.

02. 확정기여형 퇴직연금제도를 설정하고 있는 (주)한강은 퇴직연금의 부담금(기여금) 2,000,000원(생산직 1,300,000원, 관리직 700,000원)을 은행에 현금납부하였다.

03. 액면총액 3,000,000원(300좌, @10,000원)의 사채를 @10,200원으로 발행하고 납입금은 서울은행에 보통예금계좌에 예입하였고, 사채발행비용 100,000원은 현금지급하였다.

04. 생산직사원 김기동이 퇴직을 하여 퇴직금을 지급하였다. 회사에서는 퇴직소득에 대한 소득세등을 원천징수하고 잔액을 당좌수표로 지급하였다. 퇴사시 퇴직급여충당부채 잔액은 15,000,000원이라 가정한다.

- 회사지급액 : 20,000,000원(원천징수세액 차감 후 당좌수표발행액)
- 원천징수소득세(지방소득세포함) : 600,000원

05. 생산부서의 건강보험료(사업자부담분) 50,000원의 납부가 지연되어 가산금 1,000원과 함께 고지되어 당일에 보통예금에서 계좌이체하다.(가산금은 잡손실로 처리하세요.)

06. 가수금 600,000원의 내역을 확인한 결과 (주)아산에 대한 제품매출 계약금 200,000원과 외상매출금 회수액 400,000원으로 확인되었다.

07. 3월분 직원급여를 다음과 같이 당사 보통예금계좌에서 이체하여 지급하였다.

부 서	기본급 / 제수당	소득세 / 지방소득세	건강보험 / 국민연금	고용보험 / 가불금	공제 계	차인 지급액
김길동	3,000,000	151,750	63,780	14,850	377,850	2,922,150
(관리부)	300,000	15,170	132,300			
홍길동	1,100,000	1,220	23,150	5,850	281,190	1,018,810
(생산부)	200,000	120	50,850	200,000		
계	4,600,000	168,260	270,080	220,700	659,040	3,940,960

※ 홍길동의 가불금은 "임직원등 단기채권" 계정으로 계상되어 있다.

08. 임시주주총회에서 증자를 결의하여 주식 100주를 발행(액면가액 : 5,000원, 발행가액 6,000원)하고 주식발행비용 50,000원을 제외한 금액을 국민은행에 보통예금으로 입금하였다. 주식할인발행차금은 없다.

09. 회사가 차입한 신한은행의 장기차입금 3,000,000원을 출자전환하기로 하고 주식 100주 (액면가액 10,000원)를 발행하여 교부하였으며 자본증자 등기를 마쳤다. 등기시 주식할인발행차금 700,000원이 있다고 가정한다.

10. 20X0년도에 대한 결산에 대한 주주총회를 갖고 다음과 같이 잉여금을 처분하기로 결의하였다. 주식배당금 지급시 신주 100주(액면가액 1,000원)를 발행시 주식발행비 5,000원을 현금지급하였고, 주식발행초과금 잔액이 50,000원 있다고 가정한다. 주주총회결의시 회계처리하시오.

현 금 배 당	500,000
주 식 배 당	100,000
이 익 준 비 금	현금배당액의 10% 적립

11. 10번의 자료를 활용하여 배당금지급시 회계처리하시오.

12. 자본을 감자하기 위하여 회사 주식 100주(액면가 1,000원)을 800원에 매입하여 소각하고 대금은 보통예금 계좌에서 이체하여 지급하였다.(감자차손 잔액이 15,000원있다고 가정한다)

13. 전년도에 취득한 자기주식 5,000,000원을 4,500,000원에 처분하고 전액 현금으로 수령하였다. 자본계정에는 자기주식처분손익 잔액이 없다.

14. 액면가액 5,000,000원인 사채 중 액면가액 2,000,000원을 2,200,000원에 보통예금계좌에서 이체하여 조기에 상환하였다. 사채할인발행차금 잔액이 300,000원이 있다고 가정한다.

15. 전기에 유동성장기부채로 대체한 대한은행의 장기차입금 15,000,000원의 상환기간을 2년 연장하기로 하였다.

16. 자본감소(주식소각)를 위해 당사의 기발행주식 중 1,000주(액면가 @500원)를 1주당 600원으로 매입하여 소각하고, 매입대금은 당사 보통예금계좌에서 지급하였다. 감자시 감자차익 잔액이 40,000원이 있다.

 주관식

01. (주)로그인의 20x1년 1월 1일 자본금은 30,000,000원(주식수 30,000주, 액면가액 1,000원)이다. 20x1년 7월 1일에 주당 1,200원에 10,000주를 유상증자하였다. 20x1년 기말 자본금은 얼마인가?

02. 다음은 ㈜로그인의 20x1년도 말 재무상태표에서 추출한 자본과 관련된 자료이다. 이익잉여금의 합계를 계산한 금액으로 옳은 것은?

• 자본금 :	50,000,000원	• 이익준비금 :	400,000원
• 감자차익 :	600,000원	• 자기주식 :	700,000원
• 임의적립금 :	800,000원	• 주식발행초과금 :	900,000원

03. 다음 자료에서 기타포괄손익누계액은 얼마인가?

• 주식발행초과금	100,000원	• 주식할인발행차금	500,000원
• 감자차익	200,000원	• 감자차손	600,000원
• 자기주식처분이익	300,000원	• 재평가잉여금	700,000원
• 이익준비금	400,000원	• 매도가능증권평가이익	800,000원

04. 다음은 퇴직급여충당부채계정과 결산정리 사항이다. 당기 손익계산서에 계상될 퇴직급여 금액은 얼마인가?

퇴직급여충당부채

3/31 현금 등 2,000,000원	1/1 전기이월 5,000,000원

〈결산정리 사항〉

• 당기말 현재 전 종업원이 일시에 퇴직할 경우 지급하여야 할 퇴직금 즉 퇴직급여 추계액은 10,000,000원이다.

05. (주)로그인은 20x1년 1월 1일에 액면가액 1,000,000원인 3년 만기 사채를 900,000원에 할인 발행하였다. 사채 발행시 액면이자율 10%일 경우 ㈜로그인이 3년간 총 인식할 이자비용은 얼마인가?

06. 다음은 당기에 설립된 ㈜로그인의 주식발행 내역이다. 20x1년 재무상태표에 표시되는 주식발행초과금은 얼마인가?(단, 보통주 주당 액면가액은 5,000원이다)

- 1월 2일　보통주 1,000주를 주당 10,000원에 발행하였다.
- 9월 20일　보통주 2,000주를 주당 4,000원에 발행하고, 주식발행수수료 1,000,000원을 지급하였다.

연/습/문/제 답안

O,X문제

1	2	3	4	5	6	7	8	9	10
×	×	×	○	○	○	○	×	○	○
11	**12**	**13**	**14**	**15**	**16**	**17**	**18**	**19**	**20**
×	×	○	○	×	×	○	○	○	×
21									
×									

[풀이 - O,X문제]

01. 사채할인발행차금은 액면금액에서 차감한다.
02. **사채할증발행차금은 가산, 사채할인발행차금은 차감하는 형식**으로 처리한다.
03. 사채할증발행차금은 사채의 가산적 평가계정이다.
08. 할인발행시 이자비용은 초기에 적고 기간이 지날수록 커진다.
11. 자본금은 증가하지만 이익잉여금은 감소한다.
12. 자기주식처분이익은 자본잉여금, 처분손실은 자본조정으로 처리한다.
15. 무상감자시 감자차익은 자본잉여금에 해당한다.
16. 취득원가<액면금액일 경우 감자차익이 된다.
20. **신주발행비는 주식할인발행차금에 가산**, **주식발행초과금을 차감**한다.
21. 주식배당액에 대해서 적립규정은 없다.

분개연습

번호	차변	계정과목	금액	대변	계정과목	금액
[1]	(차)	퇴직연금운용자산(한성생명(주))	990,000	(대)	현 금	1,000,000
		수수료비용(판)	10,000			
[2]	(차)	퇴 직 급 여(제)	1,300,000	(대)	현 금	2,000,000
		퇴 직 급 여(판)	700,000			
[3]	(차)	보 통 예 금	3,060,000	(대)	사 채	3,000,000
		사채할인발행차금	40,000		현 금	100,000
[4]	(차)	퇴직급여충당부채	15,000,000	(대)	당 좌 예 금	20,000,000
		퇴 직 급 여(제)	5,600,000		예 수 금	600,000
[5]	(차)	복리후생비(제)	50,000	(대)	보 통 예 금	51,000
		잡 손 실	1,000			
[6]	(차)	가 수 금	600,000	(대)	선 수 금((주)아산)	200,000
					외상매출금((주)아산)	400,000
[7]	(차)	급 여(판)	3,300,000	(대)	예 수 금	459,040
		임 금 (제)	1,300,000		임직원등단기채권(홍길동)	200,000
					보 통 예 금	3,940,960
[8]	(차)	보 통 예 금	550,000	(대)	자 본 금	500,000
					주식발행초과금	50,000
[9]	(차)	장기차입금(신한은행)	3,000,000	(대)	자 본 금	1,000,000
					주식할인발행차금	700,000
					주식발행초과금	1,300,000
[10]	(차)	이월이익잉여금	650,000	(대)	미지급배당금	500,000
		(미처분이익잉여금)			미교부주식배당금	100,000
					이익준비금	50,000
[11]	(차)	미지급배당금	500,000	(대)	현 금	500,000
		미교부주식배당금	100,000		자 본 금	100,000
[12]	(차)	자 본 금	100,000	(대)	보 통 예 금	80,000
					감 자 차 손	15,000
					감 자 차 익	5,000
[13]	(차)	현 금	4,500,000	(대)	자 기 주 식	5,000,000
		자기주식처분손실	500,000			

[14]	(차) 사　　채	2,000,000	(대) 보통예금	2,200,000
	사채상환손실	320,000	사채할인발행차금	120,000
[15]	(차) 유동성장기부채 (대한은행)	15,000,000	(대) 장기차입금 (대한은행)	15,000,000
[16]	(차) 자 본 금	500,000	(대) 보통예금	600,000
	감자차익	40,000		
	감자차손	60,000		

주관식

01	40,000,000원	02	1,200,000원	03	1,500,000원
04	7,000,000원	05	400,000원	06	2,000,000원

01. 기말 자본금 : (30,000주 + 10,000주) × 1,000원 = 40,000,000원

02. 이익잉여금은 영업활동의 결과 발생한 순이익을 사내에 유보한 금액으로 이익준비금, 임의적립금등이 있다. 이익준비금(400,000원) + 임의적립금(800,000원)

03. 재평가잉여금과 매도가능증권평가이익이 기타포괄손익누계액에 해당한다.

04. 퇴직급여충당부채

현금등	2,000,000	기초	5,000,000
기말	*10,000,000*	*설정*	*7,000,000*
계	12,000,000	계	12,000,000

05. **총사채이자비용 = 3년간 액면이자 + 할인발행차금 상각액**

= 100,000 × 3년 + (1,000,000 - 900,000) = 400,000원

06. 1월 2일 : 발행가액(10,000,000) - 액면가액(5,000,000) = 5,000,000원(할증발행)

9월 20일 : 발행가액 = 2,000주 × 4,000원 - 1,000,000(수수료) = 7,000,000원

☞ 주식발행수수료는 발행가액에서 차감한다.

발행가액(7,000,000) - 액면가액(10,000,000) = △3,000,000원(할인발행)

1월 2일	(차) 현금 등	10,000,000원	(대) 자본금	5,000,000원
			주식발행초과금	5,000,000원
9월20일	(차) 현금 등	7,000,000원	(대) 자본금	10,000,000원
	주식발행초과금	3,000,000원		

제5절 수익, 비용, 결산, 회계변경

1. 재화판매로 인한 수익인식 조건

1. 재화의 소유에 따른 유의적인 위험과 보상이 구매자에게 이전된다.
2. 판매자는 판매한 재화에 대하여 소유권이 있을 때 통상적으로 행사하는 정도의 관리나 효과적인 통제를 할 수 없다.
3. 수익금액을 신뢰성있게 측정할 수 있고, 경제적 효익의 유입 가능성이 매우 높다.
4. 거래와 관련하여 발생했거나 발생할 원가를 신뢰성있게 측정할 수 있다.
   만약 이러한 비용을 신뢰성 있게 측정할 수 없다면 수익으로 인식하지 못하고 부채(선수금)로 인식한다.

2. 수익인식 요약

구분		수익인식 시점
위탁판매		수탁자가 고객에게 판매한 시점
시용판매		고객이 구매의사를 표시한 시점
상품권		재화(용역)을 인도하고 **상품권을 회수한 시점**
정기간행물		구독기간에 걸쳐 정액법으로 인식
할부판매(장 · 단기)		재화의 인도시점
반품조건부판매		**반품가능성을 신뢰성있게 추정시 수익인식 가능**
설치용역수수료		진행기준
공연수익(입장료)		행사가 개최되는 시점
광고관련수익		방송사 : 광고를 대중에게 전달하는 시점 광고제작사 : 진행기준
수강료		강의기간동안 발생기준
재화나 용역의 교환	동종	수익으로 인식하지 않는다.
	이종	**판매기준**(수익은 교환으로 취득한 재화나 용역의 공정가치로 측정하되, 불확실시 제공한 재화나 용역의 공정가치로 측정한다.)

3. 영업비용(제조경비/판관비)

<table>
<tr><td>급여</td><td>정기적인 급료와 임금, 상여금(<u>상여는 상여금이란 별도 계정을 사용)</u>
일용직(일용근로자)의 경우 잡급이라는 계정을 사용한다.</td></tr>
<tr><td>퇴직급여</td><td>퇴직급여충당부채전입액을 말한다.</td></tr>
<tr><td>복리후생비</td><td>복리비와 후생비로서 법정복리비, 사용자 부담 건강보험료등</td></tr>
<tr><td>여비교통비</td><td>출장비, 시내교통비 등</td></tr>
<tr><td>통신비</td><td>전화요금, 우편비용, 인터넷사용료 등</td></tr>
<tr><td>수도광열비</td><td><table>
<tr><th></th><th>제조경비</th><th>판관비</th></tr>
<tr><td>가스료, 수도료, 유류비</td><td>가스수도료</td><td rowspan="2">수도광열비</td></tr>
<tr><td>전기요금</td><td>전력비</td></tr>
</table></td></tr>
<tr><td>세금과공과</td><td>재산세, 자동차세, 협회비, 벌금, 과태료 등</td></tr>
<tr><td>임차료</td><td>부동산 등을 임차하고 소유자에게 지급하는 비용</td></tr>
<tr><td>차량유지비</td><td>차량에 대한 유지비용으로 유류대, 주차비, 차량수리비 등</td></tr>
<tr><td>소모품비</td><td>소모성 비품 구입에 관한 비용으로 사무용품, 기타 소모자재 등</td></tr>
<tr><td>교육훈련비</td><td>임직원의 직무능력 향상을 위한 교육 및 훈련에 대한 비용</td></tr>
<tr><td>도서인쇄비</td><td>도서구입비 및 인쇄와 관련된 비용(명함 등)</td></tr>
<tr><td>수수료비용</td><td>제공받은 용역의 대가 또는 각종 수수료</td></tr>
<tr><td>기업업무추진비</td><td>거래처에 대한 기업업무추진비용으로 거래처에 대한 경조금, 선물대,기밀비 등</td></tr>
<tr><td>광고선전비(판)</td><td>제품의 판매촉진활동과 관련된 비용</td></tr>
<tr><td>감가상각비</td><td>취득원가를 합리적 · 체계적 배분하는 비용</td></tr>
<tr><td>대손상각비(판)</td><td>회수가 불가능한 채권과 대손추산액을 처리하는 비용</td></tr>
<tr><td>대손충당금환입(판)</td><td>대손추산액< 기설정대손충당금일 경우 충당금 환입시</td></tr>
</table>

4. 영업외손익

이자수익 VS 이자비용	대여금(차입금)에 대한 이자수익(비용)
처분이익 VS 처분손실	자산처분시 발생하는 손익
외환차익 VS 외환차손	외화채권 및 채무의 결제시 환율변동손익
외화환산이익 VS 외화환산손실	기말 환율평가로 인한 환산손익
평가이익 VS 평가손실	단기매매증권 평가손익
임대료	부동산을 임대해주고 받는 대가
자산수증이익	재산등을 무상으로 받을 때 생기는 이익
채무면제이익	채무를 면제받아 생기는 이익
보험차익(보험수익)	재해 또는 보험만기시 수령하는 보험금
기부금	대가성 없이 무상증여재산 가액
기타의대손상각비	미수금, 대여금에서 발생하는 대손상각비
재고자산감모손실	비정상적 감모수량에 대한 손실
재해손실	자연적 재해로 발생하는 손실
잡이익 VS 잡손실	중요성이 없는 일시적이고 소액인 것

5. 결산

1. 예비절차	1. 수정전시산표의 작성 2. 결산수정분개 3. 수정후시산표의 작성
2. 본 절차	4. 계정의 마감
3. 결산보고서	5. 재무제표의 작성 **(제조원가명세서 → 손익계산서 → 이익잉여금처분계산서 → 재무상태표순)**

6. 회계변경

① 이론적 회계처리

소급법	변경연도 기초시점에서 자산과 부채에 미친 **회계변경의 누적효과**를 계산하여 기초이익잉여금을 수정하고, 이와 관련된 자산과 부채를 소급적으로 수정하는 방법을 말한다.
당기일괄처리법	변경연도의 기초시점에서 자산과 부채에 미친 누적효과를 계산하여 이를 **변경한 연도의 손익으로 보고 일괄적으로 관련 자산 · 부채를 수정하는 방법**
전진법	**회계변경 누적효과를 계산하지 않고,** 또한 반영하지 않으며 과거연도의 재무제표도 재작성하지 않고, **회계변경 효과를 당기 및 그 후속기간에만 영향을 미치게 하는 방법**이다.

[누적효과] 

〈B/S(기초) – 정액법〉			〈B/S(기초) – 정률법〉	
기계 50,000 누계액 (10,000) **40,000**		⇒ **정률법으로 감가상각방법 변경**	기계 50,000 누계액 (15,000) **35,000**	

누적효과 : △5,000원(35,000 – 40,000)

누적효과 = 변경 후 방법에 의한 기초 이익잉여금 – 변경 전 방법에 의한 기초이익잉여금

소급법	(차) 이익잉여금(회계변경누적효과) 5,000원 (대) 감가상각누계액 5,000원
당기일괄처리법	(차) 회계변경누적효과(영 · 비) 5,000원 (대) 감가상각누계액 5,000원
전진법	누적효과에 대한 회계처리 없음

〈회계처리방법 요약〉 

처리방법	소급법	당기일괄처리법	전진법
시제	과거	현재	미래
누적효과	**계산**		**계산안함**
	이월이익잉여금	**당기손익**	
전기재무제표	재작성	작성안함(주석공시)	해당없음
강조	비교가능성	–	신뢰성

② 회계변경

1. 의의	**인정된 회계기준 → 다른 인정된 회계기준 적용**	
2. 이론적근거와 문제점	표현의 충실성 확보 → 회계정보의 유용성의 증가 ☞ **기업간 비교가능성 및 특정기업의 기간별 비교가능성이라는 회계정보의 질적특성을 저해**	
3. 정당한 사유	비자발적 회계변경	기업회계기준의 변경 **(세법의 변경은 정당한 사유가 아니다)**
	자 발 적 회계변경	1. 기업환경의 중대한 변화 2. 업계의 합리적인 관행 수요
4. 회계변경의 유형	**1. 정책의 변경**	**1. 재고자산의 평가방법의 변경(선입선출법 → 평균법)** **2. 유가증권의 취득단가 산정방법(총평균법 → 이동평균법)** **3. 표시통화의 변경** **4. 유형자산의 평가모형(원가법에서 재평가법으로 변경)**
	2. 추정의 변경	발생주의 회계(추정)에 필연적으로 수반되는 과제 **1. 유형자산의 내용연수/잔존가치 변경 또는 감가상각방법 변경** 2. 채권의 대손설정률 변경 3. 제품보증충당부채의 추정치 변경 4. 재고자산의 순실현가능가액

③ 기업회계기준상 회계처리 

1. 정책의 변경	원칙	**소급법**
	예외	**전진법(누적효과를 계산할 수 없는 경우)**
2. 추정의 변경	**전진법**	
3. 동시발생	1. 누적효과를 구분할 수 있는 경우	정책의 변경에 대하여 소급법 적용 후 추정의 변경에 대해서 전진법 적용
	2. **구분할 수 없는 경우**	전체에 대하여 **전진법** 적용

7. 오류수정

<table>
<tr><td>1. 의의</td><td>잘못된 회계기준 → 올바른 회계기준</td></tr>
<tr><td>2. 유형</td><td>1. 당기순이익에 영향을 미치지 않는 오류 : 과목분류상의 오류
2. 당기순이익에 영향을 미치는 오류
① 자동조정오류 : 1기(오류발생) → 2기(반대작용) → 2기말(오류소멸)
- 기말재고자산의 과대(과소)평가
- 결산정리항목의 기간배분상 오류(선급비용, 선수수익 등)
② 비자동조정오류
- 자본적지출과 수익적지출의 구분 오류
- 감가상각비의 과대(소)계상</td></tr>
<tr><td>3. 회계처리</td><td><table>
<tr><th></th><th>중대한 오류</th><th>중대하지 아니한 오류</th></tr>
<tr><td>회계처리</td><td>소급법
(이익잉여금 - 전기오류수정손익)</td><td>당기일괄처리법
(영업외손익 - 전기오류수정손익)</td></tr>
<tr><td>비교재무제표</td><td>재작성(주석공시)</td><td>해당없음(주석공시)</td></tr>
</table></td></tr>
</table>

연/습/문/제

O,X 문제

01. 용역의 제공으로 인한 수익은 용역제공거래의 성과를 신뢰성 있게 추정할 수 있을 때 완성기준에 따라 인식한다. ( )

02. 판매자는 판매한 재화에 대하여 소유권이 있을 때 통상적으로 행사하는 정도의 관리나 효과적인 통제를 할 수 없을 경우 수익을 인식한다. ( )

03. 거래와 관련하여 발생했거나 발생할 거래원가와 관련 비용을 신뢰성 있게 측정할 수 있을 경우 재화의 판매로 인한 수익 인식 조건에 해당한다. ( )

04. 광고제작사 등의 광고제작용역수익은 관련 용역이 모두 완료되는 시점에 수익으로 인식한다. ( )

05. 주문개발하는 소프트웨어의 대가로 수취하는 수수료는 진행기준에 따라 수익을 인식한다. ( )

06. 예술공연 등의 행사에서 발생하는 입장료 수익은 입장권을 발매하는 시점에 수익으로 인식한다. ( )

07. 성격과 가치가 상이한 재화나 용역간의 교환 시 교환으로 제공받은 재화나 용역의 공정가치로 수익을 측정하는 것이 원칙이다. ( )

08. 판매대가가 재화의 판매 또는 용역의 제공이후 장기간에 걸쳐 유입되는 경우에 공정가액은 미래에 받을 현금의 합계액의 현재가치로 측정한다. ( )

09. 상품권의 발행과 관련된 수익은 상품권을 회수한 시점 즉, 재화를 인도하거나 판매한 시점에 인식하고, 상품권을 판매한 때에는 선수금으로 처리한다. ( )

10. 용역의 제공으로 인한 수익을 진행기준에 따라 인식하는 경우 진행률은 총 공사대금에 대한 선수금의 비율로 계산할 수 있다. ( )

11. 수익인식시 관련된 비용을 신뢰성 있게 측정할 수 없어도 수익을 인식할 수 있다. ( )

12. 진행률을 합리적으로 추정할 수 없는 경우나, 수익금액을 신뢰성 있게 측정할 수 없는 경우에는 발생한 원가의 범위 내에서 회수 가능한 금액을 수익으로 계상하고 발생원가 전액을 비용으로 인식한다. ( )

13. 선수수익계상, 선급비용 계상, 미수수익계상, 미지급비용계상, 기말재고자산가액의 오류는 다음연도에 자동적으로 오류가 상쇄되는 오류이다. ( )

14. 세법의 규정을 따르기 위한 회계변경은 정당한 사유에 해당한다. ( )

15. 감가상각비가 과대계상된 경우, 별도의 수정절차를 취하지 않는 한 회계기간이 경과되더라도 발생한 오류가 자동상쇄되지 않는다. ( )

16. 전기 이전기간에 발생한 중대한 오류의 수정은 자산, 부채 및 자본의 기말금액에 반영한다. ( )

17. 비교재무제표를 작성하는 경우 중대한 오류의 영향을 받는 회계기간의 재무제표항목은 재작성한다. ( )

18. 회계정책의 변경을 반영한 재무제표가 더 신뢰성 있고 목적적합한 정보를 제공하는 경우 회계정책을 변경할 수 있다. ( )

19. 회계추정의 변경은 소급하여 적용하며, 전기 또는 그 이전의 재무제표를 비교 목적으로 공시할 경우 소급적용에 따른 수정사항을 반영하여 재작성한다. ( )

20. 회계변경의 속성상 그 효과를 회계정책의 변경효과와 회계추정의 변경효과로 구분하기 불가능한 경우 이를 회계정책의 변경으로 본다. ( )

21. 동종산업에 속한 대부분의 기업이 채택한 회계정책 또는 추정방법으로 변경함에 있어서 새로운 회계정책 또는 추정방법이 종전보다 더 합리적이라고 판단되는 경우 정당한 회계변경으로 본다. ( )

22. 회계추정 변경의 효과는 당해 변경이 발생한 회계연도의 다음 회계연도부터 적용한다. ( )

23. 전진법은 전기재무제표가 당기와 동일한 회계처리방법에 의하므로 기간별비교가능성이 향상된다. ( )

24. 당기일괄처리법은 회계변경의 효과를 미래에 영향을 미치게 하는 방법이므로, 기업회계기준에서는 회계추정의 변경에 사용하도록 하고 있다. ( )

25. 소급법은 과거와 당기의 재무제표가 동일한 회계방법에 따라 작성되어 공시되므로 재무제표의 기간별비교가능성이 향상된다. ( )

26. 회계정책의 변경과 회계추정의 변경이 동시에 이루어지는 경우에는 회계정책의 변경에 의한 누적효과를 먼저 계산하여 소급적용한 후, 회계추정의 변경효과를 전진적으로 적용한다. ( )

27. 회계추정의 변경은 소급하여 적용하며, 전기 또는 그 이전의 재무제표를 비교 목적으로 공시할 경우 소급적용에 따른 수정사항을 반영하여 재작성한다. ( )

분개연습

01. 대표이사의 주소가 변경됨으로 인해서, 법인등기부등본을 변경등기하고 이에 대한 등록세로 70,000원을 현금지출하고, 등록관련 수수료로 30,000원을 현금으로 지급하였다.

02. 회사는 국민은행으로부터 시설자금 10,000,000원을 20X0년 5월 1일 차입하여 20X2년부터 5년간 균등액으로 분할상환하고자 한다. 해당금액에 20X1년 12월 31일자 유동성대체분개를 하시오.

03. 제품 판매장에 대한 임차료 3,000,000원을 임대인 김미진에게 국민은행 보통예금 계좌에서 이체하여 지급하였다.

04. 미국의 마블사로부터 차입한 외화단기차입금 $1,000와 차입금이자 $100를 당사 보통예금계좌에서 이체하여 상환하였다. 회사는 전기말 결산시 이자비용 $30 (30,000원)를 비용인식하였다.(보고기간말 평가환율 1,000원/$ 상환시 적용환율 980원/$)

05. 거래처 천안㈜의 부도로 단기대여금 5,000,000원이 회수가 불가능하게 되어 대손처리 하였다. 단, 단기대여금에 대여하는 대손충당금을 설정한 사실이 없다.

06. 회사는 20X1년 4월 1일 회사 상품창고 화재보험료 1년분 2,400,000원을 (주)현대화재에 선납하고 보험료로 비용처리하였다. 보험료는 월할계산하고, 결산수정분개하시오.

07. 결산일 현재 외상매출금 중에는 Bong사에 20x1년 12월 3일에 US$ 40,000로 매출한 금액이 포함되어 있고 이 금액은 20x2년 4월 5일에 회수할 예정이다. 결산정리분개를 하시오.

-20x1년 12월 3일 적용환율 : 1,050원/$	-20x1년 12월 31일 적용환율 : 1,010원/$

08. 20X1년 12월분 임차료에 대하여 기말현재 경과된 기간에 대한 임차료 미지급분 8,000,000원(공장분 5,000,000원, 본사사무실분 3,000,000원)이 있다.

09. 기말 주식(매도가능증권)을 평가한 결과 다음과 같다.

구 분	20X0.12.31			20X1.12.31(당기)		
	공정가액	수 량	평가액	공정가액	수 량	평가액
사성(주)	10,000원	100주	1,000,000원	13,000원	100주	1,300,000원

주식을 20X0년 10월 1일 11,000원/주에 취득하고 전기에 적정하게 평가하였다.

10. 보고기간말 현재 재고자산을 실사평가한 결과는 다음과 같다. 제품의 수량감소 중 60개는 비정상감모손실이고 40개는 정상감모손실이다. 비정상감모손실에 관련한 결산수정분개를 하시오.

구 분	장부상내역			실사내역		
	단위당 취득원가	수량 (개)	평가액	단위당 시 가	수량	평가액
제 품	10,000원	1,000	10,000,000원	9,000원	900	9,000,000원
원재료	1,000원	2,000	2,000,000원	1,000원	2,000	2,000,000원

11. 4월1일 (주)서울에 10,000,000원을 2027년 3월 31일 까지 대여하고, 연 12%의 이자를 매년 3월 31일 수취하기로 계약을 체결하였다. 기간 경과분에 대한 이자를 결산서상에 반영하시오(이자는 월할 계산하시오).

12. 매출채권 및 미수금잔액에 대하여 1%의 대손상각비를 계상하시오. 다음은 합계잔액시산표를 조회한 결과이다.

합계잔액시산표

제×기 : 20×1년 12월 31일 현재

차 변		계정과목	대 변	
잔 액	합 계		합 계	잔 액
10,000,000	20,000,000	외 상 매 출 금	10,000,000	
	200,000	대 손 충 당 금	350,000	150,000
20,000,000	35,000,000	받 을 어 음	15,000,000	
	200,000	대 손 충 당 금	250,000	50,000
25,000,000	45,000,000	미 수 금	20,000,000	
	200,000	대 손 충 당 금	550,000	350,000

13. 기업회계기준에 의하여 퇴직급여충당부채를 설정하고 있으며, 기말 현재 퇴직급여추계액 및 당기 퇴직급여충당부채 설정 전의 퇴직급여충당부채 잔액은 다음과 같다. 결산시 회계처리를 하시오.

부 서	퇴직급여추계액	퇴직급여충당부채잔액
생산부	30,000,000원	25,000,000원
관리부	35,000,000원	39,000,000원

14. 장기차입금에 대하서 결산정리분개를 하시오.

항목	거래처	차입금액	차입시기	비고
장기차입금	신한은행	5,000,000원	2018.12.29.	20x2.12.28. 일시상환
장기차입금	국민은행	5,000,000원	2017. 9.16.	20x3. 9.15. 일시상환
장기차입금	농협	5,000,000원	2017.10.17.	20x1.10.16.부터 5년간 균등 분할상환
합 계		15,000,000원		

15. 정부보조금으로 구입한 공장용 기계장치에 대하여 결산시 감가상각비를 계상하시오. (월할상각하고 잔존가치는 '0')

자산명	취득일	취득원가	감가상각 방 법	내용 연수	비 고
기계장치	20x1.7.1	90,000,000원	정액법	5년	회사부담금 60,000,000원 정부보조금 30,000,000원

주관식

01. 손익계산서상의 영업이익은 얼마인가?

매출액	20,000,000원	매출원가	15,000,000원	급여	1,000,000원
감가상각비	500,000원	매출채권관련대손상각비	100,000원	이자수익	100,000원
기부금	1,000,000원	유형자산처분이익	200,000원	법인세비용	300,000원
기업업무추진비	500,000원	외화환산손실	200,000원	재해손실	1,500,000원

02. 다음 자료를 이용하여 영업외이익(=영업외수익 - 영업외비용)을 구하시오.

• 임원급여 :	3,000,000원	• 광고선전비 :	600,000원
• 받을어음의 대손상각비 :	700,000원	• 기부금 :	300,000원
• 외환차익 :	1,500,000원	• 기업업무추진비 :	100,000원
• 감가상각비 :	500,000원	• 이자수익 :	400,000원
• 유형자산처분손실 :	200,000원		

03. 보고기간 종료일에 ㈜로그인의 결산시 당기순이익이 100,000원이었다. 다음과 같은 오류가 포함되었을 경우, 수정 후 당기순이익은 얼마인가?

• 감자차익 과소계상액 :	10,000원	• 매도가능증권평가손실 과대계상액 :	20,000원
• 이자비용 과대계상액 :	30,000원	• 단기투자자산처분이익 과대계상액 :	40,000원
• 선급비용 과소계상 :	50,000원		

04. 기말 수정분개 후 당기순이익은 얼마인가?

가. 수정 전 당기순이익 : 200,000원

나. 기말 수정사항

• 미지급이자	10,000원	• 임대료선수분	20,000원
• 보험료선급분	30,000원	• 미수이자	40,000원

05. 다음 자료에 의한 영업이익을 계산하시오.

• 총매출액	35,000,000원	• 총매입액	18,000,000원
• 매입할인	300,000원	• 이자비용	200,000원
• 매입에누리와환출	250,000원	• 복리후생비	1,000,000원
• 매출에누리와환입	300,000원	• 매출할인	200,000원
• 기초상품재고액	500,000원	• 기말상품재고액	450,000원

연/습/문/제 답안

O,X문제

1	2	3	4	5	6	7	8	9	10
×	○	○	×	○	×	○	○	○	×
11	**12**	**13**	**14**	**15**	**16**	**17**	**18**	**19**	**20**
×	○	○	×	○	×	○	○	×	×
21	**22**	**23**	**24**	**25**	**26**	**27**			
○	×	×	×	○	○	×			

[풀이 - O,X문제]

01. **용역제공거래는 진행기준으로 수익**을 인식한다.

04. 광고제작사 등의 **광고제작용역수익은 진행기준에 따라 수익으로 인식**한다.

06. 예술공연 등의 행사에서 발생하는 입장료 수익은 **행사가 개최되는 시점에 인식**한다.

10. 중도금 또는 선수금에 기초하여 계산한 진행률은 작업진행정도를 반영하지 않을 수 있으므로 적절한 진행률로 보지 아니한다.

11. 수익과 관련 비용은 대응하여 인식한다. **수익과 관련된 비용을 신뢰성 있게 측정할 수 없다면 수익을 인식할 수 없다.**

14. **세법의 규정을 따르기 위한 회계변경**은 정당한 회계변경으로 보지 않는다

16. **중대한 오류의 수정은 자산,부채,자본의 기초금액에 반영**한다.

19. **추정의 변경은 전진법**으로 처리한다.

20. **구분불가시 추정의 변경**으로 본다.

22. **추정변경의 효과는 당 회계연도 기초부터 적용**한다.

23. 소급법에 대한 설명이다.

24. 전진법에 대한 설명이다.

27. **추정의 변경은 전진법**으로 처리한다.

분개연습

[1] (차) 세금과공과(판) 70,000 (대) 현 금 100,000
수수료비용(판) 30,000

[2] (차) 장기차입금(국민은행) 2,000,000 (대) 유동성장기부채(국민은행) 2,000,000

[3] (차) 임차료(판) 3,000,000 (대) 보통예금 3,000,000

[4] (차) 외화단기차입금(마블사) 1,000,000*1 (대) 보 통 예 금 1,078,000*2
미지급비용 30,000 외 환 차 익 20,600
이 자 비 용 68,600*3

*1. $1,000×1,000원(기말환율) *2. $1,100×980원(상환시 환율) *3. $70×980(상환시 환율)

[5] (차) 기타의대손상각비(영 · 비) 5,000,000 (대) 단기대여금(천안(주)) 5,000,000

[6] (차) 선 급 비 용 600,000 (대) 보 험 료(판) 600,000

☞ 선급비용 : 2,400,000 × 3개월/12개월

[7] (차) 외화환산손실 1,600,000 (대) 외상매출금(Bong) 1,600,000

☞ 외화환산손실 = $40,000×(1,010 - 1,050) = 손실 1,600,000원

[8] (차) 임차료(제) 5,000,000 (대) 미지급비용 8,000,000
임차료(판) 3,000,000

[9] (차) 매도가능증권(투자) 300,000 (대) 매도가능증권평가손 100,000
매도가능증권평가익 200,000

☞ 20x0 기말 평가분개; (차) 매도가능증권평가손(자본) 100,000 (대) 매도가능증권 100,000

[10] (차) 재고자산감모손실(영) 600,000 (대) 제 품(타계정대체) 600,000

☞ 비정상감모손실 : 10,000원(취득원가)×60개

[11] (차) 미 수 수 익 900,000 (대) 이 자 수 익 900,000

☞ 이자수익 : 10,000,000원×12%×9개월/12개월

[12] (차) 대손충당금(외상) 50,000 (대) 대손충당금환입(판) 50,000
대손상각비(판) 150,000 대손충당금(받을) 150,000
대손충당금(미수금) 100,000 대손충당금환입(영) 100,000

☞ 대손충당금(외상) : 10,000,000×1% - 150,000 = △ 50,000원
대손충당금(받을) : 20,000,000×1% - 50,000 = 150,000원
대손충당금(미수) : 25,000,000×1% - 350,000 = △100,000원

[13] (차) 퇴 직 급 여(제) 5,000,000 (대) 퇴직급여충당부채 1,000,000
퇴직급여충당부채환입(판) 4,000,000

☞ 퇴직급여부채충당부채 당기 설정금액은 보충법으로 회계처리한다. 또한 환입이 발생시 퇴직급여충당부채환입계정으로 처리하고, 손익계산서에는 부(-)의 금액으로 표시한다.

[14] (차) 장기차입금(신한은행) 5.000,000 (대) 유동성장기부채(신한은행) 5,000,000
장기차입금(농협) 1.000,000 (대) 유동성장기부채(농협) 10,000,000

☞ 결산일(20x1.12.31) 현재 20x2년도에 상환할 금액에 대하여 유동성대체

[15] (차) 감가상각비(제) 9,000,000 (대) 감가상각누계액(기계) 9,000,000
정부보조금(기계) 3,000,000 감가상각비(제) 3,000,000

☞ 감가상각비 = 90,000,000원/5년×6/12 = 9,000,000원
정부보조금상계액 = 30,000,000원/5년×6/12 = 3,000,000원

주관식

01	2,900,000원	02	1,400,000원	03	140,000원
04	240,000원	05	16,000,000원		

01. 영업이익 = 매출액 - 매출원가 - 판관비(급여, 감가상각비, 기업업무추진비, 매출관련대손상각비)

02. 영업외이익 = 영업외수익(외환차익, 이자수익) - 영업외비용(기부금, 유형자산처분손실)
= 1,500,000원 + 400,000원 - 300,000원 - 200,000원 = 1,400,000원

03. 감자차익은 자본잉여금에 매도가능증권평가손실은 기타포괄손익누계액에 속하여 당기순이익에 영향을 미치지 않는다.

1. 수정전 당기순이익	100,000	
① 이자비용 과대계상	30,000	비용과대
② 단기투자자산처분익 과대계상	-40,000	수익과대
③ 선급비용 과소계상	+50,000	자산과소, 이익과소
2. 수정후 당기순이익	140,000	

04.

1. 수정전 당기순이익	200,000	
① 미지급이자	-10,000	(차) 이자비용 xx (대) 미지급이자 xx
② 임대료 선수분	-20,000	(차) 수입임대료 xx (대) 선수수익 xx
③ 보험료 선급분	+30,000	(차) 선급비용 xx (대) 보험료 xx
④ 미수이자	+40,000	(차) 미수수익 xx (대) 이자수익 xx
2. 수정후 당기순이익	240,000	

05. 순매출액 = 총매출액(35,000,000) - 매출에누리와환입 · 할인(500,000) = 34,500,000원

상 품

기초상품	500,000	**매출원가(?)**	**17,500,000**
총매입액	18,000,000		
매입에누리와환출	(250,000)		
매입할인	(300,000)	기말상품	450,000
계	17,950,000	계	17,950,000

손익계산서		
1.(순)매출액	34,500,000	
2.매출원가	17,500,000	기초상품재고액 + 당기매입액 - 기말상품재고액
3.매출이익(1 - 2)	17,000,000	
4.판관비	1,000,000	복리후생비
5.영업이익(3 - 4)	**16,000,000**	

Chapter

원가회계 3

로그인 에센스 전산세무 2급

제1절 기초개념

1. 원가의 분류

① 원가의 행태

변동원가	**순수변동비**	조업도의 변동에 따라 총원가 비례하여 증감하는 원가 **(예) 직접재료비, 직접노무비**
	준변동비 (혼합원가)	**변동비와 고정비** 성격을 모두 가지고 있는 원가 (예) 전화요금, 전기료 등
고정원가	**순수고정비**	조업도의 변화에 관계없이 총원가 일정하게 발생하는 원가 (예) 감가상각비, 임차료, 건물보험료 등
	준고정비 (계단원가)	관련범위를 벗어나면 원가총액이 일정액만큼 증가 또는 감소하는 원가

② 추적가능성

직접원가	어떤 원가를 특정원가대상(제품)에 대해 **직접 추적**할 수 있는 원가 (예) 직접재료비, 직접노무비
간접원가	어떤 원가가 특정원가대상(제품)과 관련을 맺고 있다 하더라도 그 원가대상에 직접 대응시킬 수 없는 원가 (예) 제조간접비 - 공장장 급여, 회계팀 인건비 등

③ 제조활동과의 관련성

제조원가 (공장에서 발생)	**직접재료비**	특정제품에 직접적으로 추적할 수 있는 원재료 사용액
	직접노무비	특정제품에 직접적으로 추적할 수 있는 노동력의사용액
	제조간접비	직접재료비와 직접노무비를 제외한 모든 제조원가 **(변동제조간접비, 고정제조간접비)** (예) 간접재료비, 간접노무비, 간접경비
비제조원가 (기간비용)	기업의 제조활동과 관련 없이 발생하는 원가 (예) 판매비와 관리비	

〈기본원가와 가공원가〉

	총제조원가	
기초원가 (기본원가)	**직접재료비**	
	직접노무비	**가공원가(전환원가)**[*1]
	제조간접비	

*1. 직접경비는 가공원가에 포함된다.

④ 의사결정관련성 여부

관련원가	의사결정 대안간에 차이가 나는 원가로서 의사결정에 필요한 원가 ☞ **기회비용 : 여러 대안 중 어느 하나를 선택하고 다른 것을 포기한 결과 포기된 대안의 화폐적 가치(최대이익 또는 최소비용)**
매몰원가	과거의 의사결정으로 인하여 이미 발생한 원가로서 대안간에 차이가 발생하지 않는 원가 → **과거원가로서 현재 혹은 미래의 의사결정과 관련이 없는 비관련원가**

2. 조업도 변화에 따른 고정비와 변동비

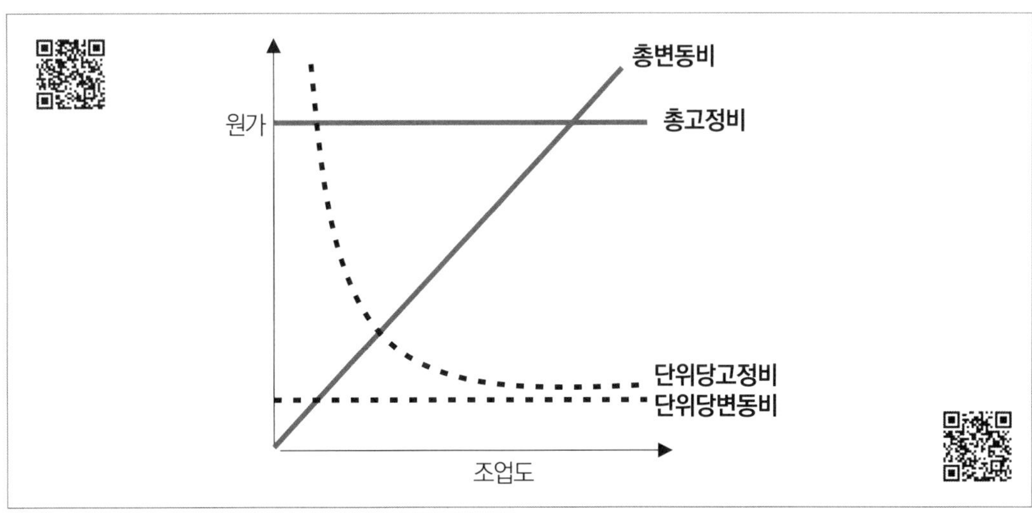

제2절 원가의 흐름

1. 제조기업의 원가 흐름 요약

1. 원재료

기초재고	XXX	직접재료비	XXX
구 입	XXX	기 말	XXX

2. 노무비

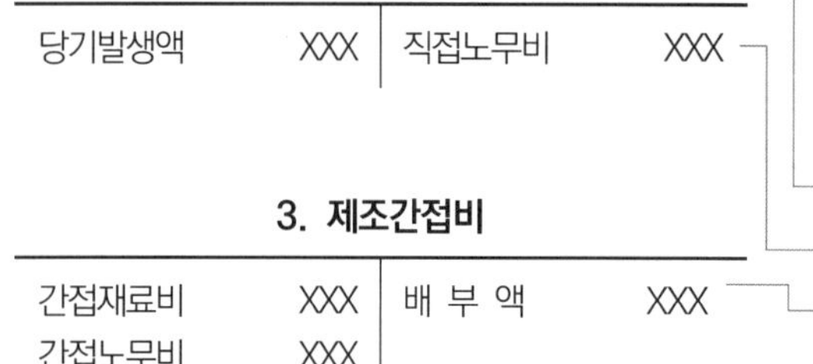

당기발생액	XXX	직접노무비	XXX

3. 제조간접비

간접재료비	XXX	배 부 액	XXX
간접노무비	XXX		
간접경비	XXX		

당기총제조원가

당기제품제조원가

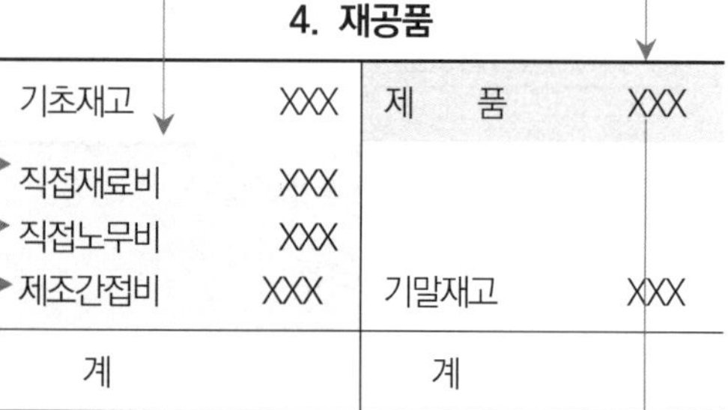

4. 재공품

기초재고	XXX	제 품	XXX
직접재료비	XXX		
직접노무비	XXX		
제조간접비	XXX	기말재고	XXX
계		계	

5. 제 품

기초재고	XXX	매출원가	XXX
제 품	XXX	기말재고	XXX
계		계	

당기총제조원가 = 직접재료비 + 직접노무비 + 제조간접비
당기제품제조원가 = 기초재공품원가 + 당기총제조원가 – 기말재공품원가

〈노무비(경비) 발생액〉

노무비(경비)당기발생액 = ① 당기지급액 - ② 전기미지급액 - ③ 당기선급액 + ④ 당기미지급액 + ⑤ 전기선급액

구분	차변	금액	대변	금액
① 당기지급액	(차) 노 무 비(경비) ② 미지급비용(전기) ③ 선급비용(당기)	XXX XXX XXX	(대) 현 금	XXX
당기발생미지급분	(차) 노 무 비(경비)	XXX	(대) ④ 미지급비용(당기)	XXX
전기선급분	(차) 노 무 비(경비)	XXX	(대) ⑤ 선급비용(전기)	XXX

2. 제조원가명세서 및 손익계산서

제조원가명세서

Ⅰ. 직접재료비		XXX
1. 기초원재료 재고액	XXX	
2. 당기원재료 매입액	XXX	
3. 기말원재료 재고액	(XXX)	
Ⅱ. 직접노무비		XXX
Ⅲ. 제조간접비		XXX
Ⅳ. 당기총제조원가		XXX
Ⅴ. 기초재공품재고액		XXX
Ⅵ. 합계		XXX
Ⅶ. 기말재공품재고액		(XXX)
Ⅷ. 당기제품제조원가		XXX

손익계산서

Ⅰ. 매출액		XXX
Ⅱ. 매출원가		XXX
1. 기초제품재고액	XXX	
2. 당기제품제조원가	XXX	
3. 기말제품재고액	(XXX)	
Ⅲ. 매출총이익		XXX
Ⅳ. 판매비와관리비		XXX
Ⅴ. 영업이익		XXX
·		·
·		·
Ⅵ. 당기순이익		XXX

제조원가명세서(당기제품제조원가) : 원재료 + 재공품 T계정

손익계산서(매출원가) : 제품 T계정

제3절 원가계산

1. 원가계산의 절차

(보조부문) 식당부문 전력부문
↓ 보조부문배부
(제조부문) TV제조 컴퓨터제조
↓ 제품별배부
(제품별) 40"TV 50"TV 60"TV 데스크탑 노트북

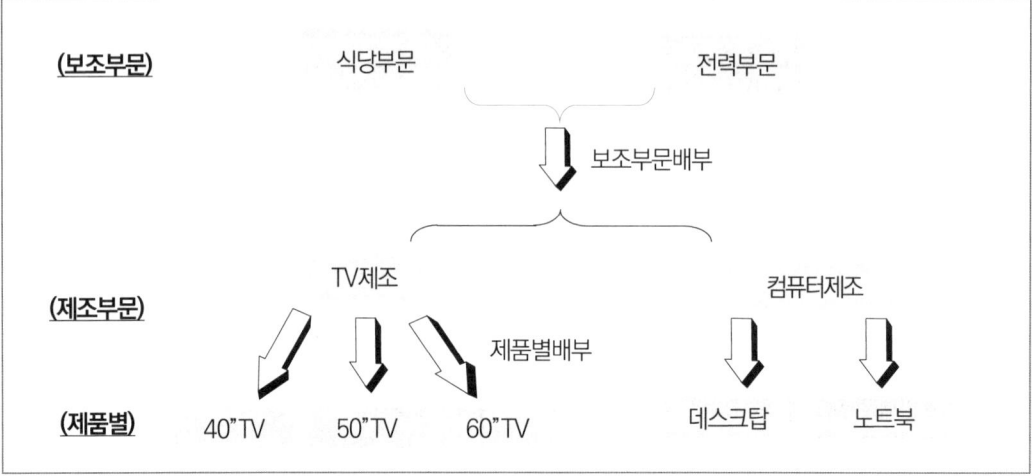

1. 요소별 원가계산	재료비, 노무비, 경비의 세가지 요소로 분류하여 집계
2. 부문별 원가계산	요소별로 파악된 원가를 발생장소인 부문별로 분류하여 집계
3. 제품별 원가계산	요소별, 부문별원가계산에서 집계한 원가를 각 제품별로 집계하는 절차

2. 원가계산의 종류 : 상이한 목적에 따라 상이한 원가가 사용

생산형태	원가계산의 범위	원가측정방법
개별원가계산	전부원가계산 (제품원가 : 제조원가)	**실제원가계산 (실제발생액)**
		정상원가계산 (제조간접비예정배부)
종합원가계산	변동원가계산 (제품원가 : **변동비 : 직접재료비 +직접노무비+변동제조간접비**)	표준원가계산 (직재, 직노, 제간 표준설정)

3. 부문별 원가계산

제1단계	부문직접비를 각 부문에 부과
제2단계	부문간접비를 일정한 배부기준*(인과관계기준)*에 따라 각 부문에 배부
제3단계	보조부문비를 일정한 배부기준*(인과관계기준)*에 따라 제조부문에 배부
제4단계	제조부문비를 각 제품에 부과

보조부문 ⟶ **제조부문** ⟶ **제 품**

제조부문을 통한 **간접적인 인과관계 형성**

(1) 부문간접비(공통원가)의 배부기준 – 인과관계기준

부문공통비	배부기준
건물감가상각비	**점유면적**
전력비	전력사용량
임차료, 재산세, 건물보험료	점유면적
수선유지비	수선작업시간

(2) 보조부문원가를 제조부문에 배분 – 인과관계기준

보조부문원가	배부기준
공장인사관리부문	종업원수
전력부문	전력사용량
용수부문	용수 소비량
식당부문	종업원수
구매부문	주문횟수/주문금액

4. 보조부문원가의 배분 

<table>
<tr><td rowspan="4">1. <u>보조부문 상호간의 용역 수수 고려</u></td><td><u>1. 직접배분법</u></td><td>직접 제조부문에만 배부</td></tr>
<tr><td><u>2. 단계배분법</u></td><td>보조부문원가를 <u>배분순서를 정하여</u> 그 순서에 따라 단계적으로 다른 보조부문과 제조부문에 배분하는 방법</td></tr>
<tr><td><u>3. 상호배분법</u></td><td>보조부문 간의 <u>상호 관련성을 모두 고려</u>하여 다른 보조부문과 제조부문에 배부하는 방법</td></tr>
<tr><td colspan="2"><table>
<tr><th>구분</th><th>직접배분법</th><th>단계배분법</th><th>상호배분법</th></tr>
<tr><td>보조부문간 용역수수관계</td><td>전혀 인식하지 않음</td><td>일부만 인식</td><td>전부인식</td></tr>
<tr><td>장점</td><td>간편</td><td>–</td><td>정확</td></tr>
<tr><td>단점</td><td>부정확</td><td>–</td><td>복잡함</td></tr>
</table></td></tr>
<tr><td rowspan="2">2. 원가행태에 의한 배분</td><td><u>1. 단일배분율</u></td><td>모든 보조부문의 원가를 하나의 기준에 따라 배분하는 방법</td></tr>
<tr><td><u>2. 이중배분율</u></td><td>보조부문의 원가를 원가행태에 따라 고정비와 변동비로 분류하여 각각 다른 배부기준 적용
<u>1. 변동비 : 실제사용량</u>
<u>2. 고정비 : 최대사용가능량</u></td></tr>
</table>

연/습/문/제

O,X 문제

01. 기회비용은 특정대안을 채택할 때 포기해야 하는 대안이 여러 개일 경우 이들 대안들의 효익 중 가장 작은 것이다. ( )

02. 준고정원가(계단원가)는 조업도와 무관하게 총원가가 일정하게 유지되다가, 일정조업도 이후 총원가가 증가한 후에 다시 일정하게 유지된다. ( )

03. 매몰원가는 과거의 의사결정의 결과로 이미 발생된 원가로서 현재의 의사결정에는 아무런 영향을 미치지 못하는 미래원가이다. ( )

04. 변동원가는 조업도의 변동에 관계없이 단위당 원가는 일정하고, 총원가는 조업도의 변동에 비례하여 변하는 원가를 말한다. ( )

05. 통제불능원가란 특정부문의 경영자가 원가의 발생을 관리할 수 있으며, 부문경영자의 성과평가의 기준이 되는 원가를 말한다. ( )

06. 제품원가는 조업도가 증가하면 고정비요소로 인하여 단위당 원가는 감소하나 단위당 변동비 이하로는 감소할 수 없다. ( )

07. 조업도가 무한히 증가할 때 단위당 고정비는 1에 가까워진다. ( )

08. 특정제품 또는 특정부문에 직접적으로 추적가능한 원가를 직접비라 하고 추적불가능한 원가를 간접비라 한다. ( )

09. 상호배분법은 다른 배분방법에 비해 정확한 원가배분이 가능하나, 많은 시간과 비용이 소요되는 단점이 있다. ( )

10. 직접배분법 적용 시 가장 많은 부문에 용역을 제공하는 보조부문부터 상대적으로 적은 부문에 용역을 제공하는 보조부문 순으로 보조부문비를 배분한다. ( )

11. 기초재공품액이 기말재공품액보다 더 큰 경우 당기총제조원가가 당기제품제조원가보다 크다. (   )

12. 보조부문 상호간의 용역수수관계가 중요하지 않는 경우에 가장 시간과 비용을 절약할 수 있는 원가배분 방법은 상호배분법이다. (   )

13. 단계배분법은 보조부문 상호 간의 용역수수를 완전히 반영한다는 점에서 직접배부법보다 우수하다. (   )

14. 상호배분법은 원가배분절차가 복잡하여 정확한 자료를 얻으려면 많은 시간과 비용이 소요된다. (   )

15. 기초재공품재고를 잘못 계산하여 수정할 경우 당기제품제조원가가 직접적으로 영향을 미친다. (   )

주관식

01～02. 아래 자료에 의하여 다음을 계산하시오.

• 당기총제조원가 : 600,000원	• 직접비(기본원가) : 500,000원
• 가공원가 : 400,000원	

01. 직접재료비를 구하시오.

02. 제조간접비를 구하시오.

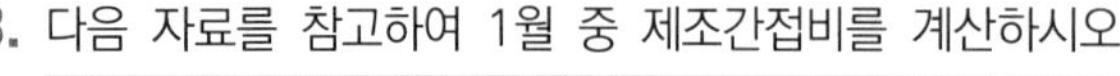

03. 다음 자료를 참고하여 1월 중 제조간접비를 계산하시오.

- 1월 중 400,000원의 직접재료를 구입하였다.
- 1월 중 직접노무비는 500,000원이었다.
- 1월 중 매출액은 1,200,000원이며, 원가에 20%의 이익을 가산하여 결정한다.
- 재공품과 제품의 기초재고와 기말재고는 같다.
- 원재료의 1월초 재고가 200,000원이었고, 1월말 재고가 300,000원이다.

04. 다음 자료에 의하여 당기제품매출원가를 계산하시오.

• 기초재공품재고액 :	30,000원	• 당기총제조비용 :	100,000원
• 기말재공품재고액 :	40,000원	• 당기제품제조원가 :	120,000원
• 기말제품재고액 :	50,000원	• 기초제품재고액 :	130,000원

05. 다음 자료에 의한 제조간접비를 구하시오.

• 기초원재료 :	100,000원	• 당기매입원재료 :	500,000원
• 기말원재료 :	200,000원	• 직접노무비 :	1,000,000원
• 기초재공품 :	1,000,000원	• 외주가공비 :	400,000원
• 기말재공품 :	1,100,000원	• 당기제품제조원가 :	2,500,000원

06. 다음은 제조원가명세서 자료이다. 기말 재무상태표의 자산계정에 반영될 금액을 구하시오

제조원가명세서 (단위 : 원)

Ⅰ	(　　　　)		14,000,000
	(　　　　)	2,000,000	
	당기매입	16,000,000	
	(　　　　)	(　　　　)	
Ⅱ	노무비		10,000,000
Ⅲ	경비		8,000,000
Ⅳ	당기총제조비용		(　　　　)
Ⅴ	(　　　　)		2,000,000
Ⅵ	합계		(　　　　)
Ⅶ	(　　　　)		(　　　　)
Ⅷ	당기제품제조원가		30,000,000

07. 다음 자료에 의한 당기의 직접재료비는 얼마인가?

• 당기총제조원가는 6,500,000원
• 제조간접비는 직접노무비의 75%이다.
• 제조간접비는 당기총제조원가의 30%이다.

08～09. ㈜로그인의 전력부문은 조립부문 및 절단부문에 용역을 공급하고 있다. 전력부문에서 발생된 원가는 변동비가 200,000원이고 고정비가 300,000원이다. 전력부문에서 발생된 원가를 조립부문 및 절단부문에 배부하고자 한다.

구 분	조립부문	절단부문	합 계
실제제공시간	400시간	600시간	1,000시간
최대제공시간	900시간	600시간	1,500시간

08. 단일배부율법에 의하여 절단 부문에 배부될 금액을 구하시오.

09. 이중배부율법에 의하여 절단 부문에 배부될 금액을 구하시오.

10. 당사는 단계배분법을 이용하여 보조부문 제조간접비를 제조부문에 배부하고자 한다. 각 부문별 원가발생액과 보조부문의 용역공급이 다음과 같을 경우 수선부문에서 조립부문으로 배부될 제조간접비는 얼마인가?(단, 전력부문부터 배부한다고 가정함)

구 분	제조부문		보조부문	
	조립부문	절단부문	전력부문	수선부문
자기부문 제조간접비	600,000원	500,000원	300,000원	450,000원
전력부문 동력공급(kw)	300	400	–	300
수선부문 수선공급(시간)	40	50	10	–

11. ㈜로그인은 단계배분법을 사용하여 원가배분을 하고 있다. 아래의 자료를 이용하여 조립부문에 배분될 보조부문의 원가는 얼마인가?(단, 전력부문을 먼저 배분할 것)

	보조부문		제조부문	
배분전원가	전력부문	관리부문	조립부문	절단부문
배분전원가	200,000원	700,000원	3,000,000원	1,500,000원
전력부문배분율	–	10%	50%	40%
관리부문배분율	10%	–	30%	60%

연/습/문/제 답안

O,X문제

1	2	3	4	5	6	7	8	9	10
×	○	×	○	×	○	×	○	○	×
11	12	13	14	15					
×	×	×	○	○					

[풀이 - O,X문제]

01. **기회비용은 특정대안을 채택할 때 포기해야 하는 대안**이 여러 개일 경우 이들 **대안들의 효익 중 가장 큰 것**이다.
03. 매몰원가는 과거원가이다.
05. 통제가능원가에 대한 설명이다.
07. 총고정비를 1,000,000원으로 가정하면, 단위당고정비 = 총고정비/조업도 = 1,000,000/∞≒0
10. 직접배분법은 보조부문간의 용역수수관계를 고려하지 않는다. 단계배분법에 대한 설명이다.
11. 당기제품제조원가가 당기총제조원가보다 크다.
12. 직접배분법이 가장 간단한 방법이다.
13. 단계배분법은 보조부문 상호간의 용역수수를 완전히 반영하지 못하며, **상호배분법은 보조부문 상호간의 용역수수를 모두 반영**한다.

주관식

01	200,000원	02	100,000원	03	200,000원
04	200,000원	05	800,000원	06	8,000,000원
07	1,950,000원	08	300,000원	09	240,000원
10	240,000원	11	340,000원		

01 ~ 02. 당기총제조원가 = 직접재료비 + 직접노무비 + 제조간접비

기본원가(직접원가) = 직접재료비 + **직접노무비**

가공원가(전환원가) = **직접노무비** + 제조간접비

제조간접비 = 당기총제조원가 - 기본원가 = 600,000 - 500,000 = 100,000원

직접재료비 = 당기총제조원가 - 가공원가 = 600,000 - 400,000 = 200,000원

03. 매출원가 : 1,200,000/1.2 = 1,000,000원

원 재 료

기초재고	200,000	**직접재료비**	**300,000**
매 입	400,000	기말재고	300,000
계	600,000	계	600,000

재고자산(재공품 + 제품)

기초재고(재공품 + 제품)	0	**매출원가**	**1,000,000**
당기총제조비용	1,000,000	기말재고(재공품 + 제품)	0
합 계	1,000,000	합 계	1,000,000

당기총제조비용 = 직접재료비 + 직접노무비 + 제조간접비

1,000,000 = 300,000 + 500,000 + 제조간접비 ∴ 제조간접비 200,000

04.

제 품

기초재고	130,000	**매출원가 (?)**	**200,000**
당기제품제조원가	120,000	기말재고	50,000
계(판매가능재고)	**250,000**	계	250,000

05.

원재료

기초재고	100,000	**직접재료비(?)**	**400,000**
매입	500,000	기말재고	200,000
계	600,000	계	600,000

재공품

기초재고	1,000,000	당기제품제조원가	2,500,000
직접재료비	400,000		
직접노무비	1,000,000		
직접경비(외주가공비)	**400,000**	기말재고	1,100,000
제조간접비(?)	**800,000**		
계	3,600,000	계	3,600,000

06. 제조원가명세서는 원재료와 재공품의 T계정으로 계산된다.

원재료

기초재고	2,000,000	직접재료비	14,000,000
매입	16,000,000	**기말재고**	**4,000,000**
계	18,000,000	계	18,000,000

재공품

기초재고	2,000,000	당기제품제조원가	30,000,000
직접재료비	14,000,000		
직접노무비	10,000,000		
제조간접비(?)	8,000,000	**기말재고**	**4,000,000**
계	34,000,000	계	34,000,000

재무상태표의 자산계정에 반영될 금액 : **원재료기말재고 + 재공품기말재고 = 8,000,000원**

07. 제조간접비 = 당기총제조원가의 30% = 6,500,000원 × 30% = 1,950,000원

직접노무비 = 제조간접비/75% = 1,950,000원/75% = 2,600,000원

당기총제조원가 = 직접재료비 + 2,600,000원 + 1,950,000원 = 6,500,000원

∴ 직접재료비 = 1,950,000원

08. 단일배분율법

구 분	실제제공시간	총원가	배부원가
조립부문	400시간(40%)	500,000원	200,000원
절단부문	600시간(60%)		**300,000원**
합 계	1,000시간	500,000원	500,000원

09. 이중배분율법

구 분	① 변동원가 (실제제공시간 기준)	② 고정원가 (최대제공시간기준)	③ 총배부원가 (=①+②)
조립부문	80,000원(40%)	180,000원(60%)	260,000원
절단부문	120,000원(60%)	120,000원(40%)	**240,000원**
합 계	200,000원	300,000원	500,000원

10.

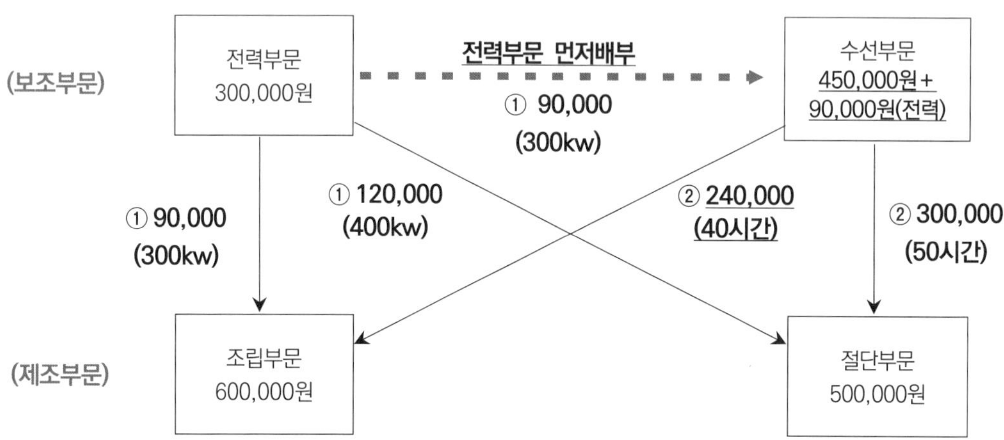

∴ 조립부문의 제조간접비배부액 = 540,000원 × 40시간/(40 + 50)시간 = 240,000원

11. 전력부문부터 먼저 배분

제공부문 \ 사용부문	보조부문		제조부문	
	전력부문	관리부문	조립부문	절단부문
배부전 원가	200,000	700,000	3,000,000	1,500,000
전력부문(10% : 50% : 40%)	(200,000)	20,000	*100,000*	80,000
관리부문(0 : 30% : 60%)	-	(720,000)	*240,000*[*1]	480,000[*2]
보조부문배분원가 계	**-**	**-**	***340,000***	**560,000**
*1. 720,000×30%/90% = 240,000			*2. 720,000×60%/90% = 480,000	

제4절 개별원가계산

1. 개별원가계산의 절차

① 개별작업에 대한 제조직접비(직접노무비, 직접재료비)를 직접부과
② 개별작업에 대한 제조간접비 집계
③ 제조간접비 배부기준율 설정
④ 배부기준율(공장전체, 부문별)에 따라 제조간접비의 배분

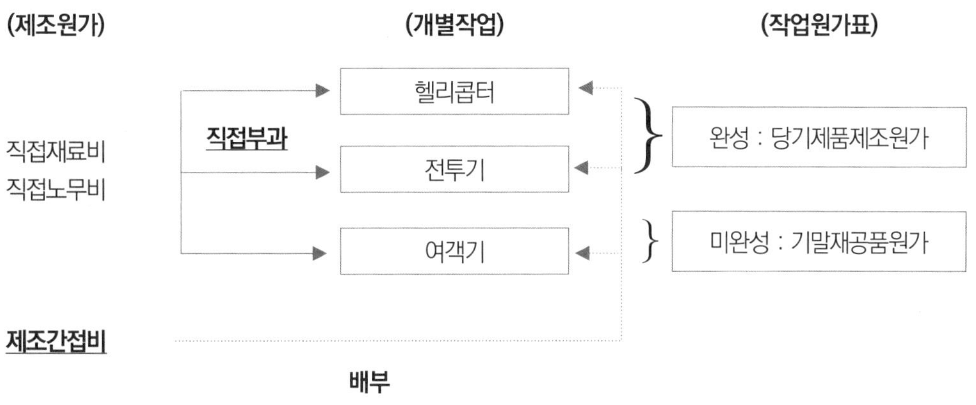

2. 제조간접비 배부방법

제조간접비 배부율 = 제조간접비/배부기준 합계 제조간접비 배부액 = 배부기준 × 제조간접비 배부율

(1) 공장전체 제조간접비 배부율

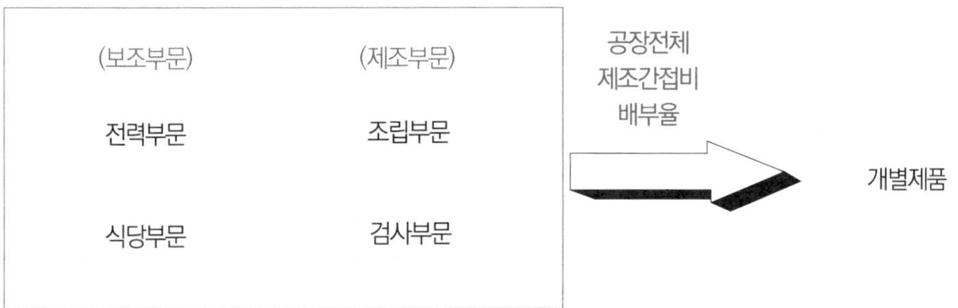

(2) 부문별 제조간접비 배부율

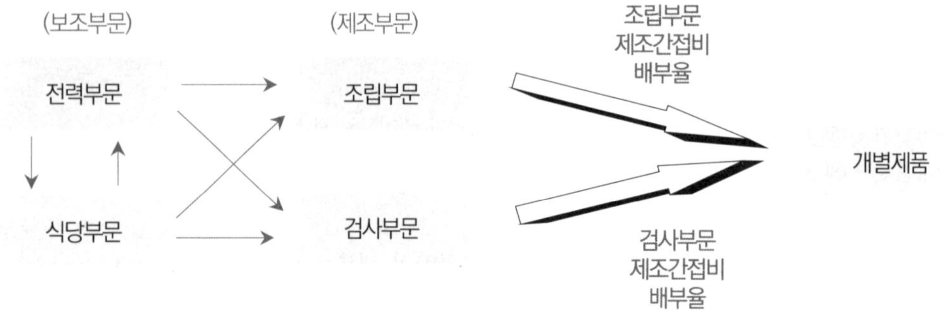

3. 실제개별원가계산 VS 정상개별원가계산

	실제개별원가계산	정상개별원가계산
직접재료비	실제발생액	실제발생액
직접노무비	실제발생액	실제발생액
제조간접비	**실제발생액** **(실제조업도×실제배부율)**	**예정배부액** **(실제조업도×예정배부율)**

(1) 실제개별원가계산

ⓐ 제조간접비 실제배부율 = 실제제조간접비 합계/실제조업도
ⓑ 제조간접비 배부액 = 개별작업의 실제조업도×제조간접비 실제배부율

〈단점〉

① 실제제조간접비가 기말에 집계되므로 원가계산이 기말까지 지체되므로 **원가계산이 지연된다.**

② 조업도가 월별 · 계절별로 차이가 나면 **제품단위당 원가가 월별 · 계절별로 달라진다.**

(2) 정상개별원가계산

실제개별원가계산의 문제점(**① 원가계산 지연 ② 제품단위당 원가 변동**)을 극복하고자 제조간접비를 **예정(추정)배부하는 원가계산**이다.

1. **<u>기초에 예정배부율 산출</u>**
   제조간접비 예정배부율 = 제조간접비 예산액/예정조업도(기준조업도)
2. **<u>기중에 실제 조업도에 따라 배부</u>**
   ① **제조간접비 예정배부액 = <u>개별작업의 실제조업도 × 제조간접비 예정배부율</u>**
   ② 제조간접비 실제발생액 집계
   ③ 제조간접비 배부차이 집계
3. **<u>기말에 제조간접비 배부차이를 조정</u>**

㉠ 과대배부 : 실제발생액 < 예정배부액 → 유리한 차이(이익증가)

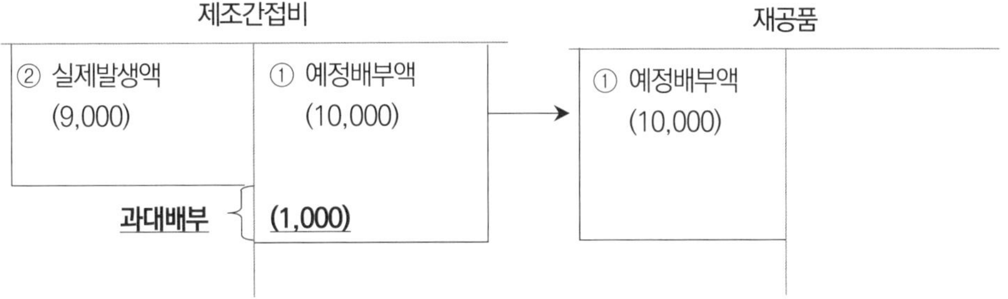

㉡ 과소배부 : 실제발생액 > 예정배부액→ 불리한 차이(이익감소)

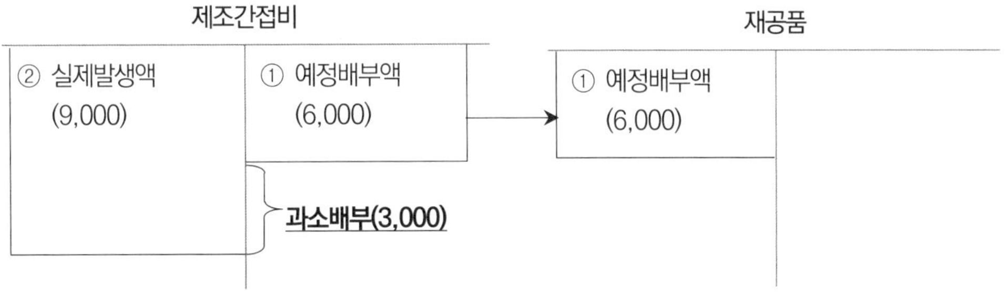

㉢ 제조간접비 배부차이 조정 

무배분법	**1. 매출원가조정법**
	2. 영업외손익조정법
비례배분법	**3. 총원가기준비례배분법 : 기말재공품, 기말제품, 매출원가의 기말잔액 비율에 따라 배분**
	4. 원가요소별비례배분법 : 기말재공품, 기말제품, 매출원가에 포함된 제조간접비 비율에 따라 배분 → 가장 정확하다.

연/습/문/제

 O,X 문제

01. 제조간접비 배부방법 중 실제배부법은 제조간접비 실제발생 총액이 집계되어야 하므로 원가계산시점이 지연되는 단점이 있다. ( )

02. 제조간접비의 예정배부액이 실제 발생액보다 작은 경우에는 과소배부액이 발생한다. ( )

03. 부문별 제조간접비 배분율을 사용하는 것이 공장전체 제조간접비 배분율 적용보다 정확도가 떨어진다. ( )

04. 개별작업별로 원가를 집계하여 정확한 원가계산을 하는 것이 개별원가계산이다. ( )

05. 제조간접비의 예정배부액이 실제발생액보다 큰 경우에는 과다배부로 불리한 차이를 가져온다.( )

06. 제조간접비의 예정배부액이 실제 발생액보다 작은 경우가 발생할 수 있으며, 이때에는 과소배부액이 발생한다. ( )

07. 조선업, 건설업 등과 같이 수요자의 주문에 기초하여 제품을 생산하는 업종에서 주로 사용하는 원가계산은 개별원가계산이다. ( )

08. 개별원가계산시 제조간접원가 배부차이를 배부할 때 재무상태표상 재고자산가액은 전혀 영향이 없다. ( )

09. 재료비는 직접 추적 가능한 원가이므로 제조간접비 배부대상이 되지 아니한다. ( )

10. 노무비는 직접원가이므로 제조간접비를 구성하지 않는다. ( )

 주관식

01. 개별원가계산을 하고 있는 ㈜로그인의 1월의 제조지시서와 원가자료는 다음과 같다.

	제조지시서 #1	제조지시서 #2
생 산 량	1,000단위	1,000단위
직접노동시간	500시간	400시간
직접재료비	1,500,000원	1,400,000원
직접노무비	2,800,000원	2,500,000원

1월의 실제 제조간접비 총액은 2,800,000원이고, 제조간접비는 직접노동시간당 3,000원의 배부율로 예정배부되며, 제조지시서 #1은 4월중 완성되었고, #2는 미완성상태이다. 제품(완성품)의 제조원가를 구하시오.

02. 1번의 자료를 활용하여 재공품가액을 구하시오.

03. 개별원가계산을 채택하고 있는 로그인(주)의 생산과 관련한 원자자료는 다음과 같으며, 당기말 현재 제조지시서 #101 · #102가 완성되었고, #103은 미완성상태인 경우 당기총제조원가를 구하시오.

제조지시서	#101	#102	#103	계
전기이월	5,000			5,000
직접재료비	3,000	5,000	2,000	10,000
직접노무비	3,000	3,500	2,000	8,500
제조간접비	1,500	3,000	2,000	6,500
계	12,500	11,500	6,000	30,000

04. (주)로그인은 개별원가계산제도를 채택하고 있으며, 제품 A의 작업원가표는 아래와 같을 때 제품 A의 제조원가는 얼마인가?

• 직접재료 투입액	100,000원
• 직접노동시간	100시간
• 직접노무원가 임률	500원/시간
• 전력사용시간	200시간
• 제조간접원가 예정배부율(전력사용시간당)	700원

05. (주)로그인은 제조간접비를 직접노무시간으로 배부하고 있다. 당해연도초 제조간접비 예상금액은 600,000원, 예상직접노무시간은 1,000시간이다. 당기말 현재 실제제조간접비발생액은 800,000원이고 실제직접노무시간이 1,200시간일 경우 제조간접비 배부차이를 구하시오.

06. (주)로그인은 제조간접비를 직접노무시간을 기준으로 배부하고 있다. 당해 제조간접비 배부차이는 100,000원이 과대배부 되었다. 당기말 현재 실제제조간접비발생액은 5,000,000원이고, 실제직접노무시간이 2,000시간일 경우 예정배부율은 얼마인가?

07. (주)로그인은 직접노동시간에 근거하여 제조간접비를 예정배부하고 있다. 실제직접노동시간은 700시간이었고, 예정직접노동시간은 800시간이었다. 실제제조간접비는 3,000,000원 발생했다. 만일 제조간접비를 200,000 과소배부했다면 제조간접비 노동시간당 예정배부율은 얼마인가?

08. 로그인전자는 제조간접비를 직접노무시간을 기준으로 예정배부하고 있다. 당해 연도 초의 예상직접노무시간은 1,000시간이다. 당기 말 현재 실제제조간접비 발생액이 1,200,000원이고 실제 직접노무시간이 1,200시간일 때 제조간접비 배부차이가 300,000원 과대배부된 경우 당해 연도초의 제조간접비 예산액을 계산하시오.

09. 다음 자료에 의한 기계작업시간당 제조간접비 예정배부율은 얼마인가?

- 제조간접비 실제발생액 : 25,000,000원
- 제조지시서의 실제 기계작업시간 : 500시간
- 제조간접비 실제배부율 : 기계작업시간당 50,000원
- 제조간접비 과소배부액 : 1,000,000원

연/습/문/제 답안

O,X문제

1	2	3	4	5	6	7	8	9	10
○	○	×	○	×	○	○	×	×	×

[풀이 - O,X문제]

03. 부문별 제조간접비 배분율을 사용하는 것이 공장전체 제조간접비 배분율 적용보다 더 정확하다.
05. 과다배부되었으므로 조정시 이익이 증가되므로 유리한 차이가 된다.
08. 비례배분법일 경우 재고자산에 배부되므로 영향이 있다.
09. 간접재료비는 추적이 불가능하므로 제조간접비에 해당하고 배부대상이 된다.
10. 간접노무비는 제조간접비에 해당한다.

주관식

01	5,800,000원	02	5,100,000원	03	25,000원
04	290,000원	05	80,000원 과소배부	06	2,550원
07	4,000원	08	1,250,000원	09	48,000원

01~02.

제조지시서

	#1(완성품)	#2(재공품)
생산량	1,000단위	1,000단위
직접노동시간	500시간	400시간
직접재료비	1,500,000원	1,400,000원
직접노무비	2,800,000원	2,500,000원
예정배부제조간접비	**500시간×3,000원 = 1,500,000원**	**400시간×3,000원 1,200,000원**
제조원가(직재+직노+제간)	**5,800,000원**	**5,100,000원**

03. 당기총제조원가 = 직접재료비(10,000) + 직접노무비(8,500) + 제조간접비(6,500) = 25,000원

04. 제조원가 = 직접재료비 + 직접노무비 + 제조간접비

= 100,000원 + 100시간 × 500원/시간 + 200시간 × 700원 = 290,000원

05. 예정배부율 : 600,000원/1,000시간 = 600원/시간당

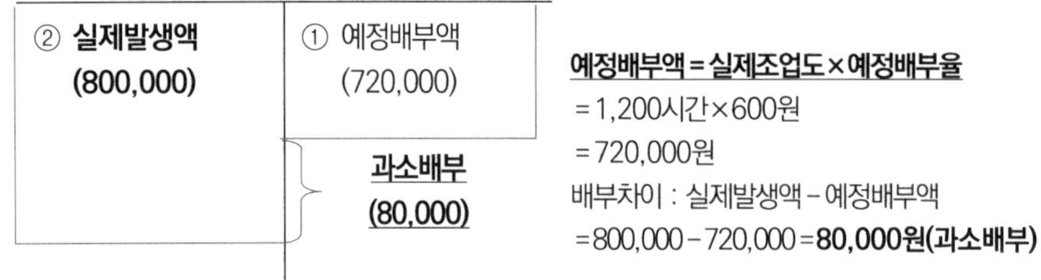

06.

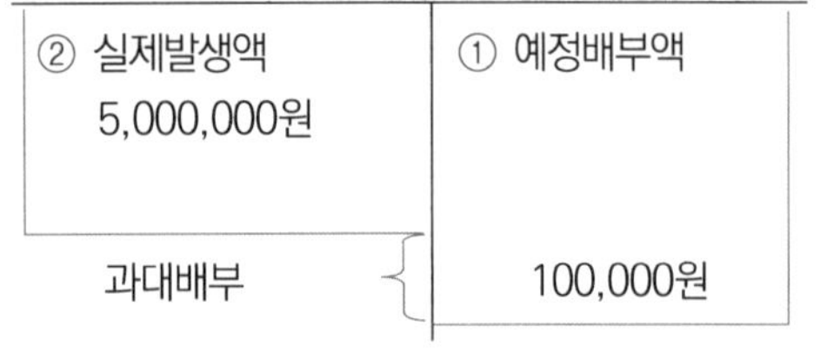

예정배부액 = 실제발생액 + 과대배부액
= 5,100,000원

예정배부액(5,100,000) = 예정배부율 × 실제조업도(2,000시간)

예정배부율 = 2,550원/직접노무시간

07.

제조간접비

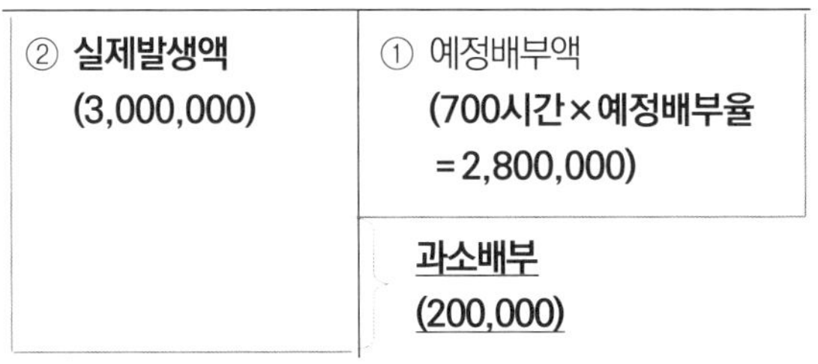

따라서 예정배부율은 4,000원이다.

08.

제조간접비

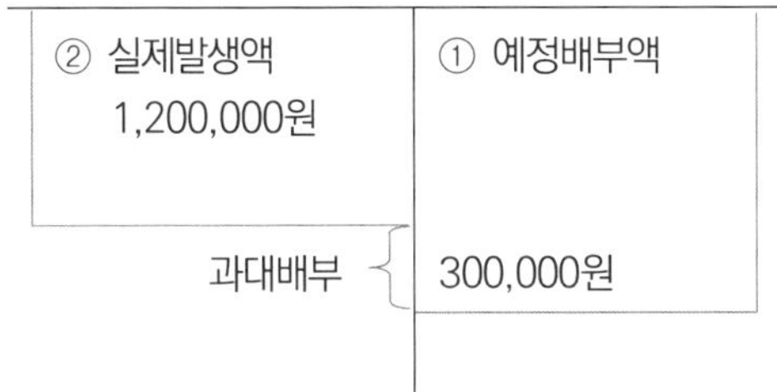

예정배부액 = 실제발생액 + 과대배부액
= 1,500,000원

예정배부액(1,500,000) = 예정배부율 × 실제조업도(1,200시간)

예정배부율 = 1,250원/직접노무시간

예정배부율(1,250원) = 제조간접비예산(?)/예정조업도(1,000시간)

제조간접비 예산(추정제조간접비) = 1,250원 × 1,000시간 = 1,250,000원

09.

제조간접비

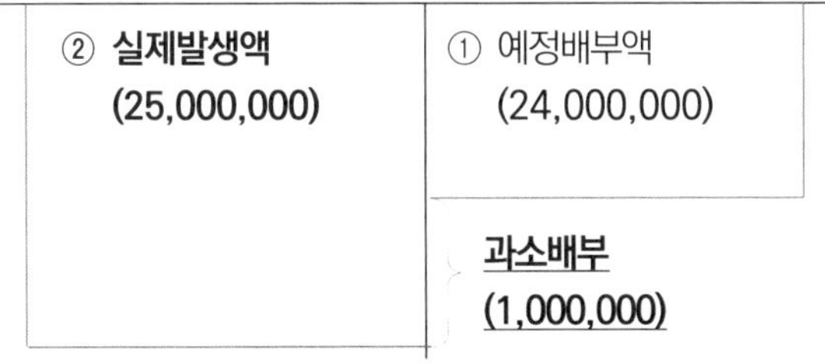

예정배부율 = 24,000,000원(예정배부액) ÷ 500시간(실제조업도) = @48,000원

제5절 종합원가계산

1. 평균법과 선입선출법

(1) 기초재공품 : 1,000개(가공비 진척도 40%) : ① 재료비 : 180,000원 ② 가공비 : 16,000원
(2) 당기투입량 : 7,000개 ① 재료비 : 700,000원 ② 가공비 : 244,000원
(3) 기말재공품 : 2,000개(가공비진척도 25%)
(4) **재료비는 공정초에 투입되고 가공비는 공정전반에 걸쳐 균등하게 발생한다.**

[평균법에 의한 종합원가계산]

〈1단계〉 물량흐름파악(평균법) 〈2단계〉 완성품환산량 계산

평균법				재료비	가공비
기초재공품	1,000(40%)	완성품	6,000(100%)	6,000	6,000
당기투입	7,000	기말재공품	2,000(25%)	2,000	500
계	8,000	계	8,000	8,000	6,500

〈3단계〉 원가요약 180,000+700,000 16,000+244,000

(기초재공품원가+당기투입원가) = 880,000 =260,000

8,000개 6,500개

〈4단계〉 완성품환산량당단위원가 =@110 =@40

〈5단계〉 완성품원가와 기말재공품원가계산

- 완성품원가 = 6,000개 × @110원 + 6,000개 × @40원 = 900,000원
- 기말재공품원가 = 2,000개 × @110원 + 500개 × @40원 = 240,000원

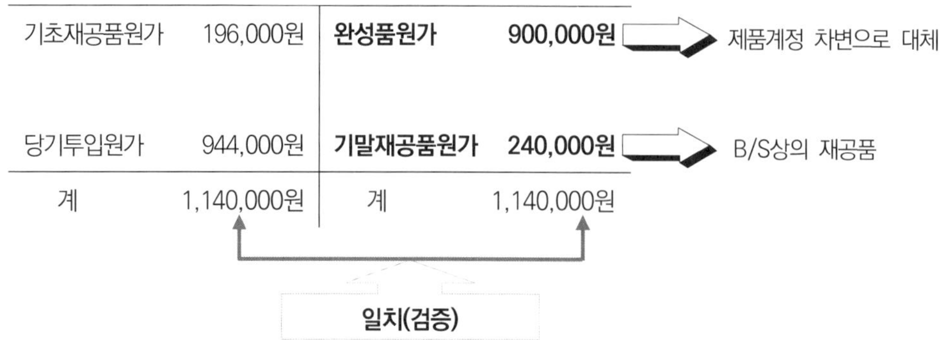
재공품(평균법)

기초재공품원가	196,000원	**완성품원가**	**900,000원**
당기투입원가	944,000원	**기말재공품원가**	**240,000원**
계	1,140,000원	계	1,140,000원

[선입선출법에 의한 종합원가계산]

〈1단계〉 물량흐름파악(선입선출법) 〈2단계〉 완성품환산량 계산

선입선출법				재료비	가공비
기초재공품	1,000(40%)	완성품	6,000		
		-기초재공품	**1,000(60%)**	0	600
		-당기투입분	5,000(100%)	5,000	5,000
당기투입	7,000	기말재공품	2,000(25%)	2,000	500
계	8,000	계	8,000	**7,000**	**6,100**

	재료비	가공비
〈3단계〉 원가요약(당기투입원가)	700,000	244,000
	7,000개	6,100개
〈4단계〉 완성품환산량당 단위원가	=@100	=@40

〈5단계〉 완성품원가와 기말재공품원가계산

-완성품원가=기초재공품원가+당기 투입 완성품원가

=(180,000원 +16,000원)+5,000개×@100원+5,600개×@40원=920,000원

-기말재공품원가=2,000개×@100원+500개×@40원=220,000원

재공품(선입선출법)

기초재공품원가	196,000원	완성품원가	920,000원	⇒ 제품계정 차변으로 대체
당기투입 원가	944,000원	기말재공품원가	220,000원	⇒ B/S상의 재공품
계	1,140,000원	계	1,140,000원	

선입선출법과 평균법의 수량차이는 기초재공품의 완성품 환산량차이이다.

평균법의 완성품환산량=선입선출법의 완성품환산량+**기초재공품의 완성품 환산량**

기초재공품의 완성품 환산량 : 재료비 1,000×100%=1,000개

가공비 1,000×40%=400개

2. 공손

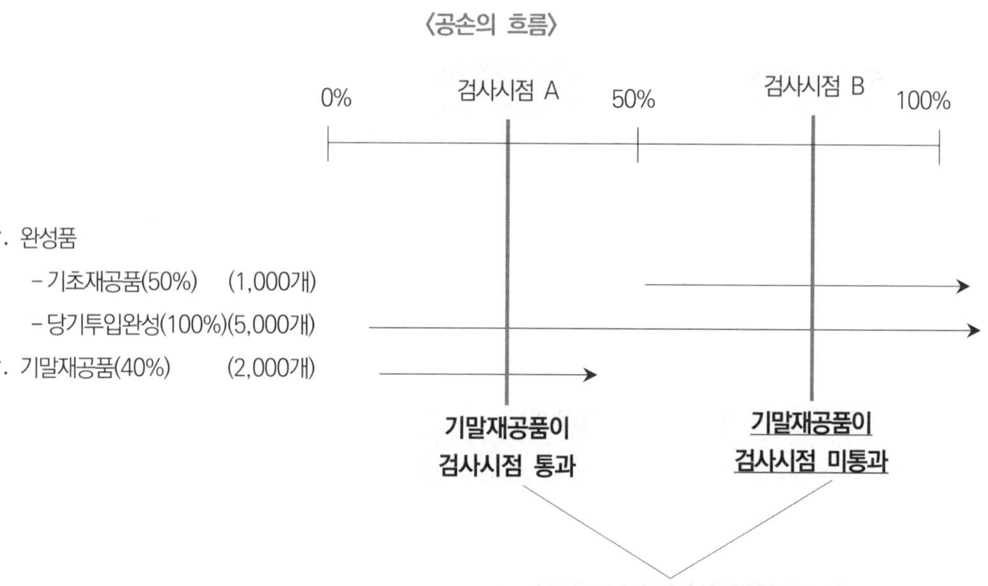

정상공손원가	**제조원가**	기말재공품이 **검사시점 통과**	완성품과 **기말재공품에 배부**
		기말재공품이 **검사시점 미통과**	완성품에만 배부
비정상공손원가	**영업외비용**		

☞ 작업폐물(scrap) : 원재료로부터 발생하는 찌꺼기나 조각을 말하는데 판매가치가 적은 것을 말한다.

3. 개별원가계산 VS 종합원가계산

구 분	개별(작업별)원가계산	종합원가계산
적용생산형태	**주문생산(다품종소량생산)**	**대량연속생산(소품종대량생산)**
업 종	조선업, 건설업, 항공기제조업	자동차, 전자제품, 정유업
원가계산	**작업별원가계산 (제조지시서, 작업원가표)**	**공정별원가계산 (제조원가보고서)**
특 징	1. **정확한 원가계산** 2. 시간과 비용이 과다 (직·간접비 구분) 3. **핵심과제 : 제조간접비 배부**	1. **지나친 단순화로 정확도가 떨어진다.** 2. 시간과 비용이 절약 (투입시점에 따라 원가구분) 3. **핵심과제 : 완성품환산량**

연/습/문/제

O,X 문제

01. 종합원가계산에서 재료비와 가공비의 완성도에 관계없이 완성품환산량의 완성도가 항상 가장 높은 것은 전공정원가이다. ( )

02. 종합원가계산에서 완성품환산량을 계산할 때 일반적으로 재료비와 가공비로 구분하여 원가요소별로 계산하는 가장 올바른 이유 투입시점이 다르기 때문이다. ( )

03. 기말재공품에 대하여 불량품 검사를 하였을 경우에 비정상공손원가는 기말재공품에도 배부하여야 한다. ( )

04. 종합원가계산은 제조지시서별로 개별원가계산표를 작성하며, 개별원가계산은 공정별로 제조원가보고서를 작성한다. ( )

05. 기초재공품원가에 대하여 평균법은 기말재공품에 배부하지만, 선입선출법은 기말재공품에 배부하지 아니한다. ( )

06. 기초재공품이 없다면 선입선출법과 평균법의 결과는 차이를 보이지 않는다. ( )

07. 정상공손원가는 당기에 검사시점을 통과한 양품에만 배부하며, 영업외비용으로 처리한다. ( )

08. 공손품의 검사시점이 기말재공품의 완성도 이전인 경우에 공손품원가를 모두 완성품에만 부담시킨다. ( )

09. 공손품원가는 정상공손원가와 비정상공손원가로 구분되는데, 정상공손원가는 제조비용에 가산하고, 비정상공손원가는 영업외비용으로 처리한다. ( )

10. 공손품이란 원재료를 가공하는 과정에서 발생하는 매각 또는 이용가치가 있는 폐물로써 작업폐물과는 별개의 개념이다. ( )

11. 공손원가를 회계처리할 때 다른 조건이 동일하다고 가정하면, 공손품을 재공품에만 배부하는 경우 당기 순이익을 가장 적게 계상하는 방법이다. ( )

12. 비정상공손원가는 품질검사시점과 상관없이 제조원가에 반영되어서는 안되고, 영업외비용으로 처리한다. ( )

주관식

01. (주)로그인은 의한 종합원가계산을 하고 있다. 재료비는 공정시작 시점에서 전량 투입되며, 가공원가는 공정 전반에 걸쳐 고르게 투입된다. 평균법에 의한 완성품(재료비, 가공비) 환산량을 구하시오.

- 기초재공품 : 100개(완성도 40%)
- 착 수 수 량 : 400개
- 완 성 수 량 : 300개
- 기말재공품 : 200개(완성도 20%)

02. 1번 자료를 활용하여 선입선출법에 의한 완성품(재료비, 가공비) 환산량을 구하시오.

03. 1번 자료를 활용하여 평균법과 선입선출법에 의한 완성품 환산량 차이를 구하시오.

04. 다음 자료를 보고 종합원가계산(평균법)시 당기에 완성된 제품의 제조원가와 기말재공품가액을 구하시오. 재료는 공정초기에 모두 투입되고 가공비는 공정전반에 걸쳐 균등하게 투입된다.

- 기초재공품 원가 - 재료비 : 18,000원, 가공비 : 23,000원
- 당기총제조 비용 - 재료비 : 30,000원, 가공비 : 40,000원
- 기말재공품 수량 - 200개(완성도 : 50%)
- 당기완성품 수량 - 600개

05. 다음 자료를 통해 종합원가계산을 이용하는 기업의 가공비 완성품환산량을 계산하면 얼마인가?

> • 기초재공품 : 2,000개(완성도 40%) • 당기착수량 : 8,000개
> • 당기완성품 : 7,000개 • 기말재공품 : 3,000개(완성도 30%)
> • 모든 제조원가는 공정 전반에 걸쳐 균등하게 투입된다.
> • 원가흐름에 대한 가정으로 선입선출법을 사용하고 있다.

06. 종합원가계산제도하에서 완성품 환산량의 계산에 선입선출법을 사용하여 당기에 실제 발생한 재료비와 가공비의 합계액을 계산하면 얼마인가?

> • 기초재공품 : 1,000단위(완성도 30%)
> • 기말재공품 : 1,200단위(완성도 60%)
> • 당기완성품 : 4,000단위
> • 재료비 완성품환산량 단위당원가 : 1,000원
> • 가공비 완성품환산량 단위당원가 : 1,200원
> • 재료비는 공정초기에 전량 투입되고 가공비는 공정기간동안 균등하게 투입된다.

07. 다음은 ㈜로그인의 제조활동과 관련하여 발생한 자료이다. 당기 중에 발생한 정상공손의 수량은? (단, 공손품을 제외한 파손품이나 작업폐물은 없는 것으로 전제한다.)

> • 기 초 재 공 품 : 200개 • 기말재공품 : 300개
> • 당 기 착 수 량 : 3,000개 • 당기완성수량 : 2,200개
> • 비정상공손수량 : 120개

08. (주)로그인은 평균법에 의한 종합원가계산을 실시하고 있다. 재료는 공정의 초기에 전량 투입되고 가공비는 제조진행에 따라 균등하게 발생한다. 다음 자료를 이용하여 정상공손수량을 구하시오.

> • 기초재공품 500개(완성도 40%) • 당기착수량 6,500개
> • 완성품수량 5,200개 • 공 손 품 800개

다만, 검사는 완성도 50%인 시점에서 실시하고, 당기 검사에서 합격한 수량의 10%는 정상공손으로 간주한다. 기말재공품의 완성도는 70%이다.

9.~10. (주)로그인은 품질검사를 통과한 정상품(양품)의 10%만을 정상공손으로 간주하며 나머지는 비정상공손이다. 다음 물음에 답하시오.

재공품			
기초재공품	100개(완성도 30%)	당기완성품	700개
		공 손 품	100개
당기투입분	900개	기말재공품	200개(완성도 45%)
계	1,000개	계	1,000개

09. 품질검사를 공정의 40%시점에서 한다고 가정하였을 경우에 정상공손품 수량은?

10. 품질검사를 공정의 50%시점에서 한다고 가정하였을 경우에 정상공손품 수량은?

연/습/문/제 답안

O,X문제

1	2	3	4	5	6	7	8	9	10
○	○	×	×	○	○	×	×	○	×
11	12								
×	○								

[풀이 - O,X문제]

03. **비정상공손원가는 영업외비용**으로 처리하기 때문에 기말재공품에 배부되지 않는다.

04. **개별원가계산**은 제조지시서별로 **개별원가계산표**를 작성하며, **종합원가계산**은 공정별로 **제조원가보고서**를 작성한다.

07. **정상공손원가는 제조원가**로 처리한다.

08. 검사시점에서 기말재공품과 완성품을 검사했으므로 완성품과 기말재공품에 안분하여 부담시킨다.

10. 공손품은 불합격품을 **작업폐물은 이용가치가 낮은 폐물**을 말한다.

11. 공손품을 재공품(자산)으로 계상하면 이익이 가장 크게 된다. 즉 **자산과 이익은 비례관계**이다.

주관식

01	〈해설참고〉	02	〈해설참고〉	03	〈해설참고〉
04	〈해설참고〉	05	7,100개	06	9,504,000원
07	580개	08	620개	09	90개
10	70개				

01. 평균법 : <u>**기초재공품은 당기에 착수한 것으로 가정한다.**</u>

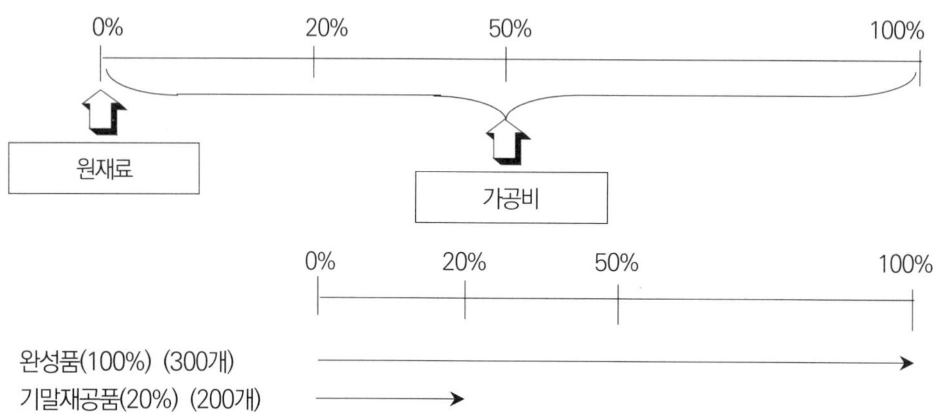

〈1단계〉 물량흐름파악 〈2단계〉 완성품환산량 계산

평균법				재료비	가공비
기초재공품	100(40%)	완성품	300(100%)	**300**	**300**
당기투입	400	기말재공품	200(20%)	**200**	**40**
계	500	계	500	**500**	**340**

02. 선입선출법 : **완성품을 기초재공품과 당기투입 완성분으로 나누어 계산한다.**

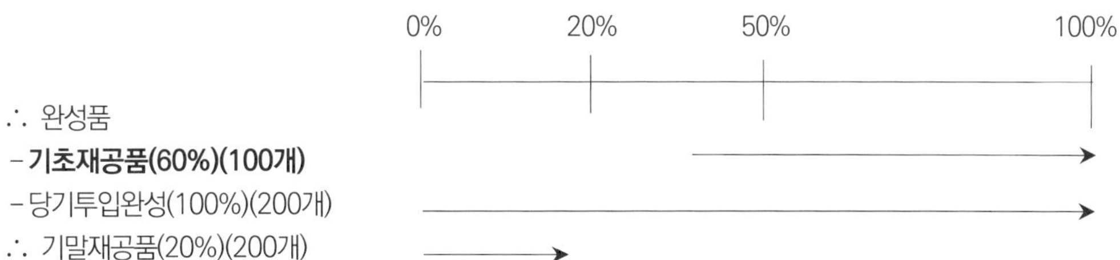

∴ 완성품

- **기초재공품(60%)(100개)**
- 당기투입완성(100%)(200개)

∴ 기말재공품(20%)(200개)

〈1단계〉 물량흐름파악 〈2단계〉 완성품환산량 계산

선입선출법				재료비	가공비
기초재공품	**100(40%)**	완성품	300		
		기초재공품	**100(60%)**	0	60
		당기투입분	**200(100%)**	200	200
당기투입	400	기말재공품	200(20%)	200	40
계	500	계	500	**400**	**300**

03. 평균법의 완성품환산량 = 선입선출법의 완성품환산량 + 기초재공품 완성품환산량

기초재공품의 완성품 환산량 : 재료비 100×100% = 100개
가공비 100×40% = 40개

04. 〈1단계〉 물량흐름파악 〈2단계〉 완성품환산량 계산

평균법				재료비	가공비
		완 성 품	600	600	600
		기말재공품	200(50%)	200	100
		계	800	**800**	**700**

〈3단계〉 원가요약 (18,000+30,000)/**800개** (23,000+40,000)/**700개**

〈4단계〉 완성품환산량당 단위원가 =@60 =@90

〈5단계〉 완성품원가와 기말재공품 원가계산

- **완성품원가(제품제조원가) = 600개 × @60원 + 600개 × @90원 = 90,000원**
- **기말재공품원가 = 200개 × @60원 + 100개 × @90원 = 21,000원**

05. 〈1단계〉 물량흐름파악(선입선출법) 〈2단계〉 완성품환산량 계산

평균법				재료비, 가공비
기초재공품	2,000(40%)	완성품	7,000	
		-**기초재공품**	**2,000(60%)**	1,200
		-당기투입분	5,000(100%)	5,000
당기투입	8,000	기말재공품	3,000(30%)	900
계	10,000	계	10,000	**7,100**

06. 〈1단계〉 물량흐름파악 〈2단계〉 완성품환산량 계산

선입선출법				재료비	가공비
		완성품	4,000		
		-기초재공품	1,000(70%)	0	700
		-당기투입분	3,000(100%)	3,000	3,000
		기말재공품	1,200(60%)	1,200	720
		계	5,200	**4,200**	**4,420**

〈4단계〉 완성품환산량당 단위원가 @1,000 @1,200

① 당기 실제 발생한 재료비 = 당기 재료비완성품환산량 × 재료비완성품환산량 단위당원가
= 4,200개 × 1,000원 = 4,200,000원

② 당기 실제 발생한 가공비 = 당기 가공비완성품환산량 × 가공비완성품환산량 단위당원가
= 4,420개 × 1,200원 = 5,304,000원

당기에 실제 발생한 재료비와 가공비의 합계액 = ① + ② = 9,504,000원

07.

재공품				
기초재공품	200개	완성품		2,200개
		공손품	**정상공손(?)**	**580개**
		(700개)	비정상공손	120개
당기투입	3,000개	기말재공품		300개
계	3,200개	계		3,200개

08.

재공품				
기초재공품(40%)	500개	완성품		5,200개
		공손품	**정상공손**	**620개**
		(800개)	**비정상공손**	**180개**
당기투입	6,500개	기말재공품 (70%)		1,000개
계	7,000개	계		7,000개

합격품 = 완성품(기초재공품도 당기에 검사시점을 통과) + 기말재공품(검사시점 50%를 통과)
= 5,200개 + 1,000개 = 6,200개

정상공손은 합격품의 10%이므로 620개이고 나머지 180개가 비정상공손수량이다.

09~10.

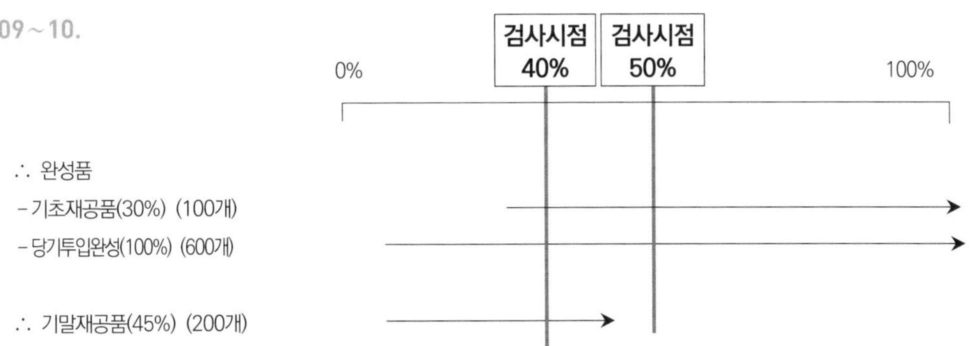

09. 검사시점 40% : 정상공손품 = (100개 + 600개 + 200개) × 10% = 90개

10. 검사시점 50% : 정상공손품 = (100개 + 600개) × 10% = 70개

Chapter

부가가치세

4

로그인 에센스 전산세무 2급

Login

제1절 기본개념

1. 부가가치세의 특징 

1. 국세	
2. 간접세	**납세의무자와 담세자(소비자)가 불일치**
3. 일반소비세	세율 : 10%, 0%
4. 다단계거래세	모든 거래의 단계마다 과세됨
5. 소비지국과세원칙	영세율제도
6. 면세제도 도입	부가가치세의 역진성 완화목적
7. 전단계세액공제법	납부세액 = 매출세액 – 매입세액

2. 납세의무자 - 사업자 

☞ ① 사업적 & ② 독립성(인적, 물적) & ③ **영리목적유무 불구**

유 형		구 분 기 준	부가가치세 계산구조	증빙발급
부가가치세법	일반과세자	① 법인사업자	매출세액 – 매입세액	**세금계산서**
		② 개인사업자		
	간이과세자	개인사업자로서 **직전 1역년의 공급대가가 1억 4백만원에 미달**하는 자	공급대가×부가가치율×10%	세금계산서[*1] 또는 영수증

*1. 직전연도 공급대가 합계액의 4,800만원 이상의 간이과세자는 세금계산서를 발급해야 한다.

유 형		구 분 기 준	부가가치세 계산구조	증빙발급
소득세법	면세 사업자	부가가치세법상 사업자가 아니고 소득세법(법인세법)상 사업자임.	납세의무 없음	**계산서**

3. 납세지 : 사업장별 과세원칙

1. 정 의	부가가치세는 사업자별로 합산과세하지 않고 **사업장별로 과세**한다. (예외) **주사업장총괄납부, 사업자단위 과세제도**	
2. 사업장	광 업	광업사무소의 소재지
	제조업	**최종제품을 완성하는 장소**
	건설업, 운수업, 부동산매매업	1. 법인 : 법인의 등기부상소재지 2. 개인 : 업무를 총괄하는 장소
	무인자동판매기를 통한사업	**그 사업에 관한 업무를 총괄하는 장소**
	부동산임대업	부동산의 등기부상의 소재지
	• 직매장 : 사업장에 해당함 • 하치장 : 사업장에 해당하지 아니함 • 임시사업장 : 기존사업장에 포함됨	

〈사업장별과세원칙의 예외〉 주사업장 총괄납부, 사업자단위과세제도

구 분	주사업장총괄납부	사업자단위과세
주사업장 또는 사업자단위과세사업장	-법인 : 본점 또는 지점 -개인 : 주사무소	-법인 : 본점 -개인 : 주사무소
효 력	-**총괄납부**	-**총괄신고 · 납부** -**사업자등록, 세금계산서발급, 결정 등**
	-판매목적 타사업장 반출에 대한 공급의제 배제	
신청 및 포기	-계속사업자의 경우 과세기간 개시 20일전(승인사항이 아니다)	

4. 과세기간

		과세기간	신고납부기한
일반	제1기	예정 : 1월 1일~3월 31일, 확정 : 4월 1일~6월 30일	**과세기간의 말일 (폐업 : 폐업일이 속하는 달의 말일)부터** ***25일*** 이내 신고납부
	제2기	예정 : 7월 1일~9월 30일, 확정 : 10월 1일~12월 31일	
신규사업자		사업개시일 ~ 당해 과세기간의 종료일	
폐업		당해 과세기간 개시일 ~ **폐업일**	

5. 사업자등록

1. 신청기한	사업장마다 **사업개시일로부터 20일 이내**에 사업자등록을 신청 다만, 신규로 사업을 개시하는 자는 **사업개시일 전이라도 사업자등록 신청을 할 수 있다.**
2. 사업개시일	**1. 제조업 : 제조장별로 재화의 제조를 개시하는 날** 2. 광업 : 사업장별로 광물의 채취·채광을 개시하는 날 **3. 기타 : 재화 또는 용역의 공급을 개시하는 날**
3. 정정사유	**상호변경, 상속으로 명의 변경시 등** **(증여는 폐업사유이고, 수증자는 신규사업등록사항임.)**

☞ 사업자등록신청을 받은 세무서장은 그 신청내용을 조사한 후 사업자등록증을 2일 이내에 신청자에게 발급하여야 한다.

제2절 과세거래

1. 과세대상

1. 재화의 공급	계약상 또는 법률상의 모든 원인에 의하여 재화를 인도/양도하는 것
	1. 재화를 **담보를 제공**하거나 2. 소정 법률에 의한 **경매, 공매** 3. **조세의 물납** 4. 수용시 받는 대가 5. **사업장 전체를 포괄양도**하는 것은 재화의 공급으로 보지 않는다.
2. 용역의 공급	계약상 또는 법률상의 모든 원인에 의하여 역무를 제공하거나 재화·시설물 또는 권리를 사용하게 하는 것 ☞ **부동산업 및 임대업은 용역에 해당하나 전, 답, 과수원, 목장용지, 임야 또는 염전 임대업은 과세거래 제외**
3. 재화의 수입	외국으로부터 우리나라에 도착된 물품 등

2. 재화의 무상공급(간주공급)

구 분		공급시기	과세표준
1. 자가공급	1. 면세전용	**사용·소비되는 때**	**시가**
	2. 비영업용소형승용차와 그 유지를 위한 재화		
	3. 직매장반출 → **세금계산서 발행** (예외 : 주사업장총괄납부 등)	**반출하는때**	**취득가액 (+가산)**

구 분		공급시기	과세표준
2. 개인적공급	사업과 직접 관련없이 자기가 사용 · 소비하는 경우 → **작업복, 직장체육비, 직장문화비는 제외** → **다음의 구분별로 각각 사용인 1명당 연간 10만원 이하는 과세 제외** ① 경조사, ② 설날 · 추석, ③ 창립기념일 · 생일	**사용 · 소비되는 때**	**시가**
3. 사업상증여	자기의 고객이나 불특정다수에게 증여하는 경우 → **견본품, 광고선전물은 제외**	**증여하는 때**	
4. 폐업시 잔존재화	사업자가 사업을 폐지하는 때에 잔존재화	**폐업시**	
기 타	**용역무상공급은 과세대상에서 제외(특수관계자간 부동산무상임대는 과세)**		

3. 재화와 용역의 공급시기

① 재화

원칙	1. 재화의 이동이 필요한 경우 : **재화가 인도되는 때** 2. 재화의 이동이 필요하지 아니한 경우 : 재화가 이용가능하게 되는 때 3. 이외의 경우는 재화의 공급이 확정되는 때
거래형태별 공급시기	1. 현금판매, 외상판매, 단기할부판매 : 재화가 인도되거나 이용가능하게 되는 때 2. **장기할부판매 : 대가의 각 부분을 받기로 때** 3. **수출재화, 중계무역방식의 수출 : 수출재화의 선적일** 4. **위탁판매수출 : 공급가액이 확정되는 때** 5. **위탁가공무역방식 수출, 외국인도수출 : 재화가 인도시** 6. **무인판매기에 의한 공급 : 무인판매기에서 현금을 인취하는 때**

② 용역

원칙	역무가 제공되거나 재화, 시설물 또는 권리가 사용되는 때
거래형태별 공급시기	1. 통상적인 경우 : 역무의 제공이 완료되는 때 2. 완성도기준지급, 중간지급, 장기할부 또는 기타 조건부 용역공급 : 대가의 각 부분을 받기로 한 때 3. 이외 : 역무의 제공이 완료되고 그 공급가액이 확정되는 때 4. **간주임대료 : 예정신고기간 또는 과세기간의 종료일**

4. 공급시기 특례

폐업시	폐업 전에 공급한 재화 또는 용역의 공급시기가 폐업일 이후에 도래하는 경우에는 그 **폐업일**을 공급시기로 한다.
세금계산서 선발급시 **(선세금계산서)**	**재화 또는 용역의 공급시기가 되기 전**에 재화 또는 용역에 대한 **대가의 전부 또는 일부를 받고, 그 받은 대가에 대하여 세금계산서 또는 영수증을 발급하면 그 세금계산서 등을 발급하는 때**를 각각 그 재화 또는 용역의 공급시기로 본다.
	공급시기가 도래하기 전에 대가를 받지 않고 세금계산서를 발급하는 경우에도 그 발급하는 때를 재화 또는 용역의 공급시기로 본다. ① 장기할부판매 ② 전력 기타 공급단위를 구획할 수 없는 재화 또는 용역을 계속적으로 공급하는 경우

5. 거래장소(공급장소)

재화	① 재화의 이동이 필요한 경우	재화의 이동이 개시되는 장소
	② 재화의 이동이 필요하지 아니한 경우	재화의 공급시기에 재화가 소재하는 장소
용역	① 원칙	역무가 제공되거나 재화·시설물 또는 권리가 사용되는 장소
	② 국내외에 걸쳐 용역이 제공되는 국제운송의 경우에 사업자가 비거주자/외국법인	여객이 탑승하거나 화물이 적재되는 장소
	③ 전자적 용역(게임, 동영상파일, 소프트웨어 등)	용역을 공급받는 자의 사업장 소재지·주소지 등

제3절 영세율과 면세

1. 영세율

1. 대상거래	1. 수출하는 재화(일반수출, 내국신용장에 의한 공급등) 2. 국외에서 제공하는 용역(해외건설용역) 3. 선박, 항공기의 외국항행용역 등 4. 수출업자와 직접 도급계약에 의하여 수출재화를 임가공하는 수출재화임가공용역 ☞ 임가공 : 재화의 주요 자재를 전혀 부담하지 않고 타인의 의뢰한 바에 따라 재화를 단순히 가공해 주는 것
2. 세금계산서	직수출의 경우 세금계산서 교부의무가 면제되지만, **내국신용장 또는 구매확인서에 의한 간접수출의 경우에는 재화의 공급자인 사업자가 수출업자에게 세금계산서를 교부**해야 한다.

2. 면세대상

<table>
<tr><td>기초생활
필수품</td><td>㉠ 미가공 식료품 등(국내외 불문)
㉡ 국내 생산된 식용에 공하지 아니하는 미가공 농·축·수·임산물
<table>
<tr><th></th><th>국내생산</th><th>해외수입</th></tr>
<tr><td>식용</td><td rowspan="2">면세</td><td>면세</td></tr>
<tr><td>비식용</td><td>과세</td></tr>
</table>
㉢ 수돗물(생수는 과세)
㉣ 연탄과 무연탄(유연탄, 갈탄, 착화탄은 과세)
㉤ 여성용 생리처리 위생용품, 영유아용 기저귀·분유(액상형 분유 포함)
㉥ 여객운송용역[시내버스, 시외버스, 지하철, 마을버스, 고속버스(우등 제외) 등]
(전세버스, 고속철도, 택시는 과세)
㉦ 주택과 이에 부수되는 토지의 임대용역</td></tr>
<tr><td>국민후생
용역</td><td>㉠ 의료보건용역과 혈액(질병 치료 목적의 동물 혈액 포함)
→ 약사가 판매하는 일반의약품은 과세, 미용목적 성형수술 과세, 산후조리원은 면세
㉡ 수의사가 제공하는 동물진료 용역(가축 등에 대한 진료용역, 기초생활수급자가 기르는 동물에 대한 진료용역, 기타 질병예방 목적의 동물 진료용역)
㉢ 교육용역(허가분) ⇒ 운전면허학원은 과세
☞ 미술관, 박물관 및 과학관에서 제공하는 교육용역도 면세</td></tr>
<tr><td>문화관련
재화용역</td><td>㉠ 도서[도서대여 및 실내 도서 열람용역 포함]·신문(인터넷신문 구독료)·잡지·관보·뉴스통신(광고는 과세)
㉡ 예술창작품·예술행사·문화행사·비직업운동경기
㉢ 도서관·과학관·박물관·미술관·동물원·식물원에의 입장</td></tr>
<tr><td>부가가치
구성요소</td><td>㉠ 금융·보험용역
㉡ 토지의 공급(토지의 임대는 과세)
㉢ 인적용역(변호사·공인회계사·세무사·관세사 등의 인적용역은 제외)</td></tr>
<tr><td>기타</td><td>㉠ 우표·인지·증지·복권·공중전화(수집용 우표는 과세)
㉡ 국가 등이 공급하는 재화·용역(제외 : 국가등이 운영하는 주차장 운영용역
㉢ 국가 등에 무상공급하는 재화·용역</td></tr>
</table>

부동산의 공급(재화의 공급)	부동산의 임대(용역의 제공)
1. **토지의 공급 : 면세** 2. 건물의 공급 : 과세(예외 : 국민주택)	1. 원칙 : 과세 2. 예외 : 주택 및 부수토지의 임대는 면세

3. 면세 VS 영세율 

구 분	내 용	
	면 세	영 세 율
기본원리	면세거래에 납세의무 면제 ① 매출세액 : 징수 없음(결국 "0") ② **매입세액 : 환급되지 않음**	일정 과세거래에 0%세율 적용 ① 매출세액 : 0 ② **매입세액 : 전액환급**
면세정도	**부분면세(불완전면세)**	**완전면세**
대상	기초생활필수품 등	수출 등 외화획득재화 · 용역의 공급
부가가치세법상 의무	부가가치세법상 각종 의무를 이행할 필요가 없으나 다음의 협력의무는 있다. – 매입처별세금계산서합계표제출 등	영세율 사업자는 부가가치세법상 사업자이므로 부가가치세법상 제반의무를 이행하여야 한다.
사업자여부	**부가가치세법상 사업자가 아님**	**부가가치세법상 사업자임**
취지	**세부담의 역진성 완화**	**국제적 이중과세의 방지** **수출산업의 지원**

4. 면세포기 

1. 대 상	**① 영세율적용대상이 되는 재화 용역** **② 학술연구단체 또는 기술연구단체가 실비 또는 무상으로 공급하는 재화용역**
2. 승 인	**승인을 요하지 않는다.**
3. 재적용	**신고한 날로부터 3년간 면세를 적용받지 못한다.**

연/습/문/제

O,X 문제

01. 사업장이 둘 이상인 사업자는 사업자 단위로 해당 사업자의 본점 또는 주사무소 관할 세무서장에게 등록을 신청할 수 있다. ( )

02. 운전면허학원의 시내연수, 우등고속버스 운행, 약국에서의 일반의약품에 해당하는 종합비타민 판매는 과세대상이다. ( )

03. 사업장이 둘 이상 있는 경우에는 주사업장 총괄납부를 신청하여 주된 사업장에서 부가가치세를 일괄하여 납부하거나 환급받을 수 있다. ( )

04. 주사업장 총괄납부제도 하에서 주된 사업장에 한 개의 사업자 등록번호를 부여한다. ( )

05. 납부하려는 과세기간 개시 30일 전에 주사업장 총괄 납부 신청서를 주된 사업장의 관할 세무서장에게 제출하여야 한다. ( )

06. 특수관계인에게 사업용 부동산 임대용역을 무상으로 제공하는 경우 용역의 공급으로 본다. ( )

07. 위탁가공무역방식의 수출인 경우 위탁재화의 공급가액이 확정되는 때를 공급시기로 한다. ( )

08. 보험상품 판매, 마을버스 운행, 인터넷신문 발행, 우표, 택시운송용역, 우등형 고속버스는 면세대상 거래이다. ( )

09. 원양어업 및 위탁판매수출의 경우 수출재화의 공급가액이 확정되는 때가 공급시기이다. ( )

10. 영세율 적용의 대상이 되는 경우 및 학술연구단체 또는 기술연구단체가 공급하는 경우에 한하여 면세포기를 할 수 있다. ( )

11. 면세의 포기를 신고한 사업자는 신고한 날로부터 2년간 면세를 재적용을 받지 못한다. ( )

12. 제조업에 있어서는 최종제품을 완성하는 장소를 사업장으로 한다. 다만, 따로 제품의 포장만을 하는 장소는 제외한다. ( )

13. 상속으로 인하여 사업자의 명의가 변경되는 때에는 폐업을 하고 신규로 사업자등록을 하여야 한다. ( )

14. 사업자는 사업자등록의 신청을 사업장 관할 세무서장이 아닌 다른 세무서장에게도 할 수 있다. ( )

15. 사업자등록의 신청을 받은 사업장 관할 세무서장은 신청자가 사업을 사실상 시작하지 아니할 것이라고 인정될 때에는 등록을 거부할 수 있다. ( )

16. 사업자 단위로 사업자등록신청을 한 경우에도 사업자단위 과세가 적용되는 각각의 사업장마다 다른 사업자등록번호를 부여한다. ( )

17. 상대방으로부터 인도받은 재화에 주요자재를 전혀 부담하지 아니하고 단순히 가공만 하여 주는 경우에는 용역의 공급에 해당한다. ( )

18. 택시회사가 영업용 택시로 취득한 승용차(3천cc, 5인승)를 업무용으로 사용하는 경우 재화의 간주공급에 해당한다. ( )

19. 건설업의 건설용역, 부동산임대업의 임대용역, 특허권의 대여, 전기의 공급은 부가가치세법상 용역의 공급에 해당한다. ( )

20. 본점과 지점의 주사업장총괄납부 사업자가 본사에서 지점으로 재화를 공급하고 세금계산서를 발급한 경우에도 부가가치세법상 과세거래로 보지 않는다. ( )

21. 사업자가 보세구역내에서 보세구역 이외의 국내에 재화를 공급하는 경우에 당해 재화가 수입재화에 해당하는 때에는 수입신고수리일이 공급시기에 해당한다. ( )

22. 임대보증금 등에 대한 간주임대료의 경우에는 그 대가의 각 부분을 받기로 한 때가 공급시기이다. ( )

23. 무인판매기로 재화를 공급하는 경우에는 무인판매기에서 재화 등을 공급하는 때가 공급시기에 해당한다. ( )

24. 휴대폰을 판매하는 홍길동씨는 매입세액공제를 받고 구입한 상품인 휴대폰을 배우자에게 무상(시가 100만원)으로 공급시 부가가치세가 과세된다. ( )

25. 재화의 공급시기가 '대가의 각 부분을 받기로 한 때'가 적용될 수 있는 것은 장기할부판매, 완성도기준지급, 중간지급조건부, 계속적 공급이다. ( )

26. 영세율은 일정과세거래에 0%의 세율을 적용하여 매출세액은 0이나 매입세액을 전액 환급하므로 불완전면세제도라 한다. ( )

27. 단순가공두부, 연탄과 무연탄, 시내버스운송용역, 의료보건 용역, 미가공식료품, 수돗물, 복권, 토지의 공급, 수집용 우표, 신문, 도서[도서대여 포함]는 면세 대상이다. ( )

28. 수출대행업자(물산)가 수출품생산업자로부터 받는 수출대행수수료는 국내거래로 과세대상이다. ( )

29. 수출업자와 직접 도급계약에 의하여 수출재화를 임가공하는 수출재화임가공용역는 영의 세율을 적용한다. ( )

30. 가공되지 아니한 식료품 및 미국에서 생산된 식용에 공하지 아니하는 농산물은 부가가치세를 면세한다. ( )

연/습/문/제 답안

O,X문제

1	2	3	4	5	6	7	8	9	10
○	○	○	×	×	○	×	×	○	○
11	**12**	**13**	**14**	**15**	**16**	**17**	**18**	**19**	**20**
×	○	×	○	○	×	○	○	×	×
21	**22**	**23**	**24**	**25**	**26**	**27**	**28**	**29**	**30**
○	×	×	○	○	×	×	○	○	×

[풀이 - O,X문제]

04. 주사업장총괄납부자라 하더라도 **사업장별로 등록번호를 부여**한다.

05. 20일전에 제출하여야 한다.

07. 위탁가공무역방식의 수출은 **외국에서 해당 재화가 인도되는 때가 공급시기**이다.

08. **택시 및 우등고속버스용역은 과세대상**이다.

11. **3년간 재적용되지 않는다**.

13. 상속은 사업자등록정정사유이나, **증여인 경우 수증자는 신규사업자등록신청을 해야 하고 증여자는 폐업사유**에 해당한다.

16. 등록번호는 사업장마다 관할 세무서장이 부여한다. 다만, **사업자 단위로 등록 신청**을 한 경우에는 **사업자 단위 과세 적용 사업장에 한 개의 등록번호를 부여**한다.

19. 전기의 공급은 재산적 가치가 있는 무체물에 해당하여 재화의 공급에 해당한다.

20. 주사업장총괄납부사업자가 판매목적으로 재화를 타사업장반출시 공급의제에서 배제되나, 주사업장총괄납부사업자가 세금계산서를 발급하는 경우에는 재화의 공급으로 본다.

22. 간주임대료는 **예정신고기간 또는 과세기간의 종료일이 공급시기**이다.

23. 무인판매기로 재화를 공급시 **무인판매기에서 현금을 인취하는 때가 공급시기**이다.

26. 영세율은 완전면세제도이다.

27. 수집용 우표는 과세대상이다.

30. **식용에 한하여 국외에서 생산된 농산물이 면세대상**이다.

제4절 과세표준

과세표준이란 납세의무자가 납부해야할 세액산출의 기초가 되는 과세대상의 수량 또는 가액을 말하는데, 부가가치세법상 과세사업자의 과세표준은 재화 또는 용역의 공급에 대한 공급가액으로 한다. **기업회계기준상의 매출액과 거의 일치한다.**

1. 공급유형별 과세표준

(1) 기본원칙

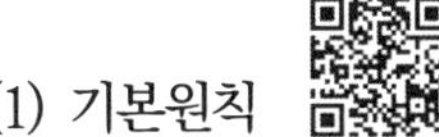

대원칙(과세표준) : 시가	
① 금전으로 대가를 받는 경우	그 대가
② 금전 외의 대가를 받는 경우	자기가 공급한 재화 또는 용역의 **시가**
③ 특수관계자간 거래	자기가 공급한 재화 또는 용역의 **시가**

(2) 과세표준계산에 포함되지 않는 항목/포함하는 항목

과세표준에 포함되지 않는 항목	① **매출에누리와 환입액, 매출할인** ② 구매자에게 도달하기 전에 파손 · 훼손 · 멸실된 재화의 가액 ③ 재화 또는 용역의 공급과 직접 관련되지 않는 국고보조금과 공공보조금 ④ 반환조건부 용기대금 · 포장비용 ⑤ 용기 · 포장의 회수를 보장하기 위하여 받는 보증금 등 ⑦ 계약 등에 의하여 확정된 대가의 지연지급으로 인해 지급받는 연체이자
과세표준에 포함하는 항목	① 할부판매의 이자상당액 ② 대가의 일부분으로 받는 운송비, 포장비, 하역비, 운송보험료, 산재보험료 등
과세표준에서 공제하지 않는 것	① **대손금(대손세액공제사항임)** ② 판매장려금 ③ 하자보증금

2. 거래형태별 과세표준

외상판매 및 할부판매의 경우	공급한 재화의 총가액
장기할부판매 완성도기준지급 · 중간지급조건부, 계속적공급	**계약에 따라 받기로 한 대가의 각 부분**

3. 대가를 외국통화 등으로 받은 경우의 과세표준 

공급시기 도래 전에 외화수령	환가	**그 환가한 금액**
	미환가	**공급시기(선적일)**의 외국환거래법에 의한 **기준환율 또는 재정환율**에 의하여 계산한 금액
공급시기 이후에 외국통화로 지급받은 경우		

4. 재화의 수입에 대한 과세표준

수입재화의 경우	관세의 과세가격+관세+개별소비세, 주세, 교통 · 에너지 · 환경세+교육세, 농어촌특별세

5. 간주임대료의 과세표준

과세표준=해당 기간의 임대보증금×정기예금 이자율×임대일수/365일(366일)

6. 과세표준 계산특례(간주공급) 

원　칙	**당해 재화의 시가**
감가상각자산	**간주시가=취득가액×(1－체감률×경과된 과세기간의 수)** ☞ **체감률 : 건물, 구축물인 경우 5%, 기타 25%** **취득가액 : 매입세액을 공제받은 해당 재화의 가액**
판매목적 타사업장 반출	취득가액(취득가액에 일정액을 가산하여도 가능)

7. 수입금액 [☞신고서상의 과세표준명세]

수입금액에 포함되는 것	수입금액에 포함되지 않는 것
소득세법상 수입금액으로 상품 · 제품매출액 등 **사업상증여, 개인적공급은 수입금액에 포함**	**고정자산매각, 직매장공급** 등 소득세 수입금액에서 제외되는 금액

신고서 작성서식에는 소득세법상 수입금액을 포함하도록 되어 있으나, **전산세무 시험에서는 사업상증여, 개인적공급을 제외하고 답안을 제시하고 있으므로, 전산세무시험에서는 사업상증여를 포함하지 마시고 입력하시기 바랍니다.**

<예제> 과세표준

㈜로그인은 주업장 총괄납부사업자인데, 다음 자료에 의하여 부가가치세 **과세표준과 수입금액**을 계산하시오.

1. 제품공급가액 : 10,000,000원(매출할인,에누리금액 50,000원이 차감 후 금액임.)
2. 대손금(공급가액) : 6,000,000원(1.제품공급가액에 포함되어 있지 않다.)
3. 장려물품제공액 : 원가 3,000,000원(시가 3,500,000원)
4. 현금 지급 판매장려금 : 3,000,000원
5. 제품 중 대표자 개인적 사용분 : 원가 3,000,000원(시가 5,000,000원)
6. 특수관계자에 대한 매출액 : 10,000,000원(시가 15,000,000원)
7. 판매목적 타사업장 반출 : 5,000,000원
8. 기술개발을 위하여 원재료 사용 : 1,000,000원(시가 1,500,000원)
9. 대가를 받지 않고 거래처에 증여한 견본품 : 500,000원
10. 제품을 이재민구호품으로 서울시에 무상 기부 : 5,000,000원(시가 10,000,000원)
11. 건물 처분가액 : 13,000,000원(취득가액 50,000,000원, 감가상각누계액 30,000,000원)

해답

	과세표준	수입금액	비 고
1. 제품 공급가액	10,000,000	10,000,000	**매출할인, 매출에누리, 매출환입은 과세표준에 포함되지 아니함**
2. 대손금	6,000,000	6,000,000	**대손금은 과세표준에서 공제하지 않고 대손세액공제로 공제함**
3. 장려물품	3,500,000	3,500,000	장려물품은 **시가**가 과세표준임
4. 판매장려금	-	-	현금지급 판매장려금은 과세표준 미공제
5. 개인적공급	5,000,000	5,000,000	개인적 공급의 과세표준은 **시가**임
6. 특수관계자매출	15,000,000	15,000,000	특수관계자에 대한 매출은 **시가**임
7. 직매장반출	-	-	주사업장총괄납부사업자는 간주공급에서 제외
8. 타계정대체	-	-	**기술개발을 위한 원재료사용은 간주공급이 아님**
9. 견본품	-	-	**견본품은 간주공급에서 제외됨**
10. 기부금	-	-	**국가 등에 무상으로 공급하는 재화·용역은 면세임**
11. 건물처분가액	**13,000,000**	-	
과세표준 계	**52,500,000**	**39,500,000**	**고정자산매각, 직매장반출은 수입금액에서 제외됨**

제5절 세금계산서

1. 세금계산서

1. 보관기간	**5년**
2. 발급시기	**1. 일반적 : 공급한 때에 발급** 2. 공급시기전 발급 : ① 원칙 : 대가의 전부 또는 일부를 받고 당해 받은 대가에 대하여 세금계산서 발급시 ② 예외 : 세금계산서를 교부하고 그 세금계산서 발급일로부터 7일 이내 대가를 지급받은 경우 등 3. 공급시기후 : **월합계세금계산서는 말일자를 발행일자로 하여 익월 10일까지 교부**
3. 발급면제	1. 부가가치세법에서 규정한 영수증발급대상사업 **① 목욕, 이발, 미용업** **② 여객운송업(전세버스운송사업은 제외)** **③ 입장권을 발행하여 영위하는 사업** 2. 재화의 간주공급 : 직매장반출은 발급의무 (다만,주사업장총괄납부사업자,사업자단위과세사업자는 발급면제) 3. **간주임대료** 4. **영세율적용대상 재화, 용역** **-국내수출분(내국신용장, 구매확인서 등)은 발급대상**
4. 수정	1. 공급한 재화가 환입시 : **환입된 날을 작성일자로 하여 비고란에 당초 세금계산서 작성일자로 부기한 후 (-)표시** 2. 착오시 : 경정전 까지 수정하여 발행가능 3. 공급가액의 증감시 : **증감사유가 발생한 날에 세금계산서를 수정**하여 발급 4. 계약해제시 : **계약해제일을 공급일자로 하여 수정발급**

〈영수증발급대상 사업의 세금계산서 발급의무〉

영수증발급대상사업	세금계산서 발급 요구시
1. 목욕, 이발, 미용업 **2. 여객운송업(전세버스운송사업은 제외)** **3. 입장권을 발행하여 영위하는 사업**	**세금계산서 발급금지** **(다만 감가상각자산의 경우는 예외)**
4. 소매업 등 영수증 발급대상사업	세금계산서를 발급하여야 함.

2. 전자세금계산서

<table>
<tr><td>1. 의무자</td><td>① 법인사업자(무조건 발급)
② 개인사업자(일정규모 이상)
<table><tr><td>공급가액(과세+면세) 기준년도</td><td>기준금액</td><td>발급의무기간</td></tr><tr><td>20x0년</td><td>8천만원</td><td>20x1. 7. 1~ <u>계속</u></td></tr></table></td></tr>
<tr><td>2. 발급기한</td><td>공급시기(월합계세금계산서의 경우 다음달 10일까지 가능)</td></tr>
<tr><td>3. 전송</td><td><u>발급일의 다음날</u></td></tr>
<tr><td>4. 혜택</td><td>- <u>세금계산합계표 제출의무면제</u>
- 세금계산서 5년간 보존의무면제
- 직전년도 공급가액 3억원 미만인 개인사업자 전자세금계산서 발급 세액공제(건당 200원, 한도 연간 100만원)</td></tr>
<tr><td>5. 매입자발행 세금계산서</td><td>- <u>거래건당 5만원 이상</u>인 거래에 대해 관할세무서장의 확인을 받아 세금계산서를 발행
- <u>과세기간의 종료일부터 1년 이내</u> 발급신청가능</td></tr>
</table>

[공급시기에 따른 전자세금계산서 발급 관련 가산세]

공급시기	발급기한	**<u>지연발급(1%)</u>**	**<u>미발급(2%)</u>**
3.11	~4.10	4.11~7.25	***<u>7.25(확정신고기한)까지 미발급</u>***

[공급받는자의 지연수취가산세 및 매입세액공제여부]

	4.11~7.25	**7.26~익년도 7.25**	**익년도 7.26 이후 수취**
매입세액공제	○	○	×
지연수취가산세(0.5%)	○	○	×

[전자세금계산서 전송관련 가산세]

발급시기	전송기한	**<u>지연전송(0.3%)</u>**	**<u>미전송(0.5%)</u>**
4.05	~4.06	4.07~7.25	7.25까지 미전송시

연/습/문/제

O,X 문제

01. 공급받는 자에게 도달하기 전에 공급자의 귀책사유로 인하여 파손, 훼손 또는 멸실된 재화의 가액은 공급가액에 포함하지 않는다. (　)

02. 부가가치세법에서 정한 재화 또는 용역의 공급시기에 공급받는자가 사업자등록증을 제시하고 세금계산서 발급을 요구하는 경우에 항공운송사업 중 여객운송사업은 세금계산서를 발급할 수 있다. (　)

03. 세금계산서의 세율을 잘못 적용하여 발급한 경우에는 처음에 발급한 세금계산서의 내용대로 세금계산서를 붉은색 글씨로 쓰거나 음의 표시를 하여 발급하고, 수정하여 발급하는 세금계산서는 검은색 글씨로 작성하여 발급한다. (　)

04. 수탁자가 재화를 인도하는 경우에는 수탁자 명의로 세금계산서를 교부하고 비고란에 위탁자의 사업자등록번호를 부기한다. (　)

05. 발급받은 전자세금계산서로서 국세청장에게 전송되지 아니하였으나 발급한 사실이 확인되는 경우 당해 매입세액은 공제된다. (　)

06. 재화 · 용역을 공급한 후 공급시기가 속하는 과세기간 종료 후 25일 이내에 내국신용장이 개설된 경우 수정(전자)세금계산서의 작성일은 내국신용장이 개설된 날을 적는다 (　)

07. 계약의 해지등에 따라 공급가액에 추가 또는 차감되는 금액이 발생한 경우 수정(전자)세금계산서의 작성일은 증감사유가 발생한 날을 적는다. (　)

08. 계약의 해제로 재화 · 용역이 공급되지 않은 경우 수정(전자)세금계산서의 작성일은 당초 계약일을 적는다. (　)

09. 국외제공용역, 보세구역내에서의 국내업체간의 재화공급, 무인판매기를 이용하여 재화공급, 간주임대료에 대해서 세금계산서 발급의무 면제대상이다. (　)

10. 전자세금계산서 발급의무자가 전자세금계산서를 지연전송한 경우 공급가액의 0.5% 가산세가 적용된다. ( )

11. 당해사업연도 사업장별 공급가액(과세+면세)의 합이 0.8억원 이상인 개인사업자는 전자세금계산서를 발행하여야 한다. ( )

12. 20x1년 1월 15일을 작성일자로 한 세금계산서를 2월 15일에 발급한 경우 매출자에게는 세금계산서 관련 가산세(지연발급 가산세)가 적용된다. ( )

13. 20x1년 1월 15일을 작성일자로 한 세금계산서를 2월 15일에 발급받은 경우 매입자에게는 세금계산서 관련 가산세(지연수취가산세)가 적용된다. ( )

14. 3월 1일부터 3월 31일까지의 매출분에 대하여 3월 31일자로 세금계산서를 발급한 경우 월합계세금계산서의 발급기한은 4월 10일까지 발급기한이다. ( )

15. 당초 공급한 재화가 환입된 경우에는 당초 공급한 날을 작성일자에 기재하고, 당해 금액에 부의 표시를 하여 수정세금계산서를 발급하여야 한다. ( )

분개연습

01. 제품창고가 신축이 완료되어 (주)서울에 잔금을 회사의 보통예금통장에서 지급하고 세법에 의한 전자세금계산서를 수취하다. (주)서울과의 공급계약은 다음과 같다.
(본 계약은 계약금 및 중도금지급시 전자세금계산서를 수취하지 않고, 잔금지급시 전자세금계산서를 수취하였다. 계약금 및 중도금은 건설중인자산으로 회계처리하였고, 건물로의 대체분개도 행하시오.)

구 분	지급일자	공급대가(부가가치세포함)
계 약 금	3월 31일	1,100,000원
중 도 금	4월 21일	5,500,000원
잔 금	8월 10일	4,400,000원

[과세유형] [공급가액] [세액]

[분개]

02. 자사제품(원가 700,000원, 시가 800,000원, VAT별도)을 거래처인 성정전자에 선물로 제공하였다.

[과세유형] [공급가액] [세액]

[분개]

03. 개인인 홍길동에게 제품을 판매하고 대금 ₩550,000(VAT포함)은 신용카드(국민카드사) 매출전표를 발행하였다.

[과세유형] [공급가액] [세액]

[분개]

04. 제품운송용으로 사용하던 화물차(취득가액 15,000,000원, 감가상각누계액 3,000,000원)를 북일전자에 매각하고 매각대금은 한달 후에 받기로 하였다. 매각금액 10,000,000원(부가세 별도)에 대한 전자세금계산서를 발급하였다.

[과세유형] [공급가액] [세액]

[분개]

05. 원재료를 수입하면서 인천세관으로부터 수입전자세금계산서(공급가액 800,000원, 부가가치세 80,000원)를 교부받고, 부가가치세와 관세 등 150,000원을 현금으로 지급하였다.

[과세유형] [공급가액] [세액]

[분개]

06. 독일의 D사에게 제품을 $25,000에 직수출하고 제품을 선적하였다. 대금은 계약금으로 9월 1일에 $5,000을 받아서 원화 6,000,000원(보통예금)으로 환가하였고, 잔액인 $20,000은 9월 30일 받기로 하였다. 계약금에 대한 회계처리는 선수금으로 처리하였다.(단, 수출에 대한 회계처리는 부가가치세법에 따라 처리하시오.)

구 분		환 율
선적일 (9월 10일)	대고객외국환 매도율	1,290원/$
	대고객외국환 매입율	1,280원/$
	기준환율	1,240원/$
잔금일 (9월 30일)	대고객외국환 매도율	1,270원/$
	대고객외국환 매입율	1,260원/$
	기준환율	1,230원/$

[과세유형] [공급가액] [세액]

[분개]

07. 당사는 사옥으로 사용할 목적으로 (주)현대건설로부터 건물과 토지를 30,000,000원(부가세 별도)에 일괄 취득하였고, 대금은 약속어음(만기 5개월 후)을 발행하였다. 단, 취득당시 건물의 공정가액은 16,000,000원, 토지의 공정가액은 8,000,000원이었으며, 토지와 건물에 대하여 부가가치세법상 전자세금계산서와 계산서를 수취하였다.

► 토지에 대한 회계처리

[과세유형] [공급가액] [세액]

[분개]

► 건물에 대한 회계처리

[과세유형] [공급가액] [세액]

[분개]

08. 업무용 승용차(2,000cc)를 (주)아산에서 구입하였다. 차량대금은 어음(만기 3개월)을 발행해 주었고 부가가치세와 취득세 등은 현금으로 지급하고 전자세금계산서를 교부받았다.

- 차량가액 : 25,000,000원
- 부가가치세 : 2,500,000원
- 취 득 세 : 1,000,000원
- 등록면허세 : 500,000원

[과세유형] [공급가액] [세액]

[분개]

09. 국고보조금에 의하여 취득한 다음의 기계장치가 노후화되어 성동㈜에 외상(매각대금 20,000,000원, 부가가치세별도)으로 현금처분하고 전자세금계산서를 발급하였다.

기 계 장 치	50,000,000원	
국고보조금(자산차감)	(30,000,000)원	
감가상각누계액	(10,000,000)원	10,000,000원

[과세유형] [공급가액] [세액]

[분개]

10. 회사는 (주)경기가 보유하고 있는 특허권을 취득하고 전자세금계산서를 수취하였으며, 대가로 회사의 주식 1,000주를 발행하여 교부하고 부가가치세 800,000원은 다음 달 주기로 하였다. 회사가 발행한 주식은 액면가액 @5,000원, 시가 @8,000원, 특허권의 시가는 8,000,000원이다.

[과세유형] [공급가액] [세액]

[분개]

11. 9월 05일 창고에 있는 제품 중 일부를 (주)영우와 다음과 같은 수출품 납품계약에 의해 납품하고 Local L/C(내국신용장)를 근거로 영세율전자세금계산서를 발급하였다. 대금은 9월 1일에 국민은행 보통예금 계좌로 입금된 계약금을 상계한 잔액을 다음달 말일까지 받기로 하였다.

계 약 내 용		
계 약 일 자	20X1년 9월 1일	
총계약 금액	20,000,000원	
계 약 금	20X1. 09. 01	2,000,000원
납품기일및금액	20X1. 09. 05	18,000,000원

[과세유형] [공급가액] [세액]
[분개]

12. 회사는 매출처인 ㈜서울의 제품매출에 대한 외상매출금 잔액(1,100,000원) 중 990,000원을 보통예금으로 송금받았다. 송금받지 못한 110,000원은 제품에 대하여 하자가 발생하여 에누리하기로 하고 금일자로 수정전자세금계산서를 발급하였다. 수정전자세금계산서에 대한 회계처리만 하세요.

[과세유형] [공급가액] [세액]
[분개]

13. 구정을 맞이하여 매출처인 ㈜서울에 선물용으로 3개를 제공하였고, 영업직 과장의 모친 회갑선물로 2개를 제공하고 다음과 같이 전자계산서를 교부받았다.

품 명	수량	공급가액	거래처	결제방법
한우	5개	1,000,000	(주)아산	외 상

[과세유형] [공급가액] [세액]
[분개]

14. 주차장으로 활용할 목적으로 취득한 농지에 대해서 부지정지작업을 하고, 동 부지정리작업에 대하여 (주)현대건설로부터 아래와 같은 내용의 전자세금계산서를 교부받았다. 단, 대금전액은 금일자로 당사발행 약속어음(만기 : 3개월)으로 지급하였다.

작성일자	품 목	공급가액	세 액	합 계	비고
10.25	부지정지작업	5,000,000원	500,000원	5,500,000원	청 구

[과세유형] [공급가액] [세액]
[분개]

15. ㈜서울리스로부터 운용리스계약에 의해 기계장치를 임차하여 운용 중에 있으며, 매월리스료를 지급하고 있다. 회사는 ㈜서울리스로부터 8월 31일 전자계산서를 수취하였다.

도입일자	20x1. 5. 1.	기계장치가액	25,000,000
월리스료	1,000,000 (매1개월 후불, 계산서 수취)		
대금결제방법		계산서 수취후 15일 이내 계좌이체	

[과세유형] [공급가액] [세액]
[분개]

16. GM상사로부터 영업부서에서 사용할 승용차(배기량 2,000cc, 4인승)를 인천세관을 통해 수입하고 수입전자세금계산서(공급가액 50,000,000원, 부가가치세 5,000,000원)를 교부받았다. 부가가치세와 관세 300,000원을 현금납부하였다.

[과세유형] [공급가액] [세액]
[분개]

17. (주)서울에 제품 100개(판매단가 @10,000원, 부가가치세 별도)를 외상으로 납품하면서 대금은 거래수량에 따라 공급가액 중 전체금액의 5%를 사전에누리해주기로 하고, 전자세금계산서는 에누리한 금액으로 발급하였다.

[과세유형] [공급가액] [세액]
[분개]

18. LOGIN사에 제품을 직수출하였다. 총 수출대금은 $30,000이고, 1월 30일에 수령한 계약금 $3,000(수령 후 바로 3,000,000원으로 환가함)을 제외한 잔금을 선적일(2월 12일)로부터 1개월 이내 수령하기로 했다.

• 1월 30일 기준환율 : 1,000원/$ • 2월 12일 기준환율 : 1,200원/$

[과세유형] [공급가액] [세액]
[분개]

주관식

01. ㈜로그인은 사업자단위과세사업자이다. 다음 자료에 의해 부가가치세 과세표준을 계산하시오.

- 상품 외상판매액(공급가액) : 30,000,000원
- 자기의 타사업장으로의 반출액 (공급가액) : 2,000,000원
- 판매처로 운송하는 도중 교통사고로 인해 파손된 상품(원가) : 1,000,000원
  ※ 단, 위 외상판매액에는 반영되어 있지 않다.
- 판매실적에 따라 거래처에 현금으로 지급한 장려금 : 3,000,000원

02. 다음 자료에 의하여 부가가치세 과세표준을 계산하시오.

1. 제품판매액(공급가액) : 10,000,000원
2. 대손금(공급가액) : 1,000,000원(제품판매액에 포함되어 있음)
3. 장려물품제공액 : 원가 3,000,000원(시가 4,000,000원)
4. 판매할 제품 중 대표자 개인적 사용분 : 원가 3,000,000(시가 5,000,000원)

03. 다음 자료를 보고 거래내역에 대한 부가가치세 과세표준을 구하시오.

3월 15일　대만의 웬디사에 제품을 총 $20,000에 수출하기로 하고, 계약금으로 $2,000을 수령하여 동일자로 원화로 환전하였다.
4월 15일　제품을 인천항에서 선적하고 중도금으로 $10,000을 수령하였다.
4월 30일　잔금 $8,000을 수령하고 동 금액을 원화로 환전하였다.
(3월 15일 ₩1,200/$,　4월 15일 ₩1,300/$,　4월 30일 ₩1,100/$)

연/습/문/제 답안

O,X문제

1	2	3	4	5	6	7	8	9	10
○	×	○	×	○	×	○	×	×	×
11	**12**	**13**	**14**	**15**					
×	○	○	○	×					

[풀이 - O,X문제]

02. **여객운송업은 세금계산서 발급불가 업종**이다.

04. 위탁자 명의로 세금계산서 교부하고 비고란에 수탁자의 사업자등록번호 부기한다.

06. 공급시기가 속하는 **과세기간 종료 후 25일 이내에 내국신용장이 개설**된 경우 당초 세금계산서 작성일을 적는다.

08. **계약해제시 계약해제일**을 적는다.

09. 보세구역내에서의 재화공급은 국내거래이므로 세금계산서를 발행하여야 한다.

10. **지연전송에 대해서 0.3%의 가산세**가 적용된다.

11. **직전연도기준으로 판단**한다.

15. "당초 공급한 재화가 환입된 경우 : **재화가 환입된 날을 작성일자**로 기재하고 **비고란에 당초 세금계산서 작성일자를 부기**한 후 붉은색 글씨로 쓰거나 부(負)의 표시를 하여 발급한다."

분개연습

[1]

유형	51.과세	공급가액	10,000,000	세액	1,000,000

(차) 건 물 10,000,000 (대) 보 통 예 금 4,400,000
부가세대급금 1,000,000 건설중인자산 6,600,000

☞ 계약금 중도금 지급시 (차) 건설중인자산 6,600,000 (대) 현 금 6,600,000

[2]

유형	14.건별	공급가액	800,000	세액	80,000

(차) 기업업무추진비(판) 780,000 (대) 제 품(타계정대체) 700,000
부가세예수금 80,000

☞ 간주공급(사업상증여)의 과세표준은 시가이다. 기업업무추진비는 제품의 장부가액(원가)과 부가세예수금의 합계이다.

[3]

유형	17.카과	공급가액	500,000	세액	50,000

(차) 외상매출금 550,000 (대) 제 품 매 출 500,000
(국민카드) 부가세예수금 50,000

[4]

유형	11.과세	공급가액	10,000,000	세액	1,000,000

(차) 감가상각누계액(차량) 3,000,000 (대) 차량운반구 15,000,000
미수금(북일전자) 11,000,000 부가세예수금 1,000,000
유형자산처분손 2,000,000

[5]

유형	55.수입	공급가액	800,000	세액	80,000

(차) 부가세대급금 80,000 (대) 현 금 150,000
원 재 료 70,000

☞ 수입세금계산서는 세관장이 발행한다. 수입세금계산서의 공급가액은 수입자의 구입가격이 아니라 부가가치세를 징수하기 위한 허수의 개념에 불과하다.

[6]

유형	16.수출 (1.직접수출)	공급가액	30,800,000	세액	0

(차) 선 수 금 6,000,000 (대) 제 품 매 출 30,800,000
외상매출금(D사) 24,800,000

☞ 부가세법상 과세표준 : 6,000,000원+$20,000×1,240원(선적일 기준환율)

[7]

유형	53.면세	공급가액	10,000,000	세액	0

(차) 토 지 10,000,000 (대) 미 지 급 금((주)현대건설) 10,000,000

유형	51.과세	공급가액	20,000,000	세액	2,000,000

(차) 건 물 20,000,000 (대) 미 지 급 금((주)현대건설) 22,000,000
부가세대급금 2,000,000

☞ 일괄취득시 공정가액으로 안분계산
- 토지의 공급가액 : 8,000,000/(16,000,000+8,000,000)×30,000,000=10,000,000
- 건물의 공급가액 : 16,000,000/(16,000,000+8,000,000)×30,000,000=20,000,000

[8]

유형	54.불공	공급가액	25,000,000	세액	2,500,000
(차) 차량운반구		29,000,000	(대) 현 금		4,000,000
			미 지 급 금((주)아산)		25,000,000

[9]

유형	11.과세	공급가액	20,000,000	세액	2,000,000
(차) 감가상각누계액(기계)		10,000,000	(대) 기 계 장 치		50,000,000
국고보조금		30,000,000	부가세예수금		2,000,000
현 금		22,000,000	유형자산처분익		10,000,000

[10]

유형	51.과세	공급가액	8,000,000	세액	800,000
(차) 특 허 권		8,000,000	(대) 미 지 급 금((주)경기)		800,000
부가세대급금		800,000	자 본 금		5,000,000
			주식발행초과금		3,000,000

[11]

유형	12.영세 **(3.내국신용장)**	공급가액	20,000,000	세액	0
(차) 선 수 금		2,000,000	(대) 제 품 매 출		20,000,000
외상매출금((주)영우)		18,000,000			

[12]

유형	11.과세	공급가액	△100,000	세액	△10,000
(차) 외상매출금((주)서울)		△110,000	(대) 제 품 매 출		△100,000
			부가세예수금		△10,000

[13]

유형	53.면세	공급가액	1,000,000	세액	0
(차) 기업업무추진비(판)		600,000	(대) 미 지 급 금((주)아산)		1,000,000
복리후생비(판)		400,000			

[14]

유형	54.불공	공급가액	5,000,000	세액	500,000
(차) 토 지		5,500,000	(대) 미 지 급 금((주)현대건설)		5,500,000

[15]

유형	53.면세	공급가액	1,000,000	세액	0
(차) 임차료(제)		1,000,000	(대) 미지급금((주)서울리스)		1,000,000

[16]

유형	54.불공	공급가액	50,000,000	세액	5,000,000
(차) 차량운반구		5,300,000	(대) 현 금		5,300,000

[17]

유형	11.과세	공급가액	950,000	세액	95,000
(차) 외상매출금((주)서울)		1,045,000	(대) 제 품 매 출		950,000
			부가세예수금		95,000

☞ 공급가액 : 100개×10,000원×95%

[18]

유형	16.수출	공급가액	35,400,000	세액	0
(차) 선수금		3,000,000	(대) 제 품 매 출		36,000,000
외상매출금		32,400,000			
외환차손		600,000			

☞ 과세표준 = 3,000,000(환가한 금액) + $27,000×1,200 = 35,400,000원
제품매출(수익) = $30,000×1,200 = 36,000,000원 ⇒ 인도시점에 기준환율로 인식

주관식

01	30,000,000원	02	19,000,000원	03	25,800,000원

[풀이 - 주관식문제]

01. 타사업장에 대한 반출분과 공급받는자에게 도달하기 전에 파손된 재화와 현금장려금은 과세표준에서 제외됨.

02. 장려물품(현물)과 개인적 사용분은 과세표준에 산입한다.
10,000,000+4,000,000+5,000,000=19,000,000원

03. 수출재화의 과세표준=**선수금(환가한 금액)+외상매출금(선적일 환율)**
=($2,000×1,200)+($18,000×1,300)=25,800,000원

제6절 납부세액의 계산

1. 매출세액

구분		금액	세율	세액
과세 (10%)	세금계산서 발급분		10/100	
	매입자발행세금계산서		10/100	
	신용카드 · 현금영수증		10/100	
	기 타(정규영수증외매출분)		10/100	
영세율 (0%)	세금계산서 발급분		0/100	
	기타		0/100	
예정신고누락분				
대손세액가감				
합계				

2. 대손세액공제 [☞실무 : 대손세액공제신고서]

<table>
<tr><td>1. 대손사유</td><td>1. 파산, 강제집행, 사망, 실종
2. 회사정리인가
3. 부도발생일로부터 6월 이상 경과한 어음 · 수표 및 외상매출금
(중소기업의 외상매출금으로서 부도발생일 이전의 것)
4. 중소기업의 외상매출금 및 미수금으로서 회수기일로부터 2년이 경과한 외상매출금 등(특수관계인과의 거래는 제외)
5. 소멸시효 완성채권
6. 회수기일이 6개월 이상 지난 채권 중 채권가액이 30만원 이하
7. 신용회복지원 협약에 따라 면책으로 확정된 채권</td></tr>
<tr><td>2. 공제시기</td><td>대손사유가 발생한 과세기간의 확정신고시 공제
☞ 대손기한 : 공급일로부터 10년이 되는 날이 속하는 과세기간에 대한 확정신고기한까지</td></tr>
<tr><td>3. 공제액</td><td>대손금액(VAT포함) × 10/110</td></tr>
<tr><td>4. 처리</td><td><table>
<tr><th>구분</th><th>공급자</th><th>공급받는 자</th></tr>
<tr><td rowspan="2">1. 대손확정</td><td>대손세액(-)</td><td>대손처분받은세액(-)</td></tr>
<tr><td>매출세액에 차감</td><td>매입세액에 차감</td></tr>
<tr><td rowspan="2">2. 대손금 회수 또는 변제한 경우</td><td>대손세액(+)</td><td>변제대손세액(+)</td></tr>
<tr><td>매출세액에 가산</td><td>매입세액에 가산</td></tr>
</table></td></tr>
</table>

<예제> 대손세액공제신고서

다음은 과세사업자인 ㈜한강의 매출채권에 관련된 자료이다. 다음의 대손세액공제신고서를 작성하시오.

2. 대손세액 계산신고 내용

대손확정 연월일	대손 금액	공제율 (10/110)	대손 세액	공급받는 자			대손 사유
				상호	성명	등록번호	
합 계							

1. 20×1년 12월 15일에 (주)금강의 파산으로 인하여 외상매출금 1,100,000원이 부가가치세법상 대손으로 확정되었다.
2. 20×1년 12월 18일(부도확인일 20x1년 6월 2일)에 (주)설악의 어음(2,200,000원)에 대하여 대손처리하다.
3. 20×1년 12월 15일에 (주)소백으로부터 소멸시효 완성으로 대손처리한 외상매출금 중 일부인 330,000원(부가가치세 포함)을 현금회수하였다.(당초 대손확정일 20x1년 5월 31일)

해답

1. 대손세액공제신고서

2. 대손세액 계산신고 내용

대손확정 연월일	대손 금액	공제율 (10/110)	대손 세액	공급받는 자			대손 사유
				상호	성명	등록번호	
x1/12/15	1,100,000	10/110	100,000	㈜금강	–	–	파산
x1/12/03	2,200,000	10/110	200,000	㈜설악	–	–	부도(6개월경과)
x1/12/15*1	△330,000	10/110	△30,000	㈜소백	–	–	회수(소멸시효)
합 계	2,970,000	–	270.000				

*1. 정확한 해석은 없으나 대손확정연월일이란 표현이 있으므로 당초 대손확정일을 써도 무방하나, 전산세무시험에서는 회수일로 답안을 제시하고 있으므로 회수일로 써도 무방하다.

2. 부가가치세확정신고서(10~12월)

구 분	금 액	세 율	세 액
대손세액가감			△270,000

매출세액에 차감

<예제> 과세표준 및 매출세액

다음은 제조업을 영위하는 ㈜한강의 20×1년 제2기 확정신고를 위한 자료이다. 부가가치세 신고서와 과세표준 명세를 작성하시오.

1. 20×1. 10. 1부터 12. 31까지의 매출거래

구분		내용	금액
과세	국내판매 (과세)	전자세금계산서 발행 매출액 (VAT 미포함) 신용카드매출전표 발행분 (VAT 포함) 일반영수증 발행 (VAT 포함)	50,000,000원 33,000,000원 22,000,000원
	수 출 분 (영세)	내국신용장에 의한 공급분 직수출분	40,000,000원 60,000,000원
	기 타	거래처에 제품 무상 증정(원가 1,200,000 시가 1,800,000)	
면 세		면세재화를 공급하고 계산서 발급 매출액	15,000,000원

2. 간주임대료(전세보증금 : 100,000,000원 당해연도 총일수는 365일, 정기예금이자율은 3%로 가정한다.)를 반영하고 간주임대료 계산시 소숫점 첫째자리 이하는 절사하시오.
3. 20×1년 2기 예정신고 누락분 매출내역 : 국내매출(세금계산서 발급분, VAT 미포함) 20,000,000원
4. 대손발생내역
   20×1.10.3 거래처 파산으로 인하여 발생한 대손금액 7,700,000원(부가가치세 포함, 20×0년 매출분)
   부가가치세 신고서와 과세표준명세를 작성하시오.

구분		금액	세율	세액
과세	세금계산서 발급분	#1	10/100	
	매입자발행세금계산서		10/100	
	신용카드 · 현금영수증	#2	10/100	
	기타(정규영수증외매출분)	#3	10/100	
영세율	세금계산서 발급분	#4	0/100	
	기타	#5	0/100	
예정신고누락분		#6		
대손세액가감				#7
합계				

과세표준 명세

업태	종목	코드	금액
제조업	전자제품	xxxxxx	#8
수입금액제외	전자제품	xxxxxx	#9
합계			

면세수입금액			
업태	종목	코드	금 액
제조업	XX업	xxxxxx	#10
수입금액제외			
합 계			
계산서 발급 및 수취내역	계산서 발급금액		#11
	계산서 수취금액		

해답

(1) 국내판매(세금계산서) 매출액 : 50,000,0000원 → #1
(2) 국내판매(신용카드) 매출액 : 30,000,0000원 → #2
(3) 국내판매(영수증) 매출액 : 20,000,0000원 → #3
(4) 수출(내국신용장) 매출액 : 40,000,0000원 → #4
(5) 직수출 매출액 : 60,000,0000원 → #5
(6) 간주공급(시가) : 1,800,000원 → #3
(7) 면세재화 : 15,000,000원 → #10, #11
(8) 간주임대료 : 100,000,000원×92일(10월~12월)÷365일×3% = 756,164원 → #3, #9
(9) 예정신고 누락분 매출내역 : 20,000,000원 → #6
(10) 대손세액 : △7,7000,000원×10/110 = △700,000원 → #7

[신고서]

구 분		금 액	세 율	세 액
과 세	세금계산서 발급분	50,000,000	10/100	5,000,000
	매입자발행세금계산서		10/100	
	신용카드 · 현금영수증	30,000,000	10/100	3,000,000
	기 타	22,556,164	10/100	2,255,616
영 세 율	세금계산서 교부분	40,000,000	0/100	
	기 타	60,000,000	0/100	
예정신고누락분		20,000,000		2,000,000
대손세액가감				△700,000
합 계(과세표준)		**222,556,164**		11,555,616

[과세표준명세]

과세표준 명세			
업 태	종 목	코 드	금 액
제 조 업	전 자 제 품	xxxxxx	222,000,000
수입금액제외	전 자 제 품	xxxxxx	556,164
합 계			**222,556,164**

← **간주임대료**[*1]

신고서상의 과세표준의 금액과 일치

면세수입금액			
업 태	종 목	코 드	금 액
제 조 업	X X 업	xxxxxx	15,000,000
수입금액제외			
합 계			15,000,000
계산서 발급 및 수취 내역	계산서발급금액		15,000,000
	계산서 수취금액		

*1.간주임대료는 일반적으로 소득세법상 총수입금액에 포함되지 않는다.

3. 매입세액의 계산구조

구 분		금 액	세 율	세 액
① **세금계산서 수취분**	일 반 매 입			
	수출기업수입분납부유예			
	고 정 자 산 매 입[*1]			
예 정 신 고 누 락 분				
매 입 자 발 행 세 금 계 산 서				
그 밖 의 공 제 매 입 세 액				
합 계				
②**공 제 받 지 못 할 매 입세 액**[*2]				
차 감 계				

***1. 유형, 무형자산 중 감가상각자산**

***2. 불공제매입세액은 ① 세금계산서 수취분과 ② 공제받지 못할 매입세액에 동시 입력한다.**

매입세액공제 = 세금계산서 등에 의해 입증되는 총매입세액 – 불공제 매입세액

4. 매입세액 불공제

<table>
<tr><td rowspan="3">협력의무 불이행</td><td colspan="2">① 세금계산서 미수취 · 불명분 매입세액</td></tr>
<tr><td colspan="2">② 매입처별세금계산합계표 미제출 · 불명분매입세액</td></tr>
<tr><td>③ 사업자등록 전 매입세액</td><td>공급시기가 속하는 과세기간이 끝난 후 20일 이내에 등록을 신청한 경우 등록신청일부터 공급시기가 속하는 과세기간 개시일(1.1 또는 7.1)까지 역산한 기간 내의 것은 제외</td></tr>
<tr><td rowspan="5">부가가치 미창출</td><td colspan="2">④ 사업과 직접 관련 없는 지출</td></tr>
<tr><td>⑤ 비영업용소형승용차 구입 · 유지 · 임차</td><td>8인승 이하, 배기량 1,000cc 초과(1,000cc 이하 경차는 제외), 지프형승용차, 캠핑용자동차, 이륜자동차(125cc초과) 관련 세액</td></tr>
<tr><td colspan="2">⑥ 기업업무추진비 및 이와 유사한 비용의 지출에 대한 매입세액</td></tr>
<tr><td colspan="2">⑦ 면세사업과 관련된 매입세액</td></tr>
<tr><td>⑧ 토지관련 매입세액</td><td>토지의 취득 및 조성 등에 관련 매입세액</td></tr>
</table>

<예제> 매입세액

다음은 제조업을 영위하는 ㈜한강의 20×1년 제2기 확정신고(매입거래)를 위한 자료이다.

<table>
<tr><td rowspan="4">원재료매입</td><td>전자세금계산서 수취분(VAT 미포함)</td><td>50,000,000원</td></tr>
<tr><td>신용카드매출전표 발행분(VAT 포함)</td><td>33,000,000원</td></tr>
<tr><td>일반영수증 수취분(VAT 포함)</td><td>22,000,000원</td></tr>
<tr><td>영세율전자세금계산서</td><td>10,000,000원</td></tr>
<tr><td>기업업무추진비</td><td>전자세금계산서 수취분(VAT 미포함)</td><td>5,000,000원</td></tr>
<tr><td>기계구입</td><td>전자세금계산서 수취분(VAT 미포함)</td><td>40,000,000원</td></tr>
</table>

다음 부가가치세 신고서를 작성하시오.

<table>
<tr><th colspan="2">구 분</th><th>금 액</th><th>세 율</th><th>세 액</th></tr>
<tr><td rowspan="2">세금계산서 수취분</td><td>일반매입</td><td>#1</td><td></td><td>#5</td></tr>
<tr><td>고정자산매입</td><td>#2</td><td></td><td>#6</td></tr>
<tr><td colspan="2">예정신고누락분</td><td></td><td></td><td></td></tr>
<tr><td colspan="2">매입자발행세금계산서</td><td></td><td></td><td></td></tr>
<tr><td colspan="2">그밖의공제매입세액</td><td>#3</td><td></td><td>#7</td></tr>
<tr><td colspan="2">합계</td><td></td><td></td><td></td></tr>
<tr><td colspan="2">공제받지못할매입세액</td><td>#4</td><td></td><td>#8</td></tr>
<tr><td colspan="2">차감계</td><td></td><td></td><td></td></tr>
</table>

해답

(1) 원재료(세금계산서) 매입분 : 50,000,0000원 → #1 5,000,000원 → #5
(2) 원재료(신용카드) 매입분 : 30,000,0000원 → #3 3,000,000원 → #7
(3) 영수증수취분은 매입세액공제를 받을 수 없음
(4) 원재료(영세율세금계산서)매입분 : 10,000,0000원 → #1
(5) 기업업무추진비(세금계산서) 수취분 : 5,000,000원 → #1, #4 500,000원 → #5, #8
☞ 불공제매입세액은 ① 세금계산서 수취분과 ② 공제받지 못할 매입세액에 동시 입력한다.
(6) 기계구입(세금계산서) : 40,000,000원 → #2 4,000,000원 → #6

구 분		금 액	세 율	세 액
세금계산서 수취분	일반매입	65,000,000		5,500,000
	고정자산매입	40,000,000		4,000,000
예정신고누락분				
매입자발행세금계산서				
그 밖의 공제매입세액		30,000,000		3,000,000
합계		135,000,000		12,500,000
공제받지못할매입세액		5,000,000		500,000
차감계		130,000,000		12,000,000

5. 신용카드매출전표등수령명세서 제출분 매입세액 [☞실무 : 신용카드매출전표등 수령명세서(갑)]

매입세액 공제대상에서 제외	1. 세금계산서 발급불가 사업자 : 면세사업자 2. 영수증발급 대상 간이과세자 : 직전 공급대가 합계액이 4,800만원 미만 등 3. 세금계산서 발급 불가업종 ① 목욕, 이발, 미용업 ② 여객운송업(전세버스운송사업자 제외) ③ 입장권을 발행하여 영위하는 사업 4. 공제받지 못할 매입세액

<예제> 신용카드매출전표 수령명세서

다음은 10월부터 12월까지 공급가액과 부가가치세를 구분 기재한 신용카드매출전표 및 현금영수증을 교부받은 내용이다. 신용카드매출전표 등 수령명세서에 입력할 공제되는 매입세액을 구하시오. 별도언급이 없는 한 세금계산서를 수취하지 않았다.

구 분	거래처명	거래 일자	발행금액 (VAT포함)	공급자 업종	거 래 내 용	비 고
현대카드 (법인카드)	향초	10.10	220,000원	소매업 (일반과세자)	거래처 선물구입비용	
	초원	11.03	440,000원	음식점업 (일반과세자)	직원 회식대 (복리후생비)	
	박진헤어샵	11.15	110,000원	서비스업 (일반과세자)	회사모델의 미용비	
신한카드 (종업원명의 일반카드)	장수탕	11.25	110,000원	목욕업 (일반과세자)	직원의 야근목욕비용	
	KG마트	11.30	880,000원	소매업 (일반과세자)	컴퓨터 구입	
	허욱영 변호사	12.05	770,000원	변호사 (일반과세자)	법률 자문료	세금계산서 수취
현금영수증	알파문구	12.15	165,000원	소매업 (간이과세자*1)	사무용품구입	
	(주)동양고속	12.15	55,000원	운송업 (일반과세자)	우등고속버스 출장비	

*1. 직전연도 공급대가 합계액이 4,800만원 미만 간이과세자로서 영수증 발급대상자

해답

거래처	대상여부	매입세액 공제
향초	공제받지못할매입세액(기업업무추진관련매입세액)	×
초원	사업관련매입세액	40,000원
박진헤어샵	세금계산서 발급불가 업종(미용업)	×
장수탕	세금계산서 발급불가 업종(목욕업)	×
KG마트	사업관련매입세액	80,000원
허욱영변호사	세금계산서 수취	×
알파문구	간이과세자 중 영수증 발급 대상자	×
(주)동양고속	세금계산서 발급불가 업종(여객운송업)	×
매입세액 공제 계		120,000원

6. 의제매입세액공제 [☞실무 : 의제매입세액공제신고서]

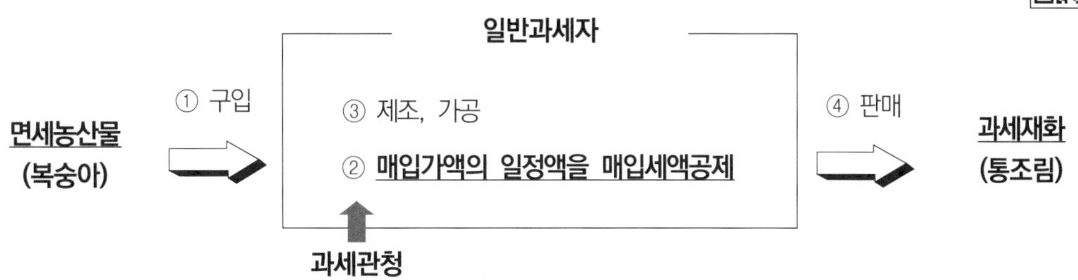

<table>
<tr><td>1. 요건</td><td colspan="2"><u>면세농산물을 과세재화의 원재료로 사용(적격증빙 수취)</u>
<u>제조업</u> : 농어민으로부터 직접 공급받는 경우에도 공제가능(영수증도 가능)</td></tr>
<tr><td>2. 계산</td><td colspan="2">구입시점에 공제(예정신고시 또는 확정시 공제)
면세농산물등의 매입가액(구입시점) × 공제율
<table>
<tr><th colspan="3">업 종</th><th>공제율</th></tr>
<tr><td rowspan="3">음식점업</td><td colspan="2">과세유흥장소</td><td><u>2/102</u></td></tr>
<tr><td rowspan="2">위 외 음식점업자</td><td>법인</td><td>6/106</td></tr>
<tr><td>개인사업자</td><td>8/108</td></tr>
<tr><td rowspan="2"><u>제조업</u></td><td colspan="2"><u>일반</u></td><td><u>2/102</u></td></tr>
<tr><td colspan="2"><u>중소기업 및 개인사업자</u></td><td><u>4/104</u></td></tr>
<tr><td colspan="3">위 외의 사업</td><td>2/102</td></tr>
</table>
<u>매입가액은 순수구입가액(운임 등 제외)</u>, 수입농산물은 관세의 과세가격을 말한다.</td></tr>
<tr><td>3. 추징</td><td colspan="2">1. 면세농산물 등을 그대로 양도하는 경우
2. 면세농산물 등을 면세사업 또는 기타의 목적을 위하여 사용소비</td></tr>
<tr><td>4. 한도</td><td colspan="2"><u>과세표준(면세농산물관련)×한도비율(법인 50%)×의제매입세액공제율</u>
〈예정신고시 계산 및 확정신고시 정산〉
1.1 3.31 6.30
① 예정신고시 계산
② 확정신고시 정산 및 한도계산(1월~6월)
→ 의제매입세액공제, 재활용폐자원매입세액공제, 공통매입세액 안분계산</td></tr>
<tr><td rowspan="2">5. 회계처리</td><td>구입시</td><td>(차) 원재료(의제매입세액) 1,040 (대) 현금 1,040</td></tr>
<tr><td>의제매입세액</td><td>(차) 부가세대급금 40 (대) 원재료(타계정대체) 40
☞ 의제매입세액 = 1,040 × 4/104(중소제조기업)</td></tr>
</table>

<예제> 의제매입세액

다음 거래를 보고 20×1년 1기 확정과세기간에 대한 의제매입세액을 계산하고 의제매입세액에 대한 회계처리(6월 30일)를 하시오. 단, (주)한강은 과세사업과 면세사업을 겸영하는 중소제조업자이며, 면세재화는 과세사업에 사용된다고 가정한다. 의제매입세액 한도율은 50%로 가정한다.

1. 1기 의제매입세액과 관련한 매출내역

예정신고	확정신고	계
25,000,000	35,000,000	60,000,000

2. 1기 예정신고시 의제매입세액 신고내역
   ① 의제매입세액 공제대상 면세매입금액 : 7,000,000원
   ② 의제매입세액공제액 : 269,230원

3. 1기 확정(4~6월)시 면세재화 구입내역

구 분	구입일자	상 호(성명)	품 명	매입가액(원)	증 빙	비 고
사업자 매입분	4.01	한세축산	축산물	3,000,000	계산서	
	4.03	영일축산	축산물	2,200,000	영수증	
	5.12	해일수산	해산물	1,800,000	신용카드	
	5.21	우일수산	해산물	2,500,000	계산서	100,000원은 재고자산으로 보유
	6.30	상수도	수돗물	5,000,000	계산서	
농,어민 매입분	4.12	김한세	견과류	2,700,000	영수증	운임 100,000원이 포함되어 있다.
	5.05	이세무	견과류	4,000,000	영수증	

위의 매입한 품목들은 "원재료"계정으로 처리되었다.

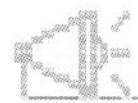

해답

(1) 대상여부 판단

구 분	상 호 (성명)	품 명	매입가액 (원)	증 빙	대 상 여 부
사업자 매입분	한세축산	축산물	3,000,000	**계산서**	
	영일축산	축산물	×	영수증	**사업자 매입분은 계산서 등을 수취하여야 한다.**
	해일수산	해산물	1,800,000	**신용카드**	
	우일수산	해산물	2,500,000	계산서	**구입시점에서 공제**
	상수도	수돗물	×	계산서	**면세농산물등이 대상임.**
농·어민 매입분	김한세	견과류	2,600,000	**영수증**	매입가액은 순수매입가액을 의미한다.
	이세무	견과류	4,000,000	**영수증**	**제조업의 경우 농어민 매입분은 영수증도 가능**
합 계			13,900,000		

(2) 의제매입세액계산

	예정 (1~3월)	확정 (4~6월)	계
① 공급가액(면세매입관련)	25,000,000	35,000,000	60,000,000
② 면세매입금액	7,000,000	**13,900,000**	20,900,000
③ 한도(①×50%)	-		30,000,000
④ Min[②, ③]	-		**20,900,000**
공제율	4/104(중소제조업)		
⑤ 당기 의제매입세액공제액(1~6월)	④×공제율		803,846
⑥ 예정신고시 의제매입세액공제			269,230
⑦ 확정신고시 의제매입세액공제	**(⑤-⑥)**		**534,616**

(3) 회계처리(6월 30일)

(차) 부가세대급금 534,616원 (대) 원재료 534,616원(타계정대체)

7. 재활용폐자원 등에 대한 매입세액공제 [☞실무 : 재활용폐자원공제신고서]

재활용폐자원 등을 수집하는 사업자가 국가 등 기타 부가가치세 과세사업을 영위하지 않는자(**계산서 발급**) 또는 영수증 발급대상 간이과세자(**일반영수증 발급**)로부터 재활용폐자원 등을 취득하여 제조 또는 가공하거나 이를 공급하는 경우에는 일정율을 매입세액으로 의제한다.

구 분	매입세액공제액
재활용폐자원 : 고철, 폐지, 폐건전지 등	공제대상금액의 3/103
수출용중고자동차(1년 미만인 자동차는 제외)	공제대상금액의 10/110

<예제> 재활용폐자원 매입세액공제

다음 자료를 이용하여 20x1년 1기 예정신고기간(20x1. 1. 1.~20x1. 3. 31.)의 재활용폐자원 세액공제액을 계산하시오.) 예정신고기간 중 거래내역은 다음과 같다.

거래일	공급자	품명	수량(kg)	취득가액(원)	증빙
1. 30	고철상사(일반과세사업자)	고철	100	3,000,000	영수증
2. 11	김길동(비사업자)	파지	300	4,000,000	영수증
3. 30	한신바이오	고철	200	5,000,000	계산서

해답

(1) 공제대상여부 판단

① 고철상사는 일반과세사업자이므로 재활용폐자원세액공제 불가

② 개인(비사업자)이므로 재활용 폐자원 매입세액공제 가능(4,000,000원)

③ 한신바이오로부터 계산서를 수취했으므로 재활용 폐자원 매입세액공제 가능(5,000,000원)

∴ 공제대상 재활용폐자원 취득가액=9,000,000원

(2) 재활용폐자원매입세액 계산

재활용폐자원 매입세액=9,000,000×3/103=262,135원

8. 겸영사업자의 공통매입세액 안분계산[☞실무 : 공제받지못할매입세액명세서]

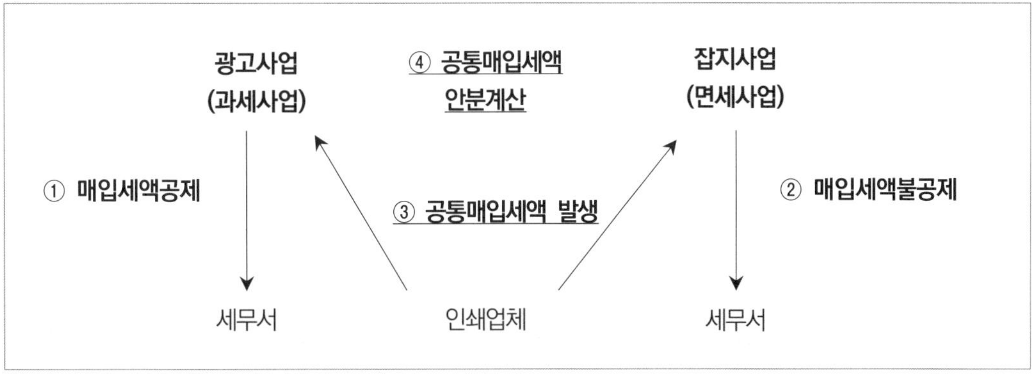

1. 내용	겸영사업자(과세＋면세사업)의 공통매입세액에 대한 면세사업분에 대하여 매입세액은 불공제임
2. 안분방법	1. **당해 과세기간의 공급가액 기준** 2. 공급가액이 없는 경우(건물인 경우 ③①②) 　① 매입가액 비율 　② 예정공급가액의 비율 　③ 예정사용면적의 비율 3. 안분계산 생략 　① 당해 과세기간의 총공급가액중 면세공급가액이 5% 미만인 경우의 공통매입세액 (단, 공통매입세액이 5백만원 이상인 경우 안분계산해야 함) 　② 당해 과세기간중의 공통매입세액합계액이 5만원 미만인 경우 　③ 신규사업으로 인해 직전 과세기간이 없는 경우
3. 안분계산 및 정산	**매입세액불공제분＝공통매입세액×해당과세기간의 $\frac{\text{면세공급가액}}{\text{총공급가액}}$(＝면세비율)** **1. 예정신고시 안분계산 → 2. 확정신고시 정산**

<예제> 공통매입세액의 안분과 정산

다음 자료를 보고 당사(과세 및 면세 겸영사업자)의 공제받지 못할 매입세액(공통분 매입세액)을 계산하시오. 단, 아래의 매출과 매입은 모두 관련 세금계산서 또는 계산서를 적정하게 수수한 것이며, 과세분 매출과 면세분 매출은 모두 공통매입분과 관련된 것이다.

(1) 예정신고(1~3월)

구 분		공급가액	세액	합계액
매출내역	과세분	40,000,000	4,000,000	44,000,000
	면세분	60,000,000	-	60,000,000
	합 계	100,000,000	4,000,000	104,000,000
매입내역	공통분	50,000,000	5,000,000	55,000,000

(2) 확정신고(4~6월)

구 분		공급가액	세액	합계액
매출내역	과세분	50,000,000	5,000,000	55,000,000
	면세분	50,000,000	-	50,000,000
	합 계	100,000,000	5,000,000	105,000,000
매입내역	공통분	30,000,000	3,000,000	33,000,000

1. 20X1년 1기 예정시 불공제 매입세액(안분계산)을 계산하시오.
2. 20X1년 1기 확정신고시 불공제 매입세액(정산)을 계산하시오.

해답

1. 예정신고시 안분계산

$$\text{공통매입세액(1월~3월)} \times \text{해당 과세기간(1월~3월)의} \ \frac{\text{면세공급가액}}{\text{총공급가액}}$$

$$= 5{,}000{,}000 \times \frac{60{,}000{,}000}{100{,}000{,}000} = \underline{\textbf{3,000,000(예정신고시불공제매입세액)}}$$

2. **공통매입세액의 정산(확정신고)**

$$\begin{matrix}\text{총공통매입세액} \\ \text{(1월~6월)}\end{matrix} \times \text{해당 과세기간(1월~6월)의} \ \frac{\text{면세공급가액}}{\text{총공급가액}} - \underline{\textbf{예정신고시(1~3월) 불공제매입세액}}$$

$$= 8{,}000{,}000\text{(1~6월 공통매입세액)} \times \frac{110{,}000{,}000\text{(1~6월 면세공급가액)}}{200{,}000{,}000\text{(1~6월 총공급가액)}}$$

$$- \underline{\textbf{3,000,000(예정신고시 불공제매입세액) = 1,400,000(확정신신고시 불공제매입세액)}}$$

〈1.1 ~ 6.30 매입매출 및 불공제매입세액 내역〉

구 분		과세분 (A)	면세분 (B)	면세공급 가액비율 (B/[A+B])	계
매출내역	예정	40,000,000	60,000,000	**60%**	100,000,000
	확정	50,000,000	50,000,000	50%	100,000,000
	계	**90,000,000**	**110,000,000**	55%	200,000,000
공 통 매입세액	예정	5,000,000		▶ 면세공급가액비율 =110,000,000/200,000,000 =55%	
	확정	3,000,000			
	계	8,000,000			
불 공 제 매입세액	예정	3,000,000		▶ **2기 전체 불공제매입세액** =8,000,000×55% =4,400,000	
	확정	1,400,000			
	계	**4,400,000**			

9. 겸영사업자의 납부 · 환급세액의 재계산[☞실무 : 공제받지못할매입세액명세서]

1. 재계산 요건	**1. 감가상각자산** 2. 당초 안분계산 대상이 되었던 매입세액에 한함 **3. 면세공급가액비율의 증가 또는 감소 : 5% 이상(과세기간기준)**
2. 계산	**공통매입세액×(1－감가율×경과된 과세기간의 수)×증감된 면세비율** ☞ 감가율 : 건물, 구축물 5%, 기타 25%
3. 신고납부	**확정 신고시에만 재계산(예정신고시에는 계산하지 않는다)**

<예제> 납부 · 환급세액의 재계산

다음의 내용을 토대로 20×1년 1기의 공통매입세액 불공제분과 차기 이후 각 과세기간의 납부세액에 가산 또는 차감될 세액을 계산하고 공제받지못할매입세액명세서(20×1년 2기 납부세액 또는 환급세액 재계산 내역)을 작성하시오.

1. 20×1년 과세사업과 면세사업에 공통으로 사용되는 자산의 구입내역

계정과목	취득일자	공급가액	부가가치세	비고
기계장치	X1. 4. 1.	10,000,000원	1,000,000원	
공장건물	X1. 6. 10.	100,000,000원	10,000,000원	
상 품	X1. 6. 20.	1,000,000원	100,000원	

2. 공급가액 내역

구 분	20X1년 제1기	20X1년 제2기	20X2년 제1기	20X2년 제2기
과세사업(A)	100,000,000	80,000,000	90,000,000	100,000,000
면세사업(B)	100,000,000	120,000,000	120,000,000	100,000,000
면세공급가액비율 [B/(A+B)]	50%	60%	57.1%	50%

해답

1. 면세공급가액 비율

	20x1년		20x2년	
	1기	2기	1기	2기
면세공급가액비율	50%	60%	57.1%	50%
전기대비 증가비율	-	10%	-2.9%	-10%*
재계산여부	-	O	×	O

10% 증가 **5% 미만** **10% 감소**

* 20x2년 1기에 재계산을 하지 않았으므로 20x1년 2기와 비교하여 계산한다.

2. 재계산내역

과세기간	면세공급가액 비율 증가	매입세액 불공제 및 재계산내용
X1년 1기	-	11,100,000원×50%=5,550,000원(매입세액불공제)***상품포함 계산**
X1년 2기	10%	**감가상각자산에 한정하므로 상품은 계산대상에서 제외한다.** 기계장치 : 1,000,000원×(1-25%×1)×(60%-50%)=75,000원 건 물 : 10,000,000원×(1-5%×1)×(60%-50%)=950,000원 **→ 납부세액에 가산**
X2년 1기	-2.9%	면세공급가액 증가비율이 5%미만이므로 재계산 생략
X2년 2기	-10%	기계장치 : 1,000,000원×(1-25%×3)×(50%-60%)=-25,000원 건 물 : 10,000,000원×(1-5%×3)×(50%-60%)=-850,000원 **→ 납부세액에 차감(환급세액)**

3. 불공제매입세액(20×1년 2기)

5. 납부세액 또는 환급세액 재계산 내역				
일련번호	⑳해당 재화의 매입세액	㉑경감률[1-(5/100 또는 25/100×경과된 과세기간의 수)]	㉒증가 또는 감소된 면세공급가액(사용 면적) 비율	㉓가산 또는 공제되는 매입세액 (⑳×㉑×㉒)
1	1,000,000	75%	10%	75,000
2	10,000,000	95%	10%	950,000
합계	11,000,000			1,025,000

체감율 : 건물(5%), 기계장치(25%)
경과된 과세기간 수 : 1

불공제매입세액

제7절 자진납부세액의 계산

1. 자진납부세액의 계산 구조

구분		금액	세율	세액
납부(환급)세액(매출세액 - 매입세액)				
경감·공제세액	그 밖의 경감·공제세액			
	신용카드매출전표발행공제등			
	합계			
예정신고미환급세액				
예정고지세액				
가산세액계				
차가감납부(환급)세액				

2. 공제세액

1. 신용카드매출전표 발행공제	직전연도공급가액 10억원 이하 개인사업자만 해당 (연간 한도액 1,000만원)
2. 전자신고세액공제(확정신고시)	5,000원(개정세법 26)

3. 가산세

(1) 가산세의 감면(국세기본법)

〈특례신고기한이 지난 후 수정신고시〉

<table>
<tr><td rowspan="4">1. 수정신고</td><td colspan="6">〈법정신고기한이 지난 후 수정신고시〉</td></tr>
<tr><td>~1개월 이내</td><td>~3개월 이내</td><td>~6개월 이내</td><td>~1년 이내</td><td>~1년 6개월 이내</td><td>~2년 이내</td></tr>
<tr><td>90%</td><td>75%</td><td>50%</td><td>30%</td><td>20%</td><td>10%</td></tr>
<tr><td colspan="3">1.신고불성실가산세</td><td colspan="3">2.영세율과세표준신고불성실가산세</td></tr>
<tr><td>2. 세법에 따른 제출 등의 의무</td><td colspan="5">법정신고기한 후 1개월 이내 의무 이행시
→ 매출처별세금계산서합계표 제출 등</td><td>50%</td></tr>
</table>

(2) 부가가치세법상 가산세

<table>
<tr><td rowspan="4">1. 세금계산서 불성실</td><td>1. 가공세금계산서 발급 및 수취</td><td>공급가액 4%
(개정세법 26)</td></tr>
<tr><td>2. 미발급, 타인명의 발급(위장세금계산서) 및 수취
☞ 전자세금계산서 발급대상자가 종이세금계산서 발급시 1%</td><td>공급가액 2%</td></tr>
<tr><td>3. 과다기재</td><td>과다 기재금액의 2%</td></tr>
<tr><td>4. 부실기재 및 지연발급</td><td>공급가액 1%</td></tr>
<tr><td rowspan="2">2. 전자세금계산서 전송</td><td>1. 지연전송(7/25, 익년도 1/25까지 전송)</td><td>공급가액 0.3%</td></tr>
<tr><td>2. 미전송 : 지연전송기한까지 미전송</td><td>공급가액 0.5%</td></tr>
<tr><td rowspan="2">3. 매출처별 세금계산서 합계표불성실</td><td>1. 미제출(1개월 이내 제출시 50% 감면)/부실기재</td><td>공급가액 0.5%</td></tr>
<tr><td>2. 지연제출(예정신고분 → 확정신고제출)</td><td>공급가액 0.3%</td></tr>
<tr><td>4. 매입처별세금계산서 합계표에 대한 가산세</td><td>공급가액을 과다기재하여 매입세액공제
(차액분에 대해서 가산세)</td><td>공급가액(차액분)
0.5%</td></tr>
<tr><td rowspan="2">5. 신고불성실
(부당의 경우 40%)</td><td>1. 무신고가산세
2. 과소신고가산세(초과환급신고가산세)
3. 영세율과세표준 신고불성실가산세</td><td>일반 20%
일반 10%
공급가액 0.5%</td></tr>
<tr><td colspan="2">2년 이내 수정신고시 신고불성실가산세 90%~10% 감면</td></tr>
<tr><td>6. 납부지연</td><td colspan="2">미납 · 미달납부세액(초과환급세액)×일수×(1.9~2.2)[*1]/10,000</td></tr>
</table>

*1. 시행령 정기개정(매년 2월경)시 결정

〈부가가치세 신고서〉

구분			금액	세율	세액
과세표준 및 매출세액	과세	세금계산서 발급분	국내 공급분	10 / 100	
		매입자발행 세금계산서		10 / 100	
		신용카드·현금영수증 발행분	신용카드등 매출분	10 / 100	
		기타(정규영수증 외 매출분)	세금계산서 발급의무가 없는 부분 등	10 / 100	
	영세율	세금계산서 발급분	내국신용장, 구매확인서	0 / 100	
		기타	직수출 등	0 / 100	
	예정신고 누락분		확정신고시 예정신고 누락분을 기재		
	대손세액 가감				대손세액공제(－) 회수대손세액(＋)
	합계			㉮	
매입세액	세금계산서 수취분	일반매입	고정자산 매입분을 제외한 세금계산서 매입분 (**불공제 매입분 포함**)		10%, 0%의 매입세액 기재
		수출기업 수입분 납부유예			
		고정자산매입	감가상각자산에 대한 매입분		
	예정신고 누락분		확정신고시 예정신고 누락분을 기재		
	매입자발행 세금계산서				
	그 밖의 공제매입세액		신용카드등 매입세액, 의제매입세액 등		
	합계 (10)－(11)＋(12)＋(13)＋(14)＋(15)				
	공제받지 못할 매입세액		세금계산서 수취분 중 불공제 매입세액		
	차감계 (16)－(17)			㉯	
납부(환급)세액 (매출세액㉮－매입세액㉯)				㉰	
경감·공제세액	그 밖의 경감·공제세액		전자신고세액공제 등		
	신용카드매출전표등 발행공제 등		개인사업자만 대상		
	합계			㉱	
소규모 개인사업자 부가가치세 감면세액				㉲	
예정신고 미환급세액			예정신고시 일반환급세액을 신고한 경우	㉳	
예정고지세액			영세법인사업자, 개인사업자	㉴	
수시부과세액				㉵	
사업양수자가 대리납부한 세액				㉶	
매입자 납부특례에 따라 납부한 세액				㉷	
신용카드업자기 대리납부한 세액				㉸	
가산세액 계				㉹	
차감·가감하여 납부할 세액(환급받을 세액)(㉰－㉱－㉲－㉳－㉴－㉵－㉶－㉷－㉸＋㉹)					
총괄 납부 사업자가 납부할 세액(환급받을 세액)					

〈가산세〉

구분		금액	세율	세액
사업자미등록 등		미등록	1%,	
		타인명의 등록	2%	
세금계산서	지연발급 등		1%	
	지연수취		0.5%	
	미발급 등	미발급	2%	
		종이세금계산서발급	1%	
전자세금계산서 발급명세	지연전송		0.3%	
	미전송		0.5%	
세금계산서 합계표	제출 불성실		0.5%	
	지연제출		0.3%	
신고불성실	무신고(일반)		20%	
	무신고(부당)		40%	
	과소·초과환급신고(일반)	신고누락분(매출세액 – 매입세액)	10%	
	과소·초과환급신고(부당)		40%	
납부지연		신고누락분(매출세액 – 매입세액)× 미납일수×2.2/10,000	–	
영세율 과세표준신고 불성실			0.5%	
현금매출명세서 불성실			1%	
부동산임대공급가액명세서 불성실			1%	
매입자 납부특례	거래계좌 미사용		–	
	거래계좌 지연입금		–	
신용카드매출전표 등 수령명세서 미제출·과다기재			0.5%	
합계				

〈부가가치세 확정신고서 작성〉

	확정신고(7/25, 익년도 1/25)
대 상	**예정신고누락분을 확정신고시 제출시 가산세 계산 대상임.**
신고기한	확정신고시(7/25, 1/25)
신고서 작성	**부가가치세 확정신고서 예정신고누락분에 기재**

<예제> 부가가치세 신고서1

다음 자료만을 이용하여 ㈜한강의 20x1년 제1기 확정신고기간(4월~6월)의 부가가치세신고서를 작성하시오.

1. 매출자료
- 전자세금계산서 과세 매출액(영세율 매출 포함) : 공급가액 400,000,000원, 세액 35,000,000원
- 신용카드 · 현금영수증 과세 매출액 : 공급가액 5,000,000원, 세액 500,000원
- 정규영수증외 과세 매출액 : 공급가액 700,000원, 세액 70,000원
  (최종 소비자와의 거래이며, 당사가 영위하는 업종은 현금영수증 의무발행업종이 아님)
- 해외 직수출액 : 40,000,000원
- 회수기일이 2년 6개월 지난 외상매출금(특수관계인과의 거래가 아님) : 11,000,000원(부가가치세 포함)

2.매입자료
- 세금계산서 수취한 매입내역

구분	공급가액	세액
일반 매입	250,000,000원	25,000,000원
기업업무추진 물품 매입	1,000,000원	100,000원
9인승 업무용 차량 매입	30,000,000원	3,000,000원
예정신고누락분 매입	3,000,000원	300,000원
합 계	284,000,000원	28,400,000원

- 신용카드 사용분 매입내역

구분	공급가액	세액
일반 매입	25,000,000원	2,500,000원
사업무관 매입	2,000,000원	200,000원
비품 매입	5,000,000원	500,000원
합 계	32,000,000원	3,200,000원

3.기타자료
- 매출자료 중 전자세금계산서 지연발급분 : 공급가액 10,000,000원, 세액 1,000,000원
- 예정신고 미환급세액 : 800,000원
- 당사는 부가가치세 신고시 홈택스로 전자신고를 하였다.

[부가가치세 신고서]

구분				정기신고금액		
				금액	세율	세액
과세표준및매출세액	과세	세금계산서발급분	1		10/100	
		매입자발행세금계산서	2		10/100	
		신용카드 · 현금영수증발행분	3		10/100	
		기타(정규영수증외매출분)	4			
	영세	세금계산서발급분	5		0/100	
		기타	6		0/100	
	예정신고누락분		7			
	대손세액가감		8			
	합계		9		㉮	
매입세액	세금계산서수취분	일반매입	10			
		수출기업수입분납부유예	11			
		고정자산매입	12			
	예정신고누락분		13			
	매입자발행세금계산서		14			
	그 밖의 공제매입세액		15			
	합계(10)-(11)+(12)+(13)+(14)+(15)		16			
	공제받지못할매입세액		17			
	차감계 (16-17)		18		㉯	
납부(환급)세액(매출세액㉮-매입세액㉯)					㉰	
경감공제세액	그 밖의 경감 · 공제세액		19			
	신용카드매출전표등 발행공제등		20			
	합계		21		㉱	
소규모 개인사업자 부가가치세 감면세액			22		㉲	
예정신고미환급세액			23		㉳	
예정고지세액			24		㉴	
수시부과세액			25		㉵	
사업양수자의 대리납부 기납부세액			26		㉶	
매입자 납부특례 기납부세액			27		㉷	
신용카드업자의 대리납부 기납부세액			28		㉸	
가산세액계			29		㉹	
차가감하여 납부할세액(환급받을세액)㉰-㉱-㉲-㉳-㉴-㉵-㉶-㉷-㉸+㉹					30	
총괄납부사업자가 납부할 세액(환급받을 세액)						

해답

1. 매출세액 및 과세표준

구분				정기신고금액		
				금액	세율	세액
과세표준및매출세액	과세	세금계산서발급분	1	350,000,000	10/100	35,000,000
		매입자발행세금계산서	2		10/100	
		신용카드 · 현금영수증발행분	3	5,000,000	10/100	500,000
		기타(정규영수증외매출분)	4	700,000		70,000
	영세	세금계산서발급분	5	50,000,000	0/100	
		기타	6	40,000,000	0/100	
	예정신고누락분		7			
	대손세액가감		8			-1,000,000
	합계		9	445,700,000	㉮	34,570,000

☞ 중소기업의 외상매출금으로서 회수기일이 2년이상 경과한 외상매출금(특수관계인과의 거래는 제외)은 대손세액공제대상임.

2. 매입세액

구분				금액		세액
매입세액	세금계산서수취분	일반매입	10	251,000,000		25,100,000
		수출기업수입분납부유예	11			
		고정자산매입	12	30,000,000		3,000,000
	예정신고누락분		13	3,000,000		300,000
	매입자발행세금계산서		14			
	그 밖의 공제매입세액		15	30,000,000		3,000,000
	합계(10)-(11)+(12)+(13)+(14)+(15)		16	314,000,000		31,400,000
	공제받지못할매입세액		17	1,000,000		100,000
	차감계 (16-17)		18	313,000,000	㉯	31,300,000
납부(환급)세액(매출세액㉮-매입세액㉯)					㉰	3,270,000

☞ 세금계산서 수취분 중 매입세액 불공제 대상인 경우 매입세액 중 세금계산서 수취분에 포함하여 기재하고, 공제받지 못할 매입세액에 추가 반영한다.

☞ 9인승 차량은 매입세액공제대상이고 고정자산 매입분에 기재한다.

☞ 신용카드 매입금액 중 매입세액불공제 대상을 기재하지 않고 매입세액공제분만 기재한다.

3. 납부할세액

- 전자신고세액공제 : 5,000원
- 예정신고미환급세액 : 800,000원 입력
- 전자세금계산서 지연발급가산세 : 지연발급(10,000.000)×1% = 100,000원

구분		번호			세액
경감공제세액	그 밖의 경감 · 공제세액	19			5,000
	신용카드매출전표등 발행공제등	20			
	합계	21		㉱	5,000
소규모 개인사업자 부가가치세 감면세액		22		㉲	
예정신고미환급세액		23		㉳	800,000
예정고지세액		24		㉴	
수시부과세액		25		㉵	
사업양수자가 대리납부한 세액		26		㉶	
매입자 납부특례에 따라 납부한세액		27		㉷	
신용카드업자가 대리납부한 세액		28		㉸	
가산세액계		29		㉹	100,000
차가감하여 납부할세액(환급받을세액)㉰-㉱-㉲-㉳-㉴-㉵-㉶-㉷-㉸+㉹				30	2,565,000

4. 최종부가가치세 신고서

구분				정기신고금액		
구분				금액	세율	세액
과세표준및매출세액	과세	세금계산서발급분	1	350,000,000	10/100	35,000,000
		매입자발행세금계산서	2		10/100	
		신용카드 · 현금영수증발행분	3	5,000,000	10/100	500,000
		기타(정규영수증외매출분)	4	700,000		70,000
	영세	세금계산서발급분	5	50,000,000	0/100	
		기타	6	40,000,000	0/100	
	예정신고누락분		7			
	대손세액가감		8			-1,000,000
	합계		9	445,700,000	㉮	34,570,000
매입세액	세금계산서 수취분	일반매입	10	251,000,000		25,100,000
		수출기업수입분납부유예	11			
		고정자산매입	12	30,000,000		3,000,000
	예정신고누락분		13	3,000,000		300,000
	매입자발행세금계산서		14			
	그 밖의 공제매입세액		15	30,000,000		3,000,000
	합계(10)-(11)+(12)+(13)+(14)+(15)		16	314,000,000		31,400,000
	공제받지못할매입세액		17	1,000,000		100,000
	차감계 (16-17)		18	313,000,000	㉯	31,300,000
납부(환급)세액(매출세액㉮-매입세액㉯)					㉰	3,270,000
경감공제세액	그 밖의 경감 · 공제세액		19			5,000
	신용카드매출전표등 발행공제등		20			
	합계		21		㉱	5,000
소규모 개인사업자 부가가치세 감면세액			22		㉲	
예정신고미환급세액			23		㉳	800,000
예정고지세액			24		㉴	
수시부과세액			25		㉵	
사업양수자가 대리납부한 세액			26		㉶	
매입자 납부특례에 따라 납부한세액			27		㉷	
신용카드업자가 대리납부한 세액			28		㉸	
가산세액계			29		㉹	100,000
차가감하여 납부할세액(환급받을세액)㉰-㉱-㉲-㉳-㉴-㉵-㉶-㉷-㉸+㉹					30	2,565,000
총괄납부사업자가 납부할 세액(환급받을 세액)						

<예제> 부가가치세 신고서2

㈜한강은 과일을 구입하여 통조림을 제조하여 판매하는 중소기업이라 가정한다.
1기 확정신고에 대한 부가가치세 신고서를 작성하시오.

1. 1기 확정신고(4~6월) 자료

매출(VAT 미포함)		매입(VAT 미포함)	
ⓐ 전자세금계산서	: 10,000,000원	ⓕ 전자세금계산서 (기업업무추진 관련 매입액)	: 1,000,000원
ⓑ 신용카드영수증	: 20,000,000원	ⓖ 전자세금계산서(원재료)	: 2,000,000원
ⓒ 현금영수증발행분	: 30,000,000원	ⓗ 현금영수증(기계장치)	: 3,000,000원
ⓓ 영세율전자세금계산서	: 40,000,000원	ⓘ 전자영세율세금계산서	: 4,000,000원
ⓔ 직수출	: 50,000,000원		

2. 1기 예정신고(1~3월) 누락자료**(전자세금계산서는 적법발급 후 다음날 전송하였다.)**

매출(VAT 미포함)		매입(VAT 미포함)	
ⓐ 전자세금계산서	: 100,000원	ⓔ 신용카드영수증(비품)	: 500,000원
ⓑ 현금영수증발행분	: 200,000원		
ⓒ 영세율전자세금계산서	: 300,000원		
ⓓ 간주임대료	: 400,000원		

- 예정신고누락분과 확정신고 매출금액은 의제매입세액과 관련된 매출이다.

3. 면세매입자료(4~6월 구입,계산서 및 현금영수증 수취)
   - 복숭아 구입액 : 40,000,000원
     (통조림을 제조하기 위하여 구입하였고, 여기에는 운반비가 1,000,000원이 포함되어 있다.)
   - 수돗물 사용액 : 15,000,000원
   - 예정신고시에는 의제매입과 관련한 매출과 매입은 없었다.
   - 의제매입세액공제 한도액은 50%로 가정한다.

4. ㈜한강은 홈택스에서 직접 전자신고하였다.

5. 1기 예정신고시 미환급세액은 150,000원이라 가정한다.

6. 납부지연가산세 계산시 미납일수는 91일, 1일 2/10,000로 가정한다.

부가가치세 신고서는 아래의 양식에 직접 기재한다.

[과세표준 및 매출세액]

구분				금액	세율	세액
과세표준및매출세액	과세	세금계산서발급분	1		10/100	
		매입자발행세금계산서	2		10/100	
		신용카드 현금영수증발행분	3			
		기타(정규영수증외매출분)	4		10/100	
	영세	세금계산서발급분	5		0/100	
		기타	6		0/100	
	예정신고누락분		7			
	대손세액가감		8			
	합계		9		㉮	

- 예정신고누락분(7)

구분				금액	세율	세액
7.매출(예정신고누락분)						
예정누락분	과세	세금계산서	33		10/100	
		기타	34		10/100	
	영세	세금계산서	35		0/100	
		기타	36		0/100	
	합계		37			

[매입세액]

구분				금액	세율	세액
매입세액	세금계산서 수취분	일반매입	10			
		수출기업수입분납부유예	10			
		고정자산매입	11			
	예정신고누락분		12			
	매입자발행세금계산서		13			
	그 밖의 공제매입세액		14			
	합계(10)-(10-1)+(11)+(12)+(13)+(14)		15			
	공제받지못할매입세액		16			
	차감계 (15-16)		17		㉯	

- 예정신고누락분(12)

12.매입(예정신고누락분)						
예정누락분	세금계산서		38			
	그 밖의 공제매입세액		39			
	합계		40			
	신용카드매출 수령금액합계	일반매입				
		고정매입				
	의제매입세액					
	재활용폐자원등매입세액					
	과세사업전환매입세액					
	재고매입세액					
	변제대손세액					
	외국인관광객에대한환급/					
	합계					

- 그 밖의 공제매입세액(14)

14.그 밖의 공제매입세액					
신용카드매출 수령금액합계표	일반매입	41			
	고정매입	42			
의제매입세액		43		뒤쪽	
재활용폐자원등매입세액		44		뒤쪽	
과세사업전환매입세액		45			
재고매입세액		46			
변제대손세액		47			
외국인관광객에대한환급세액		48			
합계		49			

- 공제받지못할매입세액(16)

16.공제받지못할매입세액				
공제받지못할 매입세액	50			
공통매입세액면세등사업분	51			
대손처분받은세액	52			
합계	53			

[자진납부세액의 계산]

구분	항목	번호		
경감공제세액	그 밖의 경감 · 공제세액	18		
	신용카드매출전표등 발행공제등	19		
	합계	20	㉣	
소규모 개인사업자 부가가치세 감면세액		20	㉤	
예정신고미환급세액		21	㉥	
예정고지세액		22	㉦	
사업양수자의 대리납부 기납부세액		23	㉧	
매입자 납부특례 기납부세액		24	㉨	
신용카드업자의 대리납부 기납부세액		25	㉩	
가산세액계		26	㉪	
차가감하여 납부할세액(환급받을세액)㉢-㉣-㉤-㉥-㉦-㉧-㉨-㉩+㉪			27	
총괄납부사업자가 납부할 세액(환급받을 세액)				

- 그 밖의 경감공제세액(18)

18.그 밖의 경감·공제세액				
전자신고세액공제	54			
전자세금계산서발급세액공제	55			
택시운송사업자경감세액	56			
대리납부세액공제	57			
현금영수증사업자세액공제	58			
기타	59			
합계	60			

- 가산세액계(25)

25.가산세명세					
사업자미등록등		61		1/100	
세금계산서	지연발급 등	62		1/100	
	지연수취	63		5/1,000	
	미발급 등	64		뒤쪽참조	
전자세금발급명세	지연전송	65		3/1,000	
	미전송	66		5/1,000	
세금계산서합계표	제출불성실	67		5/1,000	
	지연제출	68		3/1,000	
신고불성실	무신고(일반)	69		뒤쪽	
	무신고(부당)	70		뒤쪽	
	과소·초과환급(일반)	71		뒤쪽	
	과소·초과환급(부당)	72		뒤쪽	
납부지연		73		뒤쪽	
영세율과세표준신고불성실		74		5/1,000	
현금매출명세서불성실		75		1/100	
부동산임대공급가액명세서		76		1/100	
매입자납부특례	거래계좌 미사용	77		뒤쪽	
	거래계좌 지연입금	78		뒤쪽	
합계		79			

해답

1. 매출세액

구분				금액	세율	세액
과세표준및매출세액	과세	세금계산서발급분	1	10,000,000	10/100	1,000,000
		매입자발행세금계산서	2		10/100	
		신용카드 현금영수증발행분	3	50,000,000		5,000,000
		기타(정규영수증외매출분)	4		10/100	
	영세	세금계산서발급분	5	40,000,000	0/100	
		기타	6	50,000,000	0/100	
	예정신고누락분		7	1,000,000		70,000
	대손세액가감		8			
	합계		9	151,000,000	㉮	6,070,000

- 예정신고누락분(7)

과세(기타 - 33)은 현금영수증발행분(200,000)과 간주임대료(400,000)의 계를 입력한다.

7.매출(예정신고누락분)						
예정누락분	과세	세금계산서	33	100,000	10/100	10,000
		기타	34	600,000	10/100	60,000
	영세	세금계산서	35	300,000	0/100	
		기타	36		0/100	
	합계		37	1,000,000		70,000

2. 매입세액

불공제매입세액(기업업무추진관련 공급가액 1,000,000, 세액 100,000)은 세금계산서 수취분(10)에 기재하고 동시에 공제받지못할매입세액(16)에 기재한다.

구분			번호	금액		세액
매입세액	세금계산서 수취분	일반매입	10	7,000,000		300,000
		수출기업수입분납부유예	10			
		고정자산매입	11			
	예정신고누락분		12	500,000		50,000
	매입자발행세금계산서		13			
	그 밖의 공제매입세액		14	42,000,000		1,800,000
	합계(10)-(10-1)+(11)+(12)+(13)+(14)		15	49,500,000		2,150,000
	공제받지못할매입세액		16	1,000,000		100,000
	차감계 (15-16)		17	48,500,000	㉯	2,050,000

- 예정신고누락분(12) : 신용카드 영수증은 비품이므로 고정자산 매입분에 입력한다.

12.매입(예정신고누락분)						
예정누	세금계산서		38			
	그 밖의 공제매입세액		39	500,000		50,000
	합계		40	500,000		50,000
	신용카드매출 수령금액합계	일반매입				
		고정매입		500,000		50,000
	의제매입세액					

- 그 밖의 공제매입세액(14)

① 의제매입해당액 = 39,000,000(순수매입가액 - 농산물등만 해당)

② 의제매입세액한도(매입액) = 151,000,000(의제매입과 관련된 매출)×50%

= 75,500,000 > 39,000,000 ∴ 전액공제대상이다.

의제매입세액(41) = 39,000,000×4/104(중소제조업) = 1,500,000(원)

14.그 밖의 공제매입세액					
신용카드매출 수령금액합계표	일반매입	41			
	고정매입	42	3,000,000		300,000
의제매입세액		43	39,000,000	뒤쪽	1,500,000

- 공제받지못할 매입세액(16)

구분		금액	세율	세액
16.공제받지못할매입세액				
공제받지못할 매입세액	50	1,000,000		100,000

3. 자진납부세액의 계산

- 그 밖의 경감공제세액(18) : 전자신고세액공제 : 5,000원
- 예정신고미환급세액(21)에 150,000원을 입력한다.
- 가산세 계산(**전자세금계산서 적법발급 후 다음날 전송**)

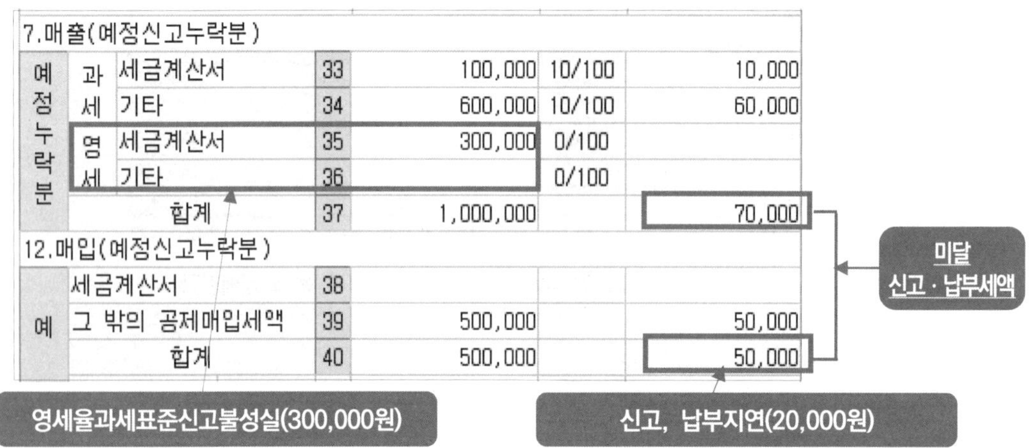

7.매출(예정신고누락분)						
예정누락분	과세	세금계산서	33	100,000	10/100	10,000
		기타	34	600,000	10/100	60,000
	영세	세금계산서	35	300,000	0/100	
		기타	36		0/100	
		합계	37	1,000,000		70,000
12.매입(예정신고누락분)						
예		세금계산서	38			
		그 밖의 공제매입세액	39	500,000		50,000
		합계	40	500,000		50,000

1. 영세율과세표준신고 불성실	**300,000원**×0.5%×(1－75%)＝375원 * 3개월 이내 수정신고시 75% 감면
2. 신고불성실	**20,000원**×10%×(1－75%)＝500원 * 3개월 이내 수정신고시 75% 감면
3. 납부지연	**20,000원**×91일×2(가정)/10,000＝364원
계	**1,239원**

25.가산세명세					
사업자미등록등		61		1/100	
세금계산서	지연발급 등	62		1/100	
	지연수취	63		5/1,000	
	미발급 등	64		뒤쪽참조	
전자세금발급명세	지연전송	65		3/1,000	
	미전송	66		5/1,000	
세금계산서합계표	제출불성실	67		5/1,000	
	지연제출	68		3/1,000	
신고불성실	무신고(일반)	69		뒤쪽	
	무신고(부당)	70		뒤쪽	
	과소·초과환급(일반)	71	20,000	뒤쪽	500
	과소·초과환급(부당)	72		뒤쪽	
납부지연		73	20,000	뒤쪽	364
영세율과세표준신고불성실		74	300,000	5/1,000	375
현금매출명세서불성실		75		1/100	
부동산임대공급가액명세서		76		1/100	
매입자납부특례	거래계좌 미사용	77		뒤쪽	
	거래계좌 지연입금	78		뒤쪽	
합계		79			1,239

[자진납부세액]

구분	항목	번호		기호	세액
경감공제세액	그 밖의 경감 · 공제세액	18			5,000
	신용카드매출전표등 발행공제등	19			
	합계	20		㉱	5,000
소규모 개인사업자 부가가치세 감면세액		20-1		㉲	
예정신고미환급세액		21		㉳	150,000
예정고지세액		22		㉴	
사업양수자의 대리납부 기납부세액		23		㉵	
매입자 납부특례 기납부세액		24		㉶	
신용카드업자의 대리납부 기납부세액		25		㉷	
가산세액계		26		㉸	1,239
차가감하여 납부할세액(환급받을세액)㉰-㉱-㉲-㉳-㉴-㉵-㉶-㉷+㉸				27	3,866,239
총괄납부사업자가 납부할 세액(환급받을 세액)					

제8절 신고 및 납부(환급)

1. 예정신고와 납부

1. 원칙	법 인	**신고의무. 다만, 영세법인사업자 (직전과세기간 과세표준 1.5억 미만)에 대하여는 고지징수**
	개 인	**고지납부**
2. 고지납부	대상자	예정고지세액이 **50만원 미만인 경우 징수안함** 고지금액 : 직전 과세기간에 대한 납부세액의 50%
	선택적 예정신고	1. 휴업/사업부진 등으로 인하여 직전과세기간 대비 공급가액(또는 납부세액)이 1/3에 미달하는 자 2. 조기환급을 받고자 하는 자

2. 확정신고와 납부

① 예정신고 및 조기환급 신고시 기 신고한 부분은 확정신고대상에서 제외한다.

② 확정신고시는 가산세와 공제세액(신용카드매출전표 발행세액공제, 예정신고 미환급세액, 예정고지세액)이 모두 신고대상에 포함된다.

3. 환급

1. 일반환급	확정신고기한 경과 후 **30일 이내에 환급** **(예정신고의 환급세액은 확정신고시 납부세액에서 차감)**	
2. 조기환급	대 상	**1. 영세율 적용 대상이 있는 때** **2. 사업설비를 신설, 취득, 확장, 증축(감가상각자산)** **3. 재무구조개선계획을 이행중인 사업자**
	기 한	조기환급 신고기한(매월 또는 2개월 단위로 신고가능) 경과 후 **15일 이내에 환급**
3. 경정시 환급	지체없이 환급	

제9절 간이과세자

1. 간이과세자 일반

<table>
<tr><td>1. 판정방법</td><td colspan="2">1. 일반적 : 직전 1역년의 공급대가의 합계액이 <u>1억 4백만원 미만인 개인사업자</u>로서 각 사업장 매출액의 합계액으로 판정
2. 신규사업개시자(임의 선택)</td></tr>
<tr><td rowspan="2">2. 적용배제</td><td>1. 일반과세 적용</td><td>・사업자가 일반과세가 적용되는 사업장을 보유시
・직전연도 공급대가 합계액이 4,800만원 이상인 부동산임대업 및 과세유흥장소</td></tr>
<tr><td>2. 적용배제업종</td><td>① 광업 ② 도매업 ③ 제조업
④ 부동산매매업 및 일정한 부동산임대업
⑤ 건설업
⑥ 전문적 사업서비스업(변호사등)
⑦ 소득세법상 복식부기의무자 등</td></tr>
<tr><td>3. 세금계산서 발급의무</td><td colspan="2">1. 원칙 : 세금계산서 발급의무
2. 예외 영수증 발급
① 간이과세자 중 신규사업자 및 직전연도 공급대가 합계액이 4,800만원 미만
② 주로 사업자가 아닌 자에게 재화 등을 공급하는 사업자
(소매업, 음식점업, 숙박업, 미용 및 욕탕등)
다만 소매업, 음식점업, 숙박업 등은 공급받는 자가 요구하는 경우 세금계산서 발급의무</td></tr>
<tr><td>4. 과세기간</td><td colspan="2"><u>1기 : 1.1~12.31(1년간)</u>
☞ 예정부과제도
① 예정부과기간 : 1.1~6.30 <u>다만, 세금계산서를 발급한 간이과세자는 예정부과기간에 대하여 신고 및 납부(7/25)해야 한다.</u>
② 고지징수 : 직전납부세액의 1/2을 고지징수(7/25), <u>50만원 미만은 소액부징수</u>
③ 예외 : 사업부진시 신고・납부할 수 있다.</td></tr>
<tr><td>5. <u>납부의무 면제</u></td><td colspan="2"><u>공급대가 4,800만원 미만</u></td></tr>
<tr><td>6. 포기</td><td colspan="2">포기하고자 하는 달의 전달 마지막날까지 신고</td></tr>
</table>

2. 부가세 계산구조 - 간이과세자

공 급 대 가 (×) 부 가 가 치 율 (×) 세 율	공급가액+부가가치세 해당 업종의 부가가치율(15~40%) 10%
납 부 세 액	
(-) 공 제 세 액 (+) 가 산 세	세금계산서 등을 발급받은 매입액(공급대가)×0.5% 신용카드매출전표발행세액공제, 전자세금계산서 발급세액공제 등 세금계산서 발급 및 미수취가산세 적용
자 진 납 부 세 액	**환급세액이 없다**

3. 일반과세자와 간이과세자의 비교

구 분	일반과세자	간이과세자
적용대상자	-개인, 법인 불문	-**개인사업자에 한함** -**공급대가 1억 4백만원 미만**
납부세액	매출세액 - 매입세액	공급대가×부가가치율×10%
신고기간	1, 2기	**1기 : 1.1~12.31**
세금계산서	세금계산서 또는 영수증발급	원칙 : 세금계산서 발급 예외 : 영수증 발급
대손세액공제	적용됨	규정없음.
매입세액	매입세액으로 공제	**공급대가×0.5%(=매입세액×5.5%)**
의제매입세액	업종제한없음	**배제**
신용카드매출 전표발행세액공제	발행금액의 1.3% (개인사업자만 해당)	발행금액의 1.3%
납부의무면제	없음	**공급대가 4,800만원 미만**
포기제도	없음	간이과세를 포기하고 일반과세자가 될 수 있고, **다시 포기신고의 철회가 가능**
기장의무	장부비치기장의무가 있음	발급받은 세금계산서와 발급한 영수증을 보관한 때에는 장부비치기장의무를 이행한 것으로 봄
가산세	-미등록가산세 : 공급가액의 1%	-미등록가산세 : 공급대가의 0.5%

연/습/문/제

O,X 문제

01. 도서제조(면세사업)용도에 사용할 재화를 구입하고 교부받은 세금계산서상 매입세액은 공제 대상 매입세액이다. ( )

02. 일반과세자인 음식점업자는 정규증빙 없이 농어민으로부터 구입시 의제매입세액공제를 받을 수 있다. ( )

03. 의제매입세액의 공제대상이 되는 면세농산물 등의 매입가액은 운임 등의 부대비용을 포함하지 않는다. ( )

04. 토지의 조성 등을 위한 자본적 지출과 관련된 매입세액은 매입세액을 공제받지 못한다. ( )

05. 예정신고기간 또는 과세기간 최종 3개월로 구분하여 각각 매월 또는 매2월에 대하여 조기환급신고를 할 수 있으므로 예정신고기간에 해당하는 9월과 과세기간 최종 3개월에 해당하는 10월에 대하여 함께 조기환급신고를 할 수 없다. ( )

06. 직전연도의 재화 또는 용역의 공급가액의 합계액이 사업장을 기준으로 10억원을 초과하는 개인사업자는 신용카드매출전표 등 발행세액공제를 적용할 수 없다. ( )

07. 신용카드매출전표 등 발행세액공제의 각 과세기간별 한도는 1,000만원이다. ( )

08. 모든 사업자는 신용카드매출전표의 발급금액 또는 결제금액에 일정률의 곱한 금액을 납부세액에서 공제한다. ( )

09. 일반환급은 환급세액을 확정신고한 사업자에게 확정신고기한이 속한 달의 말일부터 30일 이내에 환급하는 것을 말한다. ( )

10. 예정신고기한에 대한 조기환급 신고 후 조기환급세액은 예정신고기한 경과 후 15일 내에 환급한다. ( )

11. 직전년도의 임대료 합계액이 3,000만원인 부동산 임대사업자는 간이과세를 적용받을 수 있다.( )

12. 직전년도의 공급대가가 9,000만원에 해당하는 의류 매장(일반과세자)을 운영하는 박민철씨가 사업확장을 위하여 당기에 신규로 사업을 개시한 두 번째 의류 매장(예상매출액 2,000만원)에 대해서 간이과세를 적용받을 수 있다. ( )

13. 간이과세를 포기하고 일반과세자에 관한 규정을 적용받으려는 경우에는 일반과세를 적용받고자 하는 달의 전달 마지막 날까지 '간이과세포기신고서'를 제출하여야 한다. ( )

14. 간이과세를 포기하고 일반과세자 사업자로 신고한 자는 간이과세자를 포기한 날부터 2년이 되는 날이 속하는 과세기간까지는 간이과세자에 대한 규정을 적용받지 못한다. ( )

15. 20x1년 1월 15일을 작성일자로 한 세금계산서를 7월 15일에 발급받은 경우 매입자에게는 매입세액이 공제되지 않는다. ( )

16. 일반과세자는 의제매입세액공제를 적용받을 수 있으나, 간이과세자는 적용받을 수 없다. ( )

17. 의제매입세액의 공제시기는 면세농산물 등을 구입하여 과세사업에 사용하는 시점이다. ( )

18. 일반과세자인 음식점업 사업자의 신용카드매출전표 등 발행세액공제액은 공급가액의 1.3%이다. ( )

19. 취득일 또는 그 후 재계산한 과세기간의 면세비율이 당해과세기간의 면세비율과 10% 이상 차이가 나는 경우에 한해서 납부환급세액을 재계산을 한다. ( )

20. 취득후 2년이 지난 건물의 경우 면세비율이 5%이상 증감하였다 하더라도 납부세액의 재계산을 할 필요가 없다. ( )

21. 조기환급을 적용받는 사업자가 예정신고서 또는 확정신고서를 제출한 경우에는 조기환급에 관하여 신고한 것으로 본다. ( )

22. 직전과세기간의 납부세액이 없는 일반과세자인 개인사업자는 예정신고를 하여야 한다. ( )

23. 음식점업을 영위하는 간이과세사업자 홍길동은 확정신고기간의 공급대가가 3,000만원 이어서 납부의무를 면제받았다. ( )

24. 20×1년 2월 10일에 사업을 개시하면서 대규모 시설투자를 한 경우, 시설투자로 인한 조기환급을 신고할 수 있는 가장 빠른 신고기한은 3월 25일이고 환급기한은 신고기한 경과 후 20일이내이다. ( )

25. 직전과세기간 공급대가가 4,800만원에 미달하는 개인 일반과세자는 부가가치세 확정신고의무는 있으나, 납부의무는 면제된다. ( )

26. 간이과세자로서 해당 과세기간의 공급대가가 3,000만원 미만인 경우 납부의무를 면제한다. ( )

27. 간이과세자의 경우 재화 또는 용역 공급분에 대해서 원칙적으로 세금계산서를 발급해야 하며, 일정한 간이과세자는 영수증을 발급할 수 있다. ( )

28. 대손세액공제 대상채권은 사업자가 재화를 공급한 후 그 공급일로부터 5년이 지난 날이 속하는 과세기간에 대한 확정신고 기한까지 확정되는 대손세액으로 한다. ( )

29. 회수기일이 6개월 이상 지난 채권 중 채권가액이 30만원 이하일 경우 대손세액공제 요건을 충족한다. ( )

30. 모든 기업의 보유한 외상매출금 및 미수금으로서 회수기일로부터 2년이 경과한 경우 대손세액공제 대상사유이다. ( )

31. 직전 과세기간 과세표준 1억 미만인 법인사업자는 예정고지 징수대상이다. ( )

32. 개인사업자는 예정고지세액이 40만원 미만인 경우 징수를 하지 않는다. ( )

 주관식

01. 당사는 제조업을 영위하는 중소기업(법인)이고 다음의 자료를 가지고 부가가치세 확정신고기간(10~12월)의 납부 또는 환급세액(전자신고함)을 계산하시오.

〈매출자료〉

1. 전자세금계산서 발급분 : 공급가액 100,000,000원(영세율 없음)
2. 임대보증금에 대한 간주임대료 : 10,000,000원
3. 미국 LA사 제품 직수출 : 5,000,000원이 선적일에 보통예금으로 입금

〈매입자료〉

1. 세금계산서 수취분 일반매입 : 공급가액 50,000,000원, 세액 5,000,000원(공급시기가 20x1년 10월 5일이지만 20x2년 1월 24일 전자세금계산서 수취분 공급가액 4,000,000원, 세액 400,000원이 포함되어 있다.)
2. 세금계산서 수취분 고정자산 매입(위 1번항과 별개) : 공급가액 40,000,000원, 세액 4,000,000원, 9인승 업무용 차량
3. 법인신용카드매출전표 수취분 중 공제대상 일반매입 : 3,300,000원(부가가치세 포함)

02. ㈜로그인의 제2기 확정신고기간의 부가가치세 납부세액 또는 환급세액(수기로 신고함)을 계산하시오.

구분	내 역	공급가액	세 액	비 고
매출	전자세금계산서 발급	40,000,000원	4,000,000원	종이세금계산서 공급가액 5,000,000원 포함되어 있다.
	신용카드매출전표 발행	11,000,000원		발행금액
매입	세금계산서 수취	30,000,000원	3,000,000원	기업업무추진비(기업업무추진비)관련 공급가액 10,000,000원 포함(VAT 별도)

03. 20x1년도 2기 확정 부가가치세신고시 차가감 납부할 세액을 구하시오.

1. 매출관련 자료(세금계산서를 발행한 매출액은 모두 전자세금계산서로 발급, 전송하였다.)

구분	공급가액(원)	부가가치세액(원)
세금계산서 발행 매출액(10월~12월)	100,000,000	10,000,000
신용카드 과세 매출액(10월~12월)	10,000,000	1,000,000
국외에서 제공한 용역에 대한 매출액(10월~12월)	3,000,000	-
매출거래처 담당자에게 무상으로 제공한 제품의 시가	2,000,000	200,000

☞ 세금계산서 발행 매출액 중 공급가액 10,000,000원 1건**(공급시기 10월 25일)은 발급시기를 경과하여 11월 20일에 전자세금계산서를 발급**하였다.

2. 매입관련 자료

구분	과세표준(원)	부가가치세(원)
세금계산서 수령한 상품 구입액	50,000,000	5,000,000
세금계산서 수령한 사무실 인테리어(고정자산) 대금	30,000,000	3,000,000
세금계산서 수령한 기업업무추진용 물품 구입액(위의 상품구입액과 별도)	1,000,000	100,000
매입세액공제가능한 법인카드 사용액(고정자산 매입)	2,000,000	200,000

3. 기타
- 20x1년도 1기 예정신고미환급 세액은 2,000,000원이다.
- 국세청에 전자신고를 하였다.

04. 다음 자료만을 이용하여 20x1년 제2기 확정신고기간의 부가가치세 차가감납부할 세액을 구하시오.

매출자료	① 전자세금계산서 과세 매출액 : 공급가액 300,000,000원, 부가가치세 30,000,000원 (이 중 지연발급분으로 공급가액 20,000,000원, 부가가치세 2,000,000원이 포함되어 있음) ② 신용카드 · 현금영수증 과세 매출액 : 공급가액 60,000,000원, 부가가치세 6,000,000원 ③ 정규증빙 미발급 과세 매출액 : 공급가액 400,000원, 부가가치세 40,000원(소비자와의 거래이며, 회사가 영위하는 업종은 현금영수증 의무발행업종이 아님) ④ 국내 영세율 매출액 : 50,000,000원(위 ①과 별개로서 전자세금계산서 발급분) ⑤ 해외 직수출액 : 100,000,000원 ⑥ 20x0년 제2기 확정신고시 대손세액공제를 받았던 외상매출금 22,000,000원(부가가치세 포함) 중 50%를 회수함
매입자료	① 전자세금계산서 과세 일반 매입액 : 공급가액 300,000,000원, 부가가치세 30,000,000원 -상기 금액 중 공급가액 20,000,000원, 부가가치세 2,000,000원은 사업과 직접 관련 없는 지출에 대해서 전자세금계산서를 발급받은 것임. ② 사업용 신용카드 과세 일반 매입액 : 공급가액 20,000,000원, 부가가치세 2,000,000원
기타자료	20x1년 제2기 예정신고 당시 미환급 세액 : 3,000,000원 **당사는 홈택스로 직접 전자신고하였다.**

연/습/문/제 답안

O,X문제

1	2	3	4	5	6	7	8	9	10
×	×	○	○	○	○	×	×	×	○
11	**12**	**13**	**14**	**15**	**16**	**17**	**18**	**19**	**20**
○	×	○	×	×	○	×	×	×	×
21	**22**	**23**	**24**	**25**	**26**	**27**	**28**	**29**	**30**
○	×	○	×	×	×	○	×	○	×
31	**32**								
×	×								

[풀이 - O,X문제]

01. 면세사업용으로 교부받은 세금계산서는 매입세액공제대상에서 제외된다.
02. 정규 증빙없이는 의제매입세액공제를 받을 수 없다.(제조업 제외)
07. 연간한도가 1,000만원이다.
08. 일정 **개인사업자에 한해서 신용카드 발급세액공제**가 적용된다.
09. **확정신고기한 후 30일 이내 환급**한다.
12. 일반과세사업장을 보유하고 있는 사업자는 신규개설 사업장에 대해서 간이과세를 적용받을 수 없다.
14. 간이과세포기 이후 **포기신고의 철회가 가능**하다.
15. **확정신고기한 경과 후 1년 이내 수취시 매입세액공제**를 받을 수 있다.
17. 구입시점에서 의제매입세액공제한다.
18. 발행금액(공급대가)에 일정율을 곱한다.
19. **면세비율이 5% 이상 차이가 나는 경우** 납부환급세액 재계산을 한다.
20. **건물의 경우 10년(과세기간 감가율 5%)이 지나야** 납부환급세액 재계산을 할 필요가 없다.
22. 개인사업자는 예정신고의무가 없다.
24. **조기환급신고기한 후 15일 이내 환급**된다.
25. 납부의무면제는 간이과세자 대상이다.

26. **공급대가 4,800만원 미만인 경우 납부의무면제 대상**이다.
28. **공급일로부터 10년이 지난 날이 속하는 과세기간에 대한 확정신고 기한**까지 확정되는 대손세액으로 한다.
30. 중소기업에 한해서 적용된다.
31. **직전 과세기간 과세표준 1.5억원 미만인 법인사업자가 대상**이다.
32. 개인사업자의 **예정고지세액 50만원 미만인 경우 징수하지 않는다.**

주관식

01	1,715,000원	**02**	3,050,000원	**03**	1,095,000원
04	4,235,000원				

01.

구 분		공급가액	세 액	비고
매출세액(A)	과세분(10%)	110,000,000	11,000,000	간주임대료 포함
	영세분(0%)	5,000,000	-	
	합 계	115,000,000	11,000,000	
매입세액(B)	세금수취분	90,000,000	9,000,000	
	기타	3,000,000	300,000	
공제세액(C)	전자신고	-	5,000	
가산세(D)	지연수취	4,000,000	20,000	지연수취가산세 0.5%
납부세액			1,715,000	(A-B-C+D)

02.

구 분		공급가액	세 액	비고
매출세액(A)	과세분(10%)	50,000,000	5,000,000	
	영세분(0%)		-	
	합 계	50,000,000	5,000,000	
매입세액(B)	세금수취분	30,000,000	3,000,000	
	기타			
	불공제	(10,000,000)	(1,000,000)	
가산세(D)	미발급	5,000,000	50,000	종이세금계산서 발급시 1%
납부세액			3,050,000	(A-B-C+D)

03.

구 분		공급가액	세 액	비고
매출세액	과세분(10%)	112,000,000	11,200,000	
	영세분(0%)	3,000,000	-	
	합 계	115,000,000	11,200,000	
매입세액	세금수취분	81,000,000	8,100,000	
	기타	2,000,000	200,000	
	불공제	(1,000,000)	(100,000)	
	합 계	82,000,000	8,200,000	
전자신고세액공제		-	(5,000)	
예정신고 미환급세액			(2,000,000)	
가산세	지연발급	10,000,000	100,000	지연발급가산세 1%
차가감 납부할 세액			1,095,000	

04.

구 분		공급가액	세 액	비고
매출세액	과세분(10%)	360,400,000	36,040,000	
	영세분(0%)	150,000,000	-	
	대손세액가감	-	1,000,000	22,000,000×50%×10/110
	합 계	510,400,000	37,040,000	
매입세액	세금수취분	300,000,000	30,000,000	
	기타	20,000,000	2,000,000	
	불공제	(20,000,000)	(2,000,000)	
	합 계	300,000,000	30,000,000	
전자신고세액공제		-	(5,000)	
예정신고 미환급세액			(3,000,000)	
가산세	지연발급	20,000,000	200,000	지연발급가산세 1%
차가감 납부할 세액			4,235,000	

Chapter

소득세 5

로그인 에센스 전산세무 2급

제1절 기본개념

1. 소득세의 특징

1. 응능과세제도(VS응익과세)		부담 능력에 따른 과세
2. 직접세		납세자와 담세자가 동일
3. 열거주의 과세방법		**이자 · 배당 · 사업소득은 유형별 포괄주의**
4. 개인단위과세제도		또한 인적공제를 두고 있다.
5. 과세방법	종합과세	이자, 배당, 사업, 근로, 연금 및 기타소득
	분리과세	**일정금액 이하(20백만원)인 금융소득**, 일용근로소득, 복권당첨소득 등에 대하여 원천징수로써 납세의무를 종결
	분류과세	퇴직소득, 양도소득
6. 초과누진세율		
7. 원천징수제도		

2. 납세의무자

1. 거주자 (무제한 납세의무자)	국내에 주소를 두거나 **1과세기간 중 183일 이상** 거소를 둔 개인(계속하여 183일 이상 거소를 둔 경우 포함) (개정세법 26)	**국내+국외 원천소득**
2. 비거주자(제한납세의무자)	거주자가 아닌 개인	**국내원천소득**

☞ 거소 : 주소지 외의 장소 중 상당기간에 걸쳐 거주하는 장소로서 주소와 같이 밀접한 일반적 생활관계가 형성되지 않는 장소를 말한다.

3. 과세기간 

구 분	과세기간	확정신고기한
1. 원 칙	**1.1~12.31 (신규사업시, 폐업시도 동일함)**	**익년도 5.1~5.31**
2. 사망시	**1.1~사망한 날**	**상속개시일이 속하는 달의 말일부터 6개월이 되는 날**
3. 출국시	**1.1~출국한 날**	출국일 전일

4. 납세지

1. 일반	1. 거주자	**주소지(주소지가 없는 경우 거소지)**
	2. 비거주자	주된 국내사업장 소재지(if not 국내원천소득이 발생하는 장소)
2. 납세지특례		사업소득이 있는 거주자가 사업장 소재지를 납세지로 신청가능

5. 소득에 대한 과세방법 요약

구 분		원천징수	종합과세 여부	
종합소득	**1. 이자소득**	O	**종합과세**	**분리과세 일부**
	2. 배당소득	O		**분리과세 일부**
	3. 사업소득 (부동산임대)	특정사업소득 O X		**(세액계산시) 선택적 분리과세**[*1]
	4. 근로소득	O		**분리과세 일부**
	5. 연금소득	O		**분리과세 일부**
	6. 기타소득	대부분 O		**분리과세 일부**
7. 퇴직소득		O	**분 류 과 세**	
8. 양도소득		X		

*1. 수입금액이 2천만원 이하의 주택임대소득(14% 세율)만 대상

제2절 금융소득(이자 · 배당소득)

1. 이자소득

(1) 범위 및 수입시기

<table>
<tr><th colspan="2">구 분</th><th>수 입 시 기</th></tr>
<tr><td rowspan="2">1. 채권 등의 이자와 할인액</td><td>무기명</td><td>그 지급을 받는 날</td></tr>
<tr><td>기 명</td><td>약정에 의한 지급일</td></tr>
<tr><td colspan="2">2. 예금의 이자</td><td>원칙 : 실제로 이자를 지급받는 날
1. 원본에 전입하는 뜻의 특약이 있는 이자 : 원본전입일
2. 해약시 : 해약일
3. 계약기간을 연장 : 연장일</td></tr>
<tr><td colspan="2">3. 통지예금의 이자</td><td>인출일</td></tr>
<tr><td colspan="2">4. 채권 또는 증권의 환매조건부 매매차익</td><td>약정에 따른 환매수일 또는 환매도일. 다만, 기일 전에 환매수 또는 환매도하는 경우에는 그 환매수 또는 환매도일</td></tr>
<tr><td colspan="2">5. 저축성보험의 보험차익</td><td>지급일(기일전 해지시 해지일)
☞ 보장성보험에 대한 보험금은 비열거소득에 해당한다.</td></tr>
<tr><td colspan="2">6. 직장공제회의 초과반환금</td><td>약정에 따른 공제회 반환금의 지급일</td></tr>
<tr><td colspan="2">7. 비영업대금의 이익</td><td>약정에 따른 이자지급일(약정일 전 지급시 지급일)
<table>
<tr><th></th><th>자금대여</th><th>성 격</th><th>소득구분</th></tr>
<tr><td>금융업</td><td>영업대금의 대여</td><td>사업적</td><td>사업소득</td></tr>
<tr><td>금융업 이외</td><td>비영업대금의 대여</td><td>일시우발적</td><td>이자소득</td></tr>
</table></td></tr>
<tr><td colspan="2">8. 유형별 포괄주의에 따른 이자소득</td><td>약정에 의한 상환일로 함. 다만, 기일 전에 상환시 상환일</td></tr>
</table>

☞ 기명채권 : 채권에 투자자의 성명을 기재하는 채권
☞ 통지예금 : 현금을 인출할 때에 사전 통지가 요구되는 예금을 말한다.
☞ 환매조건부채권 : 금융기관이 고객에게 일정기간 후에 금리를 더해 되사는 조건으로 발행하는 채권
☞ 직장공제회 : 법률에 의하여 설립된 공제회 · 공제조합(이와 유사한 단체를 포함)으로서 동일직장이나 직종에 종사하는 근로자들의 생활안정, 복리증진 또는 상호부조 등을 목적으로 구성된 단체를 말한다.

(2) 이자소득이 아닌 것

① 사업관련 소득 : 매출할인 등

② 손해배상금에 대한 법정이자 

	손해배상금	법정이자
법원의 판결 또는 화해에 의하여 지급받을 경우 (육체적 · 정신적 · 물리적 피해)	**과세 제외**	**과세 제외**
계약의 위약 · 해약	**기타소득**	**기타소득**

(3) 비과세이자소득 : 공익신탁의 이익

☞ 공익신탁 : 재산을 공익목적(종교, 자선, 학술등)에 사용하기 위하여 신탁하는 것

2. 배당소득

<table>
<tr><td rowspan="3">1. 일반배당</td><td colspan="3">1. 무기명주식 : 지급일
2. 기명주식 : 잉여금처분결의일
☞ 기명주식 : 주주의 이름이 주주명부와 주권에 기재된 주식</td></tr>
<tr><td rowspan="2">공동사업 이익배분</td><td>공동사업자(경영 참가시)</td><td>사업소득</td></tr>
<tr><td><u>출자공동사업자(경영 미참가시)</u></td><td><u>배당소득</u></td></tr>
<tr><td>2. 인정배당</td><td colspan="3">당해 사업년도의 결산 확정일</td></tr>
</table>

3. 금융소득의 과세방법 

과세방법	범 위	원천징수세율
1. 무조건 분리과세	-비실명 이자 · 배당소득 -직장공제회 초과반환금 -법원보관금의 이자소득	45% 기본세율 14%
2. 무조건종합과세	-국외에서 받은 이자 · 배당소득 -원천징수되지 않는 금융소득 -**<u>출자공동사업자의 배당소득</u>**	- 25%
3. 조건부종합과세	-일반적인 이자소득 · 배당소득 -비영업대금이익	14% 25%

① **<u>2천만원(출자공동사업자의 배당소득 제외)을 초과하는 경우 … 종합과세</u>**
② **<u>2천만원 이하인 경우 … 분리과세(조건부 종합과세에 대해서)</u>**

제3절 사업소득

1. 사업소득 중 부동산임대업

1. 부동산 또는 부동산상의 권리(전세권, 지역권, 지상권)의 대여
2. 공장재단 또는 광업재단의 대여 소득
3. 채굴권의 대여소득
   ☞ 공익사업과 관련된 지역권, 지상권의 대여 : 기타소득

2. 비과세

1. 농지대여소득 : 다만 타용도로 사용 후 발생하는 소득은 과세
2. 작물재배업에서 발생하는 소득(10억원 이하의 작물재배)
   ☞ 곡물 및 기타 식량작물재배업은 사업소득에서 과세제외
3. **1개의 주택을 소유하는 자의 주택임대소득[고가주택(12억원 초과)의 임대소득은 제외]**
4. **3,000만원 이하 농어가부업소득 등**
5. 어업소득(어로어업 · 양식어업 소득) : 5천만원 이하
6. **1,200만원 이하 전통주 제조소득**
7. **조림기간이 5년 이상인 임지의 임목 벌채 · 양도로 인한 소득금액 연 3천만원(개정세법 26)까지 비과세**

3. 사업소득금액의 계산 

기업회계	세무조정		소득세법
수익	(+)총수입금액산입	(-)총수입금액불산입	**총수입금액**
-			-
비용	(+)필요경비 산입	(-)필요경비 불산입	**필요경비**
=	**+가산 : 총수입금액산입+필요경비 불산입** **-차감 : 총수입금액불산입+필요경비산입**		=
당기순이익			**사업소득금액**

4. 사업소득 : 총수입금액

총수입금액산입	총수입금액불산입
ⓐ 사업수입금액 - 매출에누리와 환입, 매출할인 제외 **- 임직원에 대한 재화 · 용역의 할인금액은 사업수입금액에 포함** ⓑ 판매장려금 등 ⓒ 사업과 관련된 자산수증이익 · 채무면제이익 ⓓ **사업과 관련하여 생긴 보험차익(퇴직연금운용자산)** ⓔ 가사용으로 소비된 재고자산 ⓕ **사업용 유형자산(부동산 제외)양도가액(복식부기의무자)**	ⓐ 소득세 등의 환급액 ⓑ 부가가치세 매출세액 ⓒ **재고자산 이외(고정자산)의 자산의 처분이익(복식부기의무자 제외)** ⓓ 국세환급가산금[*1]

*1. 국세환급금에 가산되는 법정이자 상당액

5. 사업소득 : 필요경비

필요경비산입	필요경비불산입
ⓐ 판매한 상품 등에 대한 매입가액 ⓑ 종업원의 급여 **- 임직원에 대한 재화 · 용역 등 할인금액** ⓒ 사업용자산에 대한 비용 및 감가상각비 ⓓ 사업과 관련 있는 제세공과금 ⓔ **복식부기의무자의 사업용 유형자산 양도 시 장부가액** ⓕ 거래수량 또는 거래금액에 따라 상대편에게 지급하는 장려금 등	ⓐ **소득세와 지방소득세** ⓑ **벌금 · 과료와 과태료와 강제징수비**[*1] ⓒ **감가상각비 중 상각범위액을 초과하는 금액** ⓓ **대표자의 급여와 퇴직급여** ⓔ **재고자산 이외(고정자산)의 자산의 처분손실(복식부기의무자 제외)** ⓕ 가사(집안일)관련경비 ⓖ 한도 초과 업무용 승용차 관련비용등(복식부기의무자)

*1. 강제징수비 : 납세자가 국세를 체납시 강제징수에 관한 규정에 의한 재산의 압류와 압류한 재산의 보관과 운반 및 공매에 소요된 비용을 말한다.

연/습/문/제

O,X 문제

01. 소득세의 과세기간은 1/1~12/31일은 원칙으로 하나, 사업자의 선택에 의하여 이를 변경할 수 있다. ( )

02. 거주자가 주소 또는 거소를 국외로 이전하여 비거주자가 되는 경우의 과세기간은 1월 1일부터 출국한 날까지로 하고, 출국일 전날까지 소득세를 확정신고해야 한다. ( )

03. 거주자란 국내에 주소를 두거나 1과세기간 동안 185일 이상 거소를 둔 개인을 말한다. ( )

04. 외국을 항행하는 선박 또는 항공기 승무원의 경우 생계를 같이하는 가족이 거주하는 장소 또는 승무원이 근무기간 외의 기간 중 통상 체재하는 장소가 국내에 있는 때에는 당해 승무원의 주소는 국내에 있는 것으로 본다. ( )

05. 소득세는 종합과세, 분리과세, 분류과세를 병행하면서, 종합과세는 누진과세제도를 취하고 있다. ( )

06. 소득세는 단계별 초과누진세율을 적용하여 소득이 많은 개인에게 상대적으로 많은 세금을 납부하게 한다. ( )

07. 종합소득세 과세표준 계산시에는 부양가족 수, 배우자 유무 등 개인적인 인적사항이 고려되므로 조세의 분류 중 물세에 해당한다고 할 수 있다. ( )

08. 퇴직, 양도소득과 같은 분류과세소득을 제외한 모든 소득은 예외 없이 개인별로 다른 소득과 합산되어 종합과세된다. ( )

09. 소득세법은 열거주의 과세방식이나 이자 · 배당 · 사업소득은 유형별 포괄주의를 채택하고 있다. ( )

10. 소득세법상 분리과세소득이 없는 종합소득은 기타소득, 근로소득이다. ( )

11. 법원의 판결 등으로 지급받은 손해배상금과 그에 따른 법정이자는 과세제외되고, 계약의 위약 · 해약으로 인한 손해배상금은 기타소득이고, 이에 따른 법정이자는 이자소득이다. ( )

12. 직장공제회 초과반환금, 비실명이자소득, 법원보관금에 대한 이자소득은 무조건 분리과세소득이다. ( )

13. 소득세법상 총수입금액과 소득금액이 동일한 소득은 이자, 배당, 사업소득이 있다. ( )

14. 공익사업관련 지역권 이외의 지역권을 설정하고 받는 금품 또는 소득은 사업소득에 해당한다. ( )

15. 1개의 주택을 소유하는 자의 주택임대소득(고가주택 제외 : 기준시가 6억 초과)은 비과세한다. ( )

16. 무인 판매기에 의한 판매시 당해 사업자가 무인판매기에서 현금을 인출하는 때가 사업소득의 수입시기가 된다. ( )

17. 종업원의 급여, 사업용고정자산의 감가상각비 중 범위한도내의 금액은 사업소득의 필요경비에 산입된다. ( )

18. 대표자의 급여와 퇴직급여, 부가가치세의 가산세, 소득세와 지방소득세는 사업소득금액 계산시 필요경비 불산입된다. ( )

19. 복식부기의무자로서 업무용 에어콘을 중고시장에 매각함에 따른 유형자산처분이익은 총수입금액불산입 된다. ( )

20. 사업관련자산의 자산수증이익과 거래상대방으로부터 받은 판매장려금은 총수입금액에 산입된다. ( )

21. 조림기간이 5년 이상의 임지의 임목의 벌채 또는 양도로 발생하는 소득으로 필요경비를 차감한 후 연 2,000만원이하의 소득금액은 비과세한다. ( )

22. 농가부업규모의 축산에서 발생하는 소득은 전액 비과세되고, 이외의 3,000만원 이하의 농가부업소득은 비과세된다. ( )

23. 금융소득이 1천만원을 초과하는 경우 종합과세되어 다른 종합소득과 합산하여 과세한다. ( )

24. 수도권지역 외의 읍면지역에서 제조함으로써 발생하는 연 1,200만원 이하의 전통주 제조소득금액의 합계액은 비과세된다. ( )

25. 공동사업 중 출자공동사업자(경영에 참여하지 않고 출자만 하는 자)로써 얻는 이익은 사업소득에 해당한다. (   )

26. 장소를 일시적으로 대여하고 사용료로서 받는 금품은 사업소득 중 부동산임대업 소득이다. (   )

27. 사업소득에서 발생한 은행예금에 대한 이자수익은 영업외수익으로 총수입금액에 산입된다. (   )

28. 소득세 또는 개인 지방소득세를 환급받았거나 환급받을 금액 중 다른 세액에 충당한 금액은 총수입금액에 산입하지 아니한다. (   )

29. 사업과 관련하여 해당 사업용 자산의 손실로 취득하는 보험차익은 총수입금액에 산입하지 아니한다. (   )

주관식

01. 다음 자료에 의하여 제조업을 영위하는 개인사업자 홍길동씨(복식부기의무자) 사업소득 총수입금액을 계산하면?

- 총매출액 10,000,000원
- 매출에누리 1,000,000원
- 매출할인 2,000,000원
- 기계장치처분이익 3,000,000원 (기계장치는 사업용고정자산에 해당함)

02. 개인사업자 홍길동의 손익계산서상 당기순이익이 10,000,000원으로 확인되었다. 다음의 세무조정 사항을 반영하여 소득세법상 사업소득금액을 계산하시오.

- 총수입금액산입 세무조정항목 : 1,000,000원
- 필요경비불산입 세무조정항목 : 2,000,000원
- 필요경비산입 세무조정항목 : 3,000,000원
- 총수입금액불산입 세무조정항목 : 4,000,000원

03. 다음의 자료를 이용하여 소득세법상 복식부기의무자의 사업소득 총수입금액을 구하면 얼마인가?

• 매출액	300,000,000원
• 차량운반구(사업용) 양도가액	30,000,000원
• 원천징수된 은행 예금의 이자수익	500,000원
• 공장건물 양도가액	100,000,000원

연/습/문/제 답안

O,X문제

1	2	3	4	5	6	7	8	9	10
×	○	×	○	○	○	×	×	○	×
11	12	13	14	15	16	17	18	19	20
×	○	×	○	×	○	○	○	×	○
21	22	23	24	25	26	27	28	29	
×	○	×	○	×	×	×	○	×	

[풀이 - O,X문제]

01. 소득세의 과세기간은 **사업자의 선택에 의해 변경할 수 없다.**

03. **183일 이상 거소를 둔 개인**을 말한다.

07. 인세에 해당한다.

08. 종합소득인 경우에도 비과세소득과 분리과세소득은 종합과세되지 아니한다.

10. 분리과세소득이 없는 소득은 없다.

11. **계약위약**으로 인한 **손해배상금에 대한 법정이자는 기타소득으로 과세**된다.

13. 금융소득만이 필요경비가 없어 총수입금액과 소득금액이 동일하다.

15. **고가주택은 기준시가 12억원 초과**되어야 한다.

19. 복식부기의무자의 유형자산 처분이익은 총수입금액산입이 된다.

21. 3천만원(개정세법 26)이하의 소득금액이 비과세 한다.

23. **금융소득 종합과세 기준금액은 2천만원**이다.

25. 출자만 한 경우 배당소득에 해당한다.

26. **사업소득은 계속 반복적**이고 **기타소득은 일시적인 특징**을 가진다. 따라서 기타소득이다.

27. 이자수익은 이자소득으로 과세되므로 총수입금액 불산입된다.

29. 사업과 관련하여 해당 **사업용 자산의 손실로 취득하는 보험차익은 총수입금액에 산입**한다.

주관식

01	10,000,000원	02	6,000,000원	03	330,000,000원

[풀이 - 주관식문제]

01. 매출에누리와 매출할인은 총수입금액에서 차감할 항목이며, 복식부기의무자 경우에 고정자산처분이익은 총수입금액에 포함한다.

02. 당기순이익(10,000,000원) + 총수입금액산입 및 필요경비불산입(3,000,000원) - 총수입금액불산입 및 필요경비산입(7,000,000원) = 6,000,000원

03. 총수입금액 = 매출액(300,000,000) + 차량 양도가액(30,000,000) = 330,000,000원
복식부기의무자가 **차량 및 운반구 등 대 유형자산(토지, 건물 제외)을 양도함으로써 발생하는 소득은 사업소득**으로 한다.

제4절 근로소득

1. 근로소득의 범위

근로소득이란 근로자가 육체적 · 정신적 노동을 하여 보수로 얻는 소득 · 봉급 · 급료 · 임금 · 연금 · 상여금 따위가 있는데 이는 명칭여하를 불문한다.

① 근로의 제공으로 인하여 받는 봉급 · 급료 · 상여 · 수당 등의 급여
② 법인의 주주총회 · 사원총회 등 의결기관의 결의에 의하여 상여로 받는 소득
③ 법인세법에 의하여 상여로 처분된 금액(인정상여)
④ 퇴직함으로써 받는 소득으로서 퇴직소득에 속하지 아니하는 소득
⑤ 종업원등 또는 대학의 교직원이 지급받는 직무발명보상금(고용관계 종료 전 지급되는 보상금에 한정)
☞ 퇴직 후 지급받으면 기타소득으로 과세
⑥ 종업원 등에 대한 할인 금액
자사 및 계열사의 종업원으로 일반소비자의 시가보다 할인하여 공급받는 경우

2. 근로소득이 아닌 것

1. 근로의 대가로서 현실적 퇴직을 원인으로 지급받는 소득 : 퇴직소득
2. 퇴직 후에 받는 직무발명보상금 : 기타소득
3. 주식매수선택권을 퇴직 후 행사하여 얻은 이익 : 기타소득
4. 사회 통념상 타당한 범위내의 경조금
5. 업무와 무관한 사내원고료와 강연료 : 기타소득

3. 비과세 근로소득 

1. 실비변상적인 급여	1. 일직료, 숙직료 또는 여비로서 실비변상정도의 금액 2. **자가운전보조금(회사업무사용시) 중 월 20만원 이내의 금액 :** **① 종업원소유차량(종업원 명의 임차차량 포함) &** **② 업무사용 & ③ 소요경비를 미지급** 3. 작업복 등 4. 교육기관의 교원이 받는 연구보조비 중 월 20만원 5. 근로자가 천재, 지변 기타 재해로 인하여 받는 급여 6. 연구보조비 또는 연구활동비 중 월 20만원 이내의 금액
2. 생산직 근로자의 연장근로수당	**월정액급여가 2.6백만원이고 직전년도 총급여액 3,700만원 이하 근로자(개정세법 26)** **1. 광산근로자 · 일용근로자 : 전액** **2. 생산직근로자, 어선근로자 : 연 240만원까지**

<table>
<tr><td>3. 식사와 식사대</td><td>현물식사 또는 <u>식사대(월 20만원 이하) → 현물제공+식대 지급시 과세</u></td></tr>
<tr><td>4. 복리후생적 성격의 급여</td><td>1. 사택제공 및 주택자금 대여 이익

	사택제공이익	주택자금대여이익
출자임원	근로소득	근로소득 **(중소기업 종업원은 비과세)**
소액주주임원, 비출자임원	**비과세** 근로소득	
종업원		

2. 단체순수보장성 보험 및 단체환급부보장성 보험 중 70만원 이하의 보험료</td></tr>
<tr><td>5. 기타</td><td>1. 본인의 학자금
2. 고용보험료 등 사용자 부담금
3. 출산지원금 : 전액 비과세(출생일 이후 2년 이내, 지급 2회 이내)
4. 보육수당 : 과세기간 개시일 기준으로 6세 이하(취학 전 영유아)의 자녀보육과 관련된 급여 월 20만원/인(개정세법 26) 이내
5. 배우자 출산휴가 급여
6. <u>국외(북한 포함)소득 월 100만원 이내</u>
☞ 외항선박과 해외건설근로자는 월 500만원
7. <u>직무발명보상금 7백만원 이하의 보상금</u>
8. 임직원 할인 금액 : MAX(시가의 20%, 연 240만원)
① 임직원 등이 직접 소비목적
② 일정기간(1년 또는 2년) 동안 재판매 금지
③ 공통 지급기준에 따라 할인 금액 적용</td></tr>
</table>

4. 근로소득의 과세방법

(1) 근로소득자(종합과세소득)

매월분의 급여 또는 상여지급시 **근로소득 간이세액표에 의하여 소득세를 원천징수하고 다음연도 2월분 급여지급시 연말정산을** 한다.

☞ 간이세액표 : 월급여수준과 공제대상부양가족수별로 매월 원천징수해야 하는 세액을 정한 표

[연말정산]

	1월	2~11월	12월	계	비 고
급 여	5,000,000	....	5,000,000	60,000,000	
원천징수 소득세등	300,000	....	300,000	3,600,000	간이세액표에 의하여 원천징수

익년도 2월분 급여 지급시 실제 부담할 세액을 정산한다.

총 급 여 액	**60,000,000**	
(-)소 득 공 제	***	근로소득공제, 인적공제, 물적공제
= 과 세 표 준	***	산출세액 = 과세표준×세율
= 산 출 세 액	***	
(-)세 액 공 제		
= 결 정 세 액	**3,000,000**	

원천징수세액(A)(기납부세액)	3,600,000	2,400,000
결정세액(B)	3,000,000	3,000,000
환급/추가납부(B-A)	△600,000 (환급세액)	600,000 (추가납부)

(2) 일용근로자-분리과세소득

1. 대상	**동일한 고용주에게 3개월(건설공사 종사자는 1년) 미만 고용된 근로자**
2. 일 원천징수세액	**[일급여액 - 150,000원] × 6% × (1 - 55%)** ☞근로소득세액공제 : 산출세액의 55%

5. 근로소득금액의 계산

근로소득금액 = 근로소득 총수입금액 - 근로소득공제(일정 산식 - 공제한도 2천만원)

☞ 근로소득공제(일정 산식) : 근로소득공제는 근로기간이 1년 미만인 경우에도 월할 공제하지 아니하고 전액 공제한다. 다만, 당해 연도의 총급여액이 공제액에 미달하는 경우에는 당해 연도 총급여액을 공제액으로 한다.

6. 근로소득의 수입시기 

1. 급 여	근로를 제공한 날
2. 잉여금 처분에 따른 상여	잉여금 처분결의일
3. 인정상여	해당 사업연도 중의 근로를 제공한 날
4. 주식 매수 선택권	행사한 날

<예제> 근로소득금액

다음 자료에 의하여 생산직 근로자인 김길동씨의 근로소득금액을 계산하시오.
직전년도 총급여액이 4천만원이고, 배우자와 6세 이하 자녀 2명이 있다.

〈연간 급여 명세〉

1. 기본급(월 3,000,000원×12월)	36,000,000원
2. 상여금	10,000,000원
3. 직책수당(월 50,000원×12월)	600,000원
4. 식대보조금(월 300,000원×12월) – **별도 식사를 제공하지 않고 있음**	3,600,000원
5. 시간외근무수당	1,000,000원
6. 경조금(결혼축하금)	300,000원
7. 자가운전보조금(월 300,000원×12월) *** 본인차량으로 회사업무에 사용하고 있으며, 별도 교통비를 청구하지 않음.**	3,600,000원
8. 보육수당(월 200,000원/인×12월)	4,800,000원
9. 연월차수당	1,000,000원
합 계	60,900,000원

〈근로소득공제〉

총급여액 4,500만원 초과 1억원 이하	1,200만원+(총급여액–4,500만원)×5%

해답

1. 총급여액 계산

항 목	근로소득해당액	비과세	총급여액
1. 기본급	36,000,000원	–	36,000,000원
2. 상여금	10,000,000원	–	10,000,000원
3. 직책수당	600,000원	–	600,000원
4. 식대보조금	3,600,000원	2,400,000원	1,200,000원
5. 시간외근무수당*	1,000,000원	–	1,000,000원
6. 경조금	–	–	–
7. 자가운전보조금	3,600,000원	2,400,000원	1,200,000원
8. 보육수당	4,800,000원	4,800,000원	–
9. 연월차수당	1,000,000원	–	1,000,000원
합 계	60,600,000원	9,600,000원	51,000,000원

* 월정액급여가 260만원 초과이거나, 직전년도 총급여액이 3,700만원 초과이므로 전액 과세한다.

2. 근로소득공제 = 12,000,000원 + (51,000,000원 – 45,000,000원) × 5% = 12,300,000원

3. 근로소득금액 = 총급여액(51,000,000) – 근로소득공제(12,300,000) = 38,700,000원

제5절 연금소득

1. 공적연금	1. 국민연금 2. 공무원연금 등	2. 연금계좌 (사적연금)	1. 퇴직연금 2. 개인연금 3. 기타연금
3. 비 과 세	국민연금법에 의한 유족연금, 장애연금 등		
4. 연금소득	총연금액(비과세 제외) – 연금소득공제(**소득공제 900만원 한도)**		
5. 과세방법	**1. 원칙(공적연금) : 종합과세** **2. 연금계좌에서 연금수령시(사적연금)** **① 1,500만원 이하 : 저율 · 분리과세(5%~3%)** **② 1,500만원 초과 : (세액계산시) 종합과세 또는 15% 분리과세**		

제6절 기타소득

1. 80% 추정필요경비가 적용되는 기타소득

① 공익법인이 주무관청의 승인을 얻어 시상하는 상금 및 부상 등 ② 위약금과 배상금 중 주택입주 지체상금 ③ 서화 · 골동품의 양도로 발생하는 소득 [*1] (개당 양도가액 6천만원 이상인 것) ☞ 사업장등 물적시설을 갖춘 경우와 서화 · 골동품을 거래하기 위한 목적으로 사업자등록을 한 경우에는 사업소득으로 과세	MAX [①수입금액의 80%, ②실제 소요경비]

*1. 양도가액이 1억원 이하 또는 보유기간이 10년 이상 경우 90% 필요경비

2. 60%추정필요경비가 적용되는 기타소득

① 일시적 **인적용역을 제공 대가** ② 일시적인 문예창작소득 ③ 산업재산권, 영업권 등 양도 또는 대여 ④ 공익사업과 관련된 지상권 · 지역권의 설정 · 대여소득 ⑤ 통신판매중개를 통하여 물품 또는 장소를 대여(연 500만원 이하)	MAX [①수입금액의 60%, ②실제 소요경비]

3. 실제발생경비만 필요경비가 인정되는 소득

① 상금 · 현상금 · 포상금 등 ② 복권, 경품권 기타 추첨권에 따라 받는 당첨금품 ③ 저작권등 양도 또는 사용등의 대가(**저작자 외의 자에게 귀속시**) ☞ **저작자등에게 귀속되면 사업소득임** ④ 물품 또는 장소를 **일시적으로 대여**하고 사용료로서 받는 금품 ⑤ **계약의 위약 또는 해약으로 인하여 받는 위약금과 배상금** **(정신적 · 신체적 · 물질적 피해보상은 비열거소득임)** ⑥ **뇌물, 알선수재 및 배임수재에 따라 받은 금품**	**실제발생경비**
⑦ 승마투표권 등의 환급금	단위투표금액의 합계액
⑧ 슬롯머신 등의 당첨금품 등	당첨직전에 투입한 금액
⑨ 종교인소득 ☞ 근로소득 신고시 인정	의제필요경비

☞ 알선수재 ; 금품을 받고 다른 사람의 직무에 관해 잘 처리해주도록 알선한 죄
배임수재 : 다른 사람의 일을 처리하는 사람이 그 임무에 관하여 부정한 청탁을 받고 재산상의 이익을 취함.

4. 비과세

① 국가보안법 등에 의한 받는 상금 등
② 퇴직 후에 지급받는 **직무발명보상금으로 7백만원 이하의 금액**(근로소득에서 비과세되는 직무발명보상금 차감)
③ 상훈법에 의한 훈장과 관련하여 받는 상금과 부상 등
④ **서화 · 골동품을 박물관 또는 미술관에 양도함으로써 발생하는 소득**

5. 과세방법

1. 원천징수	**원칙 : 20%*(복권 등 당첨금품의 경우 3억 초과시 초과분은 30%)***
2. 무조건 분리과세	1. 복권등 당첨소득 2. 승마투표권의 구매자가 받는 환급금 3. 슬러트머신 등의 당첨금
3. 무조건종합과세	**뇌물, 알선수재 및 배임수재에 의하여 받는 금품**
4. 선택적분리과세	**연 300만원 이하의 기타소득금액**
5. 수입시기	일반적 : 지급을 받은 날(현금주의) 광업권 등의 양도소득 : 대금청산일, 사용수익일, 인도일 중 빠른 날
6. 과세최저한 규정	-**일반적 : 5만원 이하이면 과세제외** -복권당첨금, 슬롯머신 등의 당첨금품 등이 **건별로 200만원 이하**인 경우

〈개별 소득의 특징〉

사업소득	근로소득	기타소득
계속 · 반복적(사업적)	**고용계약**	**일시 · 우발적**
	[강 사 료]	
학원강사(사업자)	대학교 시간강사	정치인 특강

제7절 소득금액계산 특례

1. 결손금 공제(수평적 통산)

1. 결손금	총수입금액<필요경비
2. 공제	1. 사업소득의 결손금 : 사업소득(부동산임대업) → 근로소득 → 연금소득 → 기타소득 → 이자소득 → 배당소득 2. 부동산임대업소득(주거용 건물 임대업 제외)의 결손금 : 다른 소득에서 공제하지 않고 이월하여 해당 부동산임대업의 소득금액에서만 공제

2. 이월결손금 공제(수직적 통산)

1. 공제	1. 사업소득의 이월결손금 사업소득(부동산 임대업의 소득금액을 포함) → 근로소득 → 연금소득 → 기타소득 → 이자소득 → 배당소득 2. 부동산임대업 사업소득(주거용 건물 임대업 제외)의 이월결손금 : 부동산임대업 사업소득(주거용 건물 임대업 제외)에서만 공제
2. 기타	1. 해당연도에 결손금이 발생하고 이월결손금이 있는 경우에는 해당연도의 결손금을 먼저 소득금액에서 공제한다. 2. 결손금은 일정기간 이월공제함. (2020년 이후: 15년 / 2009년~2019년: 10년 / 2008년이전: 5년) 3. 소득금액의 추계시에는 이월결손금공제 적용불가

2020년 이후	2009년~2019년	2008년이전
15년	10년	5년

3. 결손금 소급공제

중소기업을 영위하는 거주자는 이월결손금(결손금을 다른 소득에서 공제하고 남는 금액)이 발생한 경우에는 직전과세기간의 사업소득에 대하여 환급신청

연/습/문/제

O,X 문제

01. 주식출자임원(소액주주인 임원포함)이 사택을 제공받음으로써 얻는 이익은 근로소득으로 본다.( )

02. 일용근로자의 근로소득이 일당(日當)으로 20만원 이하인 경우에는 부담할 소득세는 없다. ( )

03. 법인의 임직원이 고용관계에 따라 부여받은 주식매수선택권을 퇴사 후에 행사함으로 얻은 이익은 기타소득에 해당한다. ( )

04. 본인차량을 소유하지 않고 본인명의로 임차한 차량도 없는 임직원에게 지급된 자가운전보조금으로서 월 20만원 이내의 금액은 비과세소득이다. ( )

05. 단체순수보장성보험과 단체환급부보장성보험의 보험료 중 1인당 연 70만원 이하의 금액은 비과세근로소득이다. ( )

06. 종업원 또는 대학의 교직원이 퇴직 전에 지급받는 직무발명보상금 중 700만원 초과금액은 근로소득으로 본다. ( )

07. 국민건강보험법에 따라 사용자가 부담하는 건강보험료는 비과세소득이다. ( )

08. 회사에서 식사를 제공하는 근로자에게 별도로 지급하는 월 5만원의 식대은 비과세 근로소득이다. ( )

09. 중소기업이 아닌 종업원이 주택 구입자금을 무상으로 대여받음으로써 얻는 이익은 근로소득에서 제외된다. ( )

10. 고용관계없이 일시 우발적으로 다수인에게 강연을 하고 받는 강연료는 기타소득이고 총수입금액의 60%를 필요경비로 추정한다. ( )

11. 알선수재 및 배임수재에 의하여 받는 금품, 뇌물, 계약의 위약으로 인하여 받는 위약금으로서 계약금이 위약금으로 대체된 경우에는 원천징수하지 않는 기타소득이다. ( )

12. 계약위반 · 해약 등으로 인한 손해배상금 중 주택입주지체상금은 기타소득으로 총수입금액의 60%를 필요경비로 추정한다. ( )

13. 직전연도 총급여액의 3,700만원 이하로서 월정액 급여가 260만원인 생산직 근로자의 연장근로수당은 300만원까지 비과세된다. ( )

14. 사적연금액이 1,500만원 초과인 경우에도 거주자의 선택에 따라 분리과세(15%)하거나 종합과세를 선택할 수 있다. ( )

15. 연금소득금액 계산시 연금소득공제의 한도는 1,000만원으로 한다. ( )

16. 연 500만원 이하의 기타소득금액은 분리과세 또는 종합과세를 선택할 수 있다 ( )

17. 결손금은 사업자가 비치 · 기록한 장부에 의하여 사업소득금액을 계산할 때 필요경비가 총수입금액을 초과하는 경우 그 초과하는 금액을 말한다. ( )

18. 결손금 및 이월결손금을 공제할 때 해당 과세기간에 결손금이 발생하고 이월결손금이 있는 경우에는 이월결손금을 먼저 소득금액에서 공제한다. ( )

19. 주거용 건물 임대 외의 부동산임대업에서 발생한 이월결손금은 타소득에서는 공제할 수 없다.( )

20. 사업소득의 이월결손금은 사업소득 → 근로소득 → 기타소득 → 연금소득 → 이자소득 → 배당소득의 순서로 공제한다. ( )

21. 2019년 발생한 결손금은 발생연도 종료일로부터 15년간 사업소득금액 등에서 공제한다. ( )

22. 모든 기업은 사업소득(부동산임대업의 결손금제외)에서 발생한 결손금을 소급하여 공제할 수 있다. ( )

23. 사업소득(부동산 임대업제외)에서 발생한 결손금에 대해서는 다른 종합소득금액에서 공제한다. ( )

24. 기타소득 중 문예창작소득, 공익사업과 관련된 지역권을 설정 또는 대여하고 받는 금품, 일시적인 강연료, 물품 또는 장소를 일시적으로 대여하고 받는 금품은 60%필요경비를 인정받을 수 있다. ( )

25. 원천징수의무자(사업장)가 일용근로자에게 일용근로소득을 지급한 때 원천징수 함으로써 납세의무가 종결되지 않는다. ( )

26. 근로소득금액은 총급여액에서 근로소득공제(일정 계산식)를 차감하여 계산하는데, 근로소득공제의 한도액은 2천만원이다. ( )

 주관식

01. 일용근로자인 홍길동씨의 금일 일당이 250,000원일 경우, 당해 일당 지급시 원천징수하여야 할 세액을 구하시오.

02. 거주자 홍길동이 교육청에서 주관한 1 : 100 퀴즈 대회에서 우승하여 그 원천징수세액이 40만원인 경우(지방소득세 제외) 소득세법상 기타소득의 총수입금액은 얼마인가?

03. 생산직 사원 홍길동의 5월 급여자료이다. 5월 과세되는 근로소득은 얼마인가?

• 5월 급여내역

기본급	자가운전보조금	식대	휴가수당	야간근로수당
1,000,000원	200,000원	100,000원	400,000원	150,000원

• 자가운전보조금은 홍길동의 소유차량으로 회사업무에 이용하고 별도 여비를 제공받지 않음.
• 식사는 구내식당에서 무상으로 직원들에게 제공함.
• 휴가수당은 회사가 휴가사용시 지급하는 수당임.
• 야간근로수당은 야간근무시 지급하는 수당으로 홍길동씨의 직전년도 총급여는 4,000만원임

04. 사업소득의 결손금을 공제순서로 나열하시오.

① 이자소득금액 ② 배당소득금액 ③ 기타소득금액 ④ 근로소득금액 ⑤ 연금소득금액

05. 소득세법상 다음 자료에 의한 소득만 있는 거주자의 20x1년 귀속 종합소득금액은 모두 얼마인가?

• 사업소득금액(도소매업) : 25,000,000원
• 사업소득금액(음식점업) : △10,000,000원
• 사업소득금액(비주거용 부동산임대업) : △7,000,000원
• 근로소득금액 : 13,000,000원
• 양도소득금액 : 20,000,000원

연/습/문/제 답안

O,X문제

1	2	3	4	5	6	7	8	9	10
×	×	○	×	○	○	○	×	×	○
11	12	13	14	15	16	17	18	19	20
○	×	×	○	×	×	○	×	○	×
21	22	23	24	25	26				
×	×	○	×	×	○				

[풀이 - O,X문제]

01. **소액주주인 임원의 사택제공이익은 근로소득에서 제외**한다.

02. 15만원/일 이하인 경우 소득세는 없다,

04. **본인소유차량 및 임차차량에 한해서 비과세**된다.

08. 식사를 제공받고 **지급받는 식대는 과세**된다.

09. 주택자금대여이익은 근로소득으로 과세된다.

12. **주택입주지체상금은 총수입금액의 80%를 필요경비로 추정**한다.

13. 연 240만원이 비과세된다.

15. **연금소득공제의 한도는 9백만원**이다.

16. **기타소득금액 3백만원이하인 경우 선택적 분리과세 할 수 있다.**

18. 결손금을 먼저 공제한다.

20. 연금소득 → 기타소득순으로 공제한다.

21. **2019년 발생한 결손금은 10년간 이월공제**되고, **2020년 이후 발생된 이월결손금은 15년간 공제**된다.

22. **중소기업의 한해서 소급공제가 가능**하다.

24. 물품 또는 장소를 일시적으로 대여하고 사용료로서 받는 금품은 대응되는 경비(실제발생경비)가 필요경비로 인정된다.

25. **일용근로자는 분리과세로 납세의무가 종결**된다.

주관식

01	2,970원	02	10,000,000원	03	1,650,000원
04	④ ⑤ ③ ① ②	05	28,000,000원		

[풀이 - 주관식문제]

01. [250,000원 - 150,000원] × 6% × (1 - 55%) × 1.1(지방소득세 포함) = 2,970원

02. **순위경쟁에서 대회에서 상금은 80% 추정필요경비를 인정**한다.
기타소득수입금액 × (1 - 80%) × 20% = 원천징수세액
기타소득수입금액 × 20% × 20% = 400,000원 ∴ 기타소득수입금액 = 10,000,000원

03. 1,000,000(기본급) + 식대(100,000) + 휴가수당(400,000) + 야간근로수당(150,000)
식대(현물식사 제공)는 과세, **야간근로수당도 과세(직전년도 총급여액 37백만원 초과자)**, 휴가수당 과세

05. 종합소득금액 = 사업소득금액(25,000,000) - 사업소득결손금 결손금(10,000,000)
+ 근로소득금액(13,000,000) = 28,000,000원
→ 양도소득은 분류과세되는 소득이며, 비주거용 부동산 임대업에서 발생한 결손금은 해당연도의 다른 소득금액에서 공제할 수 없다.

제8절 종합소득 과세표준 계산

1. 종합소득 과세표준 및 세액의 계산구조

	종 합 소 득 금 액	
(-)	종 합 소 득 공 제	인적공제(기본, 추가), 물적공제(주택자금 및 신용카드소득)
	종 합 소 득 과 세 표 준	
(×)	세 율	
	종 합 소 득 산 출 세 액	
(-)	세 액 공 제 · 감 면	**배당세액공제**, 외국납부세액공제, 근로소득세액공제, **특별세액공제** 등
	종 합 소 득 결 정 세 액	
(+)	가 산 세	
(-)	기 납 부 세 액	중간예납세액, 원천징수세액, 수시부과세액
	차 감 납 부 할 세 액	

2. 종합소득 인적공제

(1) 기본공제(인당 150만원)

	공제대상자	요건		비 고
		연 령	연간소득금액	
1. 본인공제	해당 거주자	-	-	
2. 배우자공제	거주자의 배우자	-	**100만원 이하 (종합+퇴직+양도소득금액의 합계액) 다만 근로소득만 있는 경우 총급여 5백만원 이하**	**장애인은 연령제한을 받지 않는다. 그러나 소득금액의 제한을 받는다.**
3. 부양가족공제	직계존속 (계부계모 포함)*1	**60세 이상**		
	직계비속(의붓자녀)과 입양자	**20세 이하**		
	형제자매	**20세 이하/ 60세 이상**		
	국민기초생활보호대상자	-		
	위탁아동(6개월이상)	**18세 미만*2**		

☞ **XX소득금액과 XX소득과 다른 표현이다. XX소득금액이란 필요경비(또는 소득공제)를 공제 후 금액을 말한다.**

*1. 직계존속이 재혼한 배우자를 직계존속 사후에도 부양하는 경우 포함

*2. 보호기간이 연장된 위탁아동 포함(20세 이하인 경우)

〈소득요건 - 요약〉 

종합+퇴직+양도소득금액의 합계액으로 판단			소득요건 충족여부
1. 근로소득	상용근로자	**총급여액 5,000,000원 이하자**	충족
		총급여액 5,000,000원 (근로소득금액 1,500,000원) 초과자	**미충족**
	일용근로자	**무조건 분리과세**	**충족**
2. 금융소득	국내예금이자 등 (무조건+조건부)	***2천만원 이하(분리과세)***	***충족***
		2천만원 초과(종합과세)	미충족
3. 기타소득	**복권 등**	**무조건 분리과세**	**충족**
	뇌물 등	**무조건 종합과세(1백만원 초과)**	**미충족**
	기타소득금액	**1백만원 이하**	**충족**
		1백만원 초과~3백만원 이하	**선택적 분리과세**
		3백만원 초과자	미충족

(2) 추가공제 → 기본공제 대상자를 전제(추가공제는 중복하여 적용가능) 

1. 경로우대공제	기본공제 대상자가 **70세 이상**인 경우	100만원/인
2. 장애인공제	기본공제대상자가 **장애인**[*1]인 경우	200만원/인
3. 부녀자공제	**해당 과세기간의 종합소득금액이 3천만원 이하인 거주자** 1. 배우자가 없는 여성으로서 기본공제대상인 부양가족이 있는 세대주인 경우 or 2. 배우자가 있는 여성인 경우	50만원
4. 한부모소득공제	**배우자가 없는 자**로서 **기본공제대상자인 직계비속 또는 입양자가 있는 경우** ☞ **부녀자공제와 중복적용배제**	100만원

*1. 국가유공자 등 예우 및 지원에 관한 법률에 의한 상이자, 항시 치료를 요하는 중증환자 등

(3) 인적공제 판단 

㉠ 공제대상가족인 생계를 같이하는 자의 범위

해당 과세기간 종료일 현재 주민등록표상의 동거가족으로서 당해 거주자와 현실적으로 생계를 같이하는 자이어야 한다. 다만 **다음의 경우는 동거하지 않아도 생계를 같이하는 것으로 본다.**

① **배우자 및 직계비속, 입양자(항상 생계를 같이하는 것으로 본다)**
② **이외의 동거가족의 경우에는 취학, 질병의 요양, 근무상·사업상 형편 등으로 본래의 주소에서 일시 퇴거한 경우**
③ **주거의 형편에 따라 별거하고 있는 직계존속(국외거주는 인정하지 않음)**

㉡ 공제대상자의 판정시기

해당 연도의 과세기간 종료일 현재의 상황에 따르는데, 다만, **과세기간 종료일전에 사망 또는 장애가 치유된 자는 사망일 전일 또는 치유일 전일의 상황**에 따른다.

또한 **연령기준이 정해진 공제의 경우 해당 과세기간 중에 기준연령에 해당하는 날이 하루라도 있는 경우 공제대상자**가 된다.

세법상연령(60) = 연말정산연도(2026) – 출생연도(1966)

<예제> 인적공제

다음은 관리직 직원 김은영(여성근로자, 총급여액 3천만원)씨 부양가족내용이다. 기본공제 및 추가공제, 자녀세액공제, 출산 · 입양세액공제 대상여부를 판단하시오.

☞ 자녀세액공제은 8세 이상의 기본공제대상 자녀가 대상이 된다.

가족	이름	연령(만)	소득현황	비 고
배우자	김길동	48세	총급여액 3,000,000원	
부친	김무식	75세	이자소득금액 18,000,000원	정기예금에 대한 이자금액임
모친	박정금	71세	사업소득금액 7,000,000원	
시모	이미영	63세	복권당첨소득 3억원	–
딸	김은정	22세	대학생	장애인
아들	김두민	0세		올해 출산함
자매	이두리	19세	양도소득금액 3,000,000원	장애인

해답

1. 인적공제 판단

가족	요 건		기본 공제	추가공제 (자녀)	판 단
	연령	소득			
본인	–	–	○	부녀자	
배우자	–	○	○	–	**총급여액이 5백만원 이하자**
부친(75)	○	○	○	경로우대	**예금이자가 20백만원 이하인 경우에는 분리과세소득임.**
모친(71)	○	×	부	–	종합소득금액 1백만원 초과자로서 추가공제는 기본공제대상자에 한함
시모(63)	○	○	○	–	**복권은 무조건 분리과세소득임.**
딸(22)	×	○	○	장애인, 자녀	**장애인은 연령요건을 따지지 않음**
아들(0)	○	○	○	출산(둘째)	자녀세액 공제는 8세이상 대상
자매(19)	○	×	부	–	소득금액 1백만원 초과자

참고

인적공제

가족	대상자	세법상 공제액	인적공제액
1. 기본공제	본인, 배우자, 부친, 시모, 딸, 아들	1,500,000원/인	9,000,000원
2. 추가공제			
① 부녀자	본인	500,000원	500,000원
② 장애인	딸	2,000,000원/인	2,000,000원
③ 경로	시모	1,000,000원/인	1,000,000원
합 계			12,500,000원

3. 종합소득 물적공제

① 연금보험료 등의 소득공제 : 공적연금보험료(국민연금보험료) 전액

② 특별소득공제

㉠ 보험료공제 : 근로소득이 있는 거주자

건강보험료 · 고용보험료 + 노인장기요양보험료	전액공제

㉡ 주택자금공제

무주택세대주(세대구성원도 요건 충족시 가능)로서 국민주택 규모이하	
1. 주택임차자금 원리금상환액	40%
2. 장기주택(기준시가 6억 이하) 저당차입금의 이자상환액	전액

③ 신용카드등 소득공제(조세특례제한법) 

1. 공제대상자	**연령요건 ×(미충족), 소득요건 ○(충족), 형제자매의 신용카드 사용분은 제외**
2. 사용금액 제외	**해외사용분 제외** 1. 사업소득과 관련된 비용 또는 법인의 비용 2. 보험료, 리스료 3. 교육비 4. 제세공과금(국세, 지방세, **아파트관리비**, 고속도로 통행료 등) 5. 리스료 6. 상품권 등 유가증권구입비 7. 취득세 등이 부과되는 재산의 구입비용**(중고자동차 구입은 10% 공제)** 8. 국가 등에 지급하는 사용료 등 9. **면세점(시내 · 출국장 면세점, 기내면세점 등) 사용금액**
3. 중복공제허용	**1. 의료비특별세액공제** **2. 교육비특별세액공제(취학전 아동의 학원비 및 체육시설수강료, 중고등학생 교복구입 비용)**

4. 추가공제	**1. 전통시장** **2. 대중교통비** **3. 총급여 7천만원 이하자의 도서 · 신문(종이신문만 대상) · 공연비, 박물관 · 미술관 · 영화관람료, 수영장·체력단련장 시설이용료 등**

④ 개인연금저축 및 주택마련저축소득공제(조세특례제한법)

4. 종합소득 공제 한도 : 2,500만원

<예제> 신용카드등 공제

신용카드 사용금액에 공제대상여부를 판단하시오.(생계를 같이하는 부양가족에 해당한다).

명 세	공제여부
1. 본인의 자동차 보험료	
2. 모(50세, 소득없음)의 생활용품 구입	
3. 처(정기예금 이자소득금액 1천만원 – 분리과세)의 유흥비용	
4. 처(소득 없음)의 성형수술비용	
5. 본인의 대학원 수업료	
6. 본인의 현금서비스	
7. 본인의 물품구입비(법인사용경비)	
8. 자녀(만 6세)의 미술학원비를 본인카드로 결제	
9. 본인의 중고자동차 구입비 20,000,000원	
10. 처제명의의 카드로 생활용품구입비	
11. 사회복지공동모금회에 신용카드로 결제하여 기부	
12. 본인 해외여행으로부터 입국시 기내 면세점 사용분	
13. 본인 생활용품을 구입하고 직불카드로 결제	
14. 본인(총급여액 7천만원 이하자)의 수영장 및 체력단련장 이용료	

해답

신용카드 공제는 연령요건을 충족하지 않아도 되나 소득요건을 충족해야 한다.

명 세	공제여부
1. 자동차 보험료는 공제대상에서 제외된다.	X
2. 신용카드 공제는 소득요건만 충족되면 된다.	○
3. **정기예금은 20백만원까지 분리과세소득**이다. 따라서 소득요건을 충족한다.	○
4. 성형수술비용은 의료비세액공제대상에서 제외되나, 신용카드공제는 대상이다.	○
5. 본인의 대학원 수업료는 교육비세액공제대상이나, 신용카드공제는 제외된다.	X
6. 현금서비스는 신용카드공제대상에서 제외된다.	X
7. 법인사용경비와 사업소득의 경비는 신용카드공제대상에서 제외된다.	X
8. 취학전 자녀의 학원비는 **교육비세액공제와 신용카드공제가 중복적용된다.**	○
9. 중고자동차구입 구입가액의 10%는 신용카드공제대상이다.	○
10. **형제자매**의 신용카드사용은 공제대상에서 제외된다.	X
11. 사회복지공동모금회(특례기부금)에 결제한 금액은 **신용카드공제대상에서 제외**된다.	X
12. 면세점에서 사용금액은 대상에서 제외	×
13. 직불카드 사용금액도 공제대상임	○
14. 총급여액 7천만원 이하자의 수영장 및 체력단련장 이용료도 대상	○

제9절 세액공제

1. 종합소득 기본세율

과세표준	세 율
1,400만원 이하	6%
1,400만원 초과 5,000만원 이하	84만원*1 + 1,400만원을 초과하는 금액의 15%
5,000만원 초과 8,800만원 이하	624만원*2 + 5,000만원을 초과하는 금액의 24%
8,800만원 초과 1.5억 이하	1,536만원 + 8,800만원을 초과하는 금액의 35%
1.5억 초과 3억 이하	3,706만원 + 1.5억원 초과하는 금액의 **38%**
3억 초과 5억 이하	9,406만원 + 3억원 초과하는 금액의 **40%**
5억 초과 10억 이하	1억7천406만원 + 5억원 초과하는 금액의 **42%**
10억 초과	3억8천406만원 + 10억원 초과하는 금액의 45%

*1. 14,000,000 × 6% = 840,000

*2. 840,000 + (50,000,000 − 14,000,000) × 15% = 6,240,000
아래 금액도 같은 구조로 계산된다.

2. 세액공제

구 분	공제요건	세액공제
1. 배당세액	배당소득에 배당가산액을 합산한 경우	배당가산액(10%)
2. 기장세액	간편장부대상자가 복식부기에 따라 기장시	기장된 사업소득에 대한 산출세액의 20% (연간 100만원 한도)
3. 외국납부세액	외국납부세액이 있는 경우	
4. 재해손실세액	재해상실비율이 20% 이상	
5. 근로소득세액	근로소득자	산출세액의 55%, 30%
6-1. 자녀세액공제	**종합소득이 있는 거주자의 기본공제대상 자녀 및 손자녀 중 8세 이상(입양자 및 위탁아동 포함)**	1. 1명인 경우 : 25만원 2. **2명인 경우 : 55만원** 3. 2명 초과 : 55만원+40만원/초과인
6-2. 출산입양	**기본공제대상 자녀**	**첫째 30만원 둘째 50만원 셋째 이상 70만원**
7. 연금계좌세액공제	종합소득이 있는 거주자	연금계좌납입액의 12%, 15%
8. 특별세액공제	근로소득이 있는 거주자	1. 보험료세액공제 2. 의료비세액공제 3. 교육비세액공제 4. 기부금세액공제
9. 월세세액공제[*1]	**해당 과세기간 총급여액이 8천만원 이하(종합소득금액 7천만원 이하)인 근로자와 기본공제대상자**	- 월세액의 15%, 17% (공제대상 월세액 한도 1,000만원) ☞ 국민주택 규모(85㎡) 이하 또는 기준시가 4억원 이하 주택 임차
10. **기부정치자금세액공제**	**본인이 정치자금을 기부**시	- **10만원 이하 : 100/110** - 10만원 초과 : 15%
11. 고향사랑 기부금 (개정세법 26)	**주민등록상 거주지를 제외한 지방자치단체에 기부한 경우**	- **10만원 이하 : 100/110** - 10만원 초과~20만원 이하 : 40% - 20만원 초과~2천만원 이하 : 15% **[단, 특별재난지역 기부시(선포일로부터 3개월 이내) 30%]**
12. 결혼세액공제	- 혼인 신고를 한 거주자(생애 1회)	- 50만원(혼인신고를 한 해)
13. 성실사업자	의료비 및 교육비, 월세 세액공제	해당액의 일정률

*1. 무주택 주말부부와 다자녀 가구에 대한 월세 세액공제 추가 혜택(개정세법 26)

1. 무주택 주말 부부	세대주의 배우자로서 총급여 8천만원 이하 근로자 ① 각기 다른 시군구에 주소가 있을 것 ② 배우자와 동거하는 직계존비속등이 무주택자	세대주+배우자월세 합산 한도 : 1천만원
2. 다자녀 자구	기본공제 대상 자녀 3인 이상	주택면적 100㎡이하 또는 시가 4억원 이하

3. 특별세액공제

(1) 표준세액공제 : 특별소득공제와 특별세액공제 미신청

근로소득이 있는 자	**13만원**
근로소득이 없는 거주자	7만원(성실사업자 12만원)

(2) 특별세액공제 공통적용요건

구 분	보장성보험료		의료비	교육비	기부금
	일반	장애인			
연령요건	○(충족)	×(미충족)	×	×	×
소득요건	○	○	×	×(개정세법 26)	○
세액공제액	**12%**	**15%**	**15~30%**	**15%**	**15%, 30%**

☞ 근로기간 지출한 비용만 세액공제대상(예외 : 기부금세액공제은 1년 동안 지출한 금액이 대상이 된다.)이 되며, 일정사유발생(혼인, 이혼, 별거, 취업 등)한 날까지 지급 금액만 대상이다.

(3) 보장성보험료세액공제 : 대상액의 12%, 15%

① 보장성보험료*1	기본공제대상자를 피보험자*2로 하는 보장성보험료와 **주택 임차보증금(보증대상 3억 이하) 반환 보증 보험료**	연100만원 한도	12%
② 장애인전용 보장성보험료	기본공제대상자 중 장애인을 피보험자 또는 수익자*3로 하는 보장성보험료	연100만원 한도	15%

*1. 만기에 환급되는 금액이 납입보험료를 초과하지 아니하는 보험(만기에 환급되는 금액이 납입보험료를 초과하는 보험을 저축성 보험이라고 한다.)

*2. 보험계약자 : 보험계약을 체결하고 보험자(보험회사)에게 보험료를 지급하는 자
피보험자(생명보험) : 사람의 생(生)과 사(死라)는 보험사고발생의 객체가 되는 사람
피보험자(손해보험) : 보험사고의 대상이 되며 사고 발생시 보호를 받는 사람

*3. 수익자 : 보험사고 발생시 보험금을 받는 사람

<예제> 보장성 보험료 세액공제

다음 보험료 납부 자료에 대하여 세액공제대상여부를 판단하시오(모두 생계를 같이하는 부양가족에 해당한다).

명 세	대상여부
1. 소득이 없는 배우자를 피보험자로 하여 상해보험가입	
2. 사업소득금액(500만원)이 있는 직계존속을 피보험자로 하여 차량보험가입	
3. 본인의 저축성 보험 가입	
4. 본인의 현직장 근무 전에 납부한 암 보장보험료	
5. 장남(기타소득금액 : 350만원)의 장애인 전용 보장성보험료	
6. 본인 주택임차보증금 반환 보증보험료	

해답

공 제 이 유	대상여부
1. 보험료 공제는 연령요건과 소득요건을 충족해야 함.	○
2. 소득요건 불충족 : 사업소득금액 500만원	×
3. 저축성보험은 대상에서 제외하고 보장성보험만 대상임	×
4. 보험료는 근로소득이 발생한 기간에 불입한 보험료만 대상임.	×
5. 장애인 전용 보장성보험료는 연령요건을 충족하지 않아도 되나 소득요건은 충족하여야 한다.	×
6. 주택임차보증금 반환 보증 보험료(임차보증금 3억원 이하)도 보험료세액공제 대상 추가	○

(4) 의료비세액공제 : 대상액의 15~30% 

구분	내용	공제율
난임시술비	**임신을 위하여 지출하는 시술비용**	30%
미숙아 등	**미숙아 · 선천성 이상아에 대한 의료비**	20%
특정	㉠ **본인** ㉡ **(과세기간 개시일) 6세 이하** ㉢ **(과세기간 종료일) 65세 이상인 자** ㉣ 장애인 ㉤ 중증질환자, 희귀난치성질환자 또는 결핵환자 등	15%
일반	난임, 미숙아 등, 특정의료비 이외	
대상	• 질병의 예방 및 치료에 지출한 의료비 • 장애인보장구 구입 · 임차비용, 보청기 구입비용 • **시력보정용안경 · 콘택트렌즈 구입비용(1인당 50만원 이내)** • **임신관련비용**(초음파검사, 인공수정을 위한 검사 · 시술비) • **출산관련분만비용**(의료법상 의료기관이어야 한다.) • 보철비, 임플란트와 **스케일링비** • **예방접종비, 의료기관에 지출한 식대, 건강검진비** • **산후조리원에 지출한 비용(출산 1회당 2백만원 한도)**	
제외	• **국외의료기관에 지출한 의료비** • **건강증진을 위한 의약품 구입비** • **미용목적 성형수술비** • **간병인에 대한 간병비용** • **실손의료보험금으로 보전받은 금액**	

<예제> 의료비세액공제

다음 의료비 자료에 대하여 세액공제대상여부를 판단하고 특정, 난임, 미숙아, 일반의료비로 구분하시오 (모두 생계를 같이하는 부양가족에 해당한다).

명 세	특정/일반/난임/미숙아
1. 부(만 67세, 사업소득금액 500만원)의 암 치료비 5백만원 (보험사로 부터 실손의료보험금 2백만원을 보전받음)	
2. 자(만 15세)의 스케일링 비용	
3. 처(장애인, 기타소득금액 1억원)의 보청기 구입비용	
4. 본인의 건강검진비	
5. 형(만 50세)의 신종플루 검사비	
6. 자(만 22세)의 콘텍트 렌즈구입비 100만원	
7. 배우자의 1회 출산시 산후조리비용 5,000,000원	
8. 부(만 60세)의 미국 병원에서 대장암치료비	
9. 처(근로소득금액 5백만원)의 장애인 보장구 구입비용	
10. 배우자의 임신을 위하여 지출한 체외수정수술비	
11. 아버지(중증질환자)의 병원 치료비	
12. 자(0세)의 미숙아 의료비	

해답

공제이유	특정/일반/난임/미숙아
1. 의료비세액공제는 소득요건, 연령요건의 제한을 받지 아니하나, 실손보험금 보전금액은 제외됨	특정(3백만원)
2. 스케일링 비용 및 보철비용, 임플란트도 대상임	일반
3. 보청기 구입비용 세액공제대상이고, 장애인(특정) 의료비임. *** 의료비공제는 소득요건, 연령요건의 제한을 받지 아니함.**	특정(장애)
4. 예방을 위한 건강검진비도 세액공제대상임.	특정(본인)
5. **의료비세액공제는 소득요건, 연령요건의 제한을 받지 아니함.**	일반
6. **시력보정용 지출비용은 연간 1인당 50만원 한도이다.**	일반(50만원)
7. 산후조리비용(한도 2,000,000원)	일반(200만원)
8. 국외 의료기관에 지출한 의료비는 세액대상에서 제외	×
9. **의료비세액공제는 소득요건, 연령요건의 제한을 받지 아니함.**	특정(장애)
10. **난임부부가 임신을 위하여 지출하는 체외수정시술비는 전액공제 대상 의료비이고, 세액공제율은 30%임**	난임
11. **중증질환자, 희귀난치성질환자, 결핵환자도 특정의료비에 해당한다.**	특정(중증)
12. **미숙아와 선천성 이상아에 대한 의료비는 20% 세액공제율이 적용**된다.	미숙아

(5) 교육비세액공제 : 대상액의 15%

1. 본인	1) **전액(대학원 교육비는 본인만 대상)** 2) 직무관련수강료
2. 기본공제대상자	**직계존속 제외**
3. 장애인특수교육비	한도없음**(직계존속도 가능)**

공제대상교육비	공제불능교육비
㉠ 수업료, 입학금, 보육비용, 수강료 및 급식비등 ㉡ **방과후 학교(어린이집, 유치원 포함) 수강료와 방과후 도서구입비 (초·중·고등학생)** ㉢ **중·고등학생 교복구입비용(연 50만원 한도)** ㉣ **국외교육기관에 지출한 교육** ㉤ **본인 든든학자금 및 일반 상환학자금 대출의 원리금 상환액** ㉥ **초·중·고등학생의 수련활동, 수학여행 등 현장체험학습비 (한도 30만원)** ㉦ **대학입학 전형료, 수능응시료** ㉧ **과세기간 종료일 현재 9세 미만 또는 초등 2학년 이하의 예능학원 및 체육시설 교육비(개정세법 26)**	㉠ **직계존속의 교육비 지출액** (장애인특수교육비 제외) ㉡ **소득세 또는 증여세가 비과세되는 학자금(=장학금)** ㉢ **학원수강료(취학전 아동은 제외)** ㉣ **학자금 대출을 받아 지급하는 교육비**

<예제> 교육비 세액공제

다음 교육비 자료에 대하여 세액공제대상여부를 판단하시오(모두 생계를 같이하는 부양가족에 해당한다).

명　　　세	대상여부
1. 근로자 본인의 대학원 수업료	
2. 처(근로소득 총급여액 510만원)의 대학교 등록금	
3. 자(만 22세, 소득없음)의 대학원 교육비	
4. 자(만 10세)의 미술학원비	
5. 자(만 6세)의 태권도학원비	
6. 자(만 15세, 고등학생)의 학교급식비	
7. 부(만 55세)의 노인대학 등록금	
8. 부(만 55세, 장애인)의 특수교육비	
9. 자(만 18세)의 고등학교 기숙사비	
10. 동생(만 25세, 소득없음)의 대학교 등록금	
11. 자(만 15세)의 고등학교 수학여행 현장체험학습비 50만원	
12. 본인 든든학자금 원리금 상환액(대학 재학시 학자금 대출. 차입시 교육비 공제를 받지 않음)	
13. 자(만 18세)의 대학 입학전형료와 수능응시료	
14. 자(8세, 초등학생 2학년)의 예능학원 및 체육시설 교육비	

해답

명 세	대상여부
1. 대학원수업료는 본인만 해당됨.	○
2. 교육비는 연령 요건 및 소득요건을 충족하지 않아도 된다.	○
3. **대학원수업료는 본인만 해당됨.**	×
4. 학원비는 공제불가임. 다만 **과세기간 종료일 현재 9세 미만 또는 초등 2학년 이하의 예능학원 및 체육시설 교육비는 공제 대상임(개정세법 26)**.	×
5. **취학전아동의 학원비는 공제대상임.**	○
6. 초,중,고등학생의 학교급식비도 공제대상임.	○
7. 직계존속의 교육비지출액은 공제불가임.	×
8. **직계존속의 장애인특수교육비는 공제대상임.**	○
9. 학교기숙사비, 학생회비, 학교버스이용료는 제외됨.	×
10. **교육비는 연령요건을 충족하지 않아도 됨.**	○
11. 수련활동 등 현장체험학습비**(한도 30만원)**	○
12. 든든 학자금 및 일반 상환 학자금 대출의 원리금 상환액도 대상	○
13. **대학입학전형료와 수능응시료도 세액공제대상임.**	○
14. **과세기간 종료일 현재 9세 미만 또는 2학년 이하인 초등학생의 예체능 학원비도 공제대상**(개정세법 26)	○

(6) 기부금세액공제 : 대상액의 15%, 30% 

1. 특례	1. 국가 등에 무상으로 기증하는 금품/국방헌금과 위문금품 2. 이재민구호금품(천재 · 지변) 3. 사립학교등에 지출하는 기부금 4. **사회복지공동모금회에 출연하는 금액** 5. 특별재난지역을 복구하기 위하여 자원봉사한 경우 그 용역의 가액 6. **한국장학재단기부금**
2. 우리사주조합에 지출하는 기부금-우리사주조합원이 아닌 거주자에 한함	
3. 일반	1. 종교단체 기부금 2. 종교단체외 ① **노동조합에 납부한 회비**, 사내근로복지기금에 지출기부금 ② 사회복지등 공익목적의 기부금 ③ **무료 · 실비 사회복지시설 기부금** ④ 공공기관 등에 지출하는 기부금
4. 이월공제	10년

<예제> 기부금 세액공제

다음 부양가족의 기부금자료에 대하여 세액공제대상여부를 판단하고, 기부금을 분류하시오.

명 세	특례	일반
1. 본인 명의로 사회복지시설 기부		
2. 본인 재직 중인 회사의 노동조합 회비		
3. 어머니(59세, 소득 없음) 명의로 교회 건축헌금		
4. 부인(소득 없음) 명의로 특별재난지역을 위하여 자원봉사한 경우		
5. 부인(소득 없음) 명의로 종친회 기부금		
6. 아버지(65세, 복권당첨소득 3억원) 명의로 이재민 구호금품		
7. 아들(22세, 소득없음)명의로 국방헌금 지출액		
8. 본인 명의의 정당에 기부한 정치자금		
9. 본인 명의로 사회복지공동모금회 기부금		
10. 본인(천안 거주)의 고향인 충북 옥천에 기부(10만원)		
11. 특별재난(산불) 지역 선포로 해당 지방자치 단체에 본인 명의로 기부(선포일로부터 3개월 이내)		

해답

명 세	특례	일반
1. 사회복지시설에 대한 기부금은 일반기부금		○
2. 노동조합비는 일반기부금임.		○
3. 기부금은 연령요건을 충족하지 않아도 됨		○
4. 특별재난지역의 자원봉사 용역은 특례기부금임.	○	
5. 종친회 기부금은 비지정기부금임.	-	-
6. 복권당첨소득은 분리과세소득이므로 소득요건 충족	○	
7. 연령요건을 충족하지 않아도 되며, 국방헌금지출액은 특례기부금임.	○	
8. 본인 **정치기부자금은 10만원 이하 100/110 세액공제를 적용하고, 초과분은 15% 세액공제 적용**	조특법상 세액공제 (정치자금)	
9. 사회복지공동모금회는 특례기부금 단체임	○	
10. 고향사랑기부금 : **10만원 이하는 100/110 세액공제**	조특법상 세액공제 (고향사랑기부금)	
11. 특별재난 지역 선포일로부터 3개월 이내에 기부시 고향사랑 기부금에 해당함.		

〈특별세액공제와 신용카드공제 중복적용 여부〉

구 분			특별세액공제	신용카드 공제
보장성보험료			○	×
의료비	공제대상		○	○
	공제제외		×	○
교육비	학원비	취학전 아동	○	○
		이외	×	○
	(중 · 고등학생)교복구입비		△(한도 50만원)	○
기부금			○	×

〈근로소득자와 사업소득자〉

구 분		근로소득자	사업소득자
인적공제		○	○
물적소득공제	공적연금보험료	○	○
	특별소득공제	○	×
	신용카드 소득공제	○	×
연금계좌납입세액공제		○	○
표준세액공제		13만원	7만원(성실사업자 : 12만원)
특별세액공제	보장성보험료세액공제	○	×
	의료비세액공제	○	△[*1]
	교육비세액공제	○	△[*1]
	기부금세액공제	○	×[*2](<u>필요경비 산입</u>)
월세세액공제		○	△[*1]
결혼세액공제		○	○

*1. 성실사업자(일정요건을 충족한 사업자) 등은 공제가 가능하다.
*2. 연말정산대상 사업소득자등은 기부금세액공제가능

연/습/문/제

O,X 문제

01. 기본공제 판단시 직계비속은 20세 이하, 직계존속은 60세 이상, 형제자매는 20세 이하 또는 60세 이상의 연령요건을 갖추어야 하나 장애인의 경우에는 연령요건을 따지지 않는다. ( )

02. 인적공제의 추가공제는 기본공제 대상자를 전제로 하고 중복하여 적용가능하다. ( )

03. 공제대상자에 해당하는지의 여부에 대한 판정은 해당 연도의 과세기간 종료일 현재의 상황에 따른다. 다만, 과세기간 종료일전에 사망 또는 장애가 치유된 자는 사망일 전일 또는 치유일 전일의 상황에 따른다. ( )

04. 신용카드 등 사용금액에 대한 소득공제의 경우 연령요건과 소득요건을 충족해야 하고, 형제자매는 대상에서 제외된다. ( )

05. 신용카드 등 사용금액에 대한 소득공제와 의료비특별세액공제, 교육비특별세액공제(취학전 아동의 학원비와, 중 · 고등학교 교복구입비용)와 중복적용가능하다. ( )

06. 근로소득만 있는 경우 총급여액의 6백만원 이하인 배우자는 기본공제대상자이다. ( )

07. 근로소득이 있는자의 표준세액공제는 13만원이고 근로소득이 없는 거주자(성실사업자 제외)의 표준세액공제는 8만원이다. ( )

08. 의료비세액공제는 연령요건과 소득요건을 모두 따지지 않는다. 따라서 부양가족이면 의료비세액공제 대상만 파악하면 된다. ( )

09. 의료비 세액공제 적용시 시력보정용 안경 · 콘택트렌즈 구입비용은 1인당 100만원 이내에서 세액공제 대상이 된다. ( )

10. 실손의료보험금으로 보전받은 금액은 의료비 세액공제 대상에서 제외된다. ( )

11. 중 · 고등학생의 교복구입비용은 연 50만원 이내에서, 초 · 중 · 고등학생 수련활동, 수학여행 등 현장체험학습비는 1인당 한도 50만원이내에서 교육비세액공제 대상이다. ( )

12. 신용카드 소득공제와 보장성보험료세액공제는 근로소득자만 세액공제대상이다. ( )

13. 부녀자 공제와 경로우대추가공제, 연금계좌납입세액공제는 종합소득이 있는 거주자가 적용될 수 있는 소득공제 및 세액공제항목이다. ( )

14. 교육비세액공제, 보장성보험료 세액공제, 의료비세액공제는 원칙적으로 근로소득자(예외 성실사업자)만 적용되는 세액공제이다. ( )

15. 기부금세액공제를 받지 못한 경우(종합소득산출세액을 초과)에 5년간 이월하여 기부금세액공제를 받을 수 있다. ( )

16. 사업소득자(성실사업자가 아니다.)로서 보장성보험료 세액공제와 연금계좌납입세액공제를 적용받을 수 있다. ( )

17. 의료비는 총급여액의 4%를 초과하여야 의료비세액공제를 적용받을 수 있다. ( )

18. 근로소득이 있는 거주자가 항목별 특별소득공제 · 항목별 특별세액공제 · 월세세액공제를 신청하지 않은 경우 연 13만원의 표준세액공제를 적용한다. ( )

19. 직계존속과 직계비속의 대학교등록금은 교육비세액공제 대상이다. ( )

20. 기본공제대상자인 대학입학 전형료와 수능응시료는 교육비공제대상에서 제외된다. ( )

21. 총급여액 7천만원 이하 자의 산후조리 비용은 1회 한도가 300만원이다. ( )

22. 의료비 세액공제시 의료비 공제한도가 적용되지 않는 특정의료비에는 본인, 장애인, (과세기간 종료일) 65세 이상, 중증질환자가 대상이다. ( )

주관식

01. 소득세법상 다음 자료에 의한 소득만 있는 거주자 홍길동의 20x1년도 종합소득금액을 계산하면 얼마인가?

• 기타소득금액 : 30,000,000원	• 퇴직소득금액 : 25,000,000원
• 양도소득금액 : 10,000,000원	• 근로소득금액 : 10,000,000원

02. 8세 이상 자녀가 2명이고, 올해 셋째를 출산하였을 경우 자녀세액공제(출산입양세액공제 포함)는 얼마인가?

03. 사원 홍길동(남성)의 부양가족으로 생계를 같이 하고 있다. 인적공제(기본공제와 추가공제)와 자녀세액공제를 판단하시오.

이름	연령(만)	관계	참고사항
홍길동	58세	본인	소득자 본인, 세대주
기영현	56세	배우자	일용근로소득 6,000,000원 있음
황선옥	76세	모친	양도소득금액 1,000,000원 있음
홍인규	23세	자	대학생
홍원중	64세	형	장애인, 근로소득(총급여액 5,000,000원) 외에 타소득 없음
박연수	62세	형수	장애인, 소득없음

04. 사원 김길동(남자, 세대주, 장애인)의 부양가족사항(생계를 같이함)은 다음과 같다. 인적공제(기본공제와 추가공제)와 자녀세액공제를 판단하시오.

관계	이름	연령(만)	20x1년 연말정산시 참고사항
배우자	정인영	45세	전년도 사망
부	김동명	77세	장애인, 20x1년 10월 31일 사망
모	유영숙	69세	장애인, 양도소득금액 2백만원 있음
자	김시은	24세	대학생, 급여총액 5백만원(비과세 1백만원 포함) 있음
자	김윤우	9세	당해연도 입양

05. 사원 홍길순(여성)의 부양가족사항(생계를 같이함)은 다음과 같다. 인적공제(기본공제와 추가공제)와 자녀세액공제를 판단하시오.

관계	이름	연령(만)	20x1년 연말정산시 참고사항
본인	홍길순	50세	총급여액 30,000,000원
배우자	김길동	50세	총급여액 6,000,000원(일용근로소득은 1백만원 포함되어 있음.)
부	김동명	80세	이민으로 영국거주
모	유영숙	79세	이민으로 영국거주
자	김하나	24세	사업소득 총수입금액 15,000,000원 필요경비 13,000,000원
자	김두리	23세	일시적인 강의료 8,000,000원

연/습/문/제 답안

O,X문제

1	2	3	4	5	6	7	8	9	10
○	○	○	×	○	×	×	○	×	○
11	12	13	14	15	16	17	18	19	20
×	○	○	○	×	×	×	○	×	×
21	22								
×	×								

[풀이 - O,X문제]

04. 신용카드소득공제는 **연령요건을 충족하지 않아도 된다.**

06. **총급여액 5백만원 이하인 경우 배우자 공제가 가능**하다.

07. **근로소득이 없는 거주자**(성실사업자 제외)의 **표준세액공제는 7만원**이다.

09. 시력보정용 **안경구입시 50만원 한도에서 세액공제대상**이다.

11. **현장체험학습비는 30만원이내의 금액**이 공제대상금액이다.

15. 기부금세액공제는 **10년간 이월공제가 가능**하다.

16. **사업소득자는 보장성보험료 세액공제를 적용**받지 못한다.

17. **총급여액의 3%를 초과**해야 의료비세액공제를 받을 수 있다.

19. 장애인 특수교육비 세액공제를 제외하고, **직계존속의 대학교등록금은 교육비세액공제 대상이 아니다.**

20. 대학입시전형료와 수능응시료도 교육비세액공제 대상으로 추가되었다.

21. 산후조리비용의 총급여액 기준은 없고 1회 한도는 2백만원이다.

22. 특정의료비에 (과세기간 개시일) **6세 이하의 부양가족**이 추가되었다.

주관식

01	40,000,000원	02	1,250,000원	3~5	〈해설참고〉

[풀이 - 주관식문제]

01. 종합소득금액 = 기타소득금액 + 근로소득금액 = 40,000,000원

02. 자녀세액공제(8세 이상 2명) = 550,000원 출산입양세액공제(셋째 이상) = 700,000원

03. 인적공제 대상 판단

관계	요 건		기본	추가	판 단
	연령	소득	공제	(자녀)	
본 인	-	-	○		
배우자	-	○	○		일용근로소득은 분리과세 소득임.
모(76)	○	○	○	경로	소득금액 1백만원 이하자
자(23)	×	○	부		
형(64)	○	○	○	장애	총급여 5백만원 이하자
형수	**형수는 기본공제대상자가 될 수 없음**				

04. 인적공제 대상 판단

관계	요 건		기본	추가	판 단
	연령	소득	공제	(자녀)	
본 인	-	-	○	장애, 한부모	
부(77)	○	○	○	경로, 장애	사망전일로 판단
모(69)	○	×	부		소득금액 1백만원 초과
자(24)	×	○	부		**총급여액은 비과세소득 차감후 금액임.** 총급여액 5백만원 이하자
자(9)	○	○	○	자녀, **입양(2)**	

05. 인적공제 대상 판단

관계	요 건		기본	추가	판 단
	연령	소득	공제	(자녀)	
본 인	-	-	○	부녀자	종합소득금액 3천만원이하자
배우자	-	○	○		**일용근로소득은 분리과세 소득**이고, 총급여액 5백만원 이하자
부(80)	-	-	-	-	**해외거주는 주거의 형편에 따라 별거로 인정하지 않음.**
모(79)	-	-	-	-	
자(24)	×	×	부		사업소득금액 = 총수입금액 - 필요경비 = 2백만원
자(23)	×	×	부		기타소득금액 = 8,000,000(1 - 60%) = 3.2백만원

제10절 납세절차

1. 원천징수의 개념

소득을 받는 사람 (납세의무자)

(지급총액 - 원천징수세액)

- 원천징수 대상소득을 지급할 때 원천징수
- 납세의무자에게 원천징수영수증 교부

소득의 지급자 (원천징수의무자)

원천징수세액 신고 · 납부

- **원천징수한 달의 다음달 10일까지 납부**
  - **원천징수이행상황신고서** 제출
- **지급명세서제출(익년도 2월 말일까지)**
  - 근로소득, 사업소득(보험모집인, 방문판매원등), 퇴직소득 익년도 3월 10일

신 고

〈예납적 원천징수와 완납적 원천징수의 비교〉

구 분	예납적 원천징수	완납적 원천징수
납세의무 종결	원천징수로 종결되지 않음	원천징수로 납세의무종결
확정신고 의무	**확정신고의무 있음**	**확정신고 불필요**
조세부담	확정신고시 원천징수 세액을 기납부세액으로 공제함	원천징수세액
대상소득	**분리과세 이외의 소득**	**분리과세소득**

2. 원천징수세율

구 분			원천징수 여부	비 고
종합소득	금융소득	이 자	○	- **지급액의 14%(비실명 45%)** - **비영업대금의 이익과 출자공동사업자 배당소득은 25%**
		배 당		
	특정사업소득		○	- **인적용역과 의료 · 보건용역의 3%** - **봉사료의 5%**
	근 로 소 득		○	- 간이세액표에 의하여 원천징수 - **일용근로자의 근로소득에 대해서는 6%**
	연 금 소 득		○	- 공적연금 : 간이세액표에 의하여 원천징수 - 사적연금 : 5%(4%,3%)
	기 타 소 득		○	**기타소득금액의 20%(3억 초과 복권당첨소득 30%)**

구 분	원천징수 여부	비 고
퇴 직 소 득	○	기본세율
양 도 소 득	×	

3. 원천징수신고납부

1. 원칙	징수일이 속하는 다음 달의 10일
2. 예외	1. 조건 ① **상시 고용인원이 20인 이하인 소규모 업체(은행, 보험업 제외)** ② 관할세무서장의 승인 2. 납부 : 반기별신고 및 납부

4. 지급시기의제 

다음의 소득을 미지급시 지급한 것으로 의제하여 원천징수를 하여야 한다.

1. 이자소득	**총수입금액의 수입시기**
2. 배당소득	**잉여금처분에 의한 배당 : 처분결의일부터 3월이 되는 날** 다만 11.1~12.31 결의분은 다음연도 2월말 (예) 2월 28일 주주총회에서 현금 배당 100원 지급 결의 5월 28일 결의일부터 3개월 내에 미지급 ⇒ 지급한 것으로 의제(원천징수 14원) 6월 10일 원천징수이행상황신고서 신고 및 납부
3. 근로소득 및 퇴직소득	1. 1~11월분 : 12/31 2. **12월분 : 익년도 2월말** 3. **잉여금처분상여 및 잉여금처분 퇴직소득 : 결의일로부터 3월** **다만 11.1~12.31 결의분은 다음연도 2월말**

5. 원천징수이행상황신고서(근로소득 항목)

간이세액	A01	매월 급여 지급액 및 원천징수한 내역을 기재
중도퇴사	A02	연도 중 중도퇴사자의 연말정산내역을 기재
일용근로	A03	일용근로자에게 지급한 일당 및 원천징수내역을 기재
연말정산	A04	계속근로자에게 대한 연말정산내역을 기재(익년도 3월 10일 신고)

❶ 원천징수 명세 및 납부세액 (단위 : 원)

소득자 소득구분			코드	원천징수명세					⑨당월조정환급세액	납부 세액	
				소득지급(과세 미달, 일부 비과세 포함)		징수세액					
				④인원	⑤총지급액	**⑥소득세등**	⑦농어촌특별세	⑧가산세		⑩소득세 등(가산세포함)	⑪농어촌특별세
개인(거주자·비거주자)	근로소득	간이세액	A01								
		중도퇴사	A02								
		일용근로	A03								
		연말정산	A04	10	120,000,000	△2,000,000					
		가감계	A10	10	120,000,000	△2,000,000					
	퇴직소득		A20								
	사업소득	매월징수	A25								
		연말정산	A26								
		가감계	A30								
	기타소득		A40								
	연금소득	매월징수	A45								
		연말정산	A46								
		가감계	A47								
	이자소득		A50								
	배당소득		A60								
	저축해지 추징세액 등		A69								
	비거주자 양도소득		A70								
법인	내·외국법인원천		A80								
수정신고(세액)			A90								
총합계			A99								

소득세만 기재

❷ 환급세액 조정 (단위 : 원)

전월 미환급 세액의 계산			당월 발생 환급세액				⑱조정대상환급세액(⑭+⑮+⑯+⑰)	⑲당월조정환급세액계	⑳차월이월환급세액(⑱-⑲)	㉑환급신청액
⑫전월미환급세액	⑬기환급신청세액	⑭차감잔액(⑫-⑬)	⑮일반환급	⑯신탁재산(금융회사 등)	⑰그밖의 환급세액 금융회사 등	⑰그밖의 환급세액 합병 등				
			2,000,000				2,000,000		2,000,000	

차월이월환급세액은 다음달 전월환급세액으로 기재됨

<예제> 원천징수이행상황신고서

다음 5월분 급여자료 및 퇴사 자료를 보고 원천징수이행상황신고서를 작성하라.

1. 정규근로자 급여지급내역

	기본급여 및 제수당(원)			
	기본급	상여	자가운전보조금	지급합계
김갑동외 3명	9,000,000	1,200,000	400,000	10,600,000
	공제액(원)			
	국민연금 등	근로소득세	지방소득세	공제합계
	620,000	72,000	7,200	699,200

• '자가운전보조금'항목은 소득세법상 비과세요건을 충족한다.

2. 중도퇴사자 연말정산내역

	급여지급내역(1월~퇴사시)			
	기본급	상여	자가운전보조금	지급합계
김갑순	10,000,000	2,700,000	500,000	13,200,000
	연말정산내역			
	근로소득세	지방소득세	합계	
	△50,000	△5,000	△55,000	

• 근속년수가 1년 미만자로 퇴직금은 없다.

3. 공장 일용근로자 급여지급내역

성명	급여내역(원)	공제액(원)		
		근로소득세	지방소득세	공제합계
이태백외2명	2,500,000	13,500	1,350	14,850

• 전월분 원천징수이행상황신고서상의 차월이월환급세액은 17,500원이었으며, 환급세액에 대하여는 일체의 환급신청을 하지 않았다.

해답

1. 총지급액란에는 **비과세 및 과세미달을 포함한 총지급액**을 적습니다. 다만 **비과세 자가운전보조금** 등 일부는 제외한다.
2. **소득세등에는 소득세만 입력**한다.(지방소득세는 지방자치단체에 신고납부)
3. 중도퇴사자의 연말정산은 중토퇴사(A02)에 기재한다.
4. 전월미환급세액⑫(당월조정환급세액⑲,⑨) 17,500원을 입력하고, 당월 납부세액은 징수세액(35,500원)에서 당월조정환급세액(17,500원)을 차감한 18,000원이 된다.

①신고구분							②귀속연월	20×1년 05월
매월	반기	수정	연말	소득처분	환급신청	☑ 원천징수이행상황신고서 ☐ 원천징수세액환급신청서	③지급연월	20×1년 05월

1. 원천징수 명세 및 납부세액(단위 : 원)

소득자 소득구분			코드	④인원	⑤총지급액	⑥소득세등	⑦농어촌특별세	⑧가산세	⑨당월 조정 환급세액	⑩소득세 등 (가산세 포함)	⑪농어촌특별세
개인(거주자·비거주자)	근로소득	간이세액	A01	4	10,200,000	72,000					
		중도퇴사	A02	1	12,700,000	△50,000					
		일용근로	A03	3	2,500,000	13,500					
		연말정산	A04								
		가감계	A10	8	25,400,000	35,500			17,500	18,000	
	퇴직소득		A20								
	사업소득	매월징수	A25								
		연말정산	A26								
		가감계	A30								
	기타소득		A40								
	연금소득	매월징수	A45								
		연말정산	A46								
		가감계	A47								
	이자소득		A50								
	배당소득		A60								
	저축해지 추징세액 등		A69								
	비거주자 양도소득		A70								
법인	내·외국법인원천		A80								
수정신고(세액)			A90								
총합계			A99	8	25,400,000	35,500			17,500	18,000	

2. 환급세액 조정(단위 : 원)

전월 미환급 세액의 계산			당월 발생 환급세액				⑱조정대상 환급세액 (⑭+⑮+⑯+⑰)	⑲당월조정 환급세액계	⑳차월이월 환급세액 (⑱−⑲)	㉑환급 신청액
⑫전월 미환급 세액	⑬기환급 신청 세액	⑭차감 잔액 (⑫−⑬)	⑮일반 환급	⑯신탁재산 (금융회사 등)	⑰그밖의 환급세액 금융회사 등	⑰그밖의 환급세액 합병 등				
17,500		17,500					17,500	17,500		

5. 연말정산

구 분	시 기	신고납부
1. 일반	**<u>다음해 2월분 급여 지급시</u>**	**<u>3월 10일까지</u>**
2. 중도퇴사	**<u>퇴직한 달의 급여를 지급하는 때</u>**	**<u>다음달 10일까지</u>**
3. 반기별납부자	다음해 2월분 급여 지급시	신고 : 3월 10일까지 납부 : 7월 10일까지

<예제> 연말정산

다음 자료는 여성근로자인 김선미의 연말정산관련 자료이다. 공제받을 수 있는 공제는 모두 공제받도록 하고 세부담이 최소화되도록 한다.

〈부양가족사항(모두 생계를 같이하고 있음)〉

이름	연령	관계	참 고 사 항
김선미	43세	본 인	총급여액 4천만원
이기동	45세	배우자	당해연도 일용근로소득 3,500,000원 외에 타소득 없음. 청각장애인임.
김선규	71세	부 친	사업소득금액 900,000원 외에 타소득 없음
박명순	61세	모 친	은행이자소득 1,200,000원 외에 타소득 없음
이철민	21세	자	국내 고등학교 졸업 후 미국의 대학교에 입학허가 받아 재학중
이선영	18세	자	고등학생(시각장애인)
이선미	5세	자	
이재식	38세	동 생	장애인으로서 근로소득(총급여액 5,200,000원) 외에 타소득 없음

〈연말정산 추가자료〉

항 목	내 용
보장성 보험료	• 본인 자동차보험료 : 800,000원 • 부친 보장성 상해보험료 : 400,000원 • 동생 장애인전용보험료 : 500,000원(소득자본인 신용카드 사용)
의 료 비	• 부친 보약구입비 : 600,000원(소득자본인 신용카드 사용) • 부친 관절염치료비 : 300,000원 • 모친 건강진단비 : 500,000원(소득자본인 신용카드 사용, 중증환자) • 본인 산후조리비용 : 3,000,000원(1회 출산) • 배우자 안과치료비 : 1,800,000원(배우자 신용카드 사용) • 아들(21)치과치료비 : 2,000,000원(미국에서 치료비) • 자(5) 라식수술비 : 1,000,000원 • 동생 성형수술비 : 3,000,000원(미용목적 성형수술)
교 육 비	• 배우자 대학원 등록금 : 7,500,000원 • 대학생 자녀 미국 대학교 등록금 : 8,200,000원 • 고등학생 자녀 등록금 : 1,300,000원* (* 방과후학교 수강료 200,000원, 도서구입비 80,000원 포함)

항 목	내 용
기 부 금	• 본인 명의 정치자금 기부금 : 900,000원 • 배우자명의 사찰기부금 : 3,000,000원 • 모친명의 국방헌금 : 700,000원
신용카드	• 본인명의 신용카드 사용액총액 : 30,000,000원 • 배우자명의 신용카드 사용액총액 : 10,000,000원 • 고등학생 자녀 현금영수증 사용액 : 1,000,000원 • 동생의 직불카드 사용액 : 5,000,000원
월세	• 월세지출액 7,000,000원 (총급여액 40,000,000원 - 월세 세액공제 요건 충족)

1. 인적공제여부를 판단하고, 자녀세액공제 여부를 판단하시오.

가족	이름	요 건		기본공제	추가공제(자녀)	판 단
		연령	소득			
본 인	김선미	–	–			
배우자	이기동	–				
부친(71)	김선규					
모친(61)	박명순					
자(21)	이철민					
자(18)	이선영					
자(5)	이선미					
동생(38)	이재식					

2. 연말정산대상금액을 입력하시오.

[소득공제]		
1. 신용카드	① 신용카드 ② 현금영수증 ③ 직불카드 ④ 전통시장사용분 ⑤ 대중교통비사용액 ⑥ 도서 · 공연비, 미술관, 영화관람료, 수영장 등 이용료	
[특별세액공제]		
1. 보장성보험료	① 일반 ② 장애인전용	
2. 의료비	① 특정의료비(본인, 장애인, 65세 이상, 6세 이하) ② 일반의료비	

3. 교육비	① 배우자 ② 대학생 ③ 취학전아동, 초중고 ④ 장애인특수교육비	
4. 기부금	① 정치자금 -10만원 이하 -10만원 초과 ② 특례기부금 ③ 일반기부금 ④ 종교단체 기부금	
[월세 세액 공제-조특법]		

해답

1. 인적공제 및 세액공제판단

가족	이름	요 건		기본 공제	추가공제 (자녀)	판 단
		연령	소득			
본 인	김선미	–	–	○	부녀자공제	배우자가 있는 여성근로자
배우자	이기동	–	○	○	장애인	**일용근로소득은 분리과세소득임.**
부 친(71)	김선규	○	○	○	경로우대	
모 친(61)	박명순	○	○	○	–	**20백만원 이하의 은행이자소득은 분리과세소득임.**
자(21)	이철민	×	○	부	–	
자(18)	이선영	○	○	○	장애인, 자녀	
자(5)	이선미	○	○	○		자녀세액공제는 8세 이상
동생(38)	이재식	×	×	부	–	장애인이나 총급여액 5백만원 초과자

2. 연말정산 추가자료 입력

〈연말정산 대상 판단〉

항목	요건		내 용	대 상
	연령	소득		
보장성 보험료	○	○	• 본인 자동차보험료 • 부친 보장성 상해보험료 • 동생 장애인전용보험료(소득요건 충족못함)	800,000원 400,000원 –

<table>
<tr><th rowspan="2">항목</th><th colspan="2">요건</th><th rowspan="2">내 용</th><th rowspan="2">대 상</th></tr>
<tr><th>연령</th><th>소득</th></tr>
<tr><td>의료비</td><td>×</td><td>×</td><td>• 부친 보약구입비 : 보약은 대상에서 제외
• 부친 관절염치료비(과세기간 종료일, 65세 이상)
• 모친 건강진단비(중증환자)
• 본인 산후조리비용(한도 2,000,000원)
• 배우자 안과치료비(장애인)
• 국외 치료비는 대상에서 제외
• (과세기간 개시일) 6세 이하 치료비는 특정의료비
• 성형목적 수술비는 대상에서 제외</td><td>–
300,000원(특정)
500,000원(특정)
2,000,000원(특정)
1,800,000원(특정)
–
1,000,000원(특정)
–</td></tr>
<tr><td>교육비</td><td>×</td><td>×
(개정
26)</td><td>• 배우자 대학원 등록금 : 본인 대학원교육비만 가능
• 대학생 자녀 미국 대학교 등록금 : 국외교육기관에 지출한 교육비도 공제대상.
• 고등학생 자녀 등록금 : 방과 후 학교 수강료와 방과 후 학교 도서구입비도 포함됨.</td><td>–
8,200,000원

1,300,000원</td></tr>
<tr><td>기부금</td><td>×</td><td>○</td><td>• 본인 명의 정치자금 기부금
– 10만원 이하 : 100/110 세액공제
– 10만원 초과 : 15% 세액공제
• 배우자명의 사찰기부금
• 모친명의 국방헌금</td><td>
100,000원(세액)
800,000원(15%)
3,000,000원(종교)
700,000원(특례)</td></tr>
<tr><td>신용카드</td><td>×</td><td>○</td><td>• 신용카드사용액 : 30,000,000원(본인) + 10,000,000원(배우자) – 500,000원(보험료) = 39,500,000원
• 현금영수증 사용액 : 1,000,000원
• 형제자매의 신용카드 사용은 대상에서 제외</td><td>39,500,000원

1,000,000원
–</td></tr>
<tr><td>월세</td><td colspan="2">무주택
세대주등</td><td>• 총급여액 8천만원 이하인 무주택 세대주(기본공제대상자도 가능) 전용면적 85㎡ 이하 또는 기준시가 4억 이하 임차</td><td>7,000,000원</td></tr>
</table>

[연말정산대상금액]

[소득공제]		
1. 신용카드	① 신용카드 ② 현금영수증	39,500,000 1,000,000
[특별세액공제]		
1. 보장성보험료	① 일반	800,000+400,000
2. 의료비	① 특정의료비(본인, 장애인, 65세 이상, 중증질환자, 6세 이하)	300,000+500,000+1,800,000 +2,000,000+1,000,000
3. 교육비	② 대학생 ③ 취학전 아동, 초중고	8,200,000 1,300,000
4. 기부금	① 정치자금 -10만원 이하 -10만원 초과 ② 특례기부금 ④ 종교단체 기부금	 100,000 800,000 700,000 3,000,000
[월세 세액 공제-조특법]		7,000,000

〈총급여액 4천만원일 경우 종합소득금액-Kclep프로그램으로 확인가능함.〉

21.총급여		40,000,000
22.근로소득공제		11,250,000
23.근로소득금액		28,750,000

6. 소득세 신고절차

구 분	내 용	신고여부	신고납부기한
1. 중간예납	**사업소득이 있는 거주자**가 상반기(1월~6월)의 소득세를 미리 납부하는 절차 **→ 소액부징수 : 50만원 미만**	고지납부	11월 30일
2. 간이지급 명세서 제출	**상용근로소득**	반기단위제출	**반기말 다음달 말일**
	원천징수대상사업소득/인적용역관련 기타소득	매월단위제출	**다음달 말일**
3. 사업장 현황신고	**면세사업자(개인)**의 총수입금액을 파악하기 위한 제도	자진신고	**다음연도 2월 10일까지**
4. 지급명세서 제출	다만 **근로소득, 퇴직소득, 원천징수대상사업소득은 익년도 3월 10일까지**	제출	다음연도 2월말까지
5. 확정신고	소득세법상 소득이 있는 자가 소득세를 확정신고·납부하는 것	자진신고	다음연도 5월말까지

7. 확정신고와 납부

1. 대상자	종합소득, 퇴직소득 또는 양도소득금액이 있는 자
2. 확정신고의무가 없는 자	**1. 연말정산 한 자(근로소득, 공적연금소득, 연말정산 사업소득)** **2. 퇴직소득만 있는 자** **3. 분리과세 소득이 있는 자**

8. 소액부징수

① 원천징수세액이 1천원 미만인 경우(**이자소득과 인적용역 사업소득으로서 계속적·반복적 활동을 통해 얻는 소득**은 제외)

② 납세조합의 징수세액이 1천원 미만인 경우

③ **중간예납세액이 50만원** 미만인 경우

9. 소득세법상 주요 가산세

종 류	적 용 대 상	가 산 세 액
1. 지급명세서 불성실가산세	미제출 또는 제출된 지급명세서의 내용이 불분명한 경우	미제출·불분명 지급금액×1% **(기한후 3개월 이내에 제출시에는 50% 감면)**
2. **계산서 등 또는 계산서합계표 불성실가산세**	-미발급 -가공 및 위장계산서 등 (현금영수증 포함)을 수수한 경우	**-미발급, 가공 및 위장수수×2%** -지연발급**×1%**
3. 원천징수 납부지연가산세	원천징수세액의 미납부·미달 납부	MIN[①, ②] **① 미달납부세액×3%+미달납부세액×미납일수×이자율** **② 미달납부세액의 10%**
4. 지출증빙미수취 가산세	**건당 3만원 초과분에 지출하고 임의증빙서류를 수취**한 경우	**미수취금액 중 필요경비 인정금액×2%**
5. 영수증수취명세서제출불성실가산세(**3만원 초과분**)		미제출· 불분명금액×1%
6. 기타	사업용계좌미사용 가산세, 신용카드매출전표미발급가산세 현금영수증미발급가산세 등이 있다.	

연/습/문/제

O,X 문제

01. 금융소득의 원천징수세율은 원칙적으로 14%이고, 비실명일 경우 45%, 비영업대금이익과 출자공동사업자의 배당소득은 25%이다. ( )

02. 기타소득의 원천징수세율은 원칙적으로 20%이고, 2억 초과 복권당첨소득의 경우 30%를 적용한다. ( )

03. 근로소득(일용근로소득 제외),원천징수 대상 사업소득, 퇴직소득, 기타소득의 지급명세서는 익년도 3월 10일까지 제출해야 한다. ( )

04. 원천징수의무자는 원천징수한 소득세를 그 징수일이 속하는 달의 다음달 10일까지 신고 납부하여야 한다. ( )

05. 반기별 납부 승인 받은 소규모사업자는 해당 반기의 마지막 달의 다음달 10일까지 원천징수한 세액을 신고 납부해야 한다. ( )

06. 법인의 이익 또는 잉여금의 처분에 따라 지급하여야 할 상여를 그 처분을 결정한 날로부터 3개월이 되는 날까지 지급하지 아니한 경우에는 그 3개월이 되는 날에 그 상여를 지급한 것으로 보아 소득세를 원천징수한다. ( )

07. 원천징수의무자가 12월분의 근로소득을 다음 연도 2월 말일까지 지급하지 아니한 경우에는 그 근로소득을 다음 연도 2월 말일에 지급한 것으로 보아 소득세를 원천징수한다. ( )

08. 원천징수의무자가 1월부터 11월까지의 근로소득을 해당 과세기간의 12월 31일까지 지급하지 아니한 경우에는 그 근로소득을 11월 30일에 지급한 것으로 보아 소득세를 원천징수한다. ( )

09. 원천징수의무자는 원천징수이행상황신고서를 원천징수 관할세무서장에게 제출하여야 하며, 이때 원천징수이행상황신고서에는 원천징수하여 납부할 세액이 없는 자에 대한 것은 제외해도 된다. ( )

10. 중간예납 대상자가 중간예납기간의 종료일 현재 그 중간예납기간 종료일까지의 종합소득금액에 대한 소득세액이 중간예납기준액의 100분의 40에 미달하는 경우 중간예납추계액을 중간예납세액으로 한다. ( )

11. 법인면세사업자는 익년도 2월 10일까지 사업장 현황신고를 해야 한다. ( )

12. 국내 정기예금 이자소득금액 2,400만원과 일시적인 강연료 기타소득금액 330만원이 있는 자는는 다음연도 5월말까지 종합소득 과세표준 확정신고를 해야 한다. ( )

13. 연말정산한 근로소득금액 7,000만원과 복권당첨소득 1억원이 있는 자는 다음연도 5월말까지 종합소득 과세표준 확정신고를 해야 한다. ( )

14. 근로소득은 종합과세합산대상 타 소득이 없는 경우 연말정산에 의하여 납세의무가 종결되므로 확정신고를 할 필요가 없다. ( )

15. 소득세법상 중간예납은 원칙적으로 직전 과세기간의 실적을 기준으로 관할 세무서장이 납세고지서를 발급하여 징수한다. ( )

16. 일용근로자의 근로소득는 지급일이 속하는 달의 다음달 20일까지 지급명세서를 제출해야 한다. ( )

17. 원천징수세액(이자소득 제외)이 1천원 미만인 경우와 중간예납시 중간예납세액이 60만원 미만인 경우에는 해당 소득세를 징수하지 아니한다. ( )

18. 납부할 세액(가산세 및 감면분 추가납부세액은 제외)이 1천만원을 초과하는 거주자는 납부기한 경과 후 1개월 이내에 분납할 수 있다. ( )

19. 사업자가 건당 1만원 초과분에 해당하는 경비 등을 지출하고 임의증빙서류를 수취한 경우에는 영수증 수취금액 중 필요경비 인정금액의 2%를 가산세를 내야 한다. ( )

20. 사업자가 영수증수취명세서(3만원초과분)를 제출하지 아니하거나 불분명하게 제출한 경우는 미제출금액의 2%의 가산세를 내야 한다. ( )

21. 연금소득, 부동산임대용역, 면세인적용역, 퇴직소득은 원천징수대상소득이다. ( )

22. 한 과세기간에 근로소득이 두 군데 사업장에서 발생했는데 연말정산시 합산해서 신고하지 않은 경우에는 반드시 확정신고를 해야 한다. ( )

23. 중간예납대상자는 사업소득자이나, 당해 사업연도 중 최초로 사업을 개시한 신규사업자는 중간예납 의무가 없다. ( )

24. 중간예납에 대한 고지를 받은 자는 10월 31일까지 고지된 세액을 납부하여야 한다 ( )

25. 신규사업자, 보험모집인과 방문판매원의 소득만 있는 자는 중간예납의무가 없다. ( )

26. 납부할 세액이 2천만원을 초과하는 때에는 그 세액의 50% 이하의 금액을 납부기한이 지난 후 2개월 이내에 분납할 수 있다. ( )

27. 원천징수대상 사업소득, 인적용역 관련 기타소득을 지급하는 자는 다음달 말일까지 간이지급명세서를 제출하여야 한다. ( )

28. 원천징수세액이 1천원 미만인 경우 소액부징수로 원천징수 의무가 면제되나, 이자소득에 대해서만 이 규정을 적용하지 않는다. ( )

 주관식

01. 다음 소득 중 원천징수 세액(지방소득세액을 제외함)이 많은 것부터 순서대로 나열하시오.

> ① 비영업대금의 이익 : 1,000,000원
> ② 상장법인의 대주주로서 받은 배당 : 1,000,000원
> ③ 원천징수대상 사업소득에 해당하는 봉사료 수입금액 : 1,000,000원
> ④ 복권 당첨소득 : 1,000,000원

02. 다음 자료를 이용하여 김길동씨의 연말정산을 하시오.

① 부양가족 인적사항(가족 중에 장애인은 없다)

• 배우자 이정연 : 만 45세	• 자녀 김하나 : 만 24세
• 자녀 김두리 : 만 22세	• 자녀 김세미 : 만 18세

※ 배우자는 총급여액 5,500,000원이 있으며, 자녀들은 소득이 없다.

② 보험료, 의료비, 교육비 관련 자료

보험료	• 배우자의 생명보험료(보장성보험) : 800,000원 • 본인의 자동차보험료 : 600,000원
의료비	• 본인의 의료비 : 4,000,000원 • 김하나의 의료비 : 1,000,000원 • 김두리의 의료비 : 2,000,000원
교육비	• 본인의 대학원 교육비 : 10,000,000원 • 김두리의 대학교 교육비 : 10,000,000원

※ 의료비는 전부 김길동씨 본인이 부양가족들을 위하여 지출한 금액이다.

③ 신용카드관련자료(당해연도 사용액은 다음과 같다.)

• 신용카드 사용액 : 20,000,000원	• 현금영수증 사용액 : 8,000,000원
• 직불카드 사용액 : 2,000,000원	• 전통시장 사용액 : 300,000원
• 대중교통 사용액 : 500,000원	• 제로페이 사용액 : 100,000원

※ 신용카드 · 현금영수증 · 직불카드 사용액은 전통시장 사용액 및 대중교통 사용액이 제외된 금액이다.

〈연말정산〉

[소득공제]		
1. 신용카드	① 신용카드 ② 현금영수증 ③ 직불카드 ④ 전통시장 ⑤ 대중교통	
[특별세액공제]		
1. 보험료	① 보장성보험료	
2. 의료비	① 특정(본인)의료비 ② 일반의료비	
3. 교육비	① 본 인 ② 대학생	

03. 다음 자료를 이용하여 홍길동씨의 연말정산을 하시오.

구 분	사 용 내 역
신용카드	• 본인의 국내 신용카드사용액 12,000,000원 (전통시장사용분 3,000,000원 포함) • 배우자(만40세, 복권당첨소득 100,000원 있음) 국내 현금영수증사용액 2,000,000원 • 배우자의 해외신용카드사용액 1,000,000원 • 본인 신규 자동차구입 현금영수증 15,000,000원
보험료	• 본인 저축성보험 1,000,000원 • 장남(만 16세, 고등학생, 소득없음) 보장성보험 1,200,000원 • 모친(만 73세, 장애인, 소득없음) 장애인전용보장성보험 1,000,000원
의료비	• 모친 치아 임플란트시술 2,000,000원 • 장남 보약구입 1,000,000원
교육비	• 모친 노인대학등록금 2,000,000원 • 장남 교복구입비용 600,000원 • 차남(만 10세, 초등학생, 소득없음) 초등학교 수업료 800,000원
기부금	• 본인 정치자금기부금 300,000원 • 배우자 정치자금기부금 200,000원

〈연말정산〉

[소득공제]		
1. 신용카드	① 신용카드 ② 현금영수증 ③ 전통시장	
[특별세액공제]		
1. 보험료	① 보장성보험료 ② 장애인전용보장성보험료	
2. 의료비	① 특정(장애)의료비	
3. 교육비	① 초중고	
4. 기부금	① 정치자금 -10만원 이하 -10만원 초과	

04. 다음 자료를 이용하여 이길동씨의 연말정산을 하시오.

구 분	명 세	금 액
보험료	본인분 생명보험료	600,000
	본인분 자동차보험료	500,000
	장애인 아들(18세)의 보험료(장애인전용보장성보험임)	400,000
교육비	딸(22세)의 대학수업료	7,000,000
	딸의 대학기숙사비	2,400,000
	본인의 대학원 수업료	10,000,000
의료비	딸의 시력교정수술비(라식수술)	2,000,000
	장애인 아들(18세)의 장애치료를 위한 수술비	900,000
	부(73세)의 질병치료비	500,000
	본인 보약구입비용	300,000
	본인 치과 스케일링비용	100,000
	배우자의 임신을 위한 체외수정시술비	6,000,000
신용카드	본인명의 신용카드로서, 보험료납부액(1,000,000원)이 포함되어 있으며, 이외의 것은 모두 할인마트에서 사용한 금액이다.	18,000,000
	배우자명의로서 전화요금 납부액(300,000원)이 포함되어 있으며, 이외의 것은 모두 할인마트에서 사용한 금액이다.	3,000,000
	동생(35세)명의 신용카드 모두 의상구입비이다.	2,000,000
기부금	딸(22세)교회헌금	800,000
	본인이재민 구호금품	200,000
	본인 노동조합비	300,000
	본인 고교동창회비	50,000

〈연말정산〉

[소득공제]		
1. 신용카드	① 신용카드	
[특별세액공제]		
1. 보험료	① 보장성보험료 ② 장애인전용보장성보험료	
2. 의료비	① 난임시술비 ② 특정 ③ 일반	
3. 교육비	① 본 인 ② 대학생	
4. 기부금	① 특례기부금 ② 일반기부금 ③ 일반기부금(종교단체)	

연/습/문/제 답안

O,X문제

1	2	3	4	5	6	7	8	9	10
○	×	×	○	○	○	○	×	×	×
11	**12**	**13**	**14**	**15**	**16**	**17**	**18**	**19**	**20**
×	○	×	○	○	×	×	×	×	×
21	**22**	**23**	**24**	**25**	**26**	**27**	**28**		
×	○	○	×	○	○	○	×		

[풀이 - O,X문제]

02. **3억 초과 복권당첨소득에 대한 원천징수세율은 30%**이다.
03. **기타소득의 지급명세서는 익년도 2월말까지**이다.
08. 12월 31일에 지급한 것으로 의제한다.
09. 원천징수하여 납부할 세액이 없는 자에 대한 것도 포함하여야 한다.
10. **30% 미달하는 경우 중간예납추계액을 중간예납세액**으로 한다.
11. 사업장 현황신고는 **개인면세사업자가 대상**이다.
13. 복권당첨소득은 분리과세소득으로 확정신고 대상이 아니다.
16. **일용근로자의 지급명세서는 지급월 다음달 말일**까지 제출해야 한다.
17. **중간예납세액이 50만원인 경우 징수하지 않는다.**
18. **소득세의 분납기간은 2개월** 이내이다.
19. **3만원 초과에 대해서 적격증빙**을 수취해야 한다.
20. 영수증수취명세서의 미제출 가산세율은 1%이다.
21. 부동산임대용역은 원천징수대상소득이 아니다.
24. **11월 30일까지 중간예납기간**이다.
28. **인적용역 사업소득으로서 계속적·반복적 활동을 통해 얻는 소득이 1천원 미만인 경우에도 원천징수** 하여야 한다.

주관식

01.	①④②③	2~4.	〈해설참고〉

01. ① 비영업대금의 이익 : 25% ② 상장법인의 대주주로서 받은 배당소득 : 14%
③ 봉사료 수입금액 : 5% ④ 복권 당첨소득 : 20%

02. 연말정산(김길동)

항 목	요건		내역 및 대상여부	판단
	연령	소득		
보 험 료	○ (×)	○	• 배우자 생명보험료(**<u>총급여액 5백만원 초과</u>**) • 본인 자동차보험료	× ○ (보장성 600,000)
의 료 비	×	×	• 본인 의료비 • 김하나 의료비 • 김두리 의료비	○ (특정 4,000,000) ○ (일반 1,000,000) ○ (일반 2,000,000)
교 육 비	×	× (개정 26)	• 본인 대학원 등록금 • 김두리 대학교 교육비	○ (10,000,000) ○ (10,000,000)
신용카드	×	○	• 신용카드 • 현금영수증 • 직불카드 • 전통시장 • 대중교통 • 제로페이	○ (20,000,000) ○ (8,000,000) ○ (2,000,000) ○ (300,000) ○ (500,000) ○ (100,000)

[소득공제]		
1. 신용카드	① 신용카드 ② 현금영수증 ③ 직불카드(제로페이 포함) ④ 전통시장 ⑤ 대중교통	20,000,000 8,000,000 2,100,000 300,000 500,000
[특별세액공제]		
1. 보험료	① 보장성보험료	600,000
2. 의료비	① 특정(본인)의료비 ② 일반의료비	4,000,000 3,000,000
3. 교육비	① 본 인 ② 대학생	10,000,000 10,000,000

03. 연말정산(홍길동)

항 목	요건		내역 및 대상여부	판단
	연령	소득		
신용카드	×	○	• 본인 신용카드 사용 • 배우자 현금영수증 • 배우자 **해외신용카드 사용(국내사용분만 대상)** • 본인 신규 자동차 구입	○ (신용 : 9,000,000 전통 : 3,000,000) ○ (현금 : 2,000,000) × ×
보 험 료	○ (×)	○	• 본인 **저축성보험** • 장남(16)보장성보험 • 모친 장애인전용보장성	× ○ (보장성 1,200,000) ○ (장애인 1,000,000)
의 료 비	×	×	• 모친 임플란트 시술 • 장남 **보약 구입**	○ (장애 2,000,000) ×
교 육 비	×	× (개정 26)	• 모친 **노인대학등록금** • 장남 **교복구입비용(한도 500,000)** • 차남 초등학교 수업료	× ○ (초중고 500,000) ○ (초중고 800,000)
기부금	×	○	• 본인 정치자금기부금 • 배우자 **정치자금기부금(본인만 대상)**	○ (10만원 이하 : 100,000 10만원 초과 : 200,000) ×

[소득공제]		
1. 신용카드	① 신용카드 ② 현금영수증 ③ 전통시장	9,000,000 2,000,000 3,000,000
[특별세액공제]		
1. 보험료	① 보장성보험료 ② 장애인전용보장성보험료	1,200,000 1,000,000
2. 의료비	① 특정(장애)의료비	2,000,000
3. 교육비	① 초중고	1,300,000
4. 기부금	① 정치자금 - 10만원 이하 - 10만원 초과	 100,000 200,000

04. 연말정산(이길동)

구 분	명 세	대상여부 및 판단
보험료 (○,○) (장애×,○)	본인분 생명보험료	○ (보장성 - 600,000)
	본인분 자동차보험료	○ (보장성 - 500,000)
	장애인 아들(18세)의 장애인전용보장성보험임	○ (장애인전용 - 400,000)
교육비 (×,×)	딸(22세)의 대학수업료	○ (7,000,000)
	딸의 대학기숙사비	× (**기숙사비는 대상제외**)
	본인의 대학원 수업료	○ (10,000,000)
의료비 (×,×)	딸의 라식수술비	○ (일반 - 2,000,000)
	장애인 아들의 장애치료를 위한 수술비	○ (특정 - 900,000)
	부(73세)의 질병치료비	○ (특정 - 500,000)
	본인 보약구입비용	× (**보약은 제외**)
	본인 **치과 스케일링비용**	○ (특정 - 100,000)
	배우자의 임신을 위한 체외수정시술비	○ (난임 - 6,000,000)
신용카드 (×,○)	본인명의 신용카드(보험료납부액제외)	○ (17,000,000)
	배우자명의 신용카드(전화요금 제외)	○ (2,700,000)
	동생(35세)명의 신용카드	× (형제자매는 대상제외)
기부금 (×,○)	딸(22세)교회헌금(연령요건 미충족도 대상)	○ (일반) - 800,000)
	본인 이재민 구호금품	○ (특례) - 200,000)
	본인 노동조합비	○ (일반) - 300,000)
	본인 고교동창회비	× (비지정기부금)

[소득공제]		
1. 신용카드	① 신용카드	19,700,000
[특별세액공제]		
1. 보험료	① 보장성보험료 ② 장애인전용보장성보험료	1,100,000 400,000
2. 의료비	① 난임시술비 ② 특정 ③ 일반	6,000,000 1,500,000 2,000,000
3. 교육비	① 본 인 ② 대학생	10,000,000 7,000,000
4. 기부금	① 특례부금 ② 일반기부금 ③ 일반기부금(종교단체)	200,000 300,000 800,000

<전산세무2급 실무시험 출제내역>

1. 일반전표 입력	15점	일반전표 입력 5문항
2. 매입매출전표 입력	15점	매입매출전표 입력 5문항
3. 부가가치세	10점	**부가가치세 신고서작성 및 전자신고** **부가가치세 수정신고서(가산세)** 신용카드매출표발행집계표 부동산임대공급가액명세서 / 의제매입세액공제신고서 대손세액공제신고서 / 매입세액불공제내역 수출실적명세서 신용카드매출전표 등 수령금액 합계표(갑) 등
4. 결산자료 입력	15점	수동결산, **자동결산**
5. 원천징수	15점	**사원등록(인적공제)** 급여자료입력 **원천징수이행상황신고서 및 전자신고** **연말정산추가자료 입력**
계	70점	

전산세무회계 프로그램 케이랩(KcLep교육형세무사랑) 설치 방법

1 http://license.kacpta.or.kr/ (한국세무사회자격시험 홈페이지)에서 설치파일을 다운로드하고 설치합니다.

2 설치가 완료되면, 바탕화면에 단축아이콘을 확인할 수 있다.

3 바탕화면에서 아이콘을 더블클릭하여 아래와 같이 프로그램을 실행한다.

백데이타 다운로드 및 설치

1 도서출판 어울림 홈페이지(www.aubook.co.kr)에 접속한다.

2 홈페이지에 상단에 자료실 – [백데이타 자료실]을 클릭한다.

3 자료실 – 백데이터 자료실 – [로그인 에센스 전산세무2급 백데이터]를 선택하여 다운로드한다.

4 데이터를 다운받은 후 실행을 하면, [내컴퓨터 ➜ C:₩KcLepDB ➜2 KcLep] 폴더 안에 4자리 숫자폴더 저장된다.

5 회사등록메뉴 상단 F4(회사코드재생성)을 실행하면 실습회사코드가 생성된다.

이해가 안되시면 도서출판 어울림 홈페이지에 공지사항(81번)
"로그인 케이렙 실습데이타 다운로드 및 회사코드 재생성 관련 동영상"을 참고해주십시오.

Chapter

재무회계 실무능력 1

로그인 에센스 전산세무 2급

제1절 기초정보관리

회계처리를 하고자 하는 회사에 대한 기본적인 등록 작업을 말하는데, **프로그램을 처음 사용하시는 수험생은 프로그램실행 후 화면 중간에 [회사등록] 을 하시고 실습을 하셔야 합니다.**

1. 회사등록

회사등록은 회계처리를 하고자 하는 회사를 등록하는 작업으로 가장 기본적이고 우선되어야 하는 작업이다. 회사등록은 작업할 회사의 사업자등록증을 토대로 작성하여 등록된 내용이 각종 출력물 상의 회사 인적사항에 자동 표시됨은 물론 각종 계산에 영향을 주게 되므로 정확히 입력되어야 한다.

2. 거래처 등록

제품을 외상거래나 기타채권, 채무에 관한 거래가 발생했을 때 외상매출금계정 등의 보조장부로서 거래처별 장부를 만들게 되는데, 이렇게 각 거래처별 장부를 만들기 위해서는 거래처를 등록하여야 한다.

〈반드시 거래처코드를 입력해야 하는 계정과목〉

채권계정	채무계정
외상매출금, 받을어음	**외상매입금, 지급어음**
미수금, 선급금, 대여금(단기, 장기)	**미지급금, 선수금, 차입금(단기, 장기), 유동성장기부채**
가지급금	가수금(거래처를 알고 있을 경우 입력)
선급비용/미수수익/임차보증금	선수수익/미지급비용/임대보증금

3. 계정과목 및 적요등록

회사의 특성상 자주 사용하는 계정과목이나 적요가 필요한데, 계정과목이나 적요를 추가로 등록하거나 수정할 수 있다.

4. 전기분 재무상태표

전년도의 재무상태표를 입력하면 되는데, 재무상태표상의 재고자산 금액은 손익계산서 및 제조원가명세서의 재고자산금액으로 자동 반영된다.

5. 전기분 손익계산서

기말제품은 재무상태표상의 금액이 자동 반영된다.

6. 전기분원가명세서

제조기업은 원가명세서를 반드시 작성하여야 하는데 원가명세서에서 작성된 당기제품제조원가가 손익계산서의 매출원가(당기제품제조원가)를 구성한다.

또한 재무상태표상의 원재료 금액은 제조원가명세서상의 기말원재료 금액에 자동반영된다.

7 전기분 잉여금(결손금)처분계산서

전기재무상태표상의 미처분이익잉여금(이월이익잉여금)과 이익잉여금처분계산서상의 미처분이익잉여금과 동일한 금액이다.

미처분이익잉여금의 당기순이익은 손익계산서의 당기순이익이 일치되어야 한다.

8. 거래처별초기이월

채권 · 채무 등 거래처별관리가 필요한 재무상태표 항목에 대하여 [거래처원장]에 “전기이월”로 표기하면서 거래처별 전년도 데이터를 이월받기 위한 메뉴이다.

제2절 전표입력

1. 일반전표와 매입매출전표의 구분

세금계산서(계산서, 카드영수증, 현금영수증 등 포함) 등을 주고 받았으면 매입매출전표에, 그 이외의 모든 거래는 일반전표로 입력한다.

2. 경비계정의 계정코드 선택

경비는 판매비와관리비(800번대) 계정과 제조경비(500번대)를 구분하여 입력한다.
즉, 공장에서 발생되었으면 제조경비를 본사에서 발생되었으면 판관비계정을 선택한다.

3. 일반전표 입력

구분	하단의 메시지를 참고하여 선택한다. 구분을 입력하세요. 1.출금, 2.입금, 3.차변, 4.대변, 5.결산차변, 6.결산대변
계정과목	• 계정과목 코드란에 계정과목 1글자 이상(보통 2글자 이상)을 입력하고 Enter를 치면, 계정코드도움 화면이 나타나고 해당계정과목을 선택한다.
거래처	거래처코드에 거래처명 1글자이상(보통 2글자이상)을 입력하고 엔터를 치면 거래처코드도움 화면이 나타나고 해당거래처를 선택한다.
적요	• 전표의 적요사항을 입력한다.(등록된 내용을 선택하거나 등록된 내용을 수정하여 선택할 수 있다.) • 전산세무2급 시험에서는 **적요입력을 생략하나, 특정거래(타계정대체 등)에 대해서는 적요번호를 선택**하여야 한다.
금액	금액란에 "+"키를 입력하면 "000"이 입력된다.
전표삽입기능	동일 전표사이에 CF9 전표삽입 을 클릭하여 원하는 계정만큼 삽입할 수 있다.
전표번호수정	전표번호는 자동생성되고 수정이 불가하나, 상단의 SF2 번호수정클릭하면 수정이 가능하고, 한번 더 누르면 수정불가상태로 돌아간다.

<예제> 일반전표입력

- 입력시 유의사항 -

- 일반적인 적요의 입력은 생략하지만, **타계정 대체거래는 적요번호를 선택하여 입력한다.**
- **채권 · 채무와 관련된 거래**는 별도의 요구가 없는 한 반드시 기 등록되어 있는 **거래처코드를 선택하는 방법**으로 거래처명을 입력한다.
- **제조경비는 500번대 계정코드를, 판매비와 관리비는 800번대 계정코드를 사용**한다.
- 회계처리시 계정과목은 별도제시가 없는 한 등록되어 있는 계정과목 중 가장 적절한 과목으로 한다.

☞ **타계정대체거래란?**
제조기업에서의 원가흐름은 원재료 → 재공품 → 제품 → 제품매출원가로 이루어져 있는데, 원재료를 **제조목적 이외로 사용**하는 경우(소모품비, 수선비 등)와 **제품을 판매 목적 이외**로 사용하는 경우(기업업무추진비(접대비), 복리후생비 등)를 **타계정대체액**이라 하고 해당 재고자산의 **적요란에 "8"(타계정으로 대체액)**을 반드시 선택하여야 한다.

다음은 ㈜한강(2001)의 거래이다. 이를 일반전표입력메뉴에 추가 입력하시오.

[1] 7월 01일 정기예금 10,000,000원이 금일 만기가 도래하여 은행으로부터 다음과 같은 내역서를 받고 이자를 포함한 전액이 당사 보통예금계정으로 입금되었다. 이자수익을 미수수익으로 계상한 금액은 없다. 법인세는 자산계정으로 처리하시오.

입 금 증

• 성명 : (주)한강 귀하	• 계좌번호 : 12 - 1258689 - 123		• 거래일자 : 20X1. 7.1	
찾으신 거래내역	• 정기예금 총액 :	10,000,000원	• 이자소득 :	600,000원
	• 법인세 등 :	92,400원	• 차감수령액 :	10,507,600원

항상 저희은행을 찾아주셔서 감사합니다.
계좌번호 및 거래내역을 확인하시기 바랍니다.
서울은행 강남 지점 (전화 :) 취급자 :

[2] 7월 02일 퇴사한 생산부 직원(근속연수 5년)에 대한 퇴직금 8,000,000원 중 소득세와 지방소득세 합계 55,000원을 차감한 잔액을 현금으로 지급하였다.

[3] 7월 03일 회사는 부족한 운영자금문제를 해결하기 위해 보유중인 ㈜덕유상사의 받을어음 1,000,000원을 국민은행에 현금으로 매각하였다. 동 매출채권의 만기일은 8월 03일이며 매출채권 처분 시 지급해야 할 은행수수료는 연 12%를 지급한다(월할계산하며, 매각거래로 회계처리 하시오).

[4] 7월 04일 전기에 대손처리한 (주)청계에 대한 받을어음 1,100,000원이 당사 당좌예금계좌로 입금되었다. 전기에 부가가치세법상 대손세액공제를 적용받았다.

[5] 7월 05일 임시주주총회에서 증자를 결의하여 주식 10,000주를 발행(액면가액 : 5,000원, 발행가액 6,000원)하고 주식발행비용 500,000원을 제외한 금액을 국민은행 보통예금으로 입금하였다(주식할인발행차금 잔액이 500,000원 있다고 가정한다).

[6] 7월 06일 다음의 급여내용이 보통예금에서 이체되었다.

급여 명세		
사 원	부 서	지급일
이주몽	홍보부	7월 06일
-기 본 급 : 1,000,000원 -상 여 금 : 2,000,000원	-소 득 세 : 100,000원 -국민연금 : 90,000원 -고용보험 : 10,000원	-지방소득세 : 10,000원 -건강보험 : 54,000원 -가지급금 : 200,000원
차 인 지 급 액	2,536,000원	

[7] 7월 07일 6월 30일에 열린 임시주주총회의 결의에 따라 현금배당 5,000,000원과 주식배당 10,000,000원을 실시하고 현금과 주식으로 지급하다(관련된 원천징수세액은 없는 것으로 가정한다).

[8] 7월 08일 (주)경기에게 자금을 대여해 준 바, 원천징수세액을 차감한 금액으로 이자가 보통예금계좌에 입금되었다. 그리고 다음과 같이 원천징수영수증을 교부받았다.

※관리번호		☑ 이자 · 배당소득 원천징수영수증 ☐ 이자 · 배당소득 지 급 명 세 서 (소득자 보관용)	소득자 구분	
			내 · 외국인	☑ 내국인, ☐ 외국인
			거주지국	거주지국코드

구분	항목	내용	항목	내용	항목	내용
징수의무자	①법인명(상호)	(주)경기	②대표자(성명)	박현웅	③사업자등록번호	* * * - * * - * * * * *
	④주민(법인)등록번호		⑤소재지 또는 주소			
소득자	⑥성 명	(주)한강	⑦주민(사업자)등록번호	120 - 81 - 72054	⑦ - 1 생년월일	
	⑧주 소					

⑨거주구분	⑩소득자 구분코드	⑪계 좌 번 호	⑫실명구분
☑거주자, ☐비거주자	211		실명

⑬지급일자 연	월	일	⑭소득귀속연월	⑮소득구분	⑯금융상품종류	⑰금융상품코드	⑱채권이자구분	⑲유가증권표준코드(사업자등록번호)	⑳과세구분	㉑지급액(소득금액)	㉒이자지급대상기간	㉓세율(%)	원천징수세액 ㉔소득세	㉕법인세	㉖지방소득세	㉗농어촌특별세	㉘계
(121)20X1	07	8	20X1/07	이자	비영업대금의이익	YMA			150	500,000	6.1 - 6.30	25		125,000	12,500		137,500
(122)																	
(123)																	

㉙세액감면 및 제한세율 근거	
㉚영 문 법 인 명 (상 호)	

위의 원천징수세액(수입금액)을 정히 영수(지급)합니다.

20X1 년 07 월 8 일

징수보고의무자 (주)경기 (서명 또는 인)

(주)한강 귀하

[9] 7월 09일 회사는 사채(액면가액 : 50,000,000원, 만기 : 3년)를 현재가치로 발행하였다. 사채의 현재가치는 48,100,000원이며 사채발행 대금은 보통예금 계좌로 입금받았다. 또한 사채발행비 100,000원을 현금지급하다.

[10] 7월 10일 단기간 매매차익목적으로 구입하였던 상장법인 (주)사성전자의 주식 100주(장부가액 1,000,000원)를 1주당 9,000원에 처분하고 처분수수료 80,000원을 차감한 잔액을 보통예금 계좌로 이체받았다.

[11] 7월 11일 원재료 매입처 대한전자의 외상매입금 350,000원을 다음과 같이 지급하다. 200,000원은 거래처인 아산전기로부터 받은 약속어음을 배서하여 주고 10,000원은 사전약정에 의해 할인을 받았으며 잔액은 현금으로 지급하다.

[12] 7월 12일 자본을 감소하기 위하여 회사의 주식 100주(액면가 10,000원)를 주당 9,000원에 매입하여 소각하고 대금은 보통예금 계좌에서 이체하여 지급하다(감자차손 잔액이 30,000원이 있다고 가정한다).

[13] 7월 13일 거래처 (주)우리의 부도로 단기대여금 10,000,000원이 회수가 불가능하게 되어 대손처리하였다.

[14] 7월 14일 영업사원의 퇴직연금(확정기여형)에 대해서 회사 부담금(기여금) 1,000,000원을 은행에 현금납부하였다.

[15] 7월 15일 수해로 인하여 제품(원가 1,000,000원 시가 2,000,000원)이 파손되었다. 동 제품에 대하여 (주)대한화재에 손해보험에 가입되어 금일자로 1,500,000원을 보상받기로 결정되었다.

[16] 7월 15일 (주)우리로부터 토지(공정가치 : 20,000,000원)를 취득하면서 보유중인 토지 10,000,000원(장부가액, 공정가치 15,000,000원)과 5,000,000원은 다음달 지급하기로 하였다(단, 현금수수가 중요한 것으로 판단한다. 이종자산교환으로 회계처리하시오).

해답

		차변	금액		대변	금액
[1]	(차)	보 통 예 금	10,507,600	(대)	정기예금(유동)	10,000,000
		선 납 세 금	92,400		이 자 수 익	600,000
[2]	(차)	퇴직급여충당부채	5,000,000	(대)	예 수 금	55,000
		퇴 직 급 여(제)	3,000,000		현 금	7,945,000

☞ 합계잔액시산표(7/2) 조회 후 퇴직급여충당부채 잔액 확인(5,000,000원)후 입력

		차변	금액		대변	금액
[3]	(차)	현 금	990,000	(대)	받 을 어 음	1,000,000
		매출채권처분손실	10,000		((주)덕유상사)	

☞ 할인료 = 어음의 만기가액 × 할인율(연이자율) × 할인월수/12개월
= 1,000,000원 × 12% × 1개월/12개월 = 10,000원

		차변	금액		대변	금액
[4]	(차)	당 좌 예 금	1,100,000	(대)	대손충당금(받을)	1,000,000
					부가세예수금	100,000

☞ 이미 대손세액공제를 받았을 경우, 대손처리한 채권을 회수시 세액공제받았던 부가가치세를 납부하여야 한다.

[5] (차) 보통예금 59,500,000 (대) 자 본 금 50,000,000
주식할인발행차금 500,000
주식발행초과금 9,000,000

☞ 자본잉여금(주식발행초과금, 감자차익, 자기주식처분이익)은 자본조정과 먼저 상계하고 회계처리한다. 마찬가지로 자본조정도 자본잉여금과 먼저 상계하고 회계처리한다.

[6] (차) 급여/직원급여(판) 1,000,000 (대) 보통예금 2,536,000
상 여 금(판) 2,000,000 예 수 금 264,000
가지급금(이주몽) 200,000

[7] (차) 미지급배당금 5,000,000 (대) 현 금 5,000,000
미교부주식배당금 10,000,000 자 본 금 10,000,000

☞ 주주총회결의시 회계처리
(차) 이월이익잉여금 15,000,000 (대) 미지급배당금(유동부채) 5,000,000
미교부주식배당금(자본조정) 10,000,000

[8] (차) 보통예금 362,500 (대) 이자수익 500,000
선납세금 137,500

[9] (차) 보통예금 48,100,000 (대) 사 채 50,000,000
사채할인발행차금 2,000,000 현 금 100,000

☞ 사채발행비는 발행가액에서 차감한다. 따라서 사채할인발행차금(할증발행차금)에서 가감된다.

[10] (차) 보통예금 820,000 (대) 단기매매증권 1,000,000
단기투자자산처분손실 180,000

☞ 단기투자자산은 단기매매증권과 단기금융상품을 포함하는 포괄적인 계정과목이다. 실습시 단기투자자산처분손실이 없으시면 단기매매증권처분손실을 선택하시면 된다.

[11] (차) 외상매입금 350,000 (대) 받을어음(아산전기)) 200,000
(대한전자) 매입할인(원재료) 10,000
현 금 140,000

[12] (차) 자 본 금 1,000,000 (대) 보통예금 900,000
감자차손 30,000
감자차익 70,000

[13] (차) 기타의대손상각비 10,000,000 (대) 단기대여금((주)우리) 10,000,000

☞ 합계잔액시산표(7/13)의 단기대여금 대손충당금 잔액(0) 조회 기타의대손상각비(영업외비용)으로 회계처리한다.

[14]	(차) 퇴직급여(판)	1,000,000	(대) 현 금	1,000,000

☞ <u>확정급여형일 경우 퇴직연금운용자산(부채차감)으로 처리한다.</u>

[15]	(차) 재해손실	1,000,000	(대) 제 품(타계정대체)	1,000,000
	미수금((주)대한화재)	1,500,000	보험차익(보험금수익)	1,500,000

☞ <u>재해와 보험금 수령은 별개의 회계사건으로 본다.(총액주의)</u>

[16]	(차) 토 지	20,000,000	(대) 토 지	10,000,000
			미지급금((주)우리)	5,000,000
			유형자산처분익	5,000,000

☞ 토지의 취득가액 = 제공한 자산의 공정가치 + 추가 지급액 = 15,000,000 + 5,000,000

4. 매입매출전표 입력

<table>
<tr><td>유형</td><td>하단의 메시지를 참고하여 선택한다. 유형선택은 부가가치세 신고서에 자동 반영된다.</td></tr>
<tr><td>품목</td><td>거래품목이 2개 이상인 경우에는 상단의 [F7 복수거래] 을 클릭하면 하단에 복수거래 내용을 입력할 수 있다.</td></tr>
<tr><td>수량/단가</td><td>세금계산서 등의 수량 단가를 입력하면 공급가액이 자동계산된다.</td></tr>
<tr><td>공급가액/
부가세</td><td>공급가액을 입력하면 자동으로 부가가치세가 반영된다.</td></tr>
<tr><td>전자</td><td>전자(세금)계산서여부를 입력한다. 전자인 경우 1.여를 선택하면 된다.</td></tr>
<tr><td>분개</td><td><u>모든 거래를 혼합거래로 입력해도 무방하나, 카드 거래의 경우 카드를 선택해야 부가가치세 신고서류에 정확하게 반영된다.</u></td></tr>
<tr><td>영세율구분</td><td>
<table>
<tr><th>영세율유형</th><th>코드</th><th>영세율매출내용</th></tr>
<tr><td rowspan="4">12.영세,
16.수출
19.카영,
24.현영 등</td><td>1</td><td>직접수출(대행수출 포함)</td></tr>
<tr><td>2</td><td>중계무역등의 수출</td></tr>
<tr><td><u>3</u></td><td><u>내국신용장 · 구매확인서에 의하여 공급하는 재화</u></td></tr>
<tr><td>6</td><td>국외에서 제공하는용역</td></tr>
</table>
</td></tr>
<tr><td>불공제사유</td><td>
<table>
<tr><th>번호</th><th>불공제사유</th></tr>
<tr><td></td><td>여기를 클릭하여 검색</td></tr>
<tr><td>1</td><td>①필요적 기재사항 누락 등</td></tr>
<tr><td>2</td><td>②사업과 직접 관련 없는 지출</td></tr>
<tr><td>3</td><td>③개별소비세법 제1조제2항제3호에 따른 자동차 구</td></tr>
<tr><td>4</td><td>④기업업무추진비 및 이와 유사한 비용 관련</td></tr>
<tr><td>5</td><td>⑤면세사업 관련</td></tr>
<tr><td>6</td><td>⑥토지의 자본적 지출 관련</td></tr>
<tr><td>7</td><td>⑦사업자등록 전 매입세액</td></tr>
<tr><td>8</td><td>⑧금.구리 스크랩 거래계좌 미사용 관련 매입세액</td></tr>
<tr><td>9</td><td>⑨공통매입세액안분계산분</td></tr>
<tr><td>10</td><td>⑩대손처분받은 세액</td></tr>
<tr><td>11</td><td>⑪납부세액재계산분</td></tr>
</table>
</td></tr>
</table>

<table>
<tr><td rowspan="4">적요입력</td><td colspan="2">적요의 입력은 생략하나 특정거래에 대해서 적요번호를 입력하여야 한다</td></tr>
<tr><td>타계정대체(재고자산)</td><td>8.타계정으로 대체액 손익계산서/원가명세서 반영분</td></tr>
<tr><td>의제매입세액공제</td><td>6.의제매입세액공제신고서 자동반영분</td></tr>
<tr><td>재활용폐자원매입세액공제</td><td>7.재활용폐자원매입세액공제신고서 자동반영분</td></tr>
<tr><td>예정신고
누락분 전표</td><td colspan="2">예정신고누락분 확정신고
선택 : [1]건
[ ]건 : 예정신고누락분 기 체크분
[1]건 : 예정신고누락분 아닌것
[ ]건 : 확정기간데이타(수정못함)
[ ]건 : 일마감 데이타(수정못함)
확정신고 개시년월: 년 월 일
예정신고 누락분을 위의 기간에 반영하여 합계표를 작성합니다.
Shift+F5를 클릭하거나 상단의 F11(간편집계)을 클릭하여, SF5(예정누락분)을 선택하고, 확정신고 개시년월을 입력한다.</td></tr>
</table>

[매입매출전표 입력시 부가가치세 신고서 반영]

〈매출전표〉

구 분		금 액	세 율	세 액
과 세	세금계산서 발급분	11(과세)	10/100	11
	매입자발행세금계산서		10/100	
	신용카드 · 현금영수증	17(카과),22(현과)	10/100	17,22
	기 타	14(건별)	10/100	14
영세율	세금계산서 발급분	12(영세)	0/100	
	기 타	16(수출)외	0/100	

〈매입전표〉

구 분		금 액	세 율	세 액
세금계산서 수취분	일반매입	51(과세), 52(영세), **54(불공),** 55(수입)		51, **54**, 55
	고정자산매입			
매입자발행세금계산서				
그 밖의 공제매입세액		57(카과), 61(현과)		57, 61
합 계				
공제받지못할매입세액		**54(불공)**		**54**
차 감 계				

*** 54(불공)을 선택하면 세금계산서 수취분과 공제받지 못할 세액에 동시 반영된다.**

<예제> 매입매출전표입력

(주)한강(2001)의 거래내용은 다음과 같다. 매입매출전표를 입력하시오.

- 입력시 유의사항 -

- 일반적인 적요의 입력은 생략하지만, 타계정 대체거래는 적요번호를 선택하여 입력한다.
- 별도의 요구가 없는 한 **반드시 기 등록되어 있는 거래처코드를 선택하는 방법으로 거래처명을 입력한다.**
- **제조경비는 500번대 계정코드를, 판매비와 관리비는 800번대 계정코드**를 사용한다.
- 회계처리시 계정과목은 별도제시가 없는 한 등록되어 있는 계정과목 중 가장 적절한 과목으로 한다.
- 입력화면 하단의 분개까지 처리하고, **전자세금계산서 및 전자계산서는 전자입력으로 반영한다.**

[1] 8월 01일 미국 자동차회사인 GM상사로부터 영업부서에서 사용할 승용차(배기량 2,000cc, 4인승, 승인번호 : 생략)를 울산세관을 통해 수입하고 수입전자세금계산서(공급가액 50,000,000원, 부가가치세 5,000,000원)를 교부받았다. 부가가치세와 관세 1,000,000원을 국민은행 보통예금으로 지급하였다. 수입전자세금계산서의 부가가치세와 관세에 대해서만 회계처리 하시오.

[2] 8월 02일 하기 휴가 때 생산부의 거래처에 선물용으로 제공하기 위해 다음과 같이 구입하고 종이계산서를 교부받았다.

(청 색)

계산서	(공급받는자 보관용)	승인번호	

공급자				공급받는자			
등록번호	214-91-12345			등록번호	120-81-72054		
상호	강화수산	성 명(대표자)	김강화	상호	(주)한강	성 명(대표자)	임한강
사업장 주소	서울시 강남구 역삼로 404			사업장 주소	서울 서초구 강남대로 475		
업태	도소매	종사업장번호		업태	제조, 도·소매업	종사업장번호	
종목	수산물			종목	전자제품		
E-Mail				E-Mail			

작성일자	20x1.8.02.	공급가액	9,000,000	비고	

월	일	품목명	규격	수량	단가	공급가액	비고
8	02	굴비세트		90	100,000	9,000,000	

합계금액	현금	수표	어음	외상미수금	이 금액을 ◉ 영수 ○ 청구 함
9,000,000	2,000,000		7,000,000		

[3] 8월 03일 당사는 임가공 용역업체로 내국신용장에 의하여 아래의 전자영세율세금계산서를 교부하였다.

(적 색)

전자영세율세금계산서			(공급자 보관용)		승인번호	20160108-41000042-55746692		
공급자	등록번호	120-81-72054		공급받는자	등록번호	125-34-12324		
	상호	(주)한강	성 명(대표자) 임한강		상호	㈜세계	성 명(대표자)	이세계
	사업장 주소	서울 서초구 강남대로 475			사업장 주소	서울 서대문구 증가로 100		
	업태	제조, 도·소매업	종사업장번호		업태	제조, 도·소매업	종사업장번호	
	종목	전자제품			종목	전자제품		
	E-Mail	kyc@nate.com			E-Mail	kim@naver.com		

작성일자	20x1.8.03.	공급가액	11,000,000	세액	100,000

월	일	품목명	규격	수량	단가	공급가액	세액	비고
8	3	전자제품				11,000,000		

합계금액	현금	수표	어음	외상미수금	이 금액을 ○ 영수 ◉ 청구 함
11,000,000			5,000,000	6,000,000	

[4] 8월 04일 생산부에서 사용한 전화요금의 명세서를 보고 매입매출전표입력 메뉴에 입력하시오. 납부는 8월 25일에 납부할 예정이다(**해당 명세서는 전자세금계산서 기능이 있는 명세서임**).

20×1년 7월 명세서

- 금 액 : 88,500원
- 납 기 일 : 20x1년 8월 25일
- 작성일자 : 20x1년 8월 04일
- 공급자명 : (주)케이티
- 공급자 등록번호 : 122-81-14782
- 공급받는자 등록번호 : 120-81-72054
- 세금계산서 공급가액 : 80,455원
- 부가가치세 : 8,045원

[5] 8월 06일 영업부 직원의 야식대로 피자마루에 피자를 주문하고 현금영수증(지출증빙용)을 수취하였다.

** 현금영수증 **
(지출증빙용)

사업자등록번호 : 123-81-23421 이피자
사업자명 : 피자마루
단말기ID : 24453232(tel : 02-229-****)
가맹점주소 : 서울시 서대문구 충정로 70 (미근동)

현금영수증 회원번호
120-81-72054 (주)한강
승인번호 : 45457878(PK)
거래일시 : 20x1년 8월 06일

공 급 금 액 30,000원
부가세금액 3,000원
총 합 계 33,000원

휴대전화, 카드번호 등록
http://현금영수증.kr
국세청문의(126)
38036925-GCA10106-3870-U490
《《《《《이용해 주셔서 감사합니다.》》》》》

[6] 8월 05일 본사 사옥을 신축할 목적으로 건축물이 있는 토지를 구입하고 기존 건축물 철거와 관련하여 용역비용 2,000,000원(부가가치세 별도, 전자세금계산서 수취)을 (주)영산용역에게 보통예금 계좌에서 이체하였다.

[7] 8월 10일 제품을 판매하고 발급한 전자세금계산서이다. (주)한강은 부가가치세법상 월합계전자세금계산서를 매월 10일, 20일, 말일자를 작성일자로 하여 발행하고 있다.

(적 색)

전자세금계산서			(공급자 보관용)		승인번호	20160108-41000042-55746692	
공급자	등록번호	120-81-72054		공급받는자	등록번호	105-81-91237	
	상호	(주)한강	성 명(대표자) 임한강		상호	㈜상선전자	성 명(대표자) 이여수
	사업장 주소	서울 서초구 강남대로 475			사업장 주소	서울 서대문구 증가로 100	
	업태	제조, 도·소매업	종사업장번호		업태	제조,도매업	종사업장번호
	종목	전자제품			종목	전자제품	
	E-Mail	kyc@nate.com			E-Mail	lee@naver.com	

작성일자	20x1.8.10.	공급가액	3,000,000	세액	300,000

월	일	품목명	규격	수량	단가	공급가액	세액	비고
8	03	전자제품A				2,000,000	200,000	
8	09	전자제품B				1,000,000	100,000	

합계금액	현금	수표	어음	외상미수금	이 금액을 ◉ 영수 ○ 청구 함
3,300,000			1,300,000	2,000,000	

[8] 8월 08일 중국 지맨스사에 제품을 선적(공급가액 : $10,000)완료하였다. 대금수취와 관련해서는 8월 1일에 위 공급가액 중 계약금 명목으로 송금받은 $4,000(원화환전액 : 4,000,000원)은 동일자로 선수금계정에 반영하였으며, 나머지는 외상으로 하였다. 단, 선적일 현재 기준환율은 900원/1$이며, 회계처리시 수익의 인식은 부가가치세법상 공급시기에 따르며, 측정은 부가가치세법상 과세표준액으로 한다.

[9] 8월 09일 회사의 판매부 직원 홍진주의 결혼식에 사용할 축하화환을 110,000원에 아름다운꽃집에서 전자계산서를 발급받아 구입하고 외환은행 보통예금 계좌에서 이체하였다.

[10] 8월 10일 당사의 공장용 화물트럭이 원재료 운반도중 접촉사고가 발생하여 이를 수리한 뒤, 현대자동차로 부터 아래와 같은 내용의 전자세금계산서 1매를 교부받았고, 관련 대금은 다음달 말일에 지급할 예정이다.

(단위 : 원)

품 명	공급가액	세 액	합 계	비 고
엔진 교체	5,000,000원	500,000원	5,500,000원	자본적 지출
앞 유리 교체	300,000원	30,000원	330,000원	수익적 지출
앞 범퍼 교체	500,000원	50,000원	550,000원	〃
합 계	5,800,000원	580,000원	6,380,000원	

[11] 8월 11일 ㈜영산용역에 외상판매하였던 제품이 하자로 인하여 반품되어 전자세금계산서를 발급하다.(수량 5개, @100,000원, 부가가치세 별도). 대금은 외상판매대금과 상계처리하기로 하다.

[12] 8월 12일 ㈜세계의 매출실적이 당초 목표를 초과하여 당사와의 약정에 따라 판매장려금을 본사의 제품(원가 10,000,000원, 시가 13,000,000원)으로 제공하였다. 본 거래는 2기예정신고시 누락되었다. 2기 확정신고시에 반영되도록 입력하고, 계정과목은 판매촉진비로 처리하시오.

해답

[1]

유형	공급가액	세액	공급처	전자	분개
54(불공)-비영업용	50,000,000	5,000,000	울산세관	여	혼합

(차) 차량운반구 6,000,000 (대) 보 통 예 금 6,000,000

☞ 수입세금계산서가 불공제일 경우 54.불공을 선택한다. 그리고 수입세금계산서의 공급가액은 세관장이 관세와 부가가치세 등을 징수하기 위한 금액에 불과하다. 따라서 문제에서 부가가치세와 관세에 대해서만 회계처리하라고 한 것이다.

[2]

유형	공급가액	세액	공급처	전자	분개
53(면세)	9,000,000		강화수산	부	혼합

(차) 기업업무추진비(제) 9,000,000 (대) 현 금 2,000,000
미 지 급 금 7,000,000

[3]

유형	공급가액	세액	공급처	전자	분개
12(영세-3.내국신용장등)	11,000,000		㈜세계	여	혼합

(차) 받 을 어 음 5,000,000 (대) 제 품 매 출 11,000,000
외상매출금 6,000,000

[4]

유형	공급가액	세액	공급처	전자	분개
51(과세)	80,455	8,045	(주)케이티	여	혼합

(차) 통 신 비(제) 80,455 (대) 미 지 급 금 88,500
부가세대급금 8,045

[5]

유형	공급가액	세액	공급처	전자	분개
61(현과)	30,000	3,000	피자마루	-	현금

(차) 복리후생비(판) 30,000 (대) 현 금 33,000
부가세대급금 3,000

[6]

유형	공급가액	세액	공급처	전자	분개
54(불공) -토지자본적지출	2,000,000	200,000	(주)영산용역	여	혼합

(차) 토 지 2,200,000 (대) 보 통 예 금 2,200,000

☞ 건물 구입즉시 철거비용은 토지취득 관련 부대비용이므로 불공제처리한다.

[7]

유형	공급가액	세액	공급처	전자	분개
11(과세)복수거래	3,000,000	300,000	(주)상선전자	여	혼합

(차) 받 을 어 음 1,300,000 (대) 제 품 매 출 3,000,000
외상매출금 2,000,000 부가세예수금 300,000

[8]

유형	공급가액	세액	공급처	전자	분개
16(수출-1.직접수출)	9,400,000		지맨스	-	혼합

(차) 선 수 금 4,000,000 (대) 제 품 매 출 9,400,000
외상매출금 5,400,000

☞ 수출재화의 과세표준(부가가치세법상 수익인식시)

선수금 환가여부	과세표준(공급가액)				
1. 환가	4,000,000+$6,000×900원		=9,400,000원		
2. 미환가 (공급시기까지 외화 보유)	$10.000×900원		=9,000,000원		
	(차) 선수금	4,000,000	(대) 제품매출	9,000,000	
	외상매출금	5,400,000	외환차익	400,000	

[9]

유형	공급가액	세액	공급처	전자	분개
53(면세)	110,000		아름다운꽃집	여	혼합

(차) 복리후생비(판) 110,000 (대) 보 통 예 금 110,000

☞ 화환(꽃)은 면세이므로 계산서를 발급한 것이다. 기업업무추진관련이라해서 불공제를 선택하면 안된다.

[10]

유형	공급가액	세액	공급처	전자	분개
51(과세-복수거래)	5,800,000	580,000	현대자동차	여	혼합

(차) 차량운반구 5,000,000 (대) 미 지 급 금 6,380,000
차량유지비(제)* 800,000
부가세대급금 580,000

☞ 차량관련 수선비도 수선비로 회계처리해도 된다.

[11]

유형	공급가액	세액	공급처	전자	분개
11.과세	-500,000	-50,000	(주)영산용역	여	외상

(차) 외상매출금 -550,000 (대) 제 품 매 출 -500,000
부가세예수금 -50,000

[12] **예정신고누락분은 Shift + F5 를 클릭하여 확정신고 개시년월(10월)을 입력하여 확정신고에 반영한다.**

유형	공급가액	세액	공급처	분개
14(건별)	13,000,000	1,300,000	(주)세계	혼합

(차) 판매촉진비(판) 11,300,000 (대) 제품(타계정으로 대체) 10,000,000
부가세예수금 1,300,000

☞ 판매장려금의 경우 금전으로 지급하는 경우에는 재화의 공급에 해당하지 아니하며 현물로 지급하는 경우에는 사업상 증여이므로 현물의 시가를 과세표준에 포함한다.

5. 고정자산등록

자산계정과목	계정코드를 입력하거나 [...]를 클릭하여 해당코드를 선택한다.
자산코드, 취득년월일	주어진대로 입력한다.
상각방법	정액법/정률법중 하나를 선택한다.
기초가액	자산의 **취득원가를 입력**한다. **당기에 신규 취득한 자산은 기초가액에 입력하지 않고 [4.당기중 취득 및 당기증가(+)]란에 입력**하여야 한다.
전기말상각누계액	자산의 전기말 감가상각누계액을 입력한다.
전기말장부가액	자동반영된다.(즉 기초가액 – 전기말상각누계액이다)
내용연수	해당내용년수를 입력하면 상각율은 자동반영된다.
상각범위액	자동계산된다.
회사계상액	자동 계산도나, **[사용자수정]을 클릭하면 회사계상상각비를 수정할 수 있다.**
경비구분	제조경비는 500번대, 판매비와 관리비는 800번대를 선택한다.
업종	업종을 클릭하여 해당 업종코드를 입력한다.

제3절 결산

회사의 특성상 자주 사용하는 계정과목이나 적요가 필요한데, 계정과목이나 적요를 추가로 등록하거나 수정할 수 있다.

1. 결산자료 입력

수동결산 (12월 31일 일반전표 입력)	1. **퇴직급여충당부채환입(판)과 대손충당금 환입(판), 재고자산 비정상감모손실(영 · 비)**은 반드시 수동결산으로 입력한다. 2. 문제에서 결차, 결대로 입력하라고 제시했으면 반드시 결차, 결대를 사용하여 수동결산을 입력한다.
자동결산 (결산자료 입력)	1. 재고자산의 기말재고액(상품, 제품, 원재료, 재공품) 2. 유무형자산의 상각비 3. 퇴직급여충당부채 당기 전입액 4. 채권에 대한 대손상각비(보충법) 5. 법인세계상(맨 마지막에 입력한다.) ☞ ② ③ ④ ⑤는 수동결산도 가능하다.
순서	수동결산 → 자동결산

◆ 자동결산입력방법

F4(원가설정)

제품매출원가를 선택한다.

매출원가 및 경비선택

사용여부	매출원가코드 및 계정과목		원가경비		화면
여	0455	제품매출원가	1	0500번대	제조
부	0452	도급공사매출원가	2	0600번대	도급
부	0457	보관매출원가	3	0650번대	보관
부	0453	분양공사매출원가	4	0700번대	분양
부	0458	운송매출원가	5	0750번대	운송

F7(감가상각)

㉠ 고정자산 등록된 자산에 한해서 감가상각비가 자동계산되어진다.
하단의 결산반영을 클릭하면 자동적으로 결산반영금액에 입력된다.

㉡ 추가설정액에 금액을 직접 입력하여 결산반영해도 된다.

감가상각

코드	계정과목명	경비구분	고정자산등록 감가상각비	감가상각비 감가상각비X(조회기간월수/내용월수)	결산반영금액
020200	건물	판관	2,500,000	2,500,000	2,500,000
020600	기계장치	제조	5,772,800	5,772,800	5,772,800
	감가상각비(제조)합계		5,772,800	5,772,800	5,772,800
	감가상각비(판관)합계		2,500,000	2,500,000	2,500,000

F8(대손상각)

㉠ 대손율을 입력하면 자동적으로 추가설정액이 계산되어진다.

㉡ 추가설정액에 금액을 직접 입력하여 결산반영해도 된다.

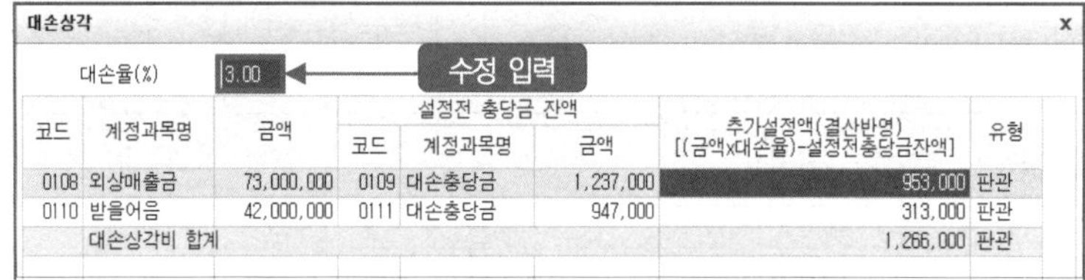

대손상각

대손율(%) 3.00

코드	계정과목명	금액	설정전 충당금 잔액 코드	계정과목명	금액	추가설정액(결산반영) [(금액x대손율)-설정전충당금잔액]	유형
0108	외상매출금	73,000,000	0109	대손충당금	1,237,000	953,000	판관
0110	받을어음	42,000,000	0111	대손충당금	947,000	313,000	판관
	대손상각비 합계					1,266,000	판관

Ctrl F8(퇴직충당)

퇴직급여추계액을 원가귀속별(제조경비,판관비)로 입력하면 자동적으로 추가설정액이 계산되어진다. 하단의 결산반영을 클릭하면 자동적으로 결산반영금액에 입력된다.

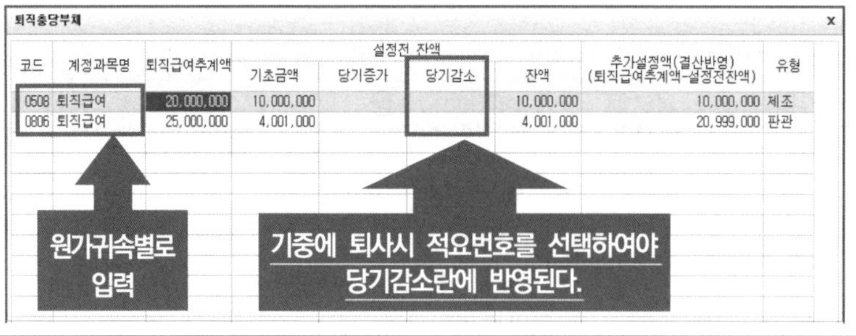

퇴직충당부채

코드	계정과목명	퇴직급여추계액	설정전 잔액 기초금액	당기증가	당기감소	잔액	추가설정액(결산반영) (퇴직급여추계액-설정전잔액)	유형
0508	퇴직급여	20,000,000	10,000,000			10,000,000	10,000,000	제조
0806	퇴직급여	25,000,000	4,001,000			4,001,000	20,999,000	판관

<table>
<tr><td>직접입력항목
(기말재고자산,
선납세금 등)</td><td><u>대손상각비, (감가)상각비, 퇴직급여충당부채는 결산반영금액에 직접 입력해도 된다.</u>
㉠ 기말재고자산입력
상품, 원재료, 재공품, 제품의 기말재고액을 입력한다.
㉡ 법인세등 설정
선납세금을 결산반영금액에 입력하고 추가계상액을 입력하면 된다.
<table>
<tr><td></td><td>8. 법인세차감전이익</td><td></td><td>-5,970,000</td><td>-9,538,800</td><td>-15,508,800</td></tr>
<tr><td>0998</td><td>9. 법인세등</td><td>3,000,000</td><td></td><td>3,000,000</td><td>3,000,000</td></tr>
<tr><td>0136</td><td>1). 선납세금</td><td></td><td>1,000,000</td><td>1,000,000</td><td>1,000,000</td></tr>
<tr><td>0998</td><td>2). 추가계상액</td><td>3,000,000</td><td></td><td>2,000,000</td><td>2,000,000</td></tr>
</table>
선납세금과
추가계상액 입력</td></tr>
<tr><td>F3(전표추가)</td><td>㉠ 결산분개를 자동으로 반영합니다.
㉡ 12/31일 일반전표를 조회하면 결산분개가 반영된 것을 확인</td></tr>
<tr><td>자동결산 수정</td><td>일반전표 입력 상단의 SF5 일괄삭제및기타 ▽를 삭제하고 결산자료입력에서 다시 입력 후 <u>F3(전표추가)</u>를 하면 된다.</td></tr>
</table>

2. 재무제표 확정

<u>제조원가명세서 → 손익계산서 → 잉여금처분계산서 → 재무상태표</u>
☞ 각 재무제표를 조회 후 Esc**<u>(종료)</u>**로 종료하면 확정된다.

(1) 제조원가명세서 → 손익계산서 조회 후 종료하면 자동 확정된다.

(2) 이익잉여금처분계산서

손익계산서를 확정하면 이익잉여금처분계산서에 당기순이익이 자동반영된다. **<u>당기/전기</u> 처분확정일(주주총회일)을 입력**하고 이익잉여금 처분액(처분예정액)을 해당란에 입력한다.

그리고 상단의 **F6(전표추가)를 클릭**하면 12월 31일 일반전표에 반영한다.

해당 라인에 커서를 위치하고 F4(칸추가)를 하면 과목을 입력할 수 있는 칸이 추가된다.

당기처분예정일: 년 월 일 전기처분확정일: 년 월 일

과목	계정과목명		제 (당)기 20X1년01월01일~20X1년12월31일 제 기(당기) 금액		제 (전)기 20X0년01월01일~20X0년12월31일 제 기(전기) 금액	
Ⅰ.미처분이익잉여금				33,800,000		31,000,000
1.전기이월미처분이익잉여금			25,000,000		11,000,000	
2.회계변경의 누적효과	0369	회계변경의누적효과				
3.전기오류수정이익	0370	전기오류수정이익				
4.전기오류수정손실	0371	전기오류수정손실				
5.중간배당금	0372	중간배당금				
6.당기순이익			8,800,000		20,000,000	
Ⅱ.임의적립금 등의 이입액						5,000,000

(3) 재무상태표 : [재무상태표]를 조회한 후 Esc(종료)로 종료한 후 재무상태표를 확정한다.

전산세무 2급 시험에서는 결산자료만 입력하고,
별도 언급이 없으면 재무제표를 확정하실 필요가 없습니다.

<예제> 결산자료입력

(주)영산(2002)의 거래내용은 다음과 같다. 결산전표를 입력하시오.

[1] 당기말 현재까지 사무실임차료로 미지급된 금액이 2,000,000원이 있는데 회계처리는 하지 않았다. 지급기일은 내년도 1월 31일이다.

[2] 12월분(지급기한 : 말일) 임차료에 대하여 기말현재 경과된 기간에 대한 임차료 미지급분 2,500,000원(공장분 1,500,000원, 본사사무실분 1,000,000원)이 있다.

[3] 법인세(지방소득세 포함)가 15,200,000원이다.

[4] 기말재고자산의 내역은 다음과 같다.

내 역	실사금액(원)	장부금액(원)	금액 차이 원인
상 품	29,000,000원	29,000,000원	
원재료	8,500,000원	9,300,000원	비정상감모
재공품	3,000,000원	3,000,000원	-
제 품	12,000,000원	12,500,000원	정상감모

※ 회사는 실지재고조사법에 의하여 재고수량을 파악하고 있으며, 상기 상품 금액에는 선적지인도조건에 의해 구입하였으나 기말 현재 운송 중인 2,000,000원을 제외시켰다.

[5] 유형자산내역은 다음과 같다. 고정자산등록메뉴에 등록하고 결산정리사항에 입력하시오.

계정과목	코드	품명	취득일	취득가액	전기말감가상각누계액	상각방법	내용연수	업종코드	용도
기계장치	10	연마기	2015.2.20	25,000,000원	3,000,000원	정률법	8	13	생산설비

[6] 퇴직급여추계액은 다음과 같다. 퇴직급여충당부채는 퇴직급여추계액의 100%를 설정한다.

구 분	인원	퇴직급여추계액	기설정된 퇴직급여충당부채
생산직	70	30,000,000원	3,000,000원
사무직	120	50,000,000원	7,000,000원

[7] 당사는 매출채권(당좌자산)은 1% 미수금은 0.5%를 보충법으로 대손충당금을 설정하기로 한다.

[8] 당기 이익잉여금에 대한 처분내역은 다음과 같다.

(1) 당기처분예정일 : 20X2년 2월 28일, 전기처분확정일 : 20X1년 2월 28일

(2) 임의적립금등의 이입액

- 배당평균적립금 10,000,000원

(3) 이익잉여금 처분액

① 현금배당금 : 5,000,000원 ② 주식배당금 : 3,000,000원

③ 이익준비금 : 현금배당액의 10% ④ 사업확장적립금 : 300,000원

해답

결산자료입력문제는 먼저 수동결산항목, 자동결산항목을 먼저 체크하고, 수동결산항목을 먼저 입력하고, 최종적으로 자동결산항목을 입력한다.

[1] (수동결산)

(차) 임 차 료(판) 2,000,000 (대) 미지급비용 2,000,000

[2] (수동결산)

(차) 임 차 료(판) 1,000,000 (대) 미 지 급 금 2,500,000
임 차 료(제조) 1,500,000

[3] (자동결산 – 법인세등입력)

	8. 법인세차감전이익		47,347,500		47,347,500
0998	9. 법인세등			15,200,000	15,200,000
0136	1). 선납세금		300,000	300,000	300,000
0998	2). 추가계상액			14,900,000	14,900,000

[또는 12월 31일자 일반전표에 입력해도 됩니다.]

(차) 법 인 세 등 15,200,000 (대) 선 납 세 금 300,000
미지급세금 14,900,000

[4] (수동결산)

(차) 재고자산감모손실 800,000 (대) 원 재 료 800,000
(적요8.타계정으로 대체)

(자동결산)

상품 31,000,000 (운송 중인 상품 2,000,000원 포함)

원재료 8,500,000 재공품 3,000,000 제 품 12,000,000

[5] (자동결산)

고정자산 등록 후 결산자료입력 메뉴에서 F7(감가상각)을 선택하면 등록된 고정자산의 감가상각비가 자동 반영되고, 하단의 결산반영을 클릭하여 결산에 반영한다.

코드	계정과목명	경비구분	고정자산등록 감가상각비	감가상각비 감가상각비X(조회기간월수/내용월수)	결산반영금액
020600	기계장치	제조	6,886,000	6,886,000	6,886,000
020800	차량운반구	판관			
	감가상각비(제조)합계		6,886,000	6,886,000	6,886,000
	감가상각비(판관)합계				

[또는 12월 31일자 일반전표에 입력해도 됩니다.]

(차) 감가상각비(제) 6,886,000 (대) 감가상각누계액(기계) 6,886,000

[6] (자동결산) 퇴직급여

CF8 퇴직충당을 선택하여 퇴직급여추계액을 입력하면 자동계산된 퇴직급여를 결산에 반영하거나, 결산반영 금액에 직접 입력해도 된다.

코드	계정과목명	퇴직급여추계액	설정전 잔액				추가설정액(결산반영) (퇴직급여추계액-설정전잔액)	유형
			기초금액	당기증가	당기감소	잔액		
0508	퇴직급여	30,000,000	3,000,000			3,000,000	27,000,000	제조
0806	퇴직급여	50,000,000	7,000,000			7,000,000	43,000,000	판관

[또는 2월 31일자 일반전표에 입력해도 됩니다.]

(차) 퇴 직 급 여(제) 27,000,000 (대) 퇴직급여충당부채 70,000,000
퇴 직 급 여(판) 43,000,000

[7] (자동결산) 대손상각비입력

F8(대손상각)을 선택하여 대손율을 1%입력하면 당기대손상각비가 자동계산되어지고, 미수금은 0.5%이므로 계산하여 직접 입력한다. 결산반영금액에 직접 입력해도 된다.

대손상각

대손율(%) 1.00

코드	계정과목명	금액	설정전 충당금 잔액			추가설정액(결산반영) [(금액x대손율)-설정전충당금잔액]	유형
			코드	계정과목명	금액		
0108	외상매출금	182,190,000	0109	대손충당금	630,000	1,191,900	판관
0110	받을어음	112,000,000	0111	대손충당금	350,000	770,000	판관
0235	장기외상매출금	330,000	0237	대손충당금			판관
0114	단기대여금	10,000,000	0115	대손충당금			영업외
0120	미수금	5,000,000	0121	대손충당금		25,000	영업외
	대손상각비 합계					1,961,900	판관
	기타의 대손상각비					25,000	영업외

[또는 12월 31일자 일반전표에 입력해도 됩니다.]

(차)	대손상각비(판)	1,961,900	(대)	대손충당금(외상)	1,191,900
				대손충당금(받을)	770,000
	기타의대손상각비(영)	25,000		대손충당금(미수)	25,000

☞ 실습시 상기금액이 안나오더라도, 매출채권 잔액의 1% 미수금의 0.5%가 대손충당금으로 설정되었으면 모두 정답처리 됩니다.

☞ 자동결산항목을 모두 입력하고 상단 메뉴에서 F3(전표추가)를 클릭하여 자동결산을 끝낸다.

[8] [이익잉여금처분계산서]

제조원가명세서(12월) → 손익계산서(12월) 조회후 이익잉여금처분계산서에 다음 사항을 입력 후 전표추가한다.

당기처분예정일 : 20x2년 2월 28일, 전기처분확정일 : 20x1년 2월 28일

II.임의적립금 등의 이입액				10,000,000
1.배당평균적립금	0358	배당평균적립금	10,000,000	
2.				
합계				10,000,000
III.이익잉여금처분액				8,800,000
1.이익준비금	0351	이익준비금	500,000	
2.재무구조개선적립금	0354	재무구조개선적립금		
3.주식할인발행차금상각액	0381	주식할인발행차금		
4.배당금			8,000,000	
가.현금배당	0265	미지급배당금	5,000,000	
주당배당금(률)		보통주		
		우선주		
나.주식배당	0387	미교부주식배당금	3,000,000	
주당배당금(률)		보통주		
		우선주		
5.사업확장적립금	0356	사업확장적립금	300,000	
6.감채적립금	0357	감채적립금		
7.배당평균적립금	0358	배당평균적립금		

Chapter

부가가치세 실무능력 2

로그인 에센스 전산세무 2급

전산세무2급에서 출제되는 주요 서식을 보면 다음과 같다.

1. 신고서(★★★★★) (제일 중요하고 핵심임)	-부가가치세 예정신고, 확정신고서 -예정신고 누락분에 대한 수정신고(가산세 계산) -확정신고에 대한 수정신고(가산세 계산)
2. 신용카드매출전표발행집계표	개인사업자의 경우 신용카드매출전표 등을 발행시 **발행금액(공급대가)**의 일정율을 세액공제해 준다.
3. 부동산임대공급가액명세서	부동산임대업을 영위하는 사업자의 필수명세서
4. 의제매입세액공제신고서	**면세농산물 등을 가공 후 과세재화로 공급**시 일정액을 매입세액으로 공제해주고 있다.
5. 대손세액공제신고서 (대손변제세액신고서)	대손세액공제신고서는 대손이 확정된 과세기간의 **확정신고시에만 공제**해 준다.
6. 매입세액불공제내역	일반적인 불공제 매입세액과 겸영사업자의 매입세액을 안분계산하여 매입세액불공제내역을 작성한다.
7. 수출실적명세서	외국으로 재화를 직접 수출하여 영세율 적용시 작성한다.
8. 신용카드매출전표등 수령명세서(갑)	일반과세자로부터 신용카드매출전표 등을 수령시 매입세액으로 공제해 준다.
9. 건물등감가상각자산취득명세서	조기환급을 받고자 하는 경우에 제출하는 부속서류
10. 전자신고	**부가가치세 신고서를 국세청 홈택스로 신고**

서식을 입력하고 반드시 상단의 저장을 하고 나오셔야 합니다.

제1절 신용카드매출전표등 발행금액집계표

부가가치세가 과세되는 재화 또는 용역을 공급하고 세금계산서의 발급시기에 여신전문금융업법에 의한 신용카드매출전표 등을 발급하거나, 대통령이 정하는 전자적 결제수단에 의하여 대금을 결제받는 경우 및 현금영수증을 발행하는 경우에는 그 발행금액 또는 결제금액의 1.3% 에 상당하는 금액을 납부세액(가산세 제외)을 한도로 공제한다.(연간 10백만원 한도)

[매입매출전표]에서 17:카과 18:카면 22:현과등으로 입력된 내용이 자동으로 반영되며, 신용카드 매출건수 및 발급금액이 집계되어 표시된다.

〈주요입력 항목〉

조회기간	신고 대상기간을 입력한다.
입력	F4(새로불러오기)를 클릭하면 다음과 같은 대화상자가 나타나며, 예를 선택하면 매입매출전표에 입력된 데이터를 새로 불러올 수 있고, 직접 입력도 가능하다. ***직접입력시에는 공급대가로 입력해야 한다.*** 기존 자료를 삭제하고 전표자료에서 새로 불러오시겠습니까? 예(Y) 아니오(N)
기타	(1) 신용카드매출전표 등 발행금액현황 과세매출분은 **공급대가로 입력**한다. 면세매출분은 공급가액을 입력한다. (2) 신용카드매출전표 등 발행금액 중 세금계산서(계산서) 교부내역 과세매출분 중 **세금계산서를 발행한 금액(공급대가)과 면세매출분 중 계산서를 발행한 금액**을 입력한다.

example **예제 따라하기** 신용카드매출전표 등 발행금액집계표

(주)낙동(2003)를 선택하여 다음의 사항을 입력하시오.

1. 다음 거래를 매입매출전표에 입력하시오.
   ① 6월 23일 : 비사업자인 김기수에게 제품을 2,200,000원을 판매하고 당사가 가맹된 현금영수증을 발행하였다.
   ② 6월 25일 : (주)설악전기에 제품을 3,000,000원(부가가치세 별도)에 외상판매하고 전자세금계산서를 발행하여 주었다. 그러나 하루 뒤에 (주)설악전기의 자금부족으로 대금 전액을 비씨카드로 결제받고 신용카드매출전표를 발행하여 주었다(6월 25일 1장의 매입매출전표로 회계처리하시오).

2. 다음 자료를 추가 반영하여 신용카드매출전표발행집계표를 작성하고, 1기 확정부가가치세 신고서에 반영하시오. **추가반영자료는 매입매출전표에 입력하지 마시오.**

6월 30일 : (주)지리전자에게 제품을 1,100,000원(공급대가)을 판매하고 대금 전액을 비씨카드에 의해 결제하고 신용카드매출전표를 발행하였다.

해답

1. 매입매출전표입력

①

일자	유형	공급가액	세액	공급처	분개
06.23	22.현과	2,000,000	200,000	김기수	현금

(차) 현　　금　2,200,000　(대) 제 품 매 출　2,000,000
부가세예수금　200,000

②

일자	유형	공급가액	세액	공급처	전자	분개
06.25	11.과세	3,000,000	300,000	(주)설악전기	1.여	**카드**

(차) 외상매출금 (비씨카드)　3,300,000　(대) 제 품 매 출　3,000,000
부가세예수금　300,000

☞ 분개유형을 "카드"로 선택하면 신용카드매출전표발행금액집계표에 자동반영된다.

2. 신용카드매출전표발행금액집계표(4월~6월)

① 조회기간을 입력하면 자동으로 매입매출전표에 입력한 것을 불러오나, F4(새로불러오기)를 클릭하여 입력한 데이터를 새로 불러 올 수 도 있다.

2. 신용카드매출전표 등 발행금액 현황

구 분	합 계	신용 · 직불 · 기명식 선불카드	현금영수증	직불전자지급 수단 및 기명식선불 전자지급수단
합　계	5,500,000	3,300,000	2,200,000	
과세 매출분	5,500,000	3,300,000	2,200,000	
면세 매출분				
봉 사 료				

3. 신용카드매출전표 등 발행금액중 세금계산서 교부내역

세금계산서발급금액		계산서발급금액	

② (주)지리전자의 신용카드발행금액(공급대가) 1,100,000원을 신용.직불카드.기명식선불카드(과세매출분 3,300,000원)에 가산하여 직접 입력한다.

□➔ 2. 신용카드매출전표 등 발행금액 현황

구 분	합 계	신용 · 직불 · 기명식 선불카드	현금영수증	직불전자지급 수단 및 기명식선불 전자지급수단
합 계	6,600,000	4,400,000	2,200,000	
과세 매출분	6,600,000	4,400,000	2,200,000	
면세 매출분				
봉 사 료				

가산하여 직접 입력

□➔ 3. 신용카드매출전표 등 발행금액중 세금계산서 교부내역

세금계산서발급금액	3,300,000	계산서발급금액	

3. 1기 확정부가가치세 신고서(4~6월)

매입매출전표에 입력한 것은 신고서에 반영되나, 미입력분(추가반영자료)을 직접 입력(신용카드 · 현금영수증 : 과세표준 1,000,000원 세액 100,000원–(주)지리전자)한다.

신용카드 매출전표등 발행공제 19에 2,200,000원에서 3,300,000원으로 수정하여 직접 입력한다.

반드시 상단의 F7(저장)를 클릭하여 부가가치세신고서를 저장하고 나온다.

구분				정기신고금액 금액	세율	세액
과세표준및매출세액	과세	세금계산서발급분	1	3,000,000	10/100	300,000
		매입자발행세금계산서	2		10/100	
		신용카드 · 현금영수증발행분	3	3,000,000	10/100	300,000
		기타(정규영수증외매출분)	4			
	영세	세금계산서발급분	5		0/100	
		기타	6		0/100	
	예정신고누락분		7			
	대손세액가감		8			
	합계		9	6,000,000	㉮	
매입세액	세금계산서 수취분	일반매입	10			
		수출기업수입분납부유예	10			
		고정자산매입	11			
	예정신고누락분		12			
	매입자발행세금계산서		13			
	그 밖의 공제매입세액		14			
	합계(10)-(10-1)+(11)+(12)+(13)+(14)		15			
	공제받지못할매입세액		16			
	차감계 (15-16)		17		㉯	
납부(환급)세액(매출세액㉮-매입세액㉯)					㉰	600,000
경감공제세액	그 밖의 경감 · 공제세액		18			
	신용카드매출전표등 발행공제등		19	3,300,000		
	합계		20		㉱	
예정신고미환급세액			21		㉲	
예정고지세액			22		㉳	
사업양수자의 대리납부 기납부세액			23		㉴	
매입자 납부특례 기납부세액			24		㉵	
신용카드업자의 대리납부 기납부세액			25		㉶	
가산세액계			26		㉷	
차감.가감하여 납부할세액(환급받을세액)(㉰-㉱-㉲-㉳-㉴-㉵-㉶+㉷)					27	600,000
총괄납부사업자가 납부할 세액(환급받을 세액)						

직접입력

19.신용카드매출전표등 발행공제등은 발행가액(공급대가)을 입력한다.

☞ 신용카드매출전표 발행세액공제는 개인사업자만 대상이나 전산세무시험의 경우 법인도 입력을 요구하는 경우가 있으므로 입력하도록 하십시오.

부가세 신고서 작성시 상단의 CF11(작성방법 켜기)를 클릭하면 신고서 작성요령이 간략히게 나오므로 신고서 작성시 참고바란다.

제2절 부동산임대공급가액명세서

사업자가 부동산임대용역을 공급하고 전세금 또는 임대보증금을 받는 경우에는 금전외의 대가를 받는 것으로 보아 간주임대료에 대하여 부가가치세를 부담하여야 한다.

간주임대료에 대한 부가가치세는 임대인과 임차인의 약정에 의하여 부담할 수 있으며, 이러한 **부가가치세는 부담하는 자의 세금과공과금(비용)으로 처리한다.**

〈주요입력 항목〉

임대건물 현황	① 동/층/호수 : 임대한 건물의 동, 층수(지상은 1, 2로 지하는 B1)와 호수를 입력한다. ② 상호(성명) : 임차인의 상호 또는 성명을 F2를 이용하거나 코드가 없을 경우 직접 입력한다.
임대차계약내용	① 사업(주민)등록번호 : 임차인의 사업자등록번호(비사업자인 경우에는 주민등록번호)를 입력한다. ② 면적 : 임대면적을 평방미터로 입력한다. ③ 용도 : 임차인이 사용하고 있는 용도를 입력한다. ④ 임대기간 : 임대한 전체 임대기간을 입력한다. **임대기간에 따라서 과세대상기간의 일수가 자동계산되므로 정확하게 입력하여야 한다.** ⑤ 계약내용 : 보증금, 월세, 관리비의 각 해당 금액을 입력한다. ⑥ 정기예금이자율 : **상단의 F6(이자율)을 클릭하여 수정하면 된다.**

example 예제 따라하기 부동산임대공급가액명세서

(주)낙동(2003)를 선택하여 다음의 사항을 입력하시오.

1. 다음 자료에 의하여 부동산임대공급가액명세서(1기 예정)를 작성하고, 간주임대료에 대해서만 제1기 예정부가가치세신고서에 추가 반영하시오.
   ① 월세와 관리비는 정상적으로 세금계산서가 발급되어 처리되었다고 가정한다.

② 부동산 임대현황(103동)

층별	호수	상호	사업자 등록번호	면적(㎡)	용도	계약내용(월)			관리비(원)
						임대기간	보증금(원)	월세(원)	
지하 1층	001	속리가든	210-39-84214	250	식당	2025.02.01~2027.01.31	50,000,000	200,000	100,000
1층	101	클린청소	502-12-84566	100	사무실	2024.02.01. ~ 2026.01.31	10,000,000	200,000	100,000
						2026.02.01. ~ 2028.01.31	15,000,000	200,000	100,000

③ <u>정기예금이자율은 3%로 가정</u>한다.

2. 간주임대료에 대한 부가가치세는 임대인이 부담하기로 하였다. 3월 31일자로 일반전표에 회계처리하시오.

해답

1. 정기예금이자율 확인 및 수정

–상단의 F6(이자율)을 클릭하여 **정기예금이자율 3%**인지 확인하고 상이하면 수정한다.

–상단의 [일수 확인]을 클릭하면 일수가 세팅되어 있다.(교육용은 수정불가)

2. 부동산임대공급가액명세서(1월~3월; 1기 예정) 입력

① 속리가든(F2를 이용하여 상호 입력, 층은 B1)

No	코드	거래처명(임차인)	동	층	호
1	5101	속리가든	103	B1	001
2		클린청소	103	1	101
3					

등록사항

1.사업자등록번호 210-39-84214 2.주민등록번호 ______-_______

3.면적(㎡) 250.00 ㎡ 4.용도 식당

5.임대기간에 따른 계약 내용

No	계약갱신일	임대기간		
1		2025-02-01	~	2027-01-31

6.계 약 내 용	금 액	당해과세기간계
보 증 금	50,000,000	50,000,000
월 세	200,000	600,000
관 리 비	100,000	300,000
7.간주 임대료	369,863	369,863 (90 일)
8.과 세 표 준	669,863	1,269,863

소 계			
월 세	600,000	관 리 비	300,000
간주임대료	369,863	과 세 표 준	1,269,863

② 클린청소(상호, 사업자등록번호 직접입력)

〈계약갱신전〉

No	계약갱신일	임대기간		
1		2024-02-01	~	2026-01-31

6.계 약 내 용	금 액	당해과세기간계	
보 증 금	10,000,000	10,000,000	
월 세	200,000	200,000	
관 리 비	100,000	100,000	
7.간주 임대료	25,479	25,479	31 일
8.과 세 표 준	325,479	325,479	

〈계약갱신후(계약갱신일 20x1.02.01)〉

No	계약갱신일	임대기간		
1		2024-02-01	~	2026-01-31
2	2026-02-01	2026-02-01	~	2028-01-31
3				

6.계 약 내 용	금 액	당해과세기간계	
보 증 금	15,000,000	15,000,000	
월 세	200,000	400,000	
관 리 비	100,000	200,000	
7.간주 임대료	72,739	72,739	59 일
8.과 세 표 준	372,739	672,739	

③ 최종부동산임대공급가액명세서(1~3월)

No	코드	거래처명(임차인)	동	층	호
1	5101	속리가든	103	B1	001
2		클린청소	103	1	101
3					

등록사항

1.사업자등록번호 502-12-84566 2.주민등록번호 ______-_______

3.면적(㎡) 100.00 ㎡ 4.용도 사무실

5.임대기간에 따른 계약 내용

No	계약갱신일	임대기간		
1		2024-02-01	~	2026-01-31
2	2026-02-01	2026-02-01	~	2028-01-31
3				

6.계 약 내 용	금 액	당해과세기간계	
보 증 금	15,000,000	15,000,000	
월 세	200,000	400,000	
관 리 비	100,000	200,000	
7.간주 임대료	72,739	72,739	59 일
8.과 세 표 준	372,739	672,739	

소 계			
월 세	600,000	관 리 비	300,000
간주임대료	98,218	과 세 표 준	998,218

전 체 합 계					
월세등	1,800,000	간주임대료	468,081	과세표준(계)	2,268,081

<u>반드시 입력된 자료를 확인 후 F11저장하고 나온다.</u>

3. 1기예정부가가치세 신고서(1~3월) 직접입력

구분				금액	세율	세액
과세표준및매	과세	세금계산서발급분	1		10/100	
		매입자발행세금계산서	2		10/100	
		신용카드 · 현금영수증발행분	3		10/100	
		기타(정규영수증외매출분)	4	468,081		46,808
	영	세금계산서발급분	5		0/100	

<u>반드시 입력된 자료를 F7(저장)하고 나온다.</u>

4. 3월 31일 일반전표입력

(차) 세금과공과(판) 46,808 (대) 부가세예수금 46,808

☞ <u>매입매출전표입력(유형 : 건별)시 부가가치세 신고서에 자동반영된다.</u>

일자	유형	공급가액	세액	공급처	분개
03.31	14.건별	468,081	46,808	–	혼합
(차)	세금과공과(판)	46,808	(대)	부가세예수금	46,808

제3절 영세율첨부서류제출명세서 및 내국신용장 전자발급명세서

사업자는 영세율이 적용되는 경우 수출실적명세서 또는 수출계약서사본, 내국신용장이나 구매확인서사본, 외화입금증명서 등을 첨부하여 제출하여야 한다.

〈영세율첨부명세서 - 주요입력 항목〉

① 서류명, 발급자, 발급일자를 입력한다.	② 선적일자를 입력한다.
③ 통화코드는 F2를 이용하여 입력한다.	④ 환율은 기준환율 또는 재정환율을 입력한다.

제4절 수출실적명세서

사업자가 외국으로 재화를 직접 수출하는 경우 작성한다.

〈주요입력 항목〉

수출재화	외국으로 직접 수출하는 재화의 총건수, 외화금액 합계, 원화금액의 합계로 하단에 입력한 자료가 자동집계된다.
기타영세율적용	**수출하는 재화 이외의 영세율적용분(국외제공용역 등)으로 세금계산서를 발급하지 않는 건에 대한 총건수, 외화금액 합계, 원화금액의 합계를 입력한다.**
수출신고번호	수출신고서의 신고번호를 입력한다.
선(기)적 일자 및 통화코드	통화코드는 기능키 F2를 누르면 외국통화를 도움 받을 수 있다.
환율 및 외화	수출재화의 **선적일자에 해당하는 기준환율 또는 재정환율을 입력**한다. **다만, 선적일 전에 환가한 경우에는 환가한 날의 환율을 입력한다.** 수출물품의 인도조건에 따라 지급받은 외화금액을 입력하면 원화는 자동계산된다.

example 예제 따라하기 **수출실적명세서**

(주)낙동(2003)를 선택하여 다음의 자료를 토대로 1기 예정신고시 수출실적명세서를 작성하시오.

[자료 1] 다음은 국외제공용역에 해당한다.

상대국	공급시기	환전일	수출액	적용환율	
				선적(공급)시 기준환율	환전시적용환율
독일	01.22	02.22	$1,000	1,250원/$	1,240원/$

[자료 2] (1) 수출신고필증

제출번호 99999-99-9999999 ①신 고 자 강남 관세사	⑤신고번호 020-15-06-0138408-6	⑥신고일자 20x1/01/20	⑦신고구분 H	⑧C/S구분
②수 출 자 (주)낙동 부호 99999999 수출자구분 (B) 위 탁 자 (주소) (대표자) (통관고유부호) (주)낙동 1-97-1-01-9 (사업자등록번호) 120-81-23873		⑨거래구분 11	⑩종류 A	⑪결제방법 TT
		⑫목적국 JP JAPAN	⑬적재항 ICN 인천공항	
		⑭운송형태 40 ETC	⑮검사방법선택 A 검사희망일 20x1/01/20	
		⑯물품소재지		
③제 조 자 (통관고유부호) 제조장소 산업단지부호		⑰L/C번호	⑱물품상태	
		⑲사전임시개청 통보여부	⑳반송사유	
④구 매 자 (구매자부호)		㉑환급신청인(1 : 수출/위탁자, 2 : 제조자) 간이환급 ㉒환급기관		

• 품명 · 규격 (란번호/총란수 : 999/999)

㉓품 명 ㉔거래품명				㉕상표명			
㉖모델 · 규격			㉗성분	㉘수량	㉙단가(USD)	㉚금액(USD)	
				1(EA)	10,000	10,000	
㉛세번부호	9999.99-9999	㉜순중량	㉝수량		㉞신고가격(FOB)	$ 10,000 ₩10,000,000	
㉟송품장부호		㊱수입신고번호		㊲원산지	㊳포장갯수(종류)		
㊴총중량		㊵총포장갯수		㊶총신고가격 (FOB)	$ 10,000 ₩10,000,000		
㊷운임(₩)		㊸보험료(₩)		㊹결제금액	*CFR-$ 11,000*		
㊺수입화물 관리번호				㊻컨테이너번호			
㊼수출요건확인 (발급서류명)							
※신고인기재란			㊽세관기재란				
㊾운송(신고)인 ㊿기간 YYYY/MM/DD부터 YYYY/MM/DD까지			(51)신고 수리일자	20x1/01/20	(52)적재 의무기한	20x1/02/20	

(2) 추가자료

① B/L(선하증권) 상의 <u>선적일자는 20x1년 2월 1일</u>이다.

② (주)낙동은 지맨스사의 수출대금으로 미화(통화코드 USD) $11,000를 결제받기로 계약하였다.

③ 2월 01일의 기준환율은 $1당 1,150원이다.

☞ 결제금액 CFR은 판매인이 목적지까지 계약물품을 운송하는데 필요한 비용과 운임을 지급하는 조건이다.

해답 수출실적명세서(1~3월)-해당란에 직접 입력한다.

구분	건수	외화금액	원화금액	비고
⑨합계	2	12,000.00	13,900,000	
⑩수출재화[=⑫합계]	1	11,000.00	12,650,000	
⑪기타영세율적용	1	1,000.00	1,250,000	

	□	(13)수출신고번호	(14)선(기)적일자	(15)통화코드	(16)환율	금액		전표정보	
						(17)외화	(18)원화	거래처코드	거래처명
1	□	020-15-06-0138408-6	20X1-02-01	USD	1,150.0000	11,000.00	12,650,000	00114	지맨스

example 예제 따라하기 영세율 첨부서류 제출명세서와 수출실적명세서

(주)낙동(2003)를 선택하여 다음의 자료를 토대로 1기 확정신고시 영세율첨부서류제출명세서와 수출실적명세서를 작성하라.(매입매출전표입력은 생략한다)

[자료 1] 다음은 기타영세율에 해당한다.(모두 당기 신고해당분이다.)

서류명	발급자	발급일자	선적일자	통화코드	외화
외화입금증명서	국민은행	6.14.	6.4.	USD	$2,000
외화입금증명서	국민은행	6.25.	6.10.	JPY	¥100,000

[자료 2] 수출실적내용

수출신고번호	선적일	수출신고일	대금결제일	통화코드	외화	거래처
130-10-44-3332189-2	6. 10	6.7	6.25	USD	$2,000	지맨스

[자료 3] 기준환율

	6.4	6.7	6.10	6.14.	6.25
1USD당	1,050원	1,070원	1,050원	1,110원	1,200원
100¥당	1,100원	1,000원	1,150원	1,200원	1,180원

해답

1. 영세율첨부서류제출명세서(4월~6월)

–해당란에 직접 입력하고, 환율은 선적일 환율을 입력한다.

		(10)서류명	(11)발급자		(12)발급일자	(13)선적일자	(14)통화코드	(15)환율	당기제출금액		당기신고해당분		과세유형	영세율구분	
									(16)외화	(17)원화	(18)외화	(19)원화		코드	구분명
1	□	외화입금증명서	9800	국민은행	2019-06-14	2019-06-04	USD	1,050.0000	2,000.00	2,100,000	2,000.00	2,100,000			
2	□	외화입금증명서	9800	국민은행	2019-06-25	2019-06-10	JPY	11.5000	100,000.00	1,150,000	100,000.00	1,150,000			

2. 수출실적명세서(4월~6월)

–수출용은 직접 입력하고 기타영세율적용은 영세율첨부서류 제출명세서의 합계금액을 입력한다.

조회기간 : 년 04 월 ~ 년 06 월 구분 : 1기 확정 과세기간별입력

구분	건수	외화금액	원화금액
⑨합계	3	104,000.00	5,350,000
⑩수출재화[=⑫합계]	1	2,000.00	2,100,000
⑪기타영세율적용	2	102,000.00	3,250,000

		(13)수출신고번호	(14)선(기)적일자	(15)통화코드	(16)환율	금액		전표정보	
	□					(17)외화	(18)원화	거래처코드	거래처명
1	□	130-10-44-3332189-2	-06-10	USD	1,050.0000	2,000.00	2,100,000	00114	지맨스

제5절 영세율매출명세서

사업자는 영세율이 적용되는 경우 영세율매출명세서를 작성하여 제출하여야 한다. 매입매출전표에 영세율구분을 입력하면 자동적으로 작성되어 진다.

조회기간 년 월 ~ 년 월

부가가치세법 | 조세특례제한법

(7)구분	(8)조문	(9)내용	(10)금액(원)
부가가	제21조	직접수출(대행수출 포함)	
		중계무역 · 위탁판매 · 외국인도 또는 위탁가공무역 방식의 수출	
		내국신용장 · 구매확인서에 의하여 공급하는 재화	
		한국국제협력단 및 한국국제보건의료재단에 공급하는 해외반출용 재화	
		수탁가공무역 수출용으로 공급하는 재화	
	제22조	국외에서 제공하는 용역	
	제23조	선박 · 항공기에 의한 외국항행용역	
		국제복합운송계약에 의한 외국항행용역	
		국내에서 비거주자 · 외국법인에게 공급되는 재화 또는 용역	

example 예제 따라하기 **영세율매출명세서, 구매확인서전자발급명세서** 

(주)낙동(2003)를 선택하여 다음의 자료를 매입매출전표에 입력(분개는 생략)하고, 이를 토대로 2기 예정신고시 구매확인서전자발급명세서와 영세율매출명세서를 작성하시오.

1. 7월 10일 ㈜서울에 구매확인서에 의하여 제품 10,000,000원을 외상매출하고 영세율전자세금계산서를 발급하다.

외화획득용원료 · 기재구매확인서

※ 구매확인서번호 : PKT2019123456

(1) 구매자 (상호) ㈜서울
(주소) 서울시 서초구 양재천로
(성명) 김서울
(사업자등록번호) 130 - 02 - 31754

(2) 공급자 (상호) ㈜낙동
(주소) 서울시 서초구 방배로 120
(성명) 임택근
(사업자등록번호) 111 - 02 - 49063

1. 구매원료의 내용

(3) HS부호	(4)품명 및 규격	(5)단위수량	(6)구매일	(7)단가	(8)금액	(9)비고
6115950000	At	120 DPR	20x1 - 07 - 10	USD 900	10,000,000원	
TOTAL		120 DPR			10,000,000원	

2. 세금계산서(외화획득용 원료 · 기재를 구매한 자가 신청하는 경우에만 기재)

(10)세금계산서번호	(11)작성일자	(12)공급가액	(13)세액	(14)품목	(15)규격	(16)수량

(17) 구매원료 · 기재의 용도명세 : 원자재

위의 사항을 대외무역법 제18조에 따라 확인합니다.

확인일자 20x1년 07월 10일
확인기관 한국무역정보통신
전자서명 1208102922

제출자 : ㈜서울 (인)

2. 7월 20일 미국의 GM상사에 제품 $10,000을 선적하고 대금은 한달 후에 받기로 하다. (선적일 환율 1,130/$)

해답

1. 매입매출전표입력

	일자	유형	공급가액	세액	공급처	전자	분개
①	07.10	**12.영세 (3.내국신용장등)**	10,000,000	-	(주)서울	여	0.분개없음

	일자	유형	공급가액	세액	공급처	분개
②	07.20	**16.수출 (1.직접수출)**	11,300,000		GM상사	0.분개없음

2. 내국신용장 · 구매확인서전자발급명세서(7~9월)

2. 내국신용장 · 구매확인서에 의한 공급실적 합계

구분	건수	금액(원)	비고
(9)합계(10+11)	1	10,000,000	
(10)내국신용장			
(11)구매확인서	1	10,000,000	

[참고] 내국신용장 또는 구매확인서에 의한 영세를 첨부서류 방법 변경(영 제64조 제3항 제1의3호)
▶ 전자무역기반시설을 통하여 개설되거나 발급된 경우 내국신용장 · 구매확인서 전자발급명세서를 제출하고 이 외의 경우 내국신용장 사본을 제출함
=> 2011.7.1 이후 최초로 개설되거나 발급되는 내국신용장 또는 구매확인서부터 적용

3. 내국신용장 · 구매확인서에 의한 공급실적 명세서

(12)번호	(13)구분	(14)서류번호	(15)발급일	거래처정보		(17)금액	전표일자	(18)비고
				거래처명	(16)공급받는자의 사업자등록번호			
1	구매확인서	PK2019123456	20x1-07-10	(주)서울	130-02-31754	10,000,000		

3. 영세율매출명세서(7~9월)

부가가치세법 | 조세특례제한법

(7)구분	(8)조문	(9)내용	(10)금액(원)
부가	제21조	직접수출(대행수출 포함)	11,300,000
		중계무역 · 위탁판매 · 외국인도 또는 위탁가공무역 방식의 수출	
		내국신용장 · 구매확인서에 의하여 공급하는 재화	10,000,000
		한국국제협력단 및 한국국제보건의료재단에 공급하는 해외반출용 재화	
		수탁가공무역 수출용으로 공급하는 재화	
	제22조	국외에서 제공하는 용역	
	제23조	선박 · 항공기에 의한 외국항행용역	
		국제복합운송계약에 의한 외국항행용역	

제6절 현금매출명세서

사업서비스업 중 변호사, 공인회계사, 세무사, 건축사 등의 사업을 영위하는 사업자는 현금매출명세서를 예정신고 또는 확정신고와 함께 제출하여야 한다.

조회기간을 입력하고 해당 의뢰인별로 현금매출을 입력하면 상단의 현금매출로 집계되고, 세금계산서등의 매출액은 직접 입력한다. ☞ 시험에서 출제된 적이 없습니다.

제7절 대손세액(변제대손세액)공제신고서

사업자가 부가가치세가 과세되는 재화 또는 용역을 공급한 후 공급받는자의 파산 등으로 인하여 부가가치세를 거래징수하지 못한 경우에는 그 대손세액을 매출세액에서 차감할 수 있다.

또한 공급받는자는 매입세액공제를 받고 동 대손이 폐업 전에 확정되는 경우에는 그 확정된 날이 속하는 과세기간의 매입세액에서 대손세액을 차감한다.**(대손처분받은세액)** 그리고 대손세액을 매입세액에 차감한 후 대손금을 변제한 경우에는 변제일이 속하는 과세기간의 매입세액에 변제한 대손세액을 더한다.**(변제대손세액)** 이러한 대손세액공제신고서는 **확정신고시에만 공제된다.**

〈주요입력 항목〉

대손발생(공급자) 또는 대손변제(공급받는자)를 클릭한다.	
대손확정일 (변제확정일)	**대손확정일(부도어음과 수표는 부도확인일로부터 6개월 이상 경과일)과 변제확정일**을 입력한다.
대손금액 (변제금액)	대손금액은 공급가액과 세액을 포함한 공급대가를 입력한다. 대손세액공제를 받을 경우 "+"금액으로 입력하고, 대손세액공제를 받았던 외상매출금을 다시 회수한 경우에는 "-"금액으로 입력한다,
거래처	거래상대방상호는 직접입력하거나 F2를 이용하여 거래처를 입력한다.
대손사유 (변제사유)	1:파산 2:강제집행 3:사망,실종 4:정리계획 5:부도(6개월경과) 6:소멸시효완성 7:직접입력 중 선택한다.

예제 따라하기 대손세액공제신고서

(주)낙동(2003)을 선택하여 다음의 사항을 입력하시오.
다음 자료를 토대로 1기 부가가치세 확정신고시 대손세액공제신고서 및 부가가치세신고서를 작성하시오.

1. 전년도 10월 10일 ㈜주성전자에 제품 10,000,000원(부가가치세 별도)을 외상매출하고 동사발행 어음을 수령하였다. **동 어음이 1월 30일 부도발생하였다.**
2. 전년도 6월 10일 오작상회(대표자 성명 : 김오작, 사업자번호 : 104－81－35120 소재지 : 서울시 서초구 방배동 130)에 공장에서 사용하던 설비를 5,000,000원(부가가치세 별도)에 외상으로 매각하였다. 오작상회는 3월 20일 현재 대표자가 실종되어 에어콘 판매대금을 회수할 수 없음이 객관적으로 입증되었다. <u>설비에는 저당권 등이 설정되어 있지 아니하다.</u>
3. 거래처 대한전자의 파산으로 2019년도 대손처리(파산일 2019.9.10)하여 대손세액공제를 받았던 외상매출금 3,300,000원(부가가치세 포함)이 5월 4일 대한전자로부터 전액 현금 회수되었다.

해답

1. **대손세액공제대상여부체크**
   <u>(주)주성전자는 부도 후 6개월 미경과로 대손세액공제 대상에서 제외됨.</u>

2. **대손세액공제신고서(4월～6월)**
   －오작상회 : 거래상대방 상호는 하단에서 직접 입력

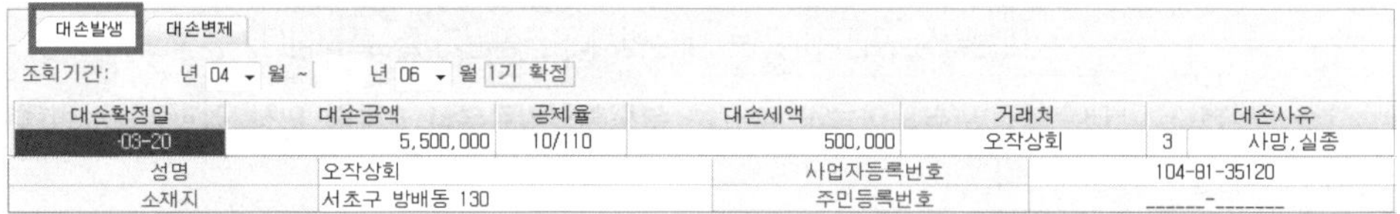

대손발생 | 대손변제

조회기간: 년 04 월 ~ 년 06 월 1기 확정

대손확정일	대손금액	공제율	대손세액	거래처	대손사유	
-03-20	5,500,000	10/110	500,000	오작상회	3	사망,실종

성명	오작상회	사업자등록번호	104-81-35120
소재지	서초구 방배동 130	주민등록번호	-

－대한전자 : 대손확정일에 대손회수일(20x1.05.04) 또는 당초 대손확정일(파산일 : 2019.9.10)을 입력하고, 거래상대방 상호는 F2로 선택하여 입력한다.

20x1-05-04	-3,300,000	10/110	-300,000	대한전자	1	파산

☞ 대손회수시 대손회수일 또는 당초 대손확정일을 입력한 것을 정답으로 처리한 적이 있었습니다. 부가세법 서식 작성요령에는 "⑤－⑫ : 「부가가치세법」 제45조 제1항에 따라 대손세액을 공제받으려는 경우에 작성합니다."라고 하며 명확한 규정은 없습니다. 그러나 서식에 "대손확정연월일"로 되어 있으므로 당초 대손확정일을 입력하는게 더 타당하다고 보여지나, 최근 기출문제에서 대손회수일을 정답으로 제시하는 경우가 많습니다.

3. 1기 확정 부가가치세 신고서(4월~6월)

–부속서류에 입력하면 신고서에 자동으로 반영되나, 직접 입력도 가능하다. 대손세액은 대손세액가감란에 "–" 금액으로 입력하여야 한다.

및 매출 세액					
영세	세금계산서발급분	5		0/100	
	기타	6		0/100	
예정신고누락분		7			
대손세액가감		8			-200,000

직접입력도 가능

–대손가감란에 커서로 이동하고, F11(원시데이타켜기)를 클릭하면 작성된 부속서류(대손세액공제신고서)의 금액을 확인할 수도 있다.

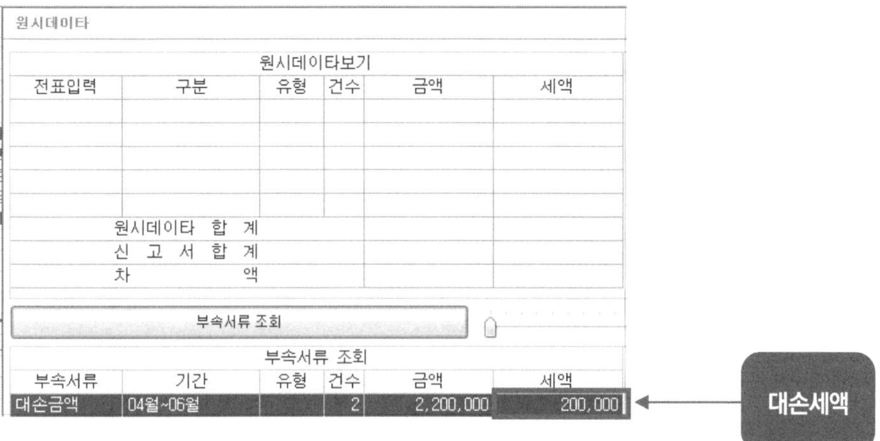
원시데이타

원시데이타보기					
전표입력	구분	유형	건수	금액	세액
	원시데이타 합 계				
	신 고 서 합 계				
	차 액				

부속서류 조회

부속서류 조회					
부속서류	기간	유형	건수	금액	세액
대손금액	04월~06월		2	2,200,000	200,000

example 예제 따라하기 대손세액변제신고서

(주)낙동(2003)를 선택하여 2기 부가가치세 확정신고시 대손세액변제신고서 및 부가가치세 신고서에 반영하시오.

부도로 인해 20x1년 1기 부가가치세 확정신고시 공제받지 못할 매입세액(대손처분받은 세액)으로 신고하였던 대한전자에 대한 외상매입금 2,200,000원을 20x1년 10월 1일 전액 현금으로 상환하였다.

해답

1. 대손세액변제신고서(10월~12월)

대손발생 | 대손변제

조회기간: 년 10 월 ~ 년 12 월 2기 확정

변제확정일	변제금액	공제율	변제세액	거래처		변제사유
10-01	2,200,000	10/110	200,000	대한전자	7	대손금변제(부도)

2. 대손세액변제 신고시 부가가치세신고서

14.그밖의공제매입세액과 46.변제대손세액에 200,000원이 자동반영(직접입력도 가능하다.)된다.

구분			번호		
매입세액	세금계산서 수취분	일반매입	10		
		수출기업수입분납부유예	10		
		고정자산매입	11		
	예정신고누락분		12		
	매입자발행세금계산서		13		
	그 밖의 공제매입세액		14		200,000
	합계(10)-(10-1)+(11)+(12)+(13)+(14)		15		200,000
	공제받지못할매입세액		16		
	차감계 (15-16)		17	㉯	200,000
납부(환급)세액(매출세액㉮-매입세액㉯)				㉰	-200,000
경감공제세액	그 밖의 경감·공제세액		18		
	신용카드매출전표등 발행공제등		19		
	합계		20	㉱	
예정신고미환급세액			21	㉲	
예정고지세액			22	㉳	
사업양수자의 대리납부 기납부세액			23	㉴	
매입자 납부특례 기납부세액			24	㉵	
신용카드업자의 대리납부 기납부세액			25	㉶	
가산세액계			26	㉷	
차감.가감하여 납부할세액(환급받을세액)(㉰-㉱-㉲-㉳-㉴-㉵-㉶+㉷				27	-200,000
총괄납부사업자가 납부할 세액(환급받을 세액)					

구분			번호			
	합계		40			
정누락분	신용카드매출 수령금액합계	일반매입				
		고정매입				
	의제매입세액					
	재활용폐자원등매입세액					
	과세사업전환매입세액					
	재고매입세액					
	변제대손세액					
	외국인관광객에대한환급/					
	합계					
14.그 밖의 공제매입세액						
신용카드매출 수령금액합계표		일반매입	41			
		고정매입	42			
의제매입세액			43		뒤쪽	
재활용폐자원등매입세액			44		뒤쪽	
과세사업전환매입세액			45			
재고매입세액			46			
변제대손세액			47			200,000
외국인관광객에대한환급세액			48			
합계			49			200,000

제8절 신용카드매출전표등 수령명세서(갑)

사업자가 일반과세자로부터 재화 또는 용역을 공급받고 부가가치세액이 별도로 구분 가능한 신용카드매출전표 등을 발급받은 경우 신용카드매출전표 등 수령금액 합계표(갑)를 제출하고, 해당 신용카드매출전표 등을 보관하면 그 부가가치세액은 공제할 수 있는 매입세액으로 본다.

다음사항을 제외하고 신용카드매출전표수령금액합계표(갑)에 입력한다.

1. 세금계산서 발급불가사업자	면세사업자
2. 영수증발급 대상 간이과세자	직전연도 공급대가 합계액이 4,800만원 미만 등
3. 세금계산발급불가업종	① 목욕 · 이발 · 미용업 ② 여객운송업(전세버스운용사업은 제외) ③ 입장권을 발급하여 경영하는 사업
4. 공제받지 못할 매입세액	기업업무추진비(접대비)관련 매입세액 등

〈주요입력 항목〉

새로불러오기	매입매출전표입력에서 **57.카과 61.현과**로 입력된 모든 거래내용을 불러온다.
카드구분	1.현금 2.복지 3.사업 4.신용 중 선택한다.

☞ 사업용신용카드 : 사업자가 사업용물품을 구입하는데 사용하는 신용카드를 국세청 현금영수증홈페이지에 등록한 카드

example 예제 따라하기 신용카드매출전표등 수령명세서(갑)

(주)낙동(2003)을 선택하여 다음의 자료를 토대로 1기 예정신고시 신용카드매출전표 등 수령명세서(갑)를 작성하고 부가가치세 신고서를 작성하시오.

1월부터 3월까지의 기간동안 재화나 용역을 공급받고 신용카드매출전표 (부가가치세 별도 기입분)를 수취한 내용이다. 카드회원번호(국세청에 등록한 신용카드)는 1234-5689-5114-8512로 동일하게 사용한 것으로 본다.

거래처명 (등록번호)	성명 (대표자)	거래 일자	발행금액 (VAT포함)	공급자 업종 (과세유형)	거래내용
두리슈퍼 (111-11-11119)	김두리	1.11	220,000원	소매업 (일반과세)	거래처 선물구입대
일동상회 (222-22-22227)	최일동	1.20	330,000원	음식점업 (일반과세)	직원회식대 (복리후생)
알파문구 (333-33-33336)	오알파	2.13	440,000원	소매업 (간이과세*1)	사무비품 구입
왕궁호텔 (555-55-55553)	박왕궁	2.20	550,000원	숙박업 (일반과세)	지방출장 숙박비
구찌 (105-05-54017)	송승헌	3.25	660,000원	소매업 (일반과세)	세금계산서 발급

*1. 영수증 발급대상 간이과세자임.

해답

1. 매입세액공제대상체크

- 두리슈퍼 : 기업업무추진비(접대비)라서 해당안됨.
- 알파문구 : 영수증 발급대상 간이과세자라서 해당안됨.
- 구찌 : 세금계산서를 발급했으므로 해당안됨.

조회기간 : 년 01 월 ~ 년 03 월 구분 1기 예정

2. 신용카드 등 매입내역 합계

구분	거래건수	공급가액	세액
합 계	2	800,000	80,000
현금영수증			
화물운전자복지카드			
사업용신용카드	2	800,000	80,000
기 타 신용카드			

3. 거래내역입력

월/일	구분	공급자	공급자(가맹점) 사업자등록번호	카드회원번호	기타 신용카드 등 거래내역 합계		
					거래건수	공급가액	세액
01-20	사업	일동상회	222-22-22227	1234-5689-5114-8512	1	300,000	30,000
02-20	사업	왕궁호텔	555-55-55553	1234-5689-5114-8512	1	500,000	50,000

2. 부가가치세신고서(1－3월)

<u>매입매출전표입력를 입력하면 자동반영되나, 직접 입력해도 가능합니다.</u>

구분			번호	금액		세액
매입세액	세금계산서 수취분	일반매입	10			
		수출기업수입분납부유예	10			
		고정자산매입	11			
	예정신고누락분		12			
	매입자발행세금계산서		13			
	그 밖의 공제매입세액		14	800,000		80,000
	합계(10)-(10-1)+(11)+(12)+(13)+(14)		15	800,000		80,000
	공제받지못할매입세액		16			
	차감계 (15-16)		17	800,000	ⓝ	80,000
납부(환급)세액(매출세액㉮-매입세액㉯)					㉰	-80,000
경감공제세액	그 밖의 경감 · 공제세액		18			
	신용카드매출전표등 발행공제등		19			
	합계		20		㉱	

구분			번호	금액		세액
정누락분	합계		40			
	신용카드매출 수령금액합계	일반매입				
		고정매입				
	의제매입세액					
	재활용폐자원등매입세액					
	과세사업전환매입세액					
	재고매입세액					
	변제대손세액					
	외국인관광객에대한환급/					
	합계					
14.그 밖의 공제매입세액						
신용카드매출 수령금액합계표		일반매입	41	800,000		80,000
		고정매입	42			

제9절 의제매입세액공제신고서

일반과세사업자가 면세 농산물 등을 구입 후 과세재화로 제조 · 가공하거나 용역을 창출하는 경우에는 일정한 금액을 매입세액으로 의제하여 매출세액에서 공제한다.

〈주요입력 항목〉

<table>
<tr><td colspan="2">관리용을 클릭하고 조회기간을 입력한다</td></tr>
<tr><td>F4(불러오기)</td><td>[일반전표입력], [매입매출전표](53.면세, 58.카면, 60.면건, 62.현면)에서 원재료 등 계정의 적요번호 6번 “의제매입세액공제신고서 자동반영분”으로 입력된 자료가 있으면 상단의 F4(불러오기)를 클릭하면 다음과 같은 화면이 나타나는데,
전표에서 데이터를 불러옵니다.
새로 불러오시겠습니까?
예(Y) 아니오(N)
“예”를 선택하면 본 메뉴에서 작성된 기존 데이터는 삭제되고 전표에 입력된 자료가 다시 불러온다.</td></tr>
<tr><td>공급자</td><td>공급자의 성명 또는 상호를 입력하거나, F2로 공급처를 입력한다.</td></tr>
<tr><td>사업자번호</td><td>공급자가 사업자인 경우는 사업자등록번호, 비사업자인 경우는 주민등록번호를 입력</td></tr>
<tr><td>구분</td><td>1.계산서, 2.신용카드등, 3.농 · 어민매입 중 해당 유형을 선택한다.</td></tr>
<tr><td>공제율</td><td>
<table>
<tr><td colspan="3">업 종</td><td>공제율</td></tr>
<tr><td rowspan="3">음식점업</td><td colspan="2">과세유흥장소</td><td>2/102</td></tr>
<tr><td rowspan="2">위 외 음식점업자</td><td>법인</td><td>6/106</td></tr>
<tr><td>개인사업자</td><td>8/108</td></tr>
<tr><td rowspan="2">제조업</td><td colspan="2">일반</td><td>2/102</td></tr>
<tr><td colspan="2">중소기업 및 개인사업자</td><td>4/104</td></tr>
<tr><td colspan="3">위 외의 사업</td><td>2/102</td></tr>
</table>
</td></tr>
<tr><td>한도계산
(확정신고)</td><td>① 과세기간 과세표준 및 공제가능한 금액 등
㉠ 과세표준 : 과세기간별 면세농산물 등과 관련하여 공급한 과세표준을 예정분 과세표준과 확정분 과세표준을 각각 입력한다.
㉡ 한도율 : 법인사업자는 50/100
㉢ 당기매입액은 예정신고와 확정신고 의제매입세액 해당 매입가액의 합계액을 적습니다.
② 과세기간 공제할 세액
이미 공제받은 세액(예정신고분과 월별조기분)을 입력하면, 확정신고시 공제(납부)할 세액이 계산이 된다.</td></tr>
</table>

예제 따라하기 의제매입세액공제신고서(확정신고)

(주)낙동(2003)을 선택하여 다음의 사항을 입력하시오.
당사는 과세사업과 면세사업을 겸영하는 제조업자(중소기업)이며, 면세농산물은 과세사업에 사용된다고 가정한다. 또한 기장된 내역은 무시하시오.

1. 1기 의제매입세액과 관련한 매출내역

예정신고	확정신고	계
15,000,000	25,000,000	40,000,000

2. 1기 예정신고시 의제매입세액 신고내역
   ① 의제매입세액 공제대상 면세매입금액 : 5,000,000원
   ② 의제매입세액공제액 : 192,307원
3. 1기 확정(4~6월)시 면세재화 구입내역

구 분	일자	상호 또는 성명	사업자번호 (주민등록번호)	품 명	매입가액	증 빙	수량
사업자 매입분	4.01	(주)한세	132-84-56586	축산물	3,300,000원	전자계산서 (현금매입)	10
	4.03	(주)영일	132-81-21354	축산물	1,000,000원	일반영수증 (현금매입)	10
	5.05	(주)상일	107-81-31220	수도 요금	150,000원	계산서 (현금매입)	5
	5.07	(주)해일	132-84-56475	해산물	2,540,000원	신용카드 (국민카드)	10
농,어민 매입분	6.12	김한세	731013-1247017	견과류	1,160,000원	영수증 (현금매입)	10

4. 사업자매입분 거래중에서 의제매입세액 공제가 되는 거래에 대해서 매입매출전표에 입력하시오.
5. 농어민매입분을 포함하여, 1기 확정과세기간에 대한 의제매입세액공제신고서와 부가가치세 신고서를 작성하시오.
6. 6월 30일자로 의제매입세액공제와 관련한 적절한 회계처리를 일반전표에 입력하시오.

해답

1. 의제매입세액공제 대상여부 체크

구 분	상호(성명)	품 명	매입가액	증 빙	대상여부
사업자 매입분	(주)한세	축산물	3,300,000원	계산서	
	(주)영일	축산물	×	일반영수증	**사업자 매입분은 적격증빙 (계산서 등)을 수취하여야 한다.**
	(주)상일	수도 요금	×	계산서	면세농산물 등이 대상이다.
	(주)해일	해산물	2,540,000원	신용카드	
농,어민 매입분	김한세	견과류	1,160,000원	영수증 (현금매입)	**제조업의 경우 농어민 매입분은 영수증도 가능**
계			7,000,000원		

2. 매입매출전표입력(의제매입세액공제대상)

	일자	유형	공급가액	세액	공급처	전자	분개
①	04.01	53.면세	3,300,000	-	(주)한세	여	현금
	(차) 원 재 료		3,300,000	(대) 현 금			3,300,000
	6.의제매입세액공제신고서 자동반영분						

	일자	유형	공급가액	세액	공급처	분개
②	05.07	58.카면	2,540,000		(주)해일	카드
	(차) 원 재 료		2,540,000	(대) 외상매입금(국민카드)		2,540,000
	6.의제매입세액공제신고서 자동반영분					

3. 의제매입세액공제 신고서(4월~6월)

① 의제매입공제대상 입력

조회기간을 입력하면 매입매출전표에 입력된 자료가 자동으로 불러온다.

수량과 매입가격을 확인하고, **공제율은 해당 업종(중소제조업 : 4/104)에 맞게 수정 입력한다.**

공급자	사업자/주민등록번호
(주)해일	132-84-56475
(주)한세	132-84-56586

취득일자	구분	물품명	수량	매입가액	공제율	의제매입세액	건수
2021-04-01	계산서	축산물	10	3,300,000	4/104	126,923	1

또한 농어민 매입분(제조업)에 대해서는 영수증에 대해서도 공제가 가능하므로 매입매출전표에 입력하지 않는 것은 신고서에 직접 입력한다.

취득일자	구분	물품명	수량	매입가액	공제율	의제매입세액	건수
-06-12	농어민매입	견과류	10	1,160,000	4/104	44,615	1

–신고서 하단에 의제매입세액이 자동집계된다.

	매입가액 계	의제매입세액 계	건수 계
계산서 합계	3,300,000	126,923	
신용카드등 합계	2,540,000	97,692	
농 · 어민등 합계	1,160,000	44,615	
총계	7,000,000	269,230	

② 의제매입세액 및 공제(납부)할 세액 계산

–과세표준(의제매입세액 관련)입력과 당기매입액(1기예정 : 5,000,000+확정 : 7,000,000), 예정신고시 공제받은 세액(192,307)을 입력

면세농산물등 | 제조업 면세농산물등

가. 과세기간 과세표준 및 공제가능한 금액등 　　불러오기

과세표준			대상액 한도계산		B.당기매입액	공제대상금액 [MIN (A,B)]
합계	예정분	확정분	한도율	A.한도액		
40,000,000	15,000,000	25,000,000	50/100	20,000,000	12,000,000	12,000,000

나. 과세기간 공제할 세액

공제대상세액		이미 공제받은 금액			공제(납부)할세액 (C-D)
공제율	C.공제대상금액	D.합계	예정신고분	월별조기분	
4/104	461,538	192,307	192,307		269,231

4. 부가가치세신고서(4~6월)

입세액	예정신고누락분	12			
	매입자발행세금계산서	13			
	그 밖의 공제매입세액	14	7,000,000		269,231
	합계(10)-(10-1)+(11)+(12)+(13)+(14)	15	7,000,000		269,231
	공제받지못할매입세액	16			
	차감계 (15-16)	17	7,000,000	㉯	269,231
납부(환급)세액(매출세액㉮-매입세액㉯)				㉰	-269,231
경감공제세액	그 밖의 경감 · 공제세액	18			
	신용카드매출전표등 발행공제등	19			
	합계	20		㉱	
소규모 개인사업자 부가가치세 감면세액		20		㉲	
예정신고미환급세액		21		㉳	
예정고지세액		22		㉴	

누락분	수령금액합계	고정매입			
	의제매입세액				
	재활용폐자원등매입세액				
	과세사업전환매입세액				
	재고매입세액				
	변제대손세액				
	외국인관광객에대한환급/				
	합계				
14.그 밖의 공제매입세액					
신용카드매출	일반매입	41			
수령금액합계표	고정매입	42			
의제매입세액		43	7,000,000	뒤쪽	269,231

자동반영

5. 일반전표입력(6월30일)

(차) 부가세대급금 269,231 (대) 원재료(8.타계정대체) 269,231

참고

의제매입세액 한도계산시 1역년 단위로 계산가능

① 1역년동안 계속 *제조업* 영위

② *제1기 과세기간에 공급받은 면세농산물등의 가액의 비중이 75% 이상 또는 25% 미만*

참고

의제매입세액의 환경등록(16.의제류 자동설정)

1. 환경등록에서 16. 의제류 자동설정에 의제매입공제율을 입력한다.

16	의제류 자동 설정	0.없음	
	의제매입공제율	2 /	102

2. 매입매출전표입력시 다음과 같은 보조화면이 나온다.

의제매입세액 또는 재활용세액 계산

의 제 류 구 분 : 1 | 0:해당없음 | 1:의제매입 | 2:재활용 | 3:구리스크랩등

0 : 해당없음 1 : 의제매입세액

2 : 재활용매입세액 3 : 구리스크랩등(2014.1.1이후부터)

매입(취득)금액 : 3,300,000

공 제 세 율 : 2 / 102

의제(공제)세액 : 64,705

3. 분개는 부가세대급금이 자동반영된다. 또한 의제매입세액공제신고서에도 자동반영된다.

구분	계정과목		적요	거래처		차변(출금)	대변(입금)
출금	0135	부가세대급금		00701	(주)한세	64,705	(현금)
출금	0153	원재료		00701	(주)한세	3,235,295	(현금)

☞ 1기 확정신고시에 상기처럼 의제매입세액을 분개 후 한도가 60,000원이 계산되었다고 가정하면, 한도 초과분(4,705)에 대해서 6월 30일자로 다음과 같은 수정분개를 하여야 한다.

(차) 원재료 4,705 (대) 부가세대급금 4,705

제10절 재활용폐자원세액공제신고서

재활용폐자원 및 중고자동차를 수집하는 사업자(일반과세자)가 국가 등 또는 부가가치세 과세사업을 영위하지 아니하는 자와 영수증발급 대상 간이과세자로부터 재활용폐자원 및 중고자동차를 취득하여 제조 또는 가공하거나 이를 공급시 일정한 금액을 매입세액으로 공제받을 수 있다.

〈주요입력 항목〉

관리용을 클릭하고 조회기간을 입력한다	
F6(불러오기)	입력된 데이터(적요번호 7번 재활용폐자원매입세액) 가 있으면 자동 반영된다.
구분	**1.영수증, 2.계산서** 중 선택한다.
공제율	폐자원 3/103, 중고자동차 10/110
한도계산 (확정신고)	재활용폐자원과 중고자동차(개정세법 26) 매입세액공제는 확정신고시 한도계산을 한다. 문제에서 주어진 대로 입력하면 자동적으로 계산된다.

example 예제 따라하기 **재활용폐자원세액공제신고서(확정신고)**

(주)낙동(2003)을 선택하여 다음의 사항을 입력하시오.

1. 다음 매입 거래중에서 재활용폐자원세액공제가 되는 거래에 대해서 매입매출전표(원재료)에 입력하시오.

일자	상호 또는 성명	사업자번호 (주민등록번호)	품 명	매입가액	증 빙
04.03	㈜경기	132-81-21354	고철	2,900,000원	전자계산서 (현금매입)
05.03	아산전기	132-81-21354	알루미늄	1,000,000원	전자세금계산서 (현금매입)
06.05	김기수	830208-2182630	고철	150,000원	영수증 (현금매입)

2. 예정신고기간 중의 재활용폐자원 거래내역은 없다.
3. 1기 과세기간 중 재활용관련 매출액과 세금계산서 매입액(사업용 고정자산 매입액은 없다.)은 다음과 같다.

구분	매출액(공급가액)	매입공급가액(세금계산서)
예정분	60,000,000원	40,000,000원
확정분	70,000,000원	55,000,000원

4. 1기 확정신고에 대한 재활용폐자원세액공제신고서를 작성하시오.
5. 그리고 6월 30일자로 재활용폐자원세액공제신고와 관련한 적절한 회계처리를 일반전표에 입력하시오.

해답

1. **재활용폐자원세액공제**
   아산전기는 세금계산서를 수취하였으므로 재활용폐자원세액공제대상이 아니다.
2. **매입매출전표입력(재활용폐자원세액공제)**

①

일자	유형	공급가액	세액	공급처	전자	분개
04.03	53.면세	2,900,000	-	㈜경기	여	현금

(차) 원재료 2,900,000 (대) 현 금 2,900,000
7.재활용폐자원매입세액공제신고서자동반영분

②

일자	유형	공급가액	세액	공급처	분개
04.03	53.면세	150,000		김기수	현금

(차) 원재료 150,000 (대) 현 금 150,000
7.재활용폐자원매입세액공제신고서자동반영분

3. 재활용폐자원세액 신고서(4월~6월)

조회기간을 입력하면 매입매출전표에 입력된 자료가 자동으로 불러온다.(불러오지 않으면 상단의 불러오기를 해준다.) [25) 구분코드 : 2.기타재활용폐자원, 수량과 매입가격을 확인하고, <u>공제율(폐자원은 3/103, 중고자동차는 10/110)은 해당 업종에 맞게 수정 입력한다</u>.

	□	(24)공급자 성명 또는 거래처 상호(기관명)	주민등록번호또는 사업자등록번호	거래구분	(25)구분코드	(26)건수	(27)품명	(28)수량	(29)차량번호	(30)차대번호	(31)취득금액	(32)공제율	(33)공제액((31)*(32))	취득일자
1	□	(주)경기	132-81-21354	2.계산서	2.기타재활용폐자원	1	고철				2,900,000	3/103	84,466	2021-04-03
2	□	김기수	830208-2182630	1.영수증	2.기타재활용폐자원	1	고철				150,000	3/103	4,368	2021-06-05

4. 한도 계산

문제에서 주어진 매출액을 입력하고 당기매입액 세금계산서 구입과 당기 재활용폐자원 대상금액(3,050,000)을 (15)영수증 등에 입력하고, 이미 공제받은 세액이 있으면 (21).(22)란에 입력한다.

재활용폐자원 매입세액공제 관련 신고내용(이 란은 확정신고시 작성하며, 중고자동차(10/110)의 경우에는 작성하지 않습니다.) 불러

매출액			대상액한도계산		당기매입액			(16)공제가능한 금액(=(12)-(14))
(8)합계	(9)예정분	(10)확정분	(11)한도율	(12)한도액	(13)합계	(14)세금계산서	(15)영수증 등	
130,000,000	60,000,000	70,000,000	80%	104,000,000	98,050,000	95,000,000	3,050,000	9,000,000

(17)공제대상금액(=(15)과 (16)의 금액중 적은 금액)	공제대상세액		이미 공제받은 세액			(23)공제(납부)할세액(=(19)-(20))	{참고}10/110 공제액합계
	(18)공제율	(19)공제대상세액	(20)합계	(21)예정신고분	(22)월별조기분		
3,050,000	3/103	88,834				88,834	

5. 일반전표입력(6월30일)

(차) 부가세대급금 88,834 (대) 원재료(8.타계정으로 대체액) 88,834

제11절 건물 등 감가상각자산 취득명세서

사업자가 사업설비를 신설 · 취득 · 확장 또는 증축함으로써 조기환급을 받고자 하는 경우에는 건물 등 감가상각자산취득명세서를 첨부하여야 한다.

〈주요입력 항목〉

F4(불러오기)	아래와 같은 새로 불러오기 보조화면이 나타난다. 여기에서 각 계정별 코드와 계정과목을 선택 입력한 다음 버튼을 클릭하면 [매입매출전표]에 입력된 데이터가 자동으로 불러온다. 

예제 따라하기 건물등 감가상각자산 취득명세서

(주)낙동(2003)을 선택하여 다음의 사항을 입력하시오.

다음 자료를 매입매출전표에 입력하고 **7월분 조기환급신고를 하고자 감가상각자산취득명세서를 작성하고 부가가치세 신고서를 작성**하시오. 부가가치세 신고일은 8월25일이다.

1. 7월 1일 비품으로 사용할 초고속칼라프린터를 대한전자로부터 50,000,000원(부가가치세 별도)에 구입하고 대금은 전액 법인카드인 국민카드로 지급하였다. 수취한 신용카드매출전표가 부가가치세 공제요건을 만족하므로 별도의 세금계산서는 수취하지 아니하였다.
2. 7월 15일 (주)설악전기와 6월 1일 30,000,000원에 당사의 업무관리 S/W개발계약을 체결하고 개발을 의뢰한 바 있으며, 당일 완성되어 인수하고 전자세금계산서(공급가액 30,000,000원 부가가치세 3,000,000원)를 교부받았다. 대금은 전액 현금으로 지급하였다.(무형자산자산으로 계상할 것)

해답

1. 매입매출전표입력

1.

일자	유형	공급가액	세액	거래처	신용카드	분개
07.01	57.카과	50,000,000	5,000,000	대한전자	국민카드	카드

(차) 비품 50,000,000 (대) 미지급금(국민카드) 55,000,000
부가세대급금 5,000,000

2.

일자	유형	공급가액	세액	거래처	전자	분개
07.15	51.과세	30,000,000	3,000,000	(주)설악전기	1.여	현금

(차) 소프트웨어 30,000,000 (대) 현금 33,000,000
부가세대급금 3,000,000

2. 건물등 감가상각자산취득명세서

(1) 상단의 F4불러오기를 클릭하여 추가계정과목(소프트웨어)을 입력한다.

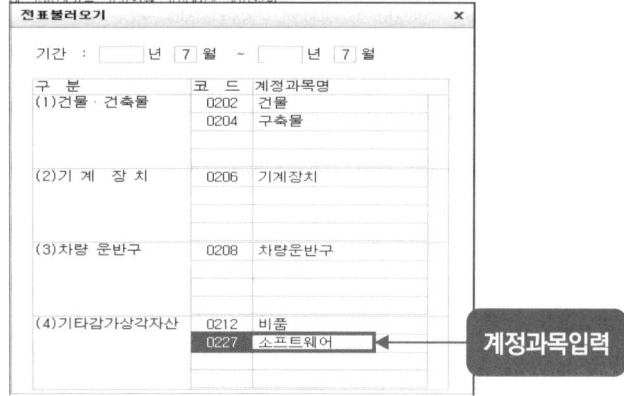

전표불러오기

기간 : 년 7 월 ~ 년 7 월

구 분	코 드	계정과목명
(1)건물 · 건축물	0202	건물
	0204	구축물
(2)기 계 장 치	0206	기계장치
(3)차량 운반구	0208	차량운반구
(4)기타감가상각자산	0212	비품
	0227	소프트웨어

계정과목입력

(2) 감가상각자산취득명세서(7월~7월)

취득내역

감가상각자산종류	건수	공급가액	세 액	비 고
합 계	2	80,000,000	8,000,000	
건물 · 구축물				
기 계 장 치				
차 량 운 반 구				
기타감가상각자산	2	80,000,000	8,000,000	

거래처별 감가상각자산 취득명세

	월/일	상호	사업자등록번호	자산구분	공급가액	세액	건수
1	07-01	대한전자	108-81-59726	기타	50,000,000	5,000,000	1
2	07-15	(주)설악전기	125-05-81909	기타	30,000,000	3,000,000	1

3. 부가가치세 조기환급신고서(7월1일~7월31일)

구분		코드	금액		세액
매입세액	세금계산서 수취분 일반매입	10			
	세금계산서 수취분 수출기업수입분납부유예	10			
	세금계산서 수취분 고정자산매입	11	30,000,000		3,000,000
	예정신고누락분	12			
	매입자발행세금계산서	13			
	그 밖의 공제매입세액	14	50,000,000		5,000,000
	합계(10)-(10-1)+(11)+(12)+(13)+(14)	15	80,000,000		8,000,000
	공제받지못할매입세액	16			
	차감계 (15-16)	17	80,000,000	ⓓ	8,000,000
납부(환급)세액(매출세액㉮-매입세액㉯)				ⓓ	-8,000,000
경감공제세액	그 밖의 경감 · 공제세액	18			
	신용카드매출전표등 발행공제등	19			
	합계	20		㉱	
예정신고미환급세액		21		㉲	

구분		코드	금액	세액
합계		40		
정 누 락 분	신용카드매출 수령금액합계 일반매입			
	신용카드매출 수령금액합계 고정매입			
	의제매입세액			
	재활용폐자원등매입세액			
	과세사업전환매입세액			
	재고매입세액			
	변제대손세액			
	외국인관광객에대한환급/			
	합계			
14.그 밖의 공제매입세액				
신용카드매출 수령금액합계표	일반매입	41		
	고정매입	42	50,000,000	5,000,000
의제매입세액		43		뒤쪽

4. 과세표준명세서 작성

-<u>신고구분(3.영세율등 조기환급)과 신고년월일(20x1년 8월 25일)을 반드시 입력</u>한다.

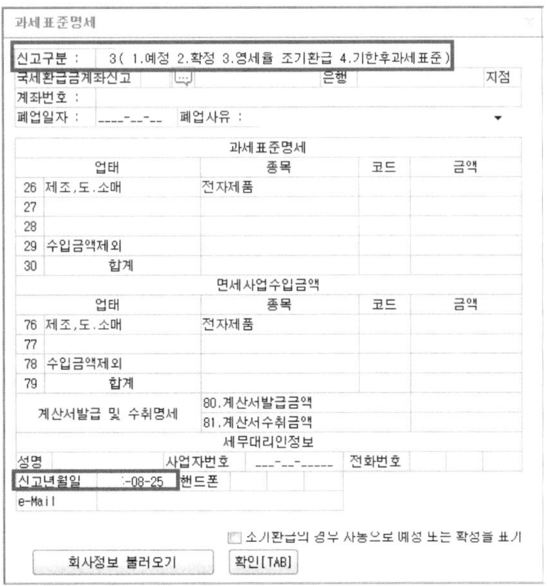

과세표준명세

신고구분 : 3(1.예정 2.확정 3.영세율 조기환급 4.기한후과세표준)
국세환급금계좌신고 | 은행 | 지점
계좌번호 :
폐업일자 : ____-__-__ 폐업사유 :

과세표준명세

	업태	종목	코드	금액
26	제조,도.소매	전자제품		
27				
28				
29	수입금액제외			
30	합계			

면세사업수입금액

	업태	종목	코드	금액
76	제조,도.소매	전자제품		
77				
78	수입금액제외			
79	합계			

계산서발급 및 수취명세	80.계산서발급금액	
	81.계산서수취금액	

세무대리인정보

성명		사업자번호	___-__-_____	전화번호	
신고년월일	-08-25	핸드폰			
e-Mail					

☐ 조기환급의 경우 자동으로 예정 또는 확정을 표기

회사정보 불러오기 | 확인[TAB]

제12절 매입세액불공제내역

1. 공제받지 못할 매입세액

사업자가 자기의 사업을 위하여 사용되었거나 사용될 재화 등에 대한 매입세액은 매출세액에서 공제되지만, 일정한 거래의 경우에는 매입세액을 공제해주지 않는다.

2. 공통매입세액 안분계산

해당과세기간		이후
예정신고	확정신고	확정신고
안분계산 원칙 : 공급가액 비율		
예정신고기간 면세비율 (1월~3월, 7월~9월)	확정신고기간 면세비율 (1월~6월, 7월~12월)	면세비율의 5% 이상 변동
1. 공통매입세액의 **안분** -일 반 -고정자산	2. 공통매입세액의 **정산** -일 반 -고정자산	3. 납부환급세액의 **재계산** -안 함 -고정자산

〈주요입력 항목〉

[공제받지못할 매입세액]	전표데이타 불러오기 : F4(불러오기)를 클릭하여 [매입매출전표]에 입력된 불공제 내역을 불러올 수도 있고, 직접입력도 가능하다. 자동 반영되지 않은 매입세액불공제 사유에 대해서는 **매입세금계산서의 매수, 공급가액, 매입세액은 직접 입력하여야 한다.**
[공통매입세액의 안분계산] (예정신고)	① 아래 산식 중 선택한다. 1:당해과세기간의 공급가액기준 2:당해과세기간의 매입가액기준 3:당해과세기간의 예정공급가액기준 4:당해과세기간의 예정사용면적기준 **시험문제의 대부분은 1.공급가액기준으로 안분계산한다.** ② 예정신고기간의 공통매입가액과 총공급가액, 면세공급가액을 입력하면 자동적으로 불공제매입세액이 계산된다.
[공통매입세액의 정산] (확정신고)	① 아래 산식을 선택한다. 1:당해과세기간의 공급가액기준 2:당해과세기간의 매입가액기준 3:당해과세기간의 예정공급가액기준 4:당해과세기간의 예정사용면적기준 **시험문제의 대부분은 공급가액기준으로(1번.예정신고시 적용한 안분계산기준)로 정산한다.** ② 총공급가액(1~6월, 7~12월)과 면세공급가액(1~6월, 7~12월)을 입력하고, 기불공제매입세액은 예정신고시 안분계산해서 불공제된 매입세액이 자동불러오거나 직접 입력한다.

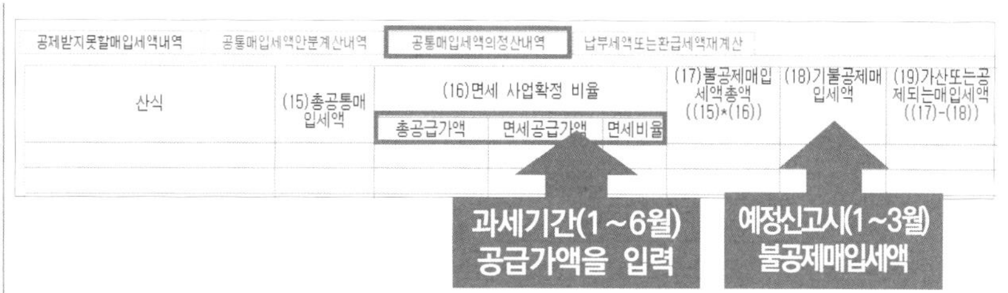

[납부(환급) 세액 재계산] (확정신고)	① 자산 : 1. 건물. 구축물 2. 기타자산을 선택한다. ② 경과된 과세기간의 수를 입력한다. ③ 당기와 직전(납부환급세액을 재계산한 직전 과세기간을 의미한다.) 총공급가액과 면세공급가액을 입력하면, 가산(공제)되는 매입세액이 자동계산된다.

example 예제 따라하기 **매입세액불공제내역 1(공제받지 못할 매입세액)**

(주)낙동(2003)을 선택하여 다음의 사항을 입력하시오. 다음 자료는 제 1기 예정신고기간의 거래내용이다. (주)낙동의 **제1기 예정신고기간의 공제받지 못할 매입세액명세서**를 작성하시오.

–모든 거래는 세금계산서 수취거래로서 부가가치세별도의 금액임.

1. 서울전자에 휴대폰을 10대(단가 : 400,000원) 구입하여 전량 거래처에 무상으로 제공하다.
2. 대표자의 업무용승용차(1,600cc)의 고장으로 인해 이의 수리비 1,000,000원을 대우카센터에 지출함
3. 면세사업에만 사용할 목적으로 난방기를 난방산업에서 250,000원에 구입하고 당기 소모품비로 처리함.
4. (주)백두로부터 건물을 10,000,000원에 구입하였는데, 즉시 철거하고 사옥을 신축할 예정이다.
5. 전자랜드에서 노트북을 2,000,000원에 구입하였는데, 교부받은 세금계산서에는 종업원 주민등록번호로 작성되었다.

해답

공제받지 못할 매입세액 내역(1~3월) 직접입력

–매입매출전표에 불공으로 입력되어 있으면 상단의 F4(불러오기)를 클릭하면 불러온다.

공제받지못할매입세액내역 | 공통매입세액안분계산내역 | 공통매입세액의정산내역 | 납부세액또는환급세액재계산

매입세액 불공제 사유	세금계산서		
	매수	공급가액	매입세액
①필요적 기재사항 누락 등	1	2,000,000	200,000
②사업과 직접 관련 없는 지출			
③비영업용 소형승용자동차 구입· 유지 및 임차	1	1,000,000	100,000
④접대비 및 이와 유사한 비용 관련	1	4,000,000	400,000
⑤면세사업 관련	1	250,000	25,000
⑥토지의 자본적 지출 관련	1	10,000,000	1,000,000
⑦사업자등록 전 매입세액			
⑧금거래계좌 미사용 관련 매입세액			

example 예제 따라하기 매입세액불공제내역 2(공통매입세액의 안분계산)

(주)낙동(2003)을 선택하여 다음의 사항을 입력하시오.
아래의 자료를 **제1기 예정신고기간의 공통매입세액의 안분계산 내역을** 작성하시오.

– 아래의 매출과 매입(1월~3월)은 모두 관련 세금계산서 또는 계산서를 적정하게 수수한 것으로 가정하며, 과세분 매출과 면세분 매출은 모두 공통매입분과 관련된 것이다.

구 분		공급가액(원)	세액(원)	합계액(원)
매출내역	과세분	40,000,000	4,000,000	44,000,000
	면세분	60,000,000	-	60,000,000
	합 계	100,000,000	4,000,000	104,000,000
매입내역	과세분	30,000,000	3,000,000	33,000,000
	공통분	**50,000,000**	**5,000,000**	**55,000,000**
	합 계	80,000,000	8,000,000	88,000,000

해답

공통매입세액안분계산(예정신고 1~3월)

1.당해과세기간의 공급가액기준을 선택하고, 전표에 입력되어 있으면 불러오면 된다.

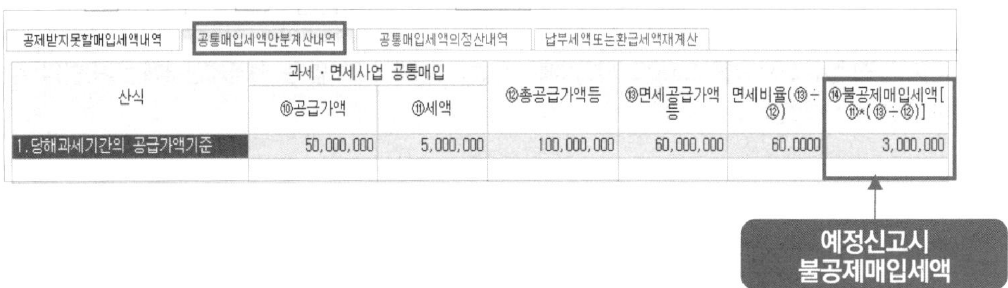

산식	과세・면세사업 공통매입 ⑩공급가액	⑪세액	⑫총공급가액등	⑬면세공급가액등	면세비율(⑬÷⑫)	⑭불공제매입세액[⑪*(⑬÷⑫)]
1.당해과세기간의 공급가액기준	50,000,000	5,000,000	100,000,000	60,000,000	60.0000	3,000,000

[참고–부가가치세신고서(1~3월)]

구분		금액	세율	세액
16.공제받지못할매입세액				
공제받지못할 매입세액	48	17,250,000		1,725,000
공통매입세액면세사업분	49	30,000,000		3,000,000
대손처분받을세액	50			
합계	51	47,250,000		4,725,000
18.기타경감공제세액				

example 예제 따라하기 매입세액불공제내역 3(공통매입세액의 정산)

(주)낙동(2003)을 선택하여 다음의 사항을 입력하시오.

다음 자료는 제1기 확정신고기간의 거래내용이다. 아래의 거래내역을 보고 (주)낙동의 **제1기 확정신고기간의 공제받지 못할 매입세액명세서(공통매입세액의 정산내역)**를 작성하시오. 기장된 자료는 무시하고 직접 입력한다.

아래의 매출과 매입(4월~6월)은 모두 관련 세금계산서 또는 계산서를 적정하게 수수한 것으로 가정하며, 과세분 매출과 면세분 매출은 모두 공통매입분과 관련된 것이다.

구 분		공급가액(원)	세액(원)	합계액(원)
매출내역	과세분	55,000,000	5,500,000	60,500,000
	면세분	45,000,000	-	45,000,000
	합 계	100,000,000	5,500,000	100,500,000
매입내역	과세분	40,000,000	4,000,000	44,000,000
	공통분	**45,000,000**	**4,500,000**	**49,500,000**
	합 계	85,000,000	8,500,000	93,500,000

해답

1. **공통매입세액정산(확정신고 4~6월) : 1~6월 전체 금액으로 입력하여야 된다.**

구 분		예정(1월~3월)	확정(4월~6월)	합계액(원)
매출내역	과세분	40,000,000	55,000,000	95,000,000
	면세분	60,000,000	45,000,000	105,000,000
	합 계	100,000,000	100,000,000	200,000,000
공통매입세액		5,000,000	4,500,000	**9,500,000**

– 상단의 [공통매입세액의정산내역]을 클릭하고, 산식 1.당해과세기간의 공급가액기준을 선택하면 "전표데이타를 불러오시겠습니까?"라는 화면이 나타나면 "예"를 선택한다.
그러면 (18)기불공제매입세액(1기예정신고시 공통매입세액중 불공제매입세액)이 자동입력된다.

– 계산내역에 총공통매입세액(1월~6월), 총공급가액(1~6월), 면세공급가액(1~6월)을 입력하면 2기 확정신고시 불공제매입세액 1,987,500원이 자동 계산된다.

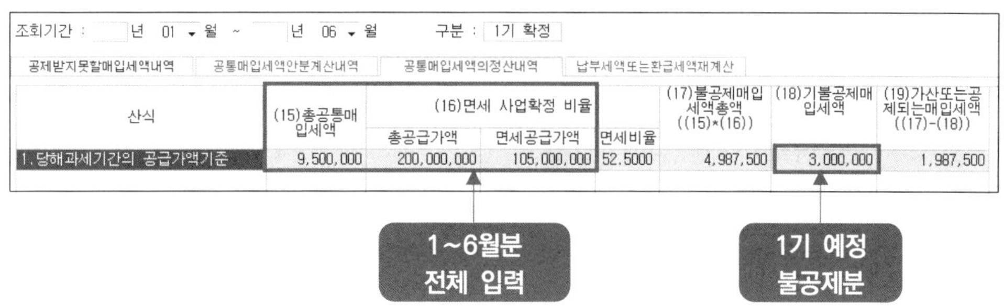

조회기간 : 년 01 월 ~ 년 06 월 구분 : 1기 확정

공제받지못할매입세액내역 | 공통매입세액안분계산내역 | 공통매입세액의정산내역 | 납부세액또는환급세액재계산

산식	(15)총공통매입세액	(16)면세 사업확정 비율			(17)불공제매입세액총액((15)*(16))	(18)기불공제매입세액	(19)가산또는공제되는매입세액((17)-(18))
		총공급가액	면세공급가액	면세비율			
1.당해과세기간의 공급가액기준	9,500,000	200,000,000	105,000,000	52.5000	4,987,500	3,000,000	1,987,500

example 예제 따라하기

매입세액불공제내역 4(납부세액 또는 환급세액의 재계산)

(주)낙동(2003)을 선택하여 다음의 사항을 입력하시오.
다음 자료는 제1기 확정신고기간의 거래내용이다. 아래의 거래내역을 보고 (주)낙동의 제1기 확정신고기간의 공제받지 못할 매입세액명세서(납부 · 환급세액 재계산내역)를 작성하시오. 기장된 자료는 무시하고 직접 입력한다.

–20x0년 과세사업과 면세사업에 공통으로 사용되는 자산의 구입내역

계정과목	취득일자	공급가액	부가가치세	비고
기계장치	20x0. 3. 1	10,000,000원	1,000,000원	
건 물	20x0. 4.10	100,000,000원	10,000,000원	
원 재 료	20x0. 6.20	1,000,000원	100,000원	

* 20x0년 제1기 부가세 확정신고시 공통매입세액에 대한 안분계산 및 정산은 정확히 신고서에 반영되었다.

–20x0년~20x1년의 공급가액 내역

구 분	20x0년		20x1년 제1기
	제1기	제2기	
과세사업	80,000,000원	62,000,000원	95,000,000원
면세사업	120,000,000원	88,000,000원	105,000,000원

해답

1. 면세비율계산 및 재계산여부

구 분	20x0년		20x1년 제1기
	제1기	제2기	
과세사업	80,000,000원	62,000,000원	95,000,000원
면세사업	120,000,000원	88,000,000원	105,000,000원
계	200,000,000원	150,000,000원	200,000,000원
면세비율	**60%**	58.67%	**52.5%**
증감된 면세비율	–	5%미만	**-7.5%**

☞ 20x0년 2기에는 면세비율변동이 5% 미만이므로 납부(환급)세액 재계산을 하지 않는다.

2. 체감률 및 경과된 과세기간의 수

계정과목	취득일자	부가가치세	체감율	경과된과세기간수
기계장치	20x0. 3. 1	1,000,000원	25%	2(자동계산)
건　　물	20x0. 4.10	10,000,000원	5%	
원 재 료	**감가상각자산에 한하여 납부(환급)세액 재계산**			

3. 당기와 직전(<u>전기에 재계산을 하지 않았으므로 직직전과세기간－20x0년 1기를 입력</u>)과세기간의 공급가액을 입력한다.

[납부 · 환급세액 재계산 최종화면]

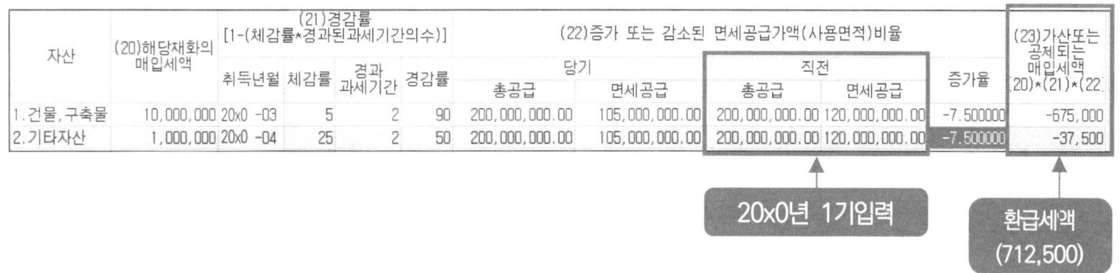

자산	(20)해당재화의 매입세액	(21)경감률 [1-(체감률*경과된과세기간의수)]				(22)증가 또는 감소된 면세공급가액(사용면적)비율					(23)가산또는 공제되는 매입세액 (20)*(21)*(22)
		취득년월	체감률	경과 과세기간	경감률	당기 총공급	당기 면세공급	직전 총공급	직전 면세공급	증가율	
1.건물,구축물	10,000,000	20x0 -03	5	2	90	200,000,000.00	105,000,000.00	200,000,000.00	120,000,000.00	-7.500000	-675,000
2.기타자산	1,000,000	20x0 -04	25	2	50	200,000,000.00	105,000,000.00	200,000,000.00	120,000,000.00	-7.500000	-37,500

제13절 부가가치세 신고서

해당란에 커서를 위치하고 상단의 F11(원시데이타켜기)를 클릭하면,
원시데이타(매입매출전표입력, 부속서류)가 나타나 신고서 작성시 참고할 수 있다.
또한 CF11(작성방법켜기)를 클릭하면 작성요령에 대해서 보조화면이 나타난다.

구분				정기신고금액 금액
과세표준및매출	과세	세금계산서발급분	1	
		매입자발행세금계산서	2	
		신용카드 현금영수증발행분	3	
		기타(정규영수증외매출분)	4	614,327
	영세	세금계산서발급분	5	
		기타	6	
	예정신고누락분		7	

작성요령

(1) : 해당 신고대상기간에 부가가치세가 과세되는 사업실적 중 세금계산서를 발행한 분을 기재 합니다.

1. 과세표준 및 매출세액

구분				금액	세율	세액
과세표준및매출세액	과세	세금계산서발급분	1		10/100	
		매입자발행세금계산서	2		10/100	
		신용카드 현금영수증발행분	3		10/100	
		기타(정규영수증외매출분)	4			
	영세	세금계산서발급분	5		0/100	
		기타	6		0/100	
	예정신고누락분		7			
	대손세액가감		8			
	합계		9		㉮	

[1]란 과세 : 세금계산서발급분

부가가치세가 과세되는 거래 중 세금계산서를 발급하여 매출한 금액을 입력한다. [매입매출전표]에서 **11:과세**로 입력한 매출금액이 자동 반영된다.

[3]란 과세 : 신용카드 · 현금영수증

부가가치세가 과세되는 거래 중 신용카드 · 현금영수증발행분 · 전자화폐 수취분의 공급가액을 입력한다.[매입매출전표]에서 **17:카과 22:현과 21:전자**로 입력한 매출금액이 자동 집계되어 반영된다.

[4]란 과세 : 기타(정규영수증외매출분)

부가가치세가 과세되는 거래 중 세금계산서발급 의무가 없는 매출금액(간주공급 포함)을 입력한다. [매입매출전표]에서 **14:건별**로 입력한 매출금액이 자동 집계되어 반영된다.

[5]란 영세율 : 세금계산서발급분

영세율이 적용되는 거래 중 세금계산서를 발급한 매출금액을 입력한다.
[**매입매출전표**]에서 **12:영세**로 입력한 매출금액이 자동 반영된다.

[6]란 영세율 : 기타

영세율이 적용되는 거래 중 세금계산서발급의무가 없는 분을 입력한다.
[**매입매출전표**]에서 **16:수출**로 입력한 매출금액이 자동 반영된다.

[7]란 예정신고누락분

예정신고 매출누락분(화면 우측)을 확정신고시 신고하고자 하는 경우에 입력한다.

7.매출(예정신고누락분)						
예정누락분	과세	세금계산서	36		10/100	
		기타	37		10/100	
	영세	세금계산서	38		0/100	
		기타	39		0/100	
	합계		40			

[8]란 대손세액가감

부가가치세가 과세되는 재화 또는 용역의 공급에 대한 외상매출금 등이 대손되어 대손세액을 공제받고자 하는 사업자가 입력한다.

대손세액을 공제받는 경우에는 "(-)"하여 입력하고, 대손금액의 전부 또는 일부를 회수하여 회수금액에 관련된 대손세액을 납부하는 경우에는 해당 납부하는 세액"(+)"을 입력한다.

2. 매입세액

매입세액	세금계산서 수취분	일반매입	10		
		수출기업수입분납부유예	11		
		고정자산매입	12		
	예정신고누락분		13		
	매입자발행세금계산서		14		
	그 밖의 공제매입세액		15		
	합계(10)-(11)+(12)+(13)+(14)+(15)		16		
	공제받지못할매입세액		17		
	차감계 (16-17)		18	㉯	
납부(환급)세액(매출세액㉮-매입세액㉯)				㉰	

[10]란 세금계산서수취분 : 일반매입

매입 거래로 발급받은 세금계산서 중 다음 [12]란 고정자산매입분을 제외한 금액을 입력한다. [매입매출전표]에서 51:**과세** 52:**영세** 54:**불공** 55:**수입**으로 입력한 매입금액 및 세액이 자동 반영된다. 54:**불공**으로 입력한 매입가액은 [10]란과 [17]란에 집계되어 차감하도록 되어 있다.

[12]란 세금계산서수취분 : 고정자산매입

발급받은 세금계산서 중 고정자산매입분의 매입금액과 세액을 입력한다. [매입매출전표]에서 51:**과세** 52:**영세** 54:**불공** 55:**수입**으로 입력하였으되 분개시에 고정자산으로 입력된 계정의 매입금액 및 세액이 반영된다.

[13]란 예정신고누락분

예정신고누락분을 확정신고시 신고하고자 하는 경우에 입력한다.

[15]란 그밖의 공제매입세액

발급받은 신용카드매출전표상의 매입세액, 의제매입세액, 재활용폐자원 등에 대한 매입세액, 재고매입세액 또는 변제대손세액을 공제받는 사업자가 입력한다.

15.그 밖의 공제매입세액				
신용카드매출 수령금액합계표	일반매입	44		
	고정자산매입	45		
의제매입세액		46	뒤쪽	
재활용폐자원등매입세액		47	뒤쪽	
과세사업전환매입세액		48		
재고매입세액		49		
변제대손세액		50		
외국인관광객에대한환급세액		51		
합계		52		

44,45란 신용카드매출전표수령명세서제출분

사업과 관련한 재화나 용역을 공급받고 발급받은 [신용카드매출전표등 수령명세서(갑)]를 제출하여 매입세액을 공제받는 경우에 입력한다. [매입매출전표]에서 57:**카과**로 입력된 금액이 자동 반영된다.

46란 의제매입세액

농산물 등 면세 원재료를 사용하여 과세 재화 또는 용역을 제공하여 의제매입세액을 공제받는 사업자가 입력한다.

47란 재활용폐자원 등 매입세액

재활용폐자원 등에 대한 매입세액을 공제받고자 하는 사업자가 입력한다.

17란 공제받지 못할 매입세액

매입매출전표의 불공제가 자동 반영된다.

구분		금액	세율	세액
17.공제받지못할매입세액				
공제받지못할 매입세액	53			
공통매입세액면세등사업분	54			
대손처분받은세액	55			
합계	56			

53란 공제받지 못할 매입세액

발급받은 세금계산서 중 매입세액으로 공제받지 못하는 세금계산서상의 공급가액과 세액을 입력한다. [매입매출전표]에서 54:불공으로 입력된 자료가 자동 반영된다.

54란 공통매입세액 면세사업분

겸영사업자의 공통매입세액 중 안분계산하여 면세사업 해당하는 공급가액과 세액을 입력한다.

3. 경감 · 공제세액 등

19란 경감 · 공제세액

19.그 밖의 경감·공제세액				
전자신고 및 전자고지 세액공제	57			
전자세금계산서발급세액공제	58			
택시운송사업자경감세액	59			
대리납부세액공제	60			
현금영수증사업자세액공제	61			
기타	62			
합계	63			

57란 전자신고세액공제 : 5,000원(개정세법 26)

구분	항목	번호			
경감공제세액	그 밖의 경감 · 공제세액	19			
	신용카드매출전표등 발행공제등	20			
	합계	21		㉣	
소규모 개인사업자 부가가치세 감면세액		22		㉤	
예정신고미환급세액		23		㉥	
예정고지세액		24		㉦	

20란 신용카드매출전표등발행공제등 : 개인사업자만 대상이다.

23란 **예정신고시 일반환급세액이 있을 경우 환급하여 주지 않고 확정신고시 정산한다. 따라서 예정신고시 미환급세액을 입력한다.**

24란 해당 과세기간 중에 예정고지된 세액이 있는 경우 그 예정고지세액을 입력한다.

4. 가산세

25.가산세명세					
사업자미등록등		64		뒤쪽	
세 금 계산서	지연발급 등	65		1/100	
	지연수취	66		5/1,000	
	미발급 등	67		뒤쪽	
전자세금 발급명세	지연전송	68		3/1,000	
	미전송	69		5/1,000	
세금계산서 합계표	제출불성실	70		5/1,000	
	지연제출	71		3/1,000	
신고 불성실	무신고(일반)	72		뒤쪽	
	무신고(부당)	73		뒤쪽	
	과소·초과환급(일반)	74		뒤쪽	
	과소·초과환급(부당)	75		뒤쪽	
납부지연		76		뒤쪽	
영세율과세표준신고불성실		77		5/1,000	
현금매출명세서불성실		78		1/100	
부동산임대공급가액명세서		79		1/100	
매입자 납부특례	거래계좌 미사용	80		뒤쪽	
	거래계좌 지연입금	81		뒤쪽	
신용카드매출전표등수령명세서미제출 · 과다기재		82		5/1,000	
합계		83			

64란 사업자미등록

미등록(1%) 및 허위등록가산세율(2%)

65란 세금계산서 지연발급등

세금계산서 발급기한 경과 후 발급시 : 1/100

67란 세금계산서 미발급등

세금계산서미교부 미발급(2%) 및 가공세금계산서 발급 및 수취(4%), 위장세금계산서 발급 및 수취(2%)

☞ 전자세금계산서 발급의무자가 종이세금계산서 발급시 전자세금계산서 미발급가산세(1%)

68, 69란 전자세금계산 지연전송 등

전자세금계산서 교부 의무 사업자가 국세청장에게 세금계산서 교부명세를 지연전송한 경우 등

지연전송	공급가액의 0.3%	미전송	공급가액의 0.5%

74란 신고불성실가산세(일반과소신고 및 초과환급) : 10%

* 1개월 이내 90%, 3개월 이내 수정신고시 75% 감면

76란 **납부지연가산세 : 미달납부세액×(경과일수)×이자율**

77란 **영세율과세표준신고불성실 : 5/1,000**

신고하지 아니하거나 미달하게 신고한 영세율 과세표준이 있는 경우에 적용한다.

* 1개월 이내 90%, 3개월 이내 수정신고시 75% 감면

5. 과세표준명세서

부가가치세신고서 작업화면 툴바의 F4(과표명세)를 클릭하면 국세환급금계좌신고, 폐업신고, 과세표준명세, 면세수입금액 입력화면이 나타난다.

과세표준명세

신고구분 : 1 (1.예정 2.확정 3.영세율 조기환급 4.기한후과세표준)

국세환급금계좌신고 | 은행 | 지점

계좌번호 :

폐업일자 : ____-__-__ 폐업사유 :

과세표준명세				
	업태	종목	코드	금액
31	제조,도.소매	전자제품	321001	
32				
33				
34	수입금액제외			
35	합계			
면세사업수입금액				
	업태	종목	코드	금액
84	제조,도.소매	전자제품	321001	
85				
86	수입금액제외			
87	합계			
계산서발급 및 수취명세		88.계산서발급금액		
		89.계산서수취금액		
세무대리인정보				

성명		사업자번호	___-__-_____	전화번호	
신고년월일		핸드폰		생년월일	____-__-__
e-Mail					

㉠ 신고유형 선택

예정 · 확정 · 영세율등 조기환급 · 기한후과세표준 중 유형을 선택한다.

㉡ 국세환급금계좌신고란 : 환급받을 세액이 발생한 경우 입력한다.

[31]~[33]란 과세표준

과세표준은 **도소매**·**제조**·**기타**의 업태와 종목별로 나누어 입력하며(기초정보관리에 입력한 사항이 자동반영), 코드도움은 [F2]에 의하여 입력한다.

업종코드도움

전체

업종코드	업 태	종 목
여기를 클릭하여 검색		
011000	농업, 임업 및 어업	곡물 및 기타 식량작물 재배업
011001	농업, 임업 및 어업	채소작물 재배업
011002	농업, 임업 및 어업	화훼작물 재배업

[34]란 수입금액 제외

수입금액 제외란은 고정자산매각, 직매장공급 등 소득세법상 수입금액에서 제외되는 금액을 입력한다.

[84],[85]란 면세수입금액

부가가치세가 **면세되는 사업의 수입금액을 업태**, **종목별**로 구분하여 입력한다.

[88]란 계산서 발급금액

부가가치세가 과세되지 아니한 재화 또는 용역을 공급하고 발급한 계산서의 합계액을 입력한다.

[89]란 계산서 수취금액

거래상대방으로부터 발급받은 계산서의 합계액을 입력한다.

example 예제 따라하기 | 부가가치세 신고서(예정) 

(주)청천(2004)를 선택하여 다음의 자료를 토대로 1기(1/1~3/31) 부가가치세 **예정신고서(과세표준명세서 포함)**를 작성하시오. 단, 신고서작성과 관련한 전표입력사항과 구비서류작성은 생략한다.

[1] 매출사항

거래일자	거래내용	공급가액(원)	비고
1.11	제품매출	4,000,000	전자세금계산서
2.15	제품매출	23,000,000	신용카드영수증
2.25	제품매출	1,300,000	영세율전자세금계산서
2.25	직수출액	10,000,000	세금계산서 미교부
3. 1	거래처에 상품 무상증정	8,000,000	시가
3.10	면세재화판매	2,500,000	계산서 교부
3.31	간주임대료	3,000,000	소득세법상 총수입금액에 산입되지 않는다.
3.31	고정자산매각	10,000,000	전자세금계산서 교부

[2] 매입사항

거래일자	거래내용	공급가액(원)	비고
1.10	원재료매입	3,800,000	전자세금계산서
1.11	원재료매입	8,000,000	신용카드영수증
2.10	내국신용장에 의한 원재료 구매	3,500,000	영세율전자세금계산서
2.15	비영업용 소형승용차 구입	10,000,000	전자세금계산서
2.25	면세재화구입	1,500,000	계산서 수취

[3] 기타사항

- 과세사업의 업태는 제조업이고 종목은 컴퓨터, 표준소득율코드는 300100이다.
- 면세사업의 업태는 출판업이고 종목은 서적, 표준소득율코드는 221100이다.

해답

1. 매출세액계산

구 분		금 액	세 액
과 세	세금계산서 발급분	4,000,000+10,000,000	1,400,000
	매입자발행세금계산서		
	신용카드 · 현금영수증	23,000,000	2,300,000
	기 타	8,000,000+3,000,000	1,100,000
영세율	세금계산서 교부분	1,300,000	
	기 타	10,000,000	
예정신고누락분			
대손세액가감			
합 계		59,300,000	4,800,000

2. 매입세액계산

구 분		금 액	세 액
세금계산서수취분	일반매입	3,800,000+3,500,000	380,000+0
	고정자산매입	10,000,000	1,000,000
예정신고누락분			
매입자발행세금계산서			
그밖의 공제매입세액 (신용카드-일반매입)		8,000,000	800,000
합계		25,300,000	2,180,000
공제받지못할매입세액		10,000,000	1,000,000
차감계		15,300,000	1,180,000

동시 입력

☞ **내국신용장에 의한 상품구매는 영세율이 적용됨.**
비영업용소형승용차 구입분에 대해서는 11.세금계산서 수취분(고정자산)과 동시에 50.공제받지못할매입세액에 입력함.

3. 경감공제세액

신용카드매출전표등 발행공제등은 개인사업자만 공제되나, 자격시험에서는 입력을 요구하는 경우가 있음. 발행금액(공급가액+부가가치세) 25,300,000원을 입력함.

4. 과세표준명세

과세표준명세			
업　　태	종　　목	코드번호	금　　액
제　　조	컴퓨터	300100	46,300,000
수입금액제외	고정자산매각외	300100	13,000,000
합　계			59,300,000
면세수입금액			
업　　태	종　　목	코드번호	금　　액
정보통신업	서적	221100	2,500,000
수입금액제외			
합　계			2,500,000
계산서교부 및 수취내역	계산서 교부금액	2,500,000	
	계산서 수취금액	1,500,000	

☞ <u>수입금액제외(과세) : 10,000,000(고정자산매각)+3,000,000(간주임대료)</u> =13,000,000원

5. 신고서(예정신고기간 1~3월)

-그 밖의 공제매입세액

15.그 밖의 공제매입세액					
신용카드매출	일반매입	44	8,000,000		800,000
수령금액합계표	고정자산매입	45			
의제매입세액		46		뒤쪽	
재활용폐자원등매입세액		47		뒤쪽	

-공제받지 못할 매입세액

구분		금액	세율	세액
17.공제받지못할매입세액				
공제받지못할 매입세액	53	10,000,000		1,000,000
공통매입세액면세등사업분	54			
대손처분받은세액	55			
합계	56	10,000,000		1,000,000

– 부가가치세예정신고(1월~3월)

구분				정기신고금액 금액	세율	세액
과세표준및매출세액	과세	세금계산서발급분	1	14,000,000	10/100	1,400,000
	과세	매입자발행세금계산서	2		10/100	
	과세	신용카드 · 현금영수증발행분	3	23,000,000	10/100	2,300,000
	과세	기타(정규영수증외매출분)	4	11,000,000		1,100,000
	영세	세금계산서발급분	5	1,300,000	0/100	
	영세	기타	6	10,000,000	0/100	
	예정신고누락분		7			
	대손세액가감		8			
	합계		9	59,300,000	㉮	4,800,000
매입세액	세금계산서수취분	일반매입	10	7,300,000		380,000
	세금계산서수취분	수출기업수입분납부유예	11			
	세금계산서수취분	고정자산매입	12	10,000,000		1,000,000
	예정신고누락분		13			
	매입자발행세금계산서		14			
	그 밖의 공제매입세액		15	8,000,000		800,000
	합계(10)-(11)+(12)+(13)+(14)+(15)		16	25,300,000		2,180,000
	공제받지못할매입세액		17	10,000,000		1,000,000
	차감계 (16-17)		18	15,300,000	㉯	1,180,000
납부(환급)세액(매출세액㉮-매입세액㉯)					㉰	3,620,000
경감공제세액	그 밖의 경감 · 공제세액		19			
	신용카드매출전표등 발행공제등		20			
	합계		21		㉱	
소규모 개인사업자 부가가치세 감면세액			22		㉲	
예정신고미환급세액			23		㉳	
예정고지세액			24		㉴	
수시부과세액			25		㉵	
사업양수자의 대리납부 기납부세액			26		㉶	
매입자 납부특례 기납부세액			27		㉷	
신용카드업자의 대리납부 기납부세액			28		㉸	
가산세액계			29		㉹	
차가감하여 납부할세액(환급받을세액)㉰-㉱-㉲-㉳-㉴-㉵-㉶-㉷-㉸+㉹					30	3,620,000
총괄납부사업자가 납부할 세액(환급받을 세액)						

과세표준명세의 합계와 일치

– 과세표준명세

과세표준명세

신고구분 :	1	(1.예정 2.확정 3.영세율 조기환급 4.기한후과세표준)		
국세환급금계좌신고			은행	지점
계좌번호 :				
폐업일자 :	____-__-__	폐업사유 :		

	업태	종목	코드	금액
과세표준명세				
31	제조업	컴퓨터 제조업	300100	46,300,000
32				
33				
34	수입금액제외	컴퓨터 제조업	300100	13,000,000
35	합계			59,300,000
면세사업수입금액				
	업태	종목	코드	금액
84	정보통신업	일반 서적 출판업	221100	2,500,000
85				
86	수입금액제외			
87	합계			2,500,000
계산서발급 및 수취명세		88.계산서발급금액		2,500,000
		89.계산서수취금액		1,500,000
세무대리인정보				

신고서의 과세표준 합계와 일치

example 예제 따라하기 **부가가치세 확정신고서**

(주)청천(2004)을 선택하여 다음의 자료를 토대로 20x1년 제2기 확정신고기간(10월~12월)의 부가가치세 신고서를 작성하시오.

[1] 매출사항

1. 전자세금계산서 발급 매출 공급가액 : 500,000,000원(세액 50,000,000원)
   (지연전송한 전자세금계산서의 매출 공급가액 1,000,000원이 포함되어 있음)
   (종이세금계산서 발급 매출 공급가액 2,000,000원이 포함되어 있음)
2. 신용카드 매출전표 발급 매출 공급대가 : 66,000,000원
   (전자세금계산서 발급 매출 공급가액 10,000,000원이 포함되어 있음)
3. 해외 직수출에 따른 매출 공급가액 : 30,000,000원
4. 당사의 직원인 홍길동(임원 아님)에게 경조사와 관련하여 연간 100,000원(시가) 상당의 제품(당사가 제조한 제품임)을 무상으로 제공하였다.

[2] 매입사항

1. 전자세금계산서 수취 매입(일반) 공급가액 : 320,000,000원(세액 32,000,000원)
2. 신용카드 매입 공급대가 : 12,100,000원
   (에어컨 구입비 3,300,000원(공급대가)이 포함되어 있음)
3. 제1기 예정신고 시 누락된 종이세금계산서 매입(일반) 공급가액 : 10,000,000원
   (세액 1,000,000원)

[3] 기타자료

1. 20x0년 제 2기 확정신고 시 대손세액공제 받은 외상매출금 33,000,000원을 전액 회수함.
2. 20x1년 제1기 예정신고미환급세액 : 3,000,000원
3. 국세청 홈택스에 전자신고를 완료하였다.

해답

1. 과세표준 및 매출세액

구분				정기신고금액		
				금액	세율	세액
과세표준및매출세액	과세	세금계산서발급분	1	500,000,000	10/100	50,000,000
		매입자발행세금계산서	2		10/100	
		신용카드 · 현금영수증발행분	3	50,000,000	10/100	5,000,000
		기타(정규영수증외매출분)	4			
	영세	세금계산서발급분	5		0/100	
		기타	6	30,000,000	0/100	
	예정신고누락분		7			
	대손세액가감		8			3,000,000
	합계		9	580,000,000	㉮	58,000,000

☞ 경조사와 관련하여 직원에게 제공한 제품 등은 연간 100,000원 이하까지 재화의 공급으로 보지 않는다. 대손세액공제를 받은 매출채권을 회수시 매출세액을 추가 납부하여야 한다.

2. 매입세액

매입세액	세금계산서 수취분	일반매입	10	320,000,000		32,000,000
		수출기업수입분납부유예	11			
		고정자산매입	12			
	예정신고누락분		13	10,000,000		1,000,000
	매입자발행세금계산서		14			
	그 밖의 공제매입세액		15	11,000,000		1,100,000
	합계(10)-(11)+(12)+(13)+(14)+(15)		16	341,000,000		34,100,000
	공제받지못할매입세액		17			
	차감계 (16-17)		18	341,000,000	㉯	34,100,000
납부(환급)세액(매출세액㉮-매입세액㉯)					㉰	23,900,000

☞ 종이매입세금계산서를 수취시 매입자에게 가산세는 없다.

–매입세액(예정신고누락분)

13.매입(예정신고누락분)					
예	세금계산서	41	10,000,000		1,000,000
	그 밖의 공제매입세액	42			
	합계	43	10,000,000		1,000,000

–그 밖의 공제 매입세액

15.그 밖의 공제매입세액					
신용카드매출 수령금액합계표	일반매입	44	8,000,000		800,000
	고정자산매입	45	3,000,000		300,000
의제매입세액		46		뒤쪽	

3. 납부세액

–전자신고세액공제 5,000원

–예정신고 미환급세액 3,000,000원

–지연전송가산세 = 지연전송금액(1,000,000) × 0.3% = 3,000원

–전자세금계산서 미발급가산세 = [미발급(2,000,000 × 1%(종이)] = 20,000원

〈 가산세 〉

사업자미등록등		64		뒤쪽	
세 금 계산서	지연발급 등	65		1/100	
	지연수취	66		5/1,000	
	미발급 등	67	2,000,000	뒤쪽	20,000
전자세금 발급명세	지연전송	68	1,000,000	3/1,000	3,000
	미전송	69		5/1,000	

〈 납부할 세액 〉

경감 공제 세액	그 밖의 경감 · 공제세액	19			5,000
	신용카드매출전표등 발행공제등	20			
	합계	21		㉱	5,000
소규모 개인사업자 부가가치세 감면세액		22		㉲	
예정신고미환급세액		23		㉳	3,000,000
예정고지세액		24		㉴	
수시부과세액		25		㉵	
사업양수자가 대리납부한 세액		26		㉶	
매입자 납부특례에 따라 납부한세액		27		㉷	
신용카드업자가 대리납부한 세액		28		㉸	
가산세액계		29		㉹	23,000

4. 최종 부가가치세 신고서

구분				정기신고금액 금액	세율	세액
과세표준및매출세액	과세	세금계산서발급분	1	500,000,000	10/100	50,000,000
		매입자발행세금계산서	2		10/100	
		신용카드 · 현금영수증발행분	3	50,000,000	10/100	5,000,000
		기타(정규영수증외매출분)	4			
	영세	세금계산서발급분	5		0/100	
		기타	6	30,000,000	0/100	
	예정신고누락분		7			
	대손세액가감		8			3,000,000
	합계		9	580,000,000	㉮	58,000,000
매입세액	세금계산서 수취분	일반매입	10	320,000,000		32,000,000
		수출기업수입분납부유예	11			
		고정자산매입	12			
	예정신고누락분		13	10,000,000		1,000,000
	매입자발행세금계산서		14			
	그 밖의 공제매입세액		15	11,000,000		1,100,000
	합계(10)-(11)+(12)+(13)+(14)+(15)		16	341,000,000		34,100,000
	공제받지못할매입세액		17			
	차감계 (16-17)		18	341,000,000	㉯	34,100,000
납부(환급)세액(매출세액㉮-매입세액㉯)					㉰	23,900,000
경감 공제 세액	그 밖의 경감 · 공제세액		19			5,000
	신용카드매출전표등 발행공제등		20			
	합계		21		㉱	5,000
소규모 개인사업자 부가가치세 감면세액			22		㉲	
예정신고미환급세액			23		㉳	3,000,000
예정고지세액			24		㉴	
수시부과세액			25		㉵	
사업양수자가 대리납부한 세액			26		㉶	
매입자 납부특례에 따라 납부한세액			27		㉷	
신용카드업자가 대리납부한 세액			28		㉸	
가산세액계			29		㉹	23,000
차가감하여 납부할세액(환급받을세액)㉰-㉱-㉲-㉳-㉴-㉵-㉶-㉷-㉸+㉹					30	20,918,000
총괄납부사업자가 납부할 세액(환급받을 세액)						

example 예제 따라하기 **부가가치세 확정신고서(예정신고누락분)**

(주)청천(2004)을 선택하여 다음의 자료를 토대로 1기(4/1~6/30) 부가가치세 **확정신고신고서(과세표준명세서 생략)**를 작성하시오. 단, 신고서작성과 관련한 전표입력사항과 구비서류작성은 생략한다. 가산세 계산시 적용할 미납일수는 91일, 1일 2.2/10,000이고, **부당과소신고가 아니다.**

[1] 매출사항

거래일자	거래내용	공급가액(원)	비 고
4.01	제품매출	100,000,000	**전자세금계산서 발급 후 전송**
4.30	직수출액	20,000,000	세금계산서 미발급

[2] 매입사항

거래일자	거래내용	공급가액(원)	비 고
4.10	원재료	30,000,000	전자세금계산서 수취

[3] 예정신고누락분**(전자세금계산서를 적법발급 후 익일 전송했으나 예정신고서에 누락되었다.)**

거래일자		거래내용	공급가액(원)	비 고
매출	1.01	제품매출	10,000,000	전자세금계산서 발급
	1.31	제품매출	20,000,000	현금영수증 교부
	2.10	내국신용장에 의한 제품매출	30,000,000	영세율전자세금계산서 발급
	2.15	대표이사가 제품을 개인적 용도로 사용	3,000,000	원가 : 2,000,000원 시가 : 3,000,000원
매입	1.10	대표이사명의 신용카드로 경리과 컴퓨터 구입	5,000,000	매입세액공제요건 충족함
	2.15	원재료 구입	10,000,000	세금계산서 지연수취

[4] 부가가치세 신고서는 홈택스로 전자신고하였다.

해답

1. 과세표준 및 매출세액

구분				금액	세율	세액
과세표준및매출세액	과세	세금계산서발급분	1	100,000,000	10/100	10,000,000
		매입자발행세금계산서	2		10/100	
		신용카드 · 현금영수증발행분	3		10/100	
		기타(정규영수증외매출분)	4			
	영세	세금계산서발급분	5		0/100	
		기타	6	20,000,000	0/100	
	예정신고누락분		7	63,000,000		3,300,000
	대손세액가감		8			
	합계		9	183,000,000	㉮	13,300,000

–예정신고누락분

7.매출(예정신고누락분)						
예정누락분	과세	세금계산서	36	10,000,000	10/100	1,000,000
		기타	37	23,000,000	10/100	2,300,000
	영세	세금계산서	38	30,000,000	0/100	
		기타	39		0/100	
	합계		40	63,000,000		3,300,000

2. 매입세액

매입세액	세금계산서수취분	일반매입	10	30,000,000		3,000,000
		수출기업수입분납부유예	11			
		고정자산매입	12			
	예정신고누락분		13	15,000,000		1,500,000
	매입자발행세금계산서		14			
	그 밖의 공제매입세액		15			
	합계(10)-(11)+(12)+(13)+(14)+(15)		16	45,000,000		4,500,000
	공제받지못할매입세액		17			
	차감계 (16-17)		18	45,000,000	㉯	4,500,000

–예정신고누락분

13.매입(예정신고누락분)						
예정누	세금계산서		41	10,000,000		1,000,000
	그 밖의 공제매입세액		42	5,000,000		500,000
	합계		43	15,000,000		1,500,000
	신용카드매출수령금액합계	일반매입				
		고정자산매입		5,000,000		500,000
	의제매입세액					

3. 기타경감공제세액

① 전자신고세액공제 : 5,000원

② 신용카드매출전표등 발행공제에 22,000,000원(예정신고누락분 현금영수증발급액) 입력

☞ 법인사업자는 세액공제가 안되므로, 최근 시험에서 입력하지 않아도 정답처리하고 있음.

4. 가산세 계산

〈매출매입신고누락분 - 전자세금계산서 적법발급 및 전송〉

구분			공급가액	세액
매출	과세	세금	10,000,000	1,000,000
		기타	20,000,000+3,000,000	2,300,000
	영세	세금	30,000,000	
		기타		-
매입	세금계산서 등		*10,000,000(지연수취)*	1,000,000
	신용카드 등		5,000,000	500,000
미달신고(납부)				1,800,000

영세율과세표준신고불성실(30,000,000원)

신고, 납부지연(1,800,000원)

[예정신고 누락분에 대한 가산세]

1. 매입세금계산서 지연수취	10,000,000원×0.5%=50,000원
2. 신고불성실	1,800,000원×10%×(1-75%)=45,000원 ☞ 3개월 이내 수정신고시 75% 가산세가 감면된다.
3. 납부지연	1,800,000원×91일×2.2(가정)/10,000=36,036원
4. 영세율과세표준신고 불성실	30,000,000원×0.5%×(1-75%)=37,500원 ☞ 3개월 이내 수정신고시 75% 가산세가 감면된다.
계	168,536원

29.가산세명세					
사업자미등록등		64		뒤쪽	
세금계산서	지연발급 등	65		1/100	
	지연수취	66	10,000,000	5/1,000	50,000
	미발급 등	67		뒤쪽	
전자세금발급명세	지연전송	68		3/1,000	
	미전송	69		5/1,000	
세금계산서합계표	제출불성실	70		5/1,000	
	지연제출	71		3/1,000	
신고불성실	무신고(일반)	72		뒤쪽	
	무신고(부당)	73		뒤쪽	
	과소·초과환급신고(일반)	74	1,800,000	뒤쪽	45,000
	과소·초과환급신고(부당)	75		뒤쪽	
납부지연		76	1,800,000	뒤쪽	36,036
영세율과세표준신고불성실		77	30,000,000	5/1,000	37,500
현금매출명세서불성실		78		1/100	
부동산임대공급가액명세서 불성실		79		1/100	
매입자납부특례	거래계좌 미사용	80		뒤쪽	
	거래계좌 지연입금	81		뒤쪽	
신용카드매출전표등수령명세서미제출·과다기재		82		5/1,000	
합계		83			168,536

납부지연일수 계산						
당초납부기한	년	04	월	25	일
납부일 또는 고지일	년	07	월	25	일
미납일수	91				

5. 확정신고서(4~6월)-(예정신고누락분)

구분				정기신고금액 금액	세율	세액
과세표준및매출세액	과세	세금계산서발급분	1	100,000,000	10/100	10,000,000
		매입자발행세금계산서	2		10/100	
		신용카드 · 현금영수증발행분	3		10/100	
		기타(정규영수증외매출분)	4			
	영세	세금계산서발급분	5		0/100	
		기타	6	20,000,000	0/100	
	예정신고누락분		7	63,000,000		3,300,000
	대손세액가감		8			
	합계		9	183,000,000	㉮	13,300,000
매입세액	세금계산서 수취분	일반매입	10	30,000,000		3,000,000
		수출기업수입분납부유예	11			
		고정자산매입	12			
	예정신고누락분		13	15,000,000		1,500,000
	매입자발행세금계산서		14			
	그 밖의 공제매입세액		15			
	합계(10)-(11)+(12)+(13)+(14)+(15)		16	45,000,000		4,500,000
	공제받지못할매입세액		17			
	차감계 (16-17)		18	45,000,000	㉯	4,500,000
납부(환급)세액(매출세액㉮-매입세액㉯)					㉰	8,800,000
경감공제세액	그 밖의 경감 · 공제세액		19			5,000
	신용카드매출전표등 발행공제등		20	22,000,000		
	합계		21		㉱	5,000
소규모 개인사업자 부가가치세 감면세액			22		㉲	
예정신고미환급세액			23		㉳	
예정고지세액			24		㉴	
수시부과세액			25		㉵	
사업양수자가 대리납부한 세액			26		㉶	
매입자 납부특례에 따라 납부한세액			27		㉷	
신용카드업자가 대리납부한 세액			28		㉸	
가산세액계			29		㉺	168,536
차가감하여 납부할세액(환급받을세액)㉰-㉱-㉲-㉳-㉴-㉵-㉶-㉷-㉸+㉺					30	8,963,536
총괄납부사업자가 납부할 세액(환급받을 세액)						

제14절 부가가치세 전자신고

부가가치세신고서를 작성, 마감 후 국세처청에 홈택스를 이용하여 **전자신고합니다.**

〈주요 전자신고 순서〉

1. 전자신고파일생성	1. 신고서 작성 및 마감
	2. 전자신고서 제작(비밀번호 입력)
	3. C드라이브에 파일(파일명 메모)이 생성
2. 홈택스 전자신고	1. 전자신고파일 불러오기
	2. 형식검증하기(비밀번호 입력) → 확인
	3. 내용검증하기 → 확인
	4. 전자파일 제출
	5. 접수증 확인

example 예제 따라하기 | 부가가치세 전자신고

(주)전자(2005)를 선택하여 1기 부가가치세 확정신고서(4~6월)를 작성, 마감하여 가상홈택스에서 부가가치세 전자신고를 수행하시오.

해답

1. 전자신고 파일생성

① 세금계산서 합계표를 조회(4~6월) 후 상단의 F7(마감)을 클릭하여 합계표를 마감한다.

매 출 | 매 입

2. 매출세금계산서 총합계

구	분	매출처수	매 수	공급가액	세 액
합	계	1	1	100,000,000	10,000,000
과세기간 종료일 다음달	사업자 번호 발급분	1	1	100,000,000	10,000,000

→ 첨부서류를 작성하여야 마감시 오류가 발생하지 않는다.

② 부가가치세신고서를 조회(4월~6월)를 하여 신고서를 불러온다.

③ 상단의 F3(마감)을 클릭하여 부가세 신고서를 마감(하단의 마감F3)한다.

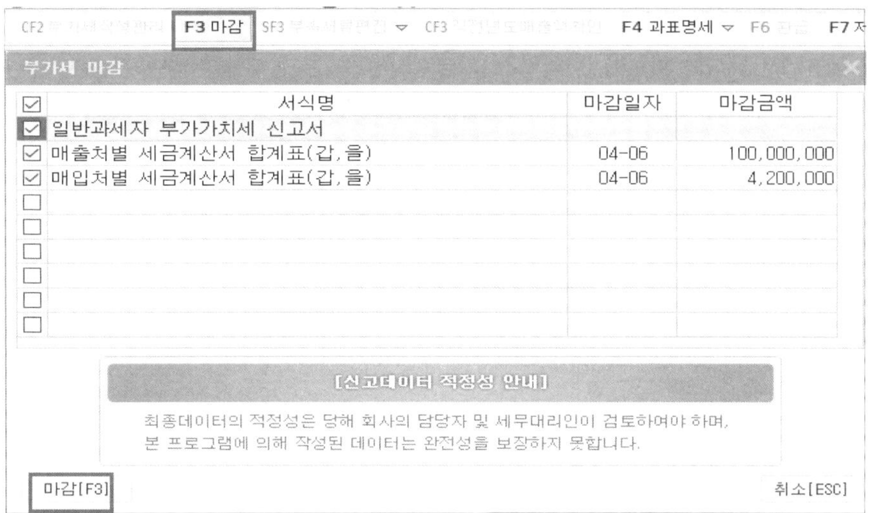

④ 부가가치 메뉴에서 부가가치 → 전자신고의 [전자신고] 메뉴를 클릭합니다.

⑤ 신고년월과 신고인(<u>2.납세자 자진 신고등</u>)구분을 선택하여 조회 후 마감된 신고서를 선택(체크) 후 상단 F4 제작을 클릭합니다.

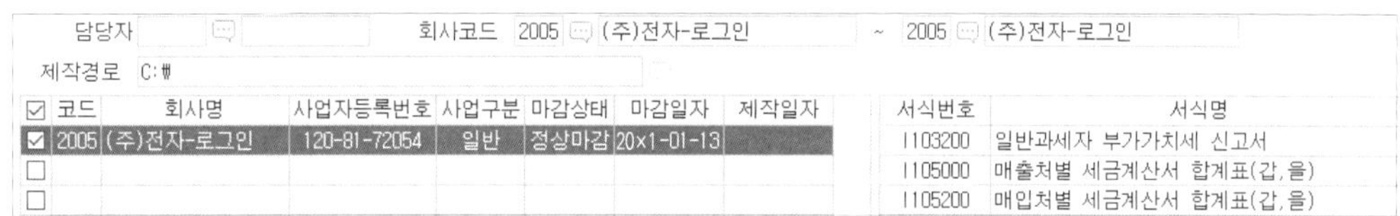

⑥ F4제작을 클릭 후 비밀번호를 입력하여 파일 제작합니다.(<u>비밀번호 입력 필수사항</u>)

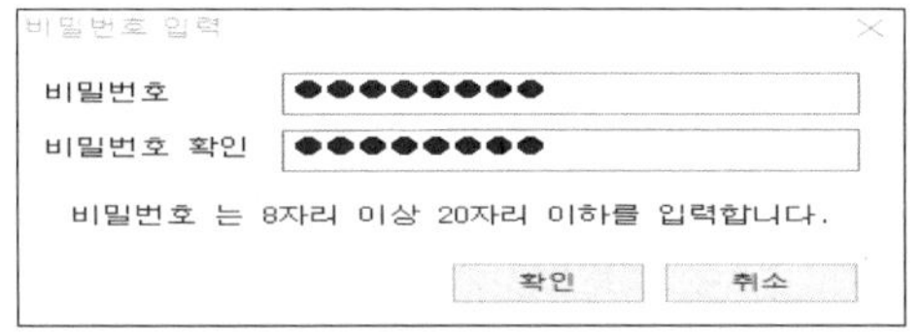

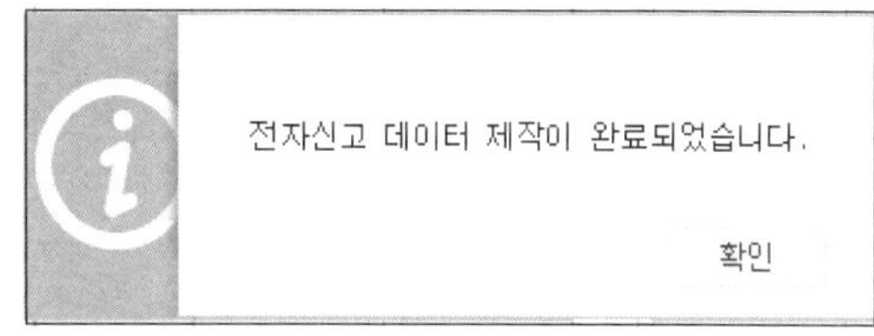

제작이 완료되면 제작일자에 현재 날짜가 표시됩니다.

⑦ 전자신고 파일 제작이 완료되면, <u>C드라이브에 파일이 생성</u>되며 전자신고 메뉴에서 상단의 F6 홈택스바로가기를 클릭합니다

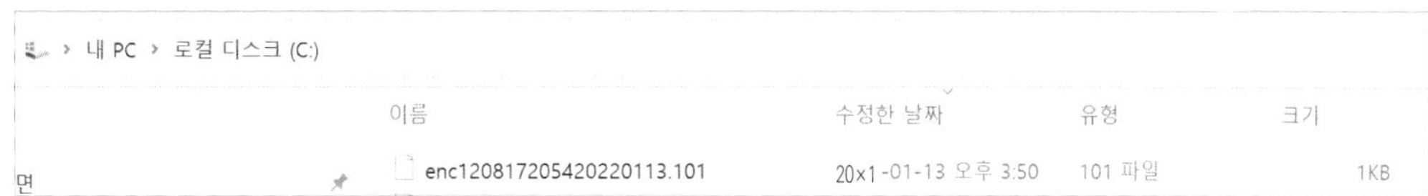

☞ <u>파일 수정한 날짜는 제작한 날짜가 표시됩니다.</u>

2. 홈택스 전자신고(국세청 홈택스 사이트)

① 메뉴에서 상단의 <u>F6홈택스바로가기를 클릭</u>하면 국세청 홈택스 전자신고변환(교육용)이 나옵니다.

② 전자신고 메뉴에서 제작한 파일을 [찾아보기] 기능(c드라이브)을 통해 불러옵니다.
파일을 불러오면 선택한 파일내역에 전자파일명과 파일크기가 반영됩니다.

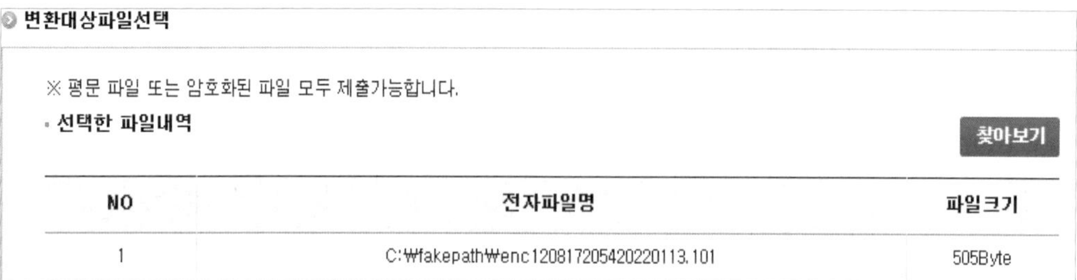

변환대상파일선택

※ 평문 파일 또는 암호화된 파일 모두 제출가능합니다.

- 선택한 파일내역

찾아보기

NO	전자파일명	파일크기
1	C:₩fakepath₩enc120817205420220113.101	505Byte

② 형식검증 : <u>형식검증하기</u>를 클릭하여 전자신고 파일 <u>제작 시 입력한 비밀번호를 입력</u>합니다.
<u>형식검증결과확인</u>을 클릭하여 확인합니다.

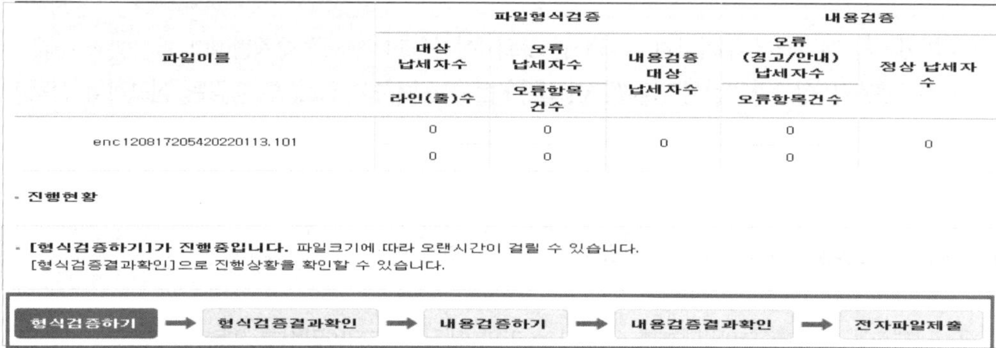

파일이름	파일형식검증		내용검증		
	대상 납세자수 / 라인(줄)수	오류 납세자수 / 오류항목 건수	내용검증 대상 납세자수	오류(경고/안내) 납세자수 / 오류항목건수	정상 납세자수
enc120817205420220113.101	0 / 0	0 / 0	0	0 / 0	0

- 진행현황

- [형식검증하기]가 진행중입니다. 파일크기에 따라 오랜시간이 걸릴 수 있습니다.
[형식검증결과확인]으로 진행상황을 확인할 수 있습니다.

형식검증하기 → 형식검증결과확인 → 내용검증하기 → 내용검증결과확인 → 전자파일제출

③ 내용검증 : **내용검증하기를 클릭**하여 내용검증을 진행합니다. **내용검증결과확인을 클릭**하여 검증결과를 확인합니다.

☞ 파일이 오류인 경우 오류항목건수가 표시가 되며 건수를 클릭시 결과를 조회할 수 있다. 오류가 없어야 정상적으로 제출할 수 있다.

파일이름	파일형식검증		내용검증		
	대상 납세자수	오류 납세자수	내용검증 대상 납세자수	오류(경고/안내) 납세자수	정상 납세자수
	라인(줄)수	오류항목 건수		오류항목건수	
enc120817205420220113.101	1	0	1	0	1
	6	0		0	

· 진행현황

· [내용검증하기]가 완료 되었습니다.
[전자파일제출]버튼을 클릭하여 제출화면으로 이동하세요.

형식검증하기 ➡ 형식검증결과확인 ➡ 내용검증하기 ➡ 내용검증결과확인 ➡ 전자파일제출

④ 전자파일제출

전자파일제출을 클릭하면 **정상 변환된 제출 가능한 신고서 목록이 조회**되며, **전자파일제출하기를 클릭**하여 제출합니다.

번호	상호	사업자(주민) 등록번호	과세년월	신고서 종류	신고구분	신고유형	접수여부 (첨부서류)	과세표준	실제납부할 세액(본세)
1	(주)전…	1208172054	20×106	확정(일반)…	확정신고	정기신고	여	102,000,000	9,780,000

1 총0건(1/1)

이전 전자파일 제출하기

⑤ 제출이 완료되면 접수증이 나오며 접수내용을 확인할 수 있습니다.

· 정상제출내용 (단위 : 원) 10건 확인

과세년월	신고서종류	신고구분	신고유형	상호 (성명)	사업자(주민) 등록번호	접수번호
20×106	확정(일반) 신고서	확정신고	정기신고	(주)전자-로그인	1208172054	

Chapter

원천징수실무 3

로그인 에센스 전산세무 2급

1. 사원등록	-사원의 기본사항 및 인적공제사항
2. 급여자료입력	-수당 및 공제등록 -매월 급여자료 입력 및 공제금액 자동계산 또는 입력
3. 연말정산추가자료 입력	-계속근무자의 연말정산 -중도퇴사자의 연말정산
4. 원천징수이행상황신고서	다음달 10일까지 소득집계내역을 제출한다.
5. 전자신고	원천징수이행상황신고서를 국세청 홈택스로 신고

제1절 사원등록

〈주요입력 항목-기본사항〉

국외근로제공	0.부 1.월 100만원 비과세 2.월 500만원 비과세 3.전액 비과세
생산직여부, 야간근로비과세	**생산직일 경우 연장근로수당 등에 대해서 비과세되므로 반드시 구분표시한다.**
국민연금, 건강보험료, 고용보험료	기준소득월액(보수월액)등을 입력한다. 국민연금납부액등은 자동 계산된다.
퇴사년월일	**중도퇴사자인 경우 반드시 퇴사일을 입력하고 연말정산을 하여야 한다.**

〈주요입력 항목 – 부양가족명세〉

연말관계	하단의 메시지를 참고하여 입력하거나 본인이외에 커서를 위치한 다음 F2로 조회하거나 하단의 연말관계를 참고하여 선택한다.
기본공제	**마우스를 클릭하면 다음의 보조화면이 나타나고, 부양가족에 맞게 선택한다.** **0.부는 부양가족중 기본공제대상자가 아닌 자를 선택한다.** 즉 부양가족명세는 모든 부양가족을 입력하고 **기본공제대상자를 선택**하면 된다. 0:부 1:본인 2:배우자 3:20세이하 4:60세이상 5:장애인 6:기초생활대상등 7:자녀장려금대상 만약 기본공제대상자이고 장애인일 경우 5:장애인(주민등록번호가 입력되어 있을 경우)을 선택할 경우 기본공제인원에 20세 이하 또는 60세 이상, 추가공제에 장애인으로 자동 집계된다.
추가공제	기본공제대상자중 추가공제대상이 되면 1"여"을 입력하고, 기본공제대상이면서 8세이상 자녀이면 자녀에 1"여"을 입력한다. 하단에 추가공제가 항목별로 집계된다. 자녀를 선택하면 하단에 자녀세액공제가 집계된다. **기본공제대상자가 장애인일 경우 1.장애인복지법에 따른 장애인 2.국가유공자등 근로능력이 없는 자 3.중증환자 중 선택한다. 별도 언급이 없으면 1.장애인복지법 장애인을 선택한다.**
보육수당	6세 이하 부양가족에 대해서 "부양가족 불러오기"를 클릭하여 **보육수당 대상자수에 반영하여야 급여자료 입력시 비과세(보육수당 월 200,000원/인)가 반영된다.** ◆ 6세이하 보육수당 대상자수 0 명 부양가족 불러오기
위탁관계	부양가족에 대해서 본인과의 관계를 F2를 이용해서 입력한다.

〈주요입력 항목 – 추가사항〉

중소기업취업감면여부	대상여부를 체크한다.
감면기간	**대상자가 청년(15세 이상 34세 이하)일 경우 5년 이외는 3년을 입력한다.** • 시작일 : 소득세 감면을 받은 최초 취업일 • 종료일 : 시작일부터 5년이 속하는 달의 말일
감면율	**청년의 경우 90%, 이외는 70%**를 선택한다.
감면입력	1.급여입력 2.연말입력 중 하나를 선택한다. 급여수령시 적용하면 1를 선택한다.
소득세 적용률	근로자가 본인의 연간 세부담 수준에 맞게 세액의 80% 또는 120%로 선택할 수 있음.(미선택시 100%)

참고

<중소기업 취업자에 대한 소득세 감면>

1. 대상자 : 청년(15세 이상 34세 이하), 60세 이상인 사람, 장애인 및 경력단절여성
2. 감면기간 : 취업일로부터 3년간(청년일 경우 5년)
3. 감면율 : 소득세의 70%(청년의 경우 90%)
4. 한도 : 과세기간별로 200만원 한도
5. 제외업종
   ① 전문서비스업(법무관련, 회계 · 세무관련 서비스업)
   ② 보건업(병원, 의원등)
   ③ 금융보험업
   ④ 교육서비스업(기술 및 직업훈련 제외)

example 예제 따라하기 사원등록1(인적공제)

(주)청천(2004)를 선택하여 다음 자료에 의하여 사원등록을 하시오. 가족사항은 생계를 같이하는 부양가족이고 모든 소득공제를 근로자가 받기로 한다. 제시된 주민등록번호는 정확한 것으로 가정한다.

[기본사항]

사번	이름	입사일	주민등록번호	근무부서	전년도 총급여
401	박제동	2010.01.01	751111-1111111	경리팀 대리	40,000,000원
주소(도로명)		국민연금, 건강보험, 고용보험 보수월액		기타	
서울 서초구 방배로 104		6,000,000원		거주자, 세대주, 장애인(1)	

[부양가족]

관계	주민등록번호	참고사항
부(박기주)	631111-1111111	청각장애인(1), 7월 사망
처(송미숙)	791111-2111111	정기예금이자 소득 18,000,000원
자(박일남)	021111-3111111	대학생
자(박이남)	091111-3111111	고등학생
제(박주남)	021111-3111111	장애인(1)

해답

(1) 기본사항 입력

근로자는 생산직이 아니므로 생산직여부와 연장근로비과세는 0.부로 체크하도록 한다.

기본사항 | 부양가족명세 | 추가사항

1.입사년월일	2010 년 1 월 1 일				
2.내/외국인	1 내국인				
3.외국인국적	KR 대한민국		체류자격		
4.주민구분	1 주민등록번호		주민등록번호	751111-1111111	
5.거주구분	1 거주자		6.거주지국코드	KR 대한민국	
7.국외근로제공	0 부	8.단일세율적용	0 부	9.외국법인 파견근로자	0 부
10.생산직등여부	0 부	연장근로비과세	0 부	전년도총급여	40,000,000
11.주소	06665 서울특별시 서초구 방배로 104 (방배동, 안혜빌딩)				
12.국민연금보수월액	6,000,000		국민연금납부액	265,500	
13.건강보험보수월액	6,000,000		건강보험산정기준	1 보수월액기준	
건강보험료경감	0 부		건강보험납부액	212,700	
장기요양보험적용	1 여	27,540	건강보험증번호		
14.고용보험적용	1 여	65세이상	0 부	(대표자 여부 0 부)	
고용보험보수월액	6,000,000		고용보험납부액	48,000	
15.산재보험적용	1 여				

(2) 인적공제 판단 및 입력

가족	요 건		기본 공제	추가공제 (자녀)	판 단
	연령	소득			
본인(박제동)	-	-	○	장애인(1)	
부(박기주)	○(63)	○	○	장애인(1)	**사망시 사망일 전날 상황에 따름**
처(송미숙)	-	○	○		**정기예금이자는 18백만원은 분리과세 이자소득임**
자(박일남)	×(24)	○	부	-	
자(박이남)	○(17)	○	○	자녀	
제(박주남)	×(24)	○	○	장애인(1)	**장애인은 연령요건을 따지지 않음**

–부양가족명세 : 주민등록번호가 입력되어 있고, 기본공제에 장애인을 선택하면
㉠ 기본공제인원에 자동 집계되고,
㉡ 추가공제에 장애인으로 집계된다.

연말관계	성명	내/외국인	주민(외국인,여권)번호		나이	기본공제	부녀자	한부모	경로우대	장애인	자녀	출산입양	위탁관계
0	박제동	내	1	751111-1111111	51	본인				1			
1	박기주	내	1	631111-1111111	63	60세이상				1			부
3	송미숙	내	1	791111-2111111	47	배우자							배우자
4	박일남	내	1	021111-3111111	24	부							자녀
4	박이남	내	1	091111-3111111	17	20세이하					○		자녀
6	박주남	내	1	021111-3111111	24	장애인				1			제

※ 연말관계 : 0.소득자 본인, 1.소득자의 직계존속, 2.배우자의 직계존속, 3.배우자, 4.직계비속(자녀+입양자)
5.직계비속(4 제외), 6. 형제자매, 7.수급자(1~6 제외),
8.위탁아동(만 18세 미만, 보호기간 연장 시 20세 이하/직접선택)

◆ 6세이하 보육수당 대상자수 0 명 부양가족 불러오기

◆ 부양가족 공제 현황

1. 기본공제 인원 (세대주 구분 1 세대주)

본인	○	배우자	유	20세 이하	1	60세 이상	1

2. 추가공제 인원

경로 우대		장 애 인	3	부 녀 자	부
한 부 모	부	출산입양자			

3. 자녀세액공제 인원

자녀세액공제	1

◆ 자녀세액공제는 8세 이상 20세 이하의 자녀인 경우 공제 받을 수 있습니다.

example 예제 따라하기 사원등록2(인적공제)

(주)청천(2004)를 선택하여 403.박미화씨(총급여액 4천만원, 세대원)의 부양가족명세를 수정하시오. 가족사항은 생계를 같이하는 부양가족이고 모든 소득공제를 근로자가 받기로 한다. 제시된 주민등록번호는 정확한 것으로 가정한다.

관계	주민등록번호	참고사항
모(김숙)	621111-2111111	기타소득금액 3,500,000원
배우자(김기리)	831111-1111111	근로소득금액 5,000,000원
자(김하나)	131111-4111111	중학생
자(김두리)	231111-3111111	

해답

(1) 인적공제 판단

가족	요건		기본공제	추가공제(자녀)	판단
	연령	소득			
본인(박미화)	-	-	○	부녀자	맞벌이여성(종합소득금액 3천만원 이하자)
모(김숙)	○(64)	×	부	-	**기타소득금액이 3백만원 이하인 경우 선택적 분리과세이나, 3백만원 초과자는 무조건 종합과세소득임.**
배우자(김기리)	-	×	부	-	**근로소득금액 1.5백만원 초과자**
자(김하나)	○(13)	○	○	자녀	
자(김두리)	○(3)	○	○	-	

(2) 부양가족 명세 수정

연말관계	성명	내/외국인	주민(외국인,여권)번호	나이	기본공제	부녀자	한부모	경로우대	장애인	자녀	출산입양	위탁관계
0	박미화	내	1 861111-2111111	40	본인	○						
1	김숙	내	1 621111-2111111	64	부							모
3	김기리	내	1 831111-1111111	43	부							배우자
4	김하나	내	1 131111-4111111	13	20세이하					○		자녀
4	김두리	내	1 231111-4111111	3	20세이하							자녀

◆ 6세이하 보육수당 대상자수 1 명 부양가족 불러오기

◆ 부양가족 공제 현황

1. 기본공제 인원 (세대주 구분 2 세대원)

"부양가족 불러오기" 를 클릭하여 6세 이하 보육수당 대상자를 불러와서 1명으로 반영한다.

제2절 급여자료입력

급여자료를 입력은 상용근로자의 급여 등을 입력하는 메뉴이다. 그리고 급여자료를 입력하기 전에는 반드시 수당등록과 공제등록을 하여야 한다.

1. 수당 및 공제등록

(1) 수당등록

① 수당명 : 회사에서 지급하는 각종 수당들의 항목을 입력한다. 기본적인 비과세수당은 기등록되어 있다. **주의할점은 기 등록되어 있는 수당항목들은 삭제할 수 없다. 만약 식대가 과세라면 기존의 식대항목은 사용여부에 "부"로 체크하고 별도로 식대를 등록하여야 한다.**

5	1005	비과세	식대	식대	P01	(월)200,000	정기	부	부
6	1006	비과세	자가운전보조금	자가운전보조금	H03	(월)200,000	부정기	부	여
7	1007	비과세	야간근로수당	야간근로수당	001	(년)2,400,000	부정기	부	여
8	2001	과세	식대과세	급여			정기	부	여

별도로 등록

② 과세구분 : 지급과목명이 소득세법상 근로소득에 해당하면 "1"을, 비과세 근로소득에 해당하면 "2"를 입력한다.

과세구분에서 2.비과세를 선택한 경우에는 비과세코드도움을 보고 항목을 선택한다. **비과세코드와 한도가 다 표시되어야 비과세항목이 제대로 등록된 것이다.** 과세구분에서 1.과세를 선택한 경우에는 공통코드도움을 항목을 선택한다.

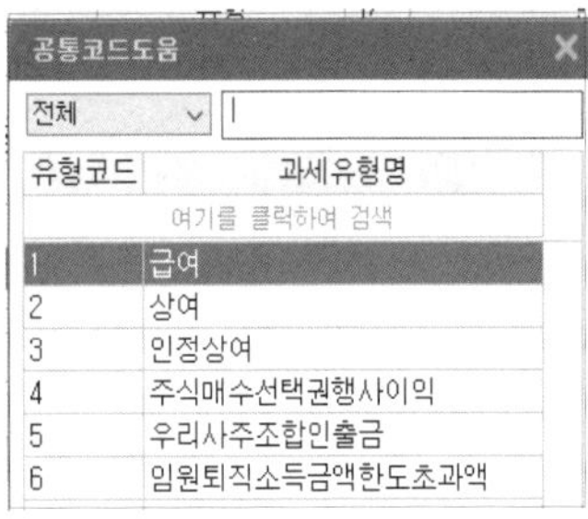

③ 월정액은 자동적으로 입력되나, 1.정기(급여, 각종수당, 식대 등)를 선택하고, 2.부정기[상여, 실비변상적인 성질의 급여(자가운전보조금 등), 야간근로수당]를 선택하면 된다. 그리고 사용여부를 체크한다.

(2) 공제등록

공제항목명을 입력하고, 공제소득유형은 공통코드도움을 받아 입력한다.

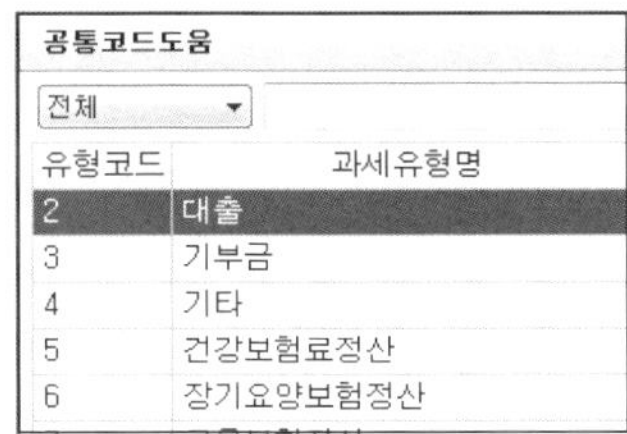
공통코드도움

전체

유형코드	과세유형명
2	대출
3	기부금
4	기타
5	건강보험료정산
6	장기요양보험정산

2. 급여자료 입력

[급여자료입력]은 상용 근로자의 각 월별 급여자료 및 상여금 입력 메뉴이다. 입력한 데이타는 [원천징수이행상황신고서]에 반영된다.

〈주요입력 항목〉

귀속년월	지급하는 급여 및 상여의 귀속 월을 입력한다. 만일 3월 급여가 4월에 지급받은 경우 귀속연월은 실제 근로를 제공한 달인 3월이 되는 것이다.
지급연월일	지급하는 급여의 지급연월을 입력한다.
급여항목 입력	급여항목을 입력하면 국민연금, 소득세등이 자동 계산된다. 자동계산되는 항목에 대해서는 교재와 다르게 표시되도 상관이 없습니다.
비과세금액	**수당등록시 과세/비과세 여부를 정확하게 체크되었는지 비과세 금액을 보고 확인한다.**

example 예제 따라하기 급여자료입력 

(주)청천(2004)를 선택하여 다음 자료를 입력하여 7월부터 9월까지 원천징수할 세액을 산출하시오. 급여(상여)지급일은 매월 25일이고, 상여는 9월에 기본급의 1,000%를 지급한다.

구 분	수당항목			공제항목
	기본급	직책수당	야간근로수당	상조회비(기타)
	보육수당	자가운전보조금	식대	
박제동	4,000,000	300,000	150,000	30,000
	-	300,000	200,000	
박미화	2,000,000	-	350,000	10,000
	300,000	300,000	200,000	

1. 보육수당은 6세 이하의 자녀가 있는 직원에게 자녀 1명당 매월 300,000원씩 지급한다.
2. 자가운전보조금은 본인 소유차량을 직접 운전하여 업무상 이용하고 매월 정액분으로 지급받는다.
3. 식대는 매월 정액분으로 지급하는데, **회사로부터 중식을 제공받는다**.
4. 소득세와 지방소득세 및 4대 보험의 공제는 회계프로그램의 자동계산하는 것에 따른다.
5. 모든 수당은 매월 정기적으로 지급한다.(야간근로수당과 자가운전보조금은 부정기로 체크한다.)
6. **사용하지 않는 수당은 "부" (상여는 사용)로 체크**한다.

해답

1. 수당의 과세판단 및 체크 후 수정사항

	판 단	비고
직책수당	비과세 근로소득이 아님	–
야간근로수당	전년도 **총급여액 3,700만원/월정액급여가 260만원 이하**인 생산직 사원은 비과세임	월정액 : 부정기
보육수당	6세 이하의 자녀 보육수당은 월 200,000원/인 비과세	추가입력
자가운전 보조금	**본인소유차량 + 업무 + 실제여비를 지급받지 않는 경우** 월 20만원이내 비과세임	월정액 : 부정기
식대	**식사를 제공받으므로 과세임.**	비과세는 부로 체크하고 새로등록

2. 수당공제등록(상조회비)의 수정부분은 수정하고 추가 입력한다.

① 수당등록

No	코드	과세구분	수당명	근로소득유형			월정액	통상임금	사용여부
				유형	코드	한도			
4	1004	과세	월차수당	급여			정기	부	부
5	1005	비과세	식대	식대	P01	(월)200,000	정기	부	부
6	1006	비과세	자가운전보조금	자가운전보조금	H03	(월)200,000	부정기	부	여
7	1007	비과세	야간근로수당	야간근로수당	O01	(연)2,400,000	부정기	부	여
8	2001	비과세	보육수당	보육수당	Q02	6세이하자녀1인당(월)20만원	정기	부	여
9	2002	과세	식대	급여			정기	부	여

☞ 비과세 식대는 부로 체크하고, 과세 식대를 신규등록한다.

② 공제등록

No	코드	공제항목명	공제소득유형	사용여부
1	5001	국민연금	고정항목	여
2	5002	건강보험	고정항목	여
3	5003	장기요양보험	고정항목	여
4	5004	고용보험	고정항목	여
5	5005	학자금상환	고정항목	여
6	6001	상조회비	기타	여

3. 급여자료입력

(1) 7월 급여 자료입력(귀속년월 : 7월, 지급년월일 : 7월 25일)

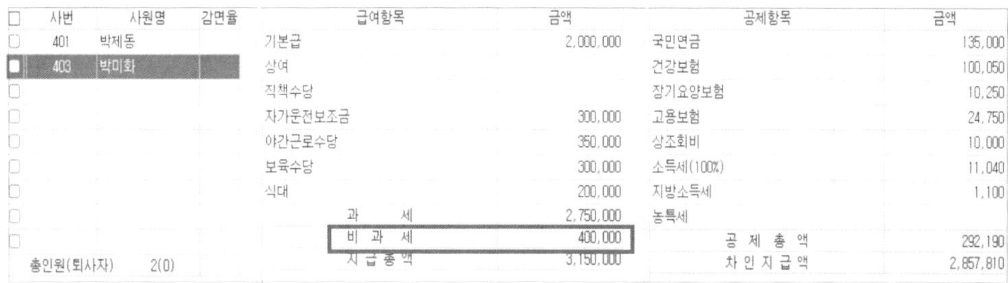

사번	사원명	감면율	급여항목	금액	공제항목	금액
401	박제동		기본급	2,000,000	국민연금	135,000
403	박미화		상여		건강보험	100,050
			직책수당		장기요양보험	10,250
			자가운전보조금	300,000	고용보험	24,750
			야간근로수당	350,000	상조회비	10,000
			보육수당	300,000	소득세(100%)	11,040
			식대	200,000	지방소득세	1,100
			과 세	2,750,000	농특세	
			비 과 세	400,000	공 제 총 액	292,190
총인원(퇴사자)	2(0)		지 급 총 액	3,150,000	차 인 지 급 액	2,857,810

비과세금액[보육수당(200,000)+자가운전보조금(200,000)]을 체크하여 수당등록의 적정성 여부를 확인하십시오.

또한 소득세는 매년 간이세액표가 변동되고, 4대보험의 공제금액도 변경되므로 실습시 금액이 다르더라도 무시하세요!!!

(2) 8월 이후 급여 입력시 전월 데이터를 복사하시면 보다 수월하게 실습을 하실 수 있습니다.

(3) 9월 급여+상여입력(박제동은 9월까지만 급여, 상여 입력—중도연말정산예정임)

상여는 기본급의 1,000%를 입력한다.

사번	사원명	감면율	급여항목	금액	공제항목	금액
401	박제동		기본급	4,000,000	국민연금	218,700
403	박미화		상여	40,000,000	건강보험	200,100
			직책수당	300,000	장기요양보험	25,630
			자가운전보조금	300,000	고용보험	402,750
			야간근로수당	150,000	상조회비	30,000
			보육수당		소득세(100%)	2,826,620
			식대	200,000	지방소득세	282,660
			과 세	44,750,000	농특세	
			비 과 세	200,000	공 제 총 액	3,986,460
총인원(퇴사자)	2(0)		지 급 총 액	44,950,000	차 인 지 급 액	40,963,540

제3절 원천징수이행상황신고서

원천징수이행상황신고서는 원천징수의무자가 원천징수대상소득을 지급하면서 소득세를 원천징수한 날의 다음달 10일까지 관할세무서에 제출하여야 한다.

〈주요입력 항목〉

신고구분	1.정기신고, 2.수정신고, 3.기한후신고중 선택한다.
징수세액	징수세액은 당월 중 원천징수의무자가 소득자로부터 원천징수한 세액이 자동 반영되며 환급세액의 경우 해당란에 "(-)"로 표시된다.
⑫ 전월미환급세액	**전월에 미환급세액이 있는 경우 입력하거나 직전월의 ⑳차월이월환급세액란의 금액이 자동반영된다**
⑬ 기환급신청세액	원천징수 환급세액이 발생한 경우 다음 달 이후에 납부할 세액에서 조정환급하는 것이나, 다음달 이후에도 원천징수할 세액이 없거나 원천징수하여 납부할 소득세가 환급할 금액에 미달하여 세무서에 직접 환급 신청한 금액을 입력한다.
⑮ 일반환급	[원천징수내역]의 징수세액 란의 금액이 (-)인 경우에 자동 반영된다.
⑲ 당월조정환급세액	[원천징수내역]의 당월조정환급세액 항목에 자동반영된다.
⑳ 차월이월환급세액	다음달 ⑫전월미환급세액에 자동반영된다.
㉑ 환급신청액	당월에 환급신청할 금액을 입력한다.

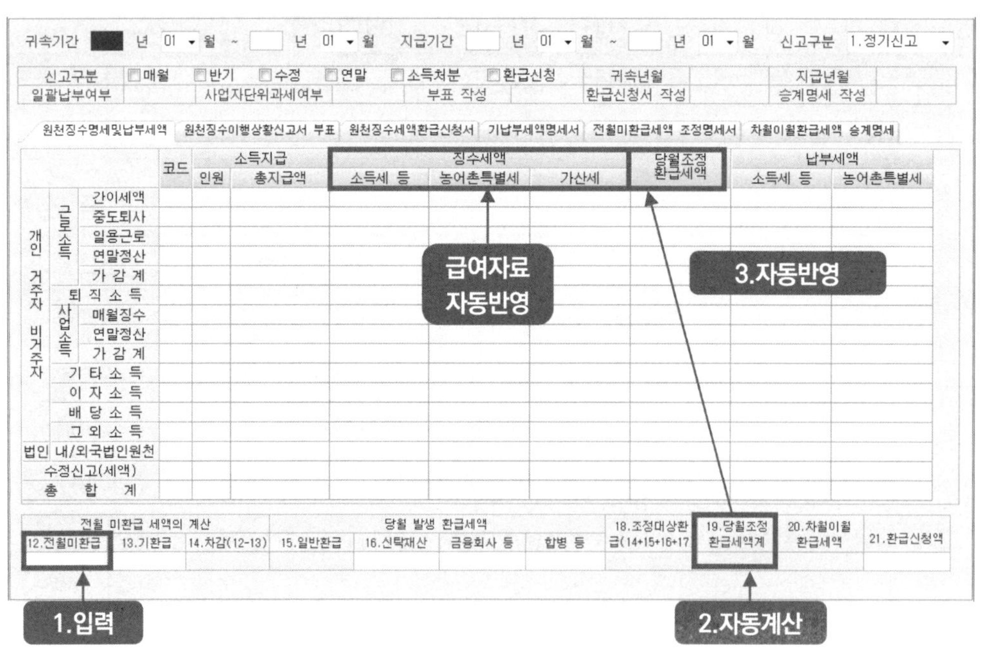

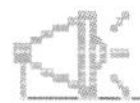

example 예제 따라하기 | 원천징수상황이행신고서

(주)청천(2004)를 선택하여 다음 자료를 입력하여 8월 원천징수상황이행신고서(제출기한 : 9.10)를 작성하시오. 또한 7월에 미환급세액이 100,000원이 있다고 가정한다.

해답

1. 귀속기간 : 8월~8월　　지급기간 : 8월~8월　　신고구분 : 1.정기신고
2. 환급세액조정 및 납부세액

   8월 미환급세액 100,000원을 ⑫ 전월미환급세액에 입력한다.

소득자 소득구분		코드	소득지급		징수세액			당월조정 환급세액	납부세액	
			인원	총지급액	소득세 등	농어촌특별세	가산세		소득세 등	농어촌특별세
근로소득	간이세액	A01	2	7,700,000	165,350					
	중도퇴사	A02								
	일용근로	A03								
	연말정산	A04								
	(분납신청)	A05								
	(납부금액)	A06								
	가 감 계	A10	2	7,700,000	165,350			100,000	65,350	

전월 미환급 세액의 계산			당월 발생 환급세액				18.조정대상환급(14+15+16+17)	19.당월조정 환급세액계	20.차월이월 환급세액	21.환급신청액
12.전월미환급	13.기환급	14.차감(12-13)	15.일반환급	16.신탁재산	금융회사 등	합병 등				
100,000		100,000					100,000	100,000		

제4절 연말정산 추가자료입력

동 메뉴는 근로소득자의 소득공제신고서 및 증빙자료에 의해 연말정산에 필요한 소득공제 및 세액공제사항을 입력한다.

(1) 계속 근무자의 연말정산

계속근로자 전체 사원의 연말정산 추가자료를 입력한다.

(2) 중도퇴사자의 연말정산

1.퇴사처리(사원등록)　　2.연말정산추가자료 입력순으로 입력한다.

〈주요입력 항목〉

F3(전체사원)	계속근무자를 불러와서 연말정산대상 사원을 선택한다.
정산연월일	계속근무자의 연말정산은 다음해 2월 급여지급일이다. **중도퇴사자의 경우에는 퇴직한 달의 급여를 지급한 월이 표시된다.**
귀속기간	해당연도에 입사하거나 퇴사한 경우 [사원등록]에서 입력한 입사연월과 퇴사연월이 자동 반영된다. 계속근로자의 경우 매년 1월 1일부터 12월 31일까지이고 영수일자는 다음연도 2월말이다.

1. 소득명세

현근무지 소득은 급여자료에서 자동 반영되고, 전근무지 소득금액과 원천징수내역을 입력해야 한다.

소득명세 | 부양가족소득공제 | 연금저축 등 | 월세,주택임차차입 | 연말정산입력

	구분		합계	주(현)	납세조합	종(전) [1/1]
소득명세	9.근무처명					
	10.사업자등록번호			---‐--‐-----	---‐--‐-----	
	11.근무기간			~	~	
	12.감면기간			~	~	
	13-1.급여(급여자료입력)					
	13-2.비과세한도초과액					
	13-3.과세대상추가(인정상여추가)					
	14.상여					
	15.인정상여					
세액명세	기납부세액	소득세				
		지방소득세				
		농어촌특별세				
	납부특례세액	소득세				
		지방소득세				
		농어촌특별세				

전근무지 원천징수내역입력

문제에서 전근무지 원천징수내역을 주면,

	기납부세액	**결정세액**	납부(환급)
소득세	1,000,000	800,000	-200,000
자방소득세	100,000	80,000	-20,000
합　계	1,100,000	880,000	-220,000

세액명세(기납부세액)에 전근무지의 기납부세액을 입력하면 안되고, 결정세액을 입력해야 한다.

전근무지에서 근무기간동안 원천징수세액이 기납부세액이 되고, 퇴사시 연말정산을 하여 결정세액을 계산한다. 만약 결정세액이 적다면 퇴사시 과다납부한 세액을 돌려받는다.

2. 연말정산(소득공제 및 세액공제)

구 분	입력탭		입력탭	연말정산탭
보험료	부양가족	➡	연말정산탭 (**F8부양가족탭불러오기**)	• 최종 입력사항 확인 • 이외는 연말정산탭에서 입력
교육비				
신용카드	신용카드			
의료비	의료비			
기부금	기부금			
연금저축등	연금저축			
월세	월세			

〈기부금 입력 방법〉

1.기부금입력 ⇒ 2.기부금조정탭(공제금액계산 → 불러오기 → 공제금액반영)

(1) 부양가족 탭

사원등록에서 부양가족을 자동적으로 반영되고, **직접 입력도 가능**하다.

부양가족에 대한 **보험료와 교육비는 국세청신고분과 기타분을 구분하여 입력**한다.

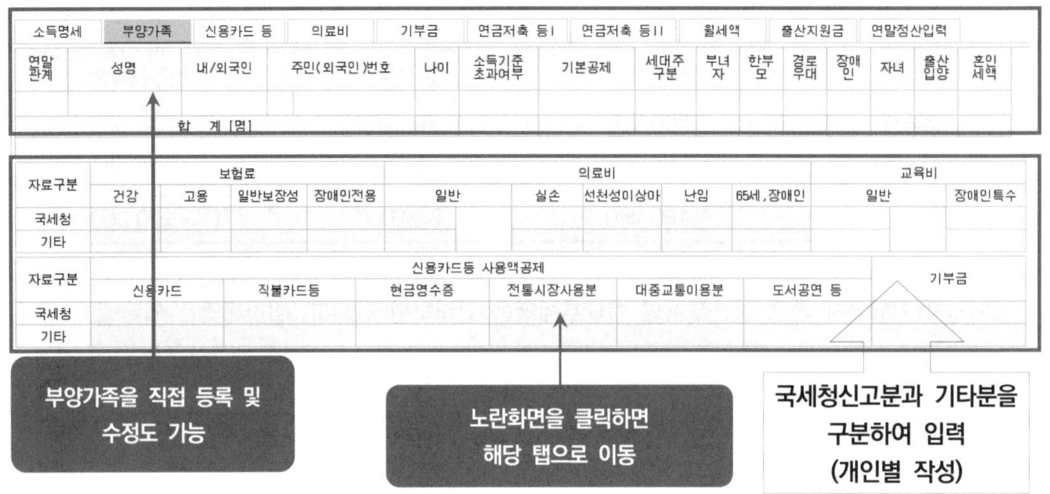

(2) 신용카드 탭 : 부양가족에 대한 **신용카드 등 사용분을 입력한다.**

(3) 의료비 탭 : **F2(부양가족 코드 도움)으로 대상자를 선택** 후 입력한다.

(4) 기부금 탭

〈기부금 입력 방법〉 1.기부금입력⇒2.기부금조정(공제금액계산→불러오기→공제금액반영)

① 기부금 입력 : **주민등록번호에서 F2(부양가족)으로 대상자를 선택** 후 입력한다.

② 기부금 조정 : **대상 기부금을 상단의 공제금액계산**을 클릭한다.

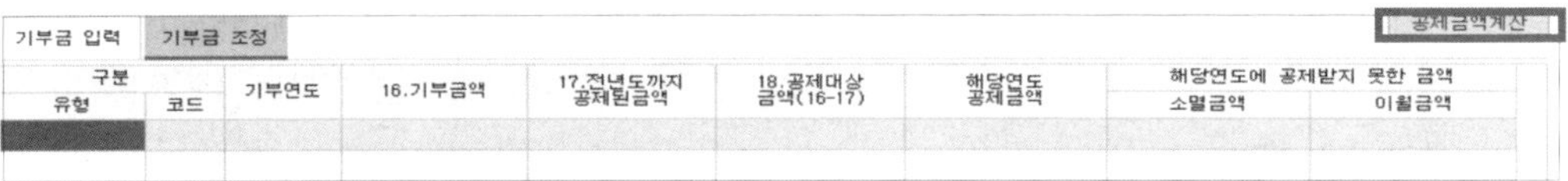

③ 공제금액계산 : **불러오기⇒공제금액반영**을 클릭하면 상단의 기부금에 자동 반영된다.

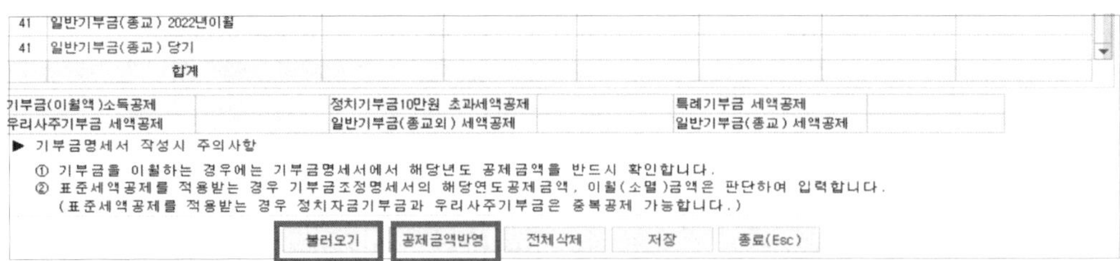

(5) 연금저축 탭 : **본인이 납부한 퇴직연금등을 입력한다.**

(6) 월세액 탭 : **총급여액이 8천만원 이하인 근로자등** ■ 무주택자 해당 여부 √ 여, 부 **를 체크**

(7) 출산지원금 탭 : <u>**급여자료 입력한 경우 불러오게 된다.**</u>

소득명세	부양가족	신용카드 등	의료비	기부금	연금저축 등I	연금저축 등II	월세액	출산지원금	연말정산입력

1 출산지원금 비과세 대상 자녀 명세

□	자녀 성명	주민등록번호	출산지원금			지급처 (사업자등록번호)
			지급받은 날	지급받은 금액	지급회차	
□						

(8) 연말정산입력 탭

구분			지출액	공제금액	구분		지출액	공제대상금액	공제금액
21.총급여					48.종합소득 과세표준				
22.근로소득공제					49.산출세액	▶			
23.근로소득금액					세액감면 50.「소득세법」	▶			
종합소득공제 기본공제	24.본인				51.「조세특례제한법」(52제외)	▶			
	25.배우자								
	26.부양가족	명)			52.「조세특례제한법」 제30조	▶			
추가공제	27.경로우대	명)							
	28.장애인	명)			53.조세조약	▶			
	29.부녀자				54.세액감면 계				
	30.한부모가족				55.근로소득 세액공제	▶			
연금보험료	31.국민연금보험료				56.혼인세액공제	부			
	32. 공적연금	공무원연금			57.자녀 세액공제 ㉮자녀	명)			
		군인연금			㉯ 출산.입양	명)			

① <u>**상단의 F8(부양가족탭불러오기)을 클릭하여 부양가족의 소득공제 및 의료비 등 각 탭에서 입력한 자료**</u>를 불러온다.

② 총급여, 기본공제, 추가공제, 국민연금, 건강보험료, 고용보험료 등은 자동반영된다.

③ 소득공제

㉠ 주택자금 소득공제

주택차입원리금, 장기주택차입이자상환액을 입력한다.

구분				공제한도	불입/상환액	공제금액
①청약저축_연 납입 240만원				불입액의 40%		
②주택청약저축(무주택자)_연 납입 240만원						
③근로자주택마련저축_월 납입 15만원, 연 납입 180만원						
1.주택마련저축공제계(①~③)				연 400만원 한도		
주택임차차입금 원리금상환액	①대출기관			불입액의 40%		
	②거주자(총급여 5천만원 이하)					
2.주택차입금원리금상환액(①~②)				1+2 ≤ 연 400만원		
장기주택 저당차입금 이자상환액	2011년 이전 차입금	㉠15년 미만		1+2+㉠ ≤ 600만원		
		㉡15년~29년		1+2+㉡ ≤ 1,000만원		
		㉢30년 이상		1+2+㉢ ≤1,500만원		
	2012년 이후 차입금	㉣고정금리OR비거치상환		1+2+㉣ ≤1,500만원		
		㉤기타대출		1+2+㉤ ≤500만원		
	2015년 이후 차입금	15년 이상	㉥고정AND비거치	1+2+㉥ ≤1,800만원		
			㉦고정OR비거치	1+2+㉦ ≤1,500만원		
			㉧기타대출	1+2+㉧ ≤500만원		
		10년~15년	㉨고정OR비거치	1+2+㉨ ≤300만원		
3.장기주택저당차입금이자상환액						
합 계(1+2+3)						

㉡ 신용카드등 소득공제 : 자동 반영되므로 더블클릭하여 최종 확인한다.

④ 세액공제 : **각종 탭에서 입력한 것이 자동 반영**된다.

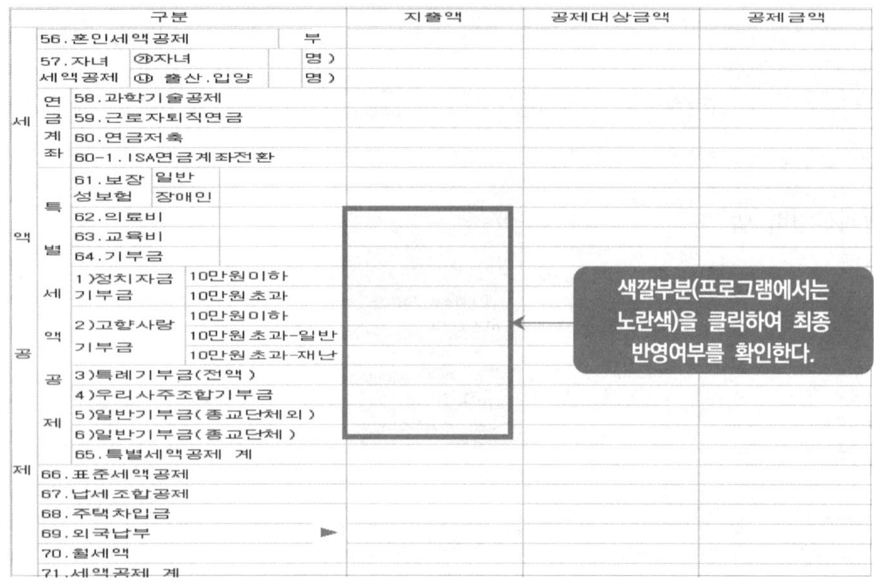

구분
지출액
공제대상금액
공제금액
세액공제
56.혼인세액공제
부
57.자녀 세액공제
㉮자녀
㉯ 출산.입양
명)
명)
연금계좌
58.과학기술공제
59.근로자퇴직연금
60.연금저축
60-1.ISA연금계좌전환
특별세액공제
61.보장성보험
일반
장애인
62.의료비
63.교육비
64.기부금
1)정치자금 기부금
10만원이하
10만원초과
2)고향사랑 기부금
10만원이하
10만원초과-일반
10만원초과-재난
3)특례기부금(전액)
4)우리사주조합기부금
5)일반기부금(종교단체외)
6)일반기부금(종교단체)
65.특별세액공제 계
66.표준세액공제
67.납세조합공제
68.주택차입금
69.외국납부
70.월세액
71.세액공제 계
색깔부분(프로그램에서는 노란색)을 클릭하여 최종 반영여부를 확인한다.

⑤ 근로소득영수일자 : 상단의 영수일자에 근로소득을 수령한 일자를 입력한다.

⑥ 상단의 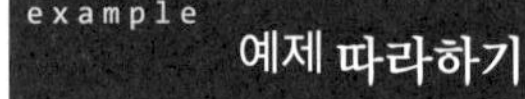을 클릭하면 연말정산이 완료되었다는 표시가 나온다.

□	사번	사원명	완료
□	404	윤도현	○
□			

다시 수정하기 위하여서는 상단의 CF2(완료취소)를 클릭하여야 한다.

example 예제 따라하기 연말정산1(중도퇴사자)

(주)청천(2004)를 선택하여 다음의 사항을 입력하시오.
박제동 대리(**총급여액 7천만원 이하자**)는 10월 31일에 퇴사하고 퇴사일에 10월분 급여를 받았다. 10월분 급여 및 퇴사하기 전까지 소득공제와 관련된 내역은 다음과 같다.

[급여내역]

급여 및 수당				공제내역
기본급	상여(특별상여)	직책수당	식대	상조회비
자가운전보조금	야간근로	보육수당		
4,000,000	4,000,000	300,000	200,000	30,000
300,000	150,000	-		

[소득공제 및 세액공제내역]

구 분	내 역	금 액
신용카드	본인사용분(직불카드사용액) 본인 도서 · 신문사용액 처제 사용분(일반신용카드)	20,000,000원 2,000,000원 3,000,000원
보 험 료	본인 자동차보험료	2,000,000원
의 료 비	배우자 라식시술비	3,000,000원
교 육 비	자2(17세, 소득없음) 고등학교 방과후 수업료	500,000원
퇴직연금	퇴직연금(국민은행 계좌번호 123 - 456) - 공제요건충족	600,000원
기 부 금	정치자금(한국당, 123 - 45 - 67890)공제요건충족	500,000원

* 모든 자료는 국세청 간소화 서비스에서 제공되는 자료이다.

또한 10월분 원천징수이행상황신고서를 작성하시오.

해답

중도퇴사자 연말정산
1. 퇴사 처리(사원등록) 2. 급여자료 입력(최종급여월) 3. 연말정산추가자료입력 → 중도퇴사자 정산 4. 원천징수이행상황신고서

1. 사원등록

퇴사연월일/지급일자에 20x1년 10월 31일 입력

15.산재보험적용	1	여	16.퇴사년월일	20x1 년 10 월 31 일 (이월 여부	0	부)

2. 10월 급여자료입력(지급연월일 10월 31일)

급여항목	금액	공제항목	금액
기본급	4,000,000	국민연금	248,850
상여	4,000,000	건강보험	212,700
직책수당	300,000	장기요양보험	27,240
자가운전보조금	300,000	고용보험	78,750
야간근로수당	150,000	상조회비	30,000
보육수당		소득세(100%)	
식대	200,000	지방소득세	
과 세	8,750,000	농특세	
비 과 세	200,000	공 제 총 액	597,540
지 급 총 액	8,950,000	차 인 지 급 액	8,352,460

3. 연말정산 대상여부 판단

구 분	내 역	대상여부 및 입력
신용카드	본인사용분(직불카드) 본인 도서 · 신문사용액(신용카드) 처제 사용분(신용카드)	○(20,000,000원) ○(도서 – 2,000,000원) **×(형제자매는 대상에서 제외)**
보 험 료	본인 자동차보험료	○(2,000,000원)
의 료 비	배우자 라식시술비	○(일반 : 3,000,000원)
교 육 비	자2(17세) 고등학교 방과후 수업료	○(500,000원)
퇴직연금	퇴직연금	○(600,000원)
기 부 금	정치자금(공제요건 충족)	○(10만원 이하 : 100,000원) 10만원 초과 : 400,000원)

4. 연말정산자료 입력

(1) 부양가족 : 보험료 및 교육비 입력

① 본인(박제동) 보험료

자료구분	국세청간소화	급여/기타	정산	공제대상금액
보장성보험-일반	2,000,000			2,000,000
보장성보험-장애인				

자료구분	보험료				의료비					교육비	
	건강	고용	일반보장성	장애인전용	일반	실손	선천성이상아	난임	65세,장애인	일반	장애인특수
국세청			2,000,000								
기타	897,800	763,200									

② 자2(박이남) 교육비

자료구분	보험료				의료비					교육비	
	건강	고용	일반보장성	장애인전용	일반	실손	선천성이상아	난임	65세,장애인	일반	장애인특수
국세청										500,000 2.초중고	
기타											

(2) 신용카드등(본인)

성명 생년월일	자료구분	신용카드	직불,선불	현금영수증	문화체육 신용	문화체육 직불	문화체육 현금	전통시장	대중교통	합계
박제동	국세청		20,000,000		2,000,000					22,000,000
1975-11-11	기타									

(3) 의료비

의료비 공제대상자					지급처			지급명세					14.산후조리원
성명	내/외	5.주민등록번호	6.본인등해당여부		9.증빙코드	8.상호	7.사업자등록번호	10.건수	11.금액	11-1.실손보험수령액	12.미숙아선천성이상아	13.난임여부	
송미숙	내	781111-2111111	3	X	1				3,000,000		X	X	X

(4) 기부금

① 기부금 입력(본인)

구분		9.기부내용		노조회비여부	기부처		기부명세				자료구분
7.유형	8.코드				10.상호(법인명)	11.사업자번호 등	건수	13.기부금합계금액 (14+15)	14.공제대상기부금액	15.기부장려금신청 금액	
정치자금	20	금전		부	한국당	123-45-67890	1	500,000	500,000		국세청

② 기부금 조정

구분		기부연도	16.기부금액	17.전년도까지 공제된금액	18.공제대상 금액(16-17)	해당연도 공제금액	해당연도에 공제받지 못한 금액	
유형	코드						소멸금액	이월금액
정치자금	20	20x1	500,000		500,000		500,000	

③ 상단의 공제금액계산 클릭→불러오기→공제금액반영

코드	구분	지출액	공제대상금액	공제율1 (15%, 20%)	공제율2 (25%,30%,35%)	소득/세액공제액	공제초과이월액
20	정치자금(10만원 이하)	100,000	100,000			90,909	
20	정치자금(10만원 초과)	400,000	400,000			60,000	

④ 기부금조정(해당연도 공제 금액 반영)

구분		기부연도	16.기부금액	17.전년도까지 공제된금액	18.공제대상 금액(16-17)	해당연도 공제금액	해당연도에 공제받지 못한 금액	
유형	코드						소멸금액	이월금액
정치자금	20	20x1	500,000		500,000	500,000		

(5) 연금저축 등

1 연금계좌 세액공제 - 퇴직연금계좌(연말정산입력 탭의 58.과학기술인공제, 59.근로자퇴직연금) 크게보기

퇴직연금 구분	코드	금융회사 등	계좌번호(증권번호)	납입금액	공제대상금액	세액공제금액
1.퇴직연금	306	(주) 국민은행	123-456	600,000	600,000	72,000

5. 연말정산입력 최종 반영

상단 F8부양가족탭 불러오기 실행 후 기 입력된 화면을 불러온다.

(1) 신용카드 등 공제대상금액 확인

구분		대상금액	공제율금액	
㉮신용카드	전통시장/대중교통비 제외		15%	
㉯직불/선불카드		20,000,000	30%	6,000,000
㉰현금영수증			30%	
㉱문화체육사용분(총급여7천만원이하자만적용)		2,000,000	30%	600,000
㉲전통시장 사용분			40%	
㉳대중교통 이용분			40%	
신용카드 등 사용액 합계(㉮~㉳)		22,000,000		6,600,000

(2) 퇴직연금 및 특별세액공제 확인

세액	금계좌	59.근로자퇴직연금			600,000	600,000	72,000
		60.연금저축					
		60-1.ISA연금계좌전환					
	특별세액	61.보장성보험	일반	2,000,000	2,000,000	1,000,000	120,000
			장애인				
		62.의료비		3,000,000	3,000,000	1,086,000	162,900
		63.교육비		500,000	500,000	500,000	75,000
		64.기부금		500,000	500,000	500,000	150,909
		1)정치자금 기부금	10만원이하		100,000	100,000	90,909
			10만원초과		400,000	400,000	60,000

–(프로그램상에서) 노란화면을 클릭하면 상세 반영내역을 확인할 수 있다.

① 의료비세액공제 확인

구분	지출액	실손의료보험금	공제대상금액	공제금액
미숙아.선천성 이상아 치료비				
난임시술비				
본인				
6세이하,65세,장애인.건강보험산정특례자				
그 밖의 공제대상자	3,000,000		1,086,000	162,900

② 교육비세액공제 확인

구분	지출액	공제대상금액	공제금액
취학전아동(1인당 300만원)			
초중고(1인당 300만원)	500,000		
대학생(1인당 900만원)		500,000	75,000
본인(전액)			
장애인 특수교육비			

[소득공제]		
1. 주택자금		
2. 신용카드	① 신용카드 ② 직불카드 ③ 도서공연사용분(신용카드)	 20,000,000 2,000,000
[연금계좌세액공제] 퇴직연금		1,000,000
[특별세액공제]		
1. 보험료	① 일반	2,000,000
2. 의료비	① 일반의료비	3,000,000
3. 교육비	① 초중고	500,000
4. 기부금	① 정치자금 –10만원 이하 –10만원 초과	 100,000 400,000

(3) 기타

① 정산(지급)년월 : 20x1년 10월, 귀속기간 : 20x1년 1월1일~20x1년 10월 31일
영수일자 : 20x1년 10월 31일

② 사원코드를 체크하고 상단의 작업완료를 클릭하여 연말정산을 완료한다.
연말정산을 완료한 후 수정할 경우 완료취소를 클릭하고 수정한다.
하단의 결정세액이나 차감징수세액이 잘못 나왔다 하더라도 무시하십시오.
연말정산자료를 정확히 입력하는 것이 중요합니다.

6. 급여자료 입력(중도퇴사자의 급여 반영)

F7(중도퇴사 연말정산)을 입력 후 하단의 급여반영을 클릭하면 급여자료에 반영된다.

□ 크게보기 퇴사월소득세반영 | 연말삭제(F5) | 급여반영(Tab) | 급여 미반영(F3) | 취소(Esc)

급여항목	금액	공제항목	금액
기본급	4,000,000	국민연금	248,850
상여	4,000,000	건강보험	212,700
직책수당	300,000	장기요양보험	27,240
자가운전보조금	300,000	고용보험	78,750
야간근로수당	150,000	상조회비	30,000
보육수당		소득세(100%)	
식대	200,000	지방소득세	
		농특세	
		중도정산소득세	-1,038,490
과 세	8,750,000	중도정산지방소득세	-103,840
비 과 세	200,000	공 제 총 액	-544,790
지 급 총 액	8,950,000	차 인 지 급 액	9,494,790

급여자료 입력 좌측 상단에 중도정산적용함 이 나타나면, 급여자료에 반영된 것이다.

7. 원천징수이행상황신고서 : 귀속기간:10월~10월, 지급기간:10월~10월, 신고구분:1.정기신고

소득자	소득구분	코드	소득지급 인원	소득지급 총지급액	징수세액 소득세 등	징수세액 농어촌특별세	징수세액 가산세	당월조정 환급세액	납부세액 소득세 등	납부세액 농어촌특별세
근로소득	간이세액	A01	1	8,750,000						
	중도퇴사	A02	1	63,000,000	-1,038,490					
	일용근로	A03								
	연말정산	A04								
	(분납신청)	A05								
	(납부금액)	A06								
	가 감 계	A10	2	71,750,000	-1,038,490					

☞ **소득세등(자동계산)이 틀리더라도 개의치 마십시요!!, 작성순서가 중요합니다.**

example 예제 따라하기 연말정산2(계속근로자)

(주)청천(2004)를 선택하여 다음의 사항을 연말정산추가자료입력 메뉴에 입력하여 박미화의 근로소득 연말정산을 하시오.

[박미화의 소득공제 및 세액공제내역-국세청 간소화자료]

구 분	내 역	금 액
신용카드 (본인카드)	모의 보약구입비 중고자동차 구입 대중교통사용액	2,000,000원 3,000,000원 4,000,000원
보험료	남편(근로소득금액 5백만원)을 피보험자로 하여 상해보험 가입	1,200,000원
의 료 비	본인의 성형수술비(치료목적)-실손의료보험금 500,000원 수령 모(64세, 기타소득금액 3,500,000원)의 보약구입비	1,500,000원 2,000,000원
교 육 비	본인의 영어학원비 자1(13세, 소득없음) 중학교 기숙사비 자2(3세, 소득없음)의 미술학원비	7,000,000원 2,500,000원 1,000,000원
기 부 금	모(64세, 기타소득금액 3,500,000원)의 명의로 사찰에 기부	1,500,000원

해답

1. 연말정산 대상 여부 판단

구 분	내 역	대상여부 및 입력
신용카드 (본인카드)	모의 보약구입비(사용카드로 판단) 중고자동차 구입(구입금액의 10%) 대중교통사용액	○(2,000,000원) ○(300,000원) ○(4,000,000원)
보 험 료	남편의 상해보험(소득요건 미충족)	×
의 료 비	본인의 성형수술비(치료목적은 가능) 모(64세, 기타소득금액 3,500,000원)의 보약구입비	○(본인 1,500,000원) ×
교 육 비	본인의 영어학원비 자(13세, 소득없음) 중학교 기숙사비 자(3세)의 미술학원비	× × ○(취학전 1,000,000원)
기 부 금	모의 명의로 사찰에 기부	**×(소득요건 미충족)**

2. 연말정산자료 입력

(1) 부양가족 : 교육비(김두리) 입력

교육비		
일반		장애인특수
1,000,000	1.취학전	

(2) 신용카드등(본인)

□	성명 생년월일	자료구분	신용카드	직불,선불	현금영수증	문화체육신용	문화체육직불	문화체육현금	전통시장	대중교통	합계
□	박미화	국세청	2,300,000							4,000,000	6,300,000
	1986-11-11	기타									

(3) 의료비(본인)

	의료비 공제대상자					지급처			지급명세					14.산후조리원
□	성명	내/외	5.주민등록번호	6.본인등해당여부		9.증빙코드	8.상호	7.사업자등록번호	10.건수	11.금액	11-1.실손보험수령액	12.미숙아선천성이상아	13.난임여부	
□	박미화	내	861111-2111111	1	0	1				1,500,000	500,000	X	X	X

3. 연말정산입력 최종 반영

상단 F8부양가족탭 불러오기 실행 후 기 입력된 화면을 불러온다.

(1) 신용카드 등 소득공제 확인

소	42.신용카드 등 사용액	6,300,000

(2) 퇴직연금 및 특별세액공제 확인

특	61.보장성보험	일반				
		장애인				
	62.의료비		1,500,000	1,500,000	157,000	23,550
	63.교육비		1,000,000	1,000,000	1,000,000	67,636

–(프로그램상에서)노란화면을 클릭하면 상세 반영내역을 확인할 수 있다.

[소득공제]		
1. 신용카드	① 신용카드 ② 대중교통사용액	2,300,000 4,000,000
[특별세액공제]		
1. 의료비	① 본인(실손의료보험금 차감)	1,000,000
2. 교육비	① 취학전	1,000,000

example 예제 따라하기 **연말정산3(종합)**

(주)낙동(2003)를 선택하여 다음의 자료를 이용하여 사원코드 404번인 윤도현씨의 **연말정산을 완료**하시오. 윤도현씨가 공제받을 수 있는 공제는 모두 공제받도록하고 세부담이 최소화되도록 한다.

1. 부양가족사항(모두 생계를 같이하고 있음)

가족관계증명서

등록기준지	서울특별시 광진구 아차산로59길 12

구분	성 명	출생연월일	주민등록번호	성별	본
본인	윤도현	77년 11월 11일	771111-1111111	남	坡平

가족사항

구분	성 명	출생연월일	주민등록번호	성별	본
부	윤길수	1951년 11월 11일	511111-1111111	남	坡平
배우자	김미숙	1980년 11월 11일	801111-2111111	여	金海
자녀	윤하나	2010년 11월 11일	101111-3111111	남	坡平

☞ 주민등록번호는 적정한 것으로 가정한다.

배우자(김미숙)	당해연도 일용근로소득 2,400,000원이 있음
부친(윤길수)	부동산임대업 사업소득금액 10,000,000원이 있음

2. 윤도현의 전근무지 원천징수영수증

■ 소득세법 시행규칙 [별지 제24호서식(1)] <개정 2017. 3. 10.> (8쪽 중 제1쪽)

관리번호	[✓]근로소득 원천징수영수증 [ ]근로소득 지 급 명 세 서 ([✓]소득자 보관용 [ ]발행자 보관용 [ ]발행자 보고용)

거주구분	거주자1/비거주자2
거주지국 / 거주지국코드	
내·외국인	내국인1 /외국인9
외국인단일세율적용	여 1 / 부 2
외국법인소속 파견근로자 여부	여 1 / 부 2
국적 / 국적코드	
세대주 여부	세대주1, 세대원2
연말정산 구분	계속근로1, 중도퇴사2

구분		
징수의무자	① 법인명(상 호) ㈜로그인	② 대 표 자(성 명) 로그인
	③ 사업자등록번호 127-81-34653	④ 주 민 등 록 번 호
	③-1 사업자단위과세자 여부 여1 / 부2	③-2 종사업장 일련번호
	⑤ 소 재 지(주소) 충남 천안 봉정로 365	
소득자	⑥ 성 명 윤도현	⑦ 주 민 등 록 번 호(외국인등록번호) ******-*******
	⑧ 주 소 서울 강남 압구정로 102	

	구 분	주(현)	종(전)	종(전)	⑯-1 납세조합	합 계
Ⅰ 근무처별소득명세	⑨ 근 무 처 명	㈜로그인				
	⑩ 사업자등록번호	127-81-34653				
	⑪ 근무기간	1.1~3.31	~	~	~	~
	⑫ 감면기간	~	~	~	~	~
	⑬ 급 여	10,000,000				
	⑭ 상 여	5,000,000				
	⑮ 인 정 상 여					
	⑮-1 주식매수선택권 행사이익					
	⑮-2 우리사주조합인출금					
	⑮-3 임원 퇴직소득금액 한도초과액					
	⑮-4					
	⑯ 계	15,000,000				

	구 분	코드	주(현)	종(전)	종(전)	⑯-1 납세조합	합 계
Ⅱ 비과세및감면소득명세	⑱ 국외근로	MOX					
	⑱-1 야간근로수당	OOX	2,000,000				
	⑱-2 출산·보육수당	QOX					
	⑱-4 연구보조비	HOX					
	⑱-5						
	⑱-6						
	~						
	⑱-29						
	⑲ 수련보조수당	Y22					
	⑳ 비과세소득 계		2,000,000				
	⑳-1 감면소득 계						

	구 분		⑱ 소 득 세	⑲ 지방소득세	⑳ 농어촌특별세
Ⅲ 세액명세	⑫ 결 정 세 액		1,000,000	100,000	
	기납부 세 액	⑬ 종(전)근무지 (결정세액란의 세액을 적습니다) / 사업자 등록 번호			
		⑭ 주(현)근무지	1,200,000	120,000	
	⑮ 납부특례세액				
	⑯ 차 감 징 수 세 액(⑫-⑬-⑭-⑮)		-200,000	-20,000	

건강보험료 200,000원 장기요양보험료 10,000원
고용보험료 60,000원, 국민연금보험료 300,000원

위의 원천징수액(근로소득)을 정히 영수(지급)합니다.

20x1년 03 월 31 일

징수(보고)의무자 ㈜로그인 (서명 또는 인)

세 무 서 장 귀하

3. 윤도현의 국세청 간소화 자료

20x1년 귀속 세액공제증명서류 : 기본(지출처별)내역 [의료비]

■ 환자 인적사항

성 명	주 민 등 록 번 호
윤길수	511111 - 1******

■ 의료비 지출내역

사업자번호	상 호	종류	납입금액 계
0 - 2* - 55*	미***	일반	5,200,000
의료비 인별합계금액			5,200,000
안경구입비 인별합계금액			800,000
인별합계금액	**6,000,000**		

- 본 증명서류는 『소득세법』 제165조 제1항에 따라 영수증 발급기관으로부터 수집한 서류로 소득·세액공제 충족 여부는 근로자가 직접 확인하여야 합니다.
- 본 증명서류에서 조회되지 않는 내역은 영수증 발급기관에서 직접 발급받으시기 바랍니다.

☞ 의료비에는 보험회사로부터 수령한 실손의료보험금 1,000,000원이 포함되어 있다.

20x1년 귀속 소득공제증명서류 : 기본(사용처별)내역 [신용카드]

■ 사용자 인적사항

성 명	주 민 등 록 번 호
윤도현	771111 - 1******

■ 신용카드 사용내역

(단위 : 원)

사업자번호	상 호	종류	공제대상금액
213 - 86 - 15***	비씨카드주식회사	일반	20,0000,000
일반 인별합계금액	15,000,000		
전통시장 인별합계금액	3,000,000		
대중교통 인별합계금액	2,000,000		
인별합계금액	**20,000,000**		

- 본 증명서류는 『소득세법』 제165조 제1항에 따라 영수증 발급기관으로부터 수집한 서류로 소득·세액공제 충족 여부는 근로자가 직접 확인하여야 합니다.
- 본 증명서류에서 조회되지 않는 내역은 영수증 발급기관에서 직접 발급받으시기 바랍니다.

4. 기타 참고자료

내 용	금 액	참 고 사 항
특례기부금 (국세청자료 1건)	500,000원	사회복지공동모금회(123-45-67890)에 납부한 것임

<table>
<tr><th colspan="4">월 세 납 입 영 수 증</th></tr>
<tr><td colspan="4">■ 임 대 인</td></tr>
<tr><td>성명(법인명)</td><td>홍길동</td><td>주민등록번호
(사업자등록번호)</td><td>501111-1111111</td></tr>
<tr><td>소재지(임대차)</td><td colspan="3">서울시 강남구 압구정로 101</td></tr>
<tr><td colspan="4">■ 임 차 인</td></tr>
<tr><td>성명(법인명)</td><td>윤도현</td><td>주민등록번호
(사업자등록번호)</td><td>771111-1******</td></tr>
<tr><td>주소(소재지)</td><td colspan="3">서울시 강남구 압구정로 102</td></tr>
<tr><td colspan="4">■ 세부내용
-기 간 : 20x1년 4월 1일~20x3년 3월 31일
-월세금액 : 400,000원(20x1년 3,600,000원)
-주택유형 : 아파트, 계약면적 85㎡, 기준시가 3억원</td></tr>
</table>

해답

1. 인적공제(부양가족탭)

가족	요 건		기본공제	추가공제(자녀)	판 단
	연령	소득			
본 인	-	-	○		
배우자	-	○	○		일용근로소득은 분리과세소득임.
부친(75)	○	×	부	-	종합소득금액 1백만원 초과자
자(16)	○	○	○	자녀	

연말관계	성명	내/외국인		주민(외국인)번호	나이	소득기준초과여부	기본공제	세대주구분	부녀자	한부모	경로우대	장애인	자녀	출산입양	혼인세액
0	윤도현	내	1	771111-1111111	49		본인	세대주							
1	윤길수	내	1	511111-1111111	75	○	부								
3	김미숙	내	1	801111-2111111	46		배우자								
4	윤하나	내	1	101111-3111111	16		20세이하						○		

☞ 부친(윤길수) 소득기준초과여부("1.여")를 체크해야 합니다.

2. 소득명세 입력

	구분		합계	주(현)		납세조합		종(전) [1/2]	
소득명세	9.근무처명			(주)낙동-로그인				(주)로그인	
	10.사업자등록번호			111-02-49063		---‐--‐-----		127-81-34653	
	11.근무기간			20X1-01-01 ~	20X1-12-31	----‐--‐-- ~	----‐--‐--	20X1-01-01 ~	20X1-03-31
	12.감면기간			----‐--‐-- ~	----‐--‐--	----‐--‐-- ~	----‐--‐--	----‐--‐-- ~	----‐--‐--
	13-1.급여(급여자료입력)		15,000,000	5,000,000				10,000,000	
	13-2.비과세한도초과액								
	13-3.과세대상추가(인정상여추가)								
	14.상여		50,000,000	45,000,000				5,000,000	
	15.인정상여								
	15-1.주식매수선택권행사이익								
	15-2.우리사주조합 인출금								
	15-3.임원퇴직소득금액한도초과액								
	16.계		65,000,000	50,000,000				15,000,000	
	18.국외근로								
	18-1.야간근로(년240만원)	001	2,000,000					2,000,000	

공제보험료명세			합계	주(현)	납세조합	종(전)
	직장	건강보험료(직장)(33)	291,800	91,800		200,000
		장기요양보험료(33)	16,010	6,010		10,000
		고용보험료(33)	385,000	325,000		60,000
		국민연금보험료(31)	435,000	135,000		300,000
	공적연금보험료	공무원 연금(32)				
		군인연금(32)				
		사립학교교직원연금(32)				
		별정우체국연금(32)				
세액명	기납부세액	소득세	3,803,200	2,803,200		1,000,000
		지방소득세	380,320	280,320		100,000
		농어촌특별세				
		소득세				

☞ ***기납부세액은 윤도현씨; 전근무지 원천징수영수증의 결정세액을 입력해야 한다.***

3. 연말정산 대상여부 판단(총급여액 7천만원 이하자)

항 목	내 역	대상여부 및 입력
의료비	• 부친 의료비**(안경은 50만원 한도)** **수령한 실손보험금은 차감**	○(65세 이상 5,700,000원) (실손의료보험금 △1,000,000원)
신용카드	• 본인	○(신용 15,000,000원 전통시장 3,000,000원 대중교통 2,000,000원)
기부금	• 본인 노동조합비	○(일반 500,000원)
월세	• **세액공제요건 충족(총급여액 8천만원 이하자)** ☞ 전용면적(85㎡) 이하 또는 기준시가 4억원 이하	3,600,000원

4. 연말정산자료 입력

(1) 신용카드등(본인)

1 공제대상자 및 대상금액

□	성명 생년월일	자료구분	신용카드	직불,선불	현금영수증	문화체육 신용	문화체육 직불	문화체육 현금	전통시장	대중교통	합계
■	윤도현	국세청	15,000,000						3,000,000	2,000,000	20,000,000
	1977-11-11	기타									

(2) 의료비(부친)

의료비 공제대상자					지급처			지급명세					14.산후조리원
성명	내/외	5.주민등록번호	6.본인등해당여부		9.증빙코드	8.상호	7.사업자등록번호	10.건수	11.금액	11-1.실손보험수령액	12.미숙아선천성이상아	13.난임여부	
윤길수	내		2	0	1			1	5,700,000	1,000,000	X	X	X

(3) 기부금

① 기부금(윤도현) 입력

구분		9.기부내용		기부처		기부명세				자료구분
7.유형	8.코드			10.상호(법인명)	11.사업자번호 등	건수	13.기부금합계금액(14+15)	14.공제대상기부금액	15.기부장려금신청 금액	
특례	10	금전		사회복지공동모	123-45-67890	1	500,000	500,000		국세청

② 기부금 조정(상단의 공제금액계산 클릭→불러오기→공제금액반영)

구분		기부연도	16.기부금액	17.전년도까지공제된금액	18.공제대상금액(16-17)	해당연도공제금액	해당연도에 공제받지 못한 금액	
유형	코드						소멸금액	이월금액
특례	10	2025	500,000		500,000	500,000		

(4) 월세액

1 월세액 세액공제 명세(연말정산입력 탭의 70.월세액) [참고]월세액공제 크게보기

임대인명(상호)	주민등록번호(사업자번호)	유형	계약면적(㎡)	임대차계약서 상 주소지	계약서상 임대차 계약기간			연간 월세액	배우자 연간월세액 공제대상액	공제대상액	세액공제금액
					개시일	~	종료일				
홍길동	501111-1111111	아파트	85.00	서울 강남구 압구정로 101	2026-04-01	~	2028-03-31	3,600,000		3,600,000	540,000

5. 연말정산입력 최종 반영

상단 F8부양가족탭 불러오기 실행 후 기 입력된 화면을 불러온다.

(1) 신용카드 등 입력 확인

구분		대상금액	공제율금액	
㉮신용카드	전통시장/대중교통비 제외	15,000,000	15%	2,250,000
㉯직불/선불카드			30%	
㉰현금영수증			30%	
㉱문화체육사용분(총급여7천만원이하자만적용)			30%	
㉲전통시장 사용분		3,000,000	40%	1,200,000
㉳대중교통 이용분		2,000,000	40%	800,000
신용카드 등 사용액 합계(㉮~㉳)		20,000,000		4,250,000

(2) 특별세액공제 및 월세 확인

		구분		지출액	공제대상금액	공제금액
액	별	62.의료비	5,700,000	5,700,000	2,750,000	412,500
		63.교육비				
		64.기부금	500,000	500,000	500,000	75,000
	세	1)정치자금 기부금	10만원이하			
			10만원초과			
	액	2)고향사랑 기부금	10만원이하			
			10만원초과			
공	공	3)특례기부금(전액)		500,000	500,000	75,000

70.월세액	3,600,000	3,600,000	540,000

[소득공제]		
1. 신용카드	① 신용카드 ② 전통시장 ③ 대중교통	15,000,000 3,000,000 2,000,000
[특별세액공제]		
1. 의료비	① 특정(65세 이상)의료비	4,700,000
2. 기부금	① 일반기부금	500,000
[월세세액공제]		3,600,000

제5절 원천징수이행상황신고서 전자신고

원천징수이행상황신고서를 작성, 마감 후 홈택스를 통하여 **전자신고를 할 수 있습니다.**

〈주요 전자신고 순서〉

1. 전자신고파일생성	1. 신고서 작성 및 마감
	2. 전자신고서 제작(비밀번호 입력)
	3. C드라이브에 파일(파일명 메모)이 생성
2. 홈택스 전자신고	1. 전자신고파일 불러오기
	2. 형식검증하기(비밀번호 입력)→확인
	3. 내용검증하기→확인
	4. 전자파일 제출
	5. 접수증 확인

기본적으로 부가가치세 전자신고와 동일한 순서로 작업을 하시면 됩니다.

example 예제 따라하기 **원천징수이행상황신고서 전자신고**

(주)전자(2005)를 선택하여 1월 귀속, 1월 지급의 원천징수이행상황신고서를 작성 마감하여 가상 홈택스에서 원천징수이행상황신고서 전자신고를 수행하시오.

해답

1. **전자신고 파일생성**

① 원천징수이행상황신고서 귀속기간 1월, 지급기간 1월 입력하고 원천징수이행상황신고서를 불러온다

② 상단의 F8(마감)을 클릭하여 원천징수이행상황신고서를 마감(하단의 F8)한다.

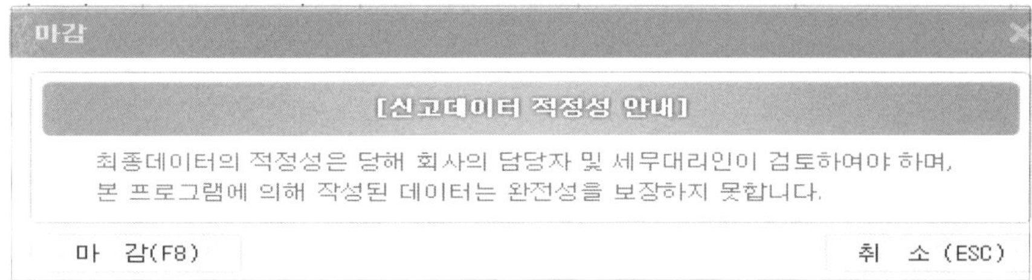

③ 원천징수메뉴에서 [전자신고] 메뉴를 클릭합니다.
원천징수이행상황제작 전자신고(<u>2.납세자 자진 신고등</u>)구분을 선택하여 조회 후 마감된 신고서를 선택(체크) 후 <u>상단 F4 제작을 클릭</u>합니다.(<u>파일명을 메모하세요</u>)

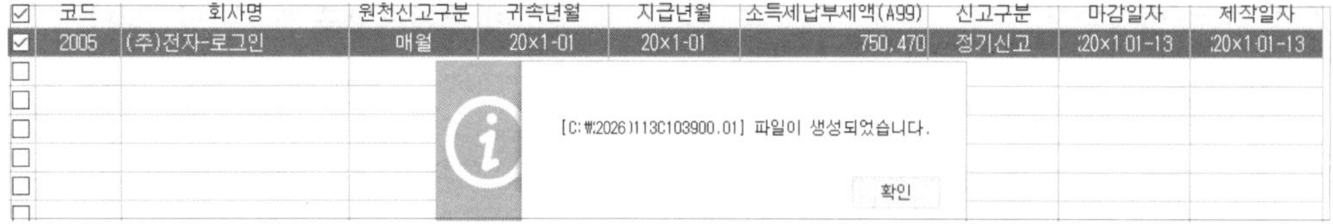

☑	코드	회사명	원천신고구분	귀속년월	지급년월	소득세납부세액(A99)	신고구분	마감일자	제작일자
☑	2005	(주)전자-로그인	매월	20x1-01	20x1-01	750,470	정기신고	20x1-01-13	20x1-01-13

④ F4제작을 클릭 후 비밀번호를 입력하여 파일 제작합니다.

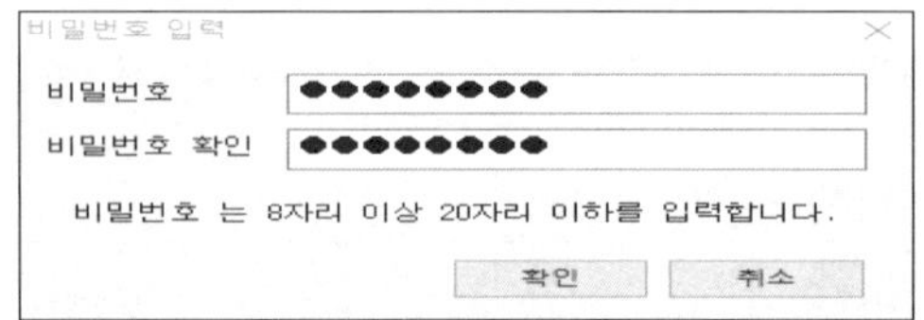

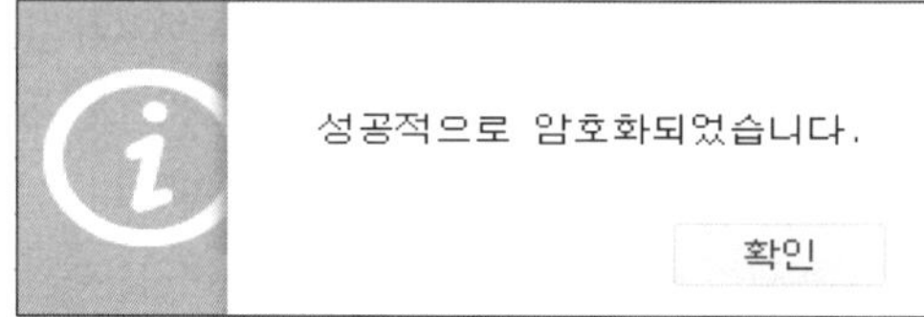

⑤ 메뉴에서 상단의 F6홈택스바로가기를 클릭합니다.

2. 홈택스 전자신고(국세청 홈택스 사이트)

① 전자신고 메뉴에서 제작한 파일을 [찾아보기] 기능을 통해 불러옵니다.
파일을 불러오면 선택한 파일내역에 전자파일명과 파일크기가 반영됩니다.

※ 평문 파일 또는 암호화된 파일 모두 제출가능합니다.

- 선택한 파일내역

찾아보기

NO	전자파일명	파일크기
1	C:₩fakepath₩2026)113C103900.01	458Byte

② 검증(비밀번호 입력) : <u>형식검증하기(비밀번호 입력)→결과확인→내용검증하기→결과확인</u>

- 파일처리내역

파일이름	파일형식검증		내용검증		
	대상 납세자수 / 라인(줄)수	오류 납세자수 / 오류항목 건수	내용검증 대상 납세자수	오류(경고/안내) 납세자수 / 오류항목건수	정상 납세자수
2026 20113C103900.01	1 / 7	0 / 0	1	0 / 0	1

- 진행현황

- [내용검증하기]가 완료 되었습니다.
[전자파일제출]버튼을 클릭하여 제출화면으로 이동하세요.

형식검증하기 ➡ 형식검증결과확인 ➡ 내용검증하기 ➡ 내용검증결과확인 ➡ 전자파일제출

③ 전자파일제출을 클릭하면 정상 변환된 제출 가능한 신고서 목록이 조회되며, 전자파일제출하기를 클릭하여 제출합니다.

번호	상호	사업자(주민) 등록번호	과세년월	신고서 종류	신고구분	신고유형	접수여부 (첨부서류)	총지급액
1	(주)전자…	1208172054	20×101	원천징수이…	정기(확정)	정기신고	미제출(0종)	10,000,000

1 총0건(1/1)

이전 전자파일 제출하기

⑤ 제출이 완료되면 접수증이 나오며 접수내용을 확인할 수 있습니다.

· 정상제출내용

(단위 : 원) 10건 확인

과세년월	신고서종류	신고구분	신고유형	상호 (성명)	사업자(주민 등록번호
20×101	원천징수이행상황…	정기(확정)	정기신고	(주)전자-로그인	120817205

1 총1건(1/1)

위와 같이 접수 되었습니다.

<전산세무 2급 출제내역>

구분	항목	배점	내용
이론	1. 재무회계	10점	객관식 5문항
	2. 원가회계	10점	객관식 5문항
	3. 부가가치세, 소득세	10점	객관식 5문항
실무	1. 일반전표 입력	15점	일반전표 입력 5문항
	2. 매입매출전표 입력	15점	매입매출전표 입력 5문항
	3. 부가가치세	10점	**부가가치세 신고서작성 및 전자신고** **부가가치세 수정신고서(가산세)** 신용카드매출표발행집계표 부동산임대공급가액명세서 / 의제매입세액공제신고서 대손세액공제신고서 / 매입세액불공제내역 수출실적명세서 신용카드매출전표 등 수령금액 합계표(갑) 등
	4. 결산자료 입력	15점	수동결산 : 12월 31일 일반전표 입력 **자동결산 : 재고자산, 대손충당금, 감가상각비, 퇴직급여, 법인세 등 입력**
	5. 원천징수	15점	**사원등록(인적공제)** 급여자료입력 **원천징수이행상황신고서 및 전자신고** **연말정산추가자료 입력**
계		100점	

2026년 주요 개정세법(전산세무2급)

Ⅰ. 부가가치세법

1. 거짓(가공)세금계산서 발급 · 수취에 대한 가산세율 상향

현행	3%	개정	**4%**

2. 전자신고세액공제 축소(조특법)

현행	10,000원	개정	**5,000원**

Ⅱ. 소득세법

1. 조림기간 5년 이상의 임지의 임목 벌채 · 양도소득 비과세 한도 확대

현행	(한도) 연 6백만원	개정	(한도) **연 3천만원**

2. 야간근로수당 등이 비과세되는 생산직 근로자 등 대상 확대

현행	(월정액) 210만원 이하 (총급여액) 직전과세기간 3,000만원 이하	개정	(월정액) **260만원 이하** (총급여액) 직전과세기간 **3,700만원 이하**

3. 자녀수에 따라 보육수당 비과세 한도 확대

현행	월 20만원	개정	**월 20만원/인**

4. **교육비 특별세액 소득요건 폐지**

5. 저학년(2학년 이하) 초등학생 예 · 체능 학원비 세제지원

신설	- 예능학원 및 체육시설 교육비 - 대상 : 과세기간 종료일 현재 9세 미만 또는 2학년 이하 초등학생

6. 고향사랑 기부금 세액공제 확대(조특법)

현행	**(10만원 초과) 15%**	개정	**(10만원 초과~20만원 이하) 40%** **(20만원 초과~2천만원 이하) 15%** **- 단, 특별재난지역 기부시(선포일로부터 3개월 이내) 30%**

7. 무주택 주말 부부에 대해 각각 월세 세액공제 허용(조특법)

신설	**- 세대주의 배우자로서 총급여 8천만원 이하 근로자** **① 세대주와 배우자 주소지가 각기 다른 시군구에 있을 것 &** **② 배우자와 동거하는 직계존비속등이 무주택자** **- 한도 : 합산 연간월세액 1,000만원**

8. 다자녀 가구에 대해 월세 세액공제 대상 주택 면적 확대(조특법)

추가	**- 기본공제 대상 자녀 3인 이상 : 주택면적 100㎡ 이하 또는 시가 4억원 이하**

20**년 **월 **일 시행
제***회 전산세무회계자격시험

2교시 A형

종목 및 등급 : **전산세무2급** - 제한시간 : 90분
(12:30 ~ 14:00) - 페이지수 : 14p

▶시험시작 전 문제를 풀지 말것◀

1. USB 수령	① 감독관으로부터 시험 응시에 필요한 종목별 수험용 BACKDATA 설치용 USB를 수령한다. ② USB 꼬리표가 **본인의 응시 종목과 일치하는지 확인하고, 꼬리표 뒷면에 수험정보를** 정확히 기재한다.
2. USB 설치	③ USB를 컴퓨터의 USB 포트에 삽입하여 인식된 해당 USB 드라이브로 이동한다. ④ USB 드라이브에서 수험용 BACKDATA 설치프로그램인 'Tax.exe' 파일을 실행한다. **[주의] 수험용 BACKDATA 설치 이후, 시험 중 수험자 임의로 절대 재설치(초기화)하지 말 것.**
3. 수험정보입력	⑤ [수험번호(8자리)]와 [성명]을 정확히 입력한 후 [설치] 버튼을 클릭한다. ※입력한 수험정보는 이후 절대 수정이 불가하니 본인의 수험정보를 정확히 입력할 것.
4. 시험지 수령	⑥ 시험지와 본인의 응시 종목 및 급수 일치 여부와 문제유형(A 또는 B)을 확인하고, 문제유형(A 또는 B)을 프로그램에 입력한다. ⑦ 시험지의 총 페이지수를 확인한다. ※응시 종목 및 급수와 파본 여부를 확인하지 않은 것에 대한 책임은 수험자에게 있음.
5. 시험 시작	⑧ 감독관이 불러주는 '감독관확인번호'를 정확히 입력하고, 시험에 응시한다.
6. USB 저장	⑨ 이론문제의 답은 프로그램의 메인화면에서 **이론문제 답안작성** 을 클릭하여 입력한다. ⑩ 실무문제의 답은 문항별 요구사항을 수험자가 파악하여 각 메뉴에 입력한다. ⑪ 이론문제와 실무문제의 답안을 모두 입력한 후 **답안저장(USB로 저장)** 을 클릭하여 답안을 저장한다. ⑫ [답안저장] 팝업창의 USB로 전송완료 메시지를 확인한다.
7. USB 제출	⑬ 답안이 수록된 USB 메모리를 빼서, <감독관>에게 제출 후 조용히 퇴실한다.

- ▶ 본 자격시험은 전산프로그램을 이용한 자격시험입니다. 컴퓨터의 사양에 따라 자격검정(KcLep)프로그램의 구동이 원활하지 않을 수 있으므로 자격검정(KcLep)프로그램의 진행 속도를 고려하여 입력해 주시기를 바랍니다.
- ▶ 수험번호나 성명 등을 잘못 입력했거나, 답안을 USB에 저장하지 않음으로써 발생하는 일체의 불이익과 책임은 수험자 본인에게 있습니다.
- ▶ 타인의 답안을 자신의 답안으로 부정 복사한 경우 해당 관련자는 모두 불합격 처리됩니다.
- ▶ 타인 및 본인의 답안을 복사하거나 외부로 반출하는 행위는 모두 부정행위 처리됩니다.
- ▶ PC, 프로그램 등 조작 미숙으로 시험이 불가능하다고 판단될 경우 불합격 처리될 수 있습니다.
- ▶ 시험 진행 중에는 자격검정(KcLep)프로그램을 제외한 일체의 다른 프로그램을 사용할 수 없습니다. (예시. 인터넷, 메모장, 윈도우 계산기 등)

이론문제 답안작성 을 한번도 클릭하지 않으면 답안저장(USB로 저장) 을 클릭해도 답안이 저장되지 않습니다.

제123회 전산세무 2급

합격율	시험년월
%	2025.12

이 론

다음 문제를 보고 알맞은 것을 골라 이론문제 답안작성 메뉴에 입력하시오. (객관식 문항당 2점)

〈 기 본 전 제 〉

문제에서 한국채택국제회계기준을 적용하도록 하는 전제조건이 없는 경우, 일반기업회계기준을 적용한다.

01. 다음 중 유형자산의 취득원가를 구성하는 지출이 아닌 것은?

① 광고 및 판촉활동비
② 취득세 등 유형자산의 취득과 직접 관련된 제세공과금
③ 유형자산의 취득과 직접 관련된 운송비와 설치비
④ 자본화대상인 차입원가

02. 다음 중 무형자산에 대한 설명으로 가장 옳은 것은?

① 무형자산의 상각기간은 어떠한 경우에도 20년을 초과할 수 없다.
② 무형자산의 잔존가치는 1,000원을 원칙으로 한다.
③ 무형자산의 상각비는 반드시 판매비와 관리비로 처리한다.
④ 무형자산의 합리적인 상각방법을 정할 수 없는 경우에는 정액법을 사용한다.

03. 다음 중 재고자산에 대한 설명으로 가장 옳지 않은 것은?

① 고객이 구매의사를 표시한 시용 판매 상품은 판매자의 재고자산에 포함되지 않는다.
② 도착지 인도조건으로 판매한 운송 중인 미착 상품은 판매자의 재고자산에 포함되지 않는다.
③ 선입선출법에 의해 원가배분을 할 경우 기말재고는 최근에 구입한 상품의 원가로 구성된다.
④ 수탁자의 창고에 보관 중인 미판매 적송품은 위탁자의 재고자산에 포함된다.

04. 자산으로부터 그 효익이 여러 보고기간에 걸쳐 나타날 것으로 기대되는 경우, 발생된 관련 비용은 체계적이고 합리적인 배분절차에 따라 각 보고기간에 기간배분하여 비용을 인식하는데 이와 관련된 계정과목은?

① 매출원가　　② 감가상각비
③ 연구비　　④ 광고선전비

05. 다음 중 자본잉여금에 영향을 미치는 거래는 무엇인가?

① 자기주식을 120,000원에 취득하였다.
② 보통주 100주를 주당 4,000원(주당 액면가액 5,000원)에 증자하였다.
③ 취득가액이 120,000원인 자기주식을 100,000원에 매각하였다.
④ 자기주식을 55,000원(액면가액 60,000원)에 취득하여 바로 소각하였다.

06. 다음 중 원가의 개념에 대한 설명으로 가장 옳지 않은 것은?

① 기회비용은 의사결정에 영향을 미치는 대표적인 관련원가에 해당한다.
② 매몰원가는 의사결정에 영향을 미치지 않는 대표적인 비관련원가에 해당한다.
③ 변동원가는 조업도의 변동에 비례하여 단위당 원가가 변동하는 원가를 의미한다.
④ 고정원가는 조업도가 증가할수록 단위당 원가가 감소하는 원가이다.

07. ㈜비행의 당기 항공기 제작 관련 원가는 다음과 같다. 항공기 B의 당기 총 제조원가는 얼마인가? 단, 제조간접비는 직접재료비를 기준으로 배부한다.

구분	항공기 A	항공기 B	합계
직접재료비	200,000원	300,000원	500,000원
직접노무비	1,800,000원	1,200,000원	3,000,000원
제조간접비	?	?	3,500,000원

① 1,500,000원　　② 2,000,000원
③ 3,400,000원　　④ 3,600,000원

08. 다음 중 개별원가계산과 종합원가계산에 대한 설명으로 가장 옳지 않은 것은?

① 종합원가계산은 소품종대량생산에, 개별원가계산은 다품종소량생산에 적용하기 적합하다.
② 종합원가계산은 정확한 원가계산이 장점이며, 개별원가계산은 경제적이고 편리하다는 것이 장점이다.
③ 종합원가계산은 공정별로 원가를 집계하며, 개별원가계산은 개별작업별로 원가를 집계한다.
④ 종합원가계산은 완성품환산량을 계산하는 것이 핵심 과제이다.

09. 다음 자료를 이용하여 종합원가를 계산할 경우 선입선출법에 따른 원재료와 가공원가의 완성품환산량을 계산하면 각각 몇 개인가?

- 기초재공품 : 400개(완성도 30%)
- 당기착수량 : 1,600개
- 당기완성량 : 1,400개
- 기말재공품 : 600개(완성도 40%)
- 원재료는 공정착수 시점에 전량 투입되고, 가공원가는 전체 공정에서 균등하게 발생한다.

	원재료	가공원가
①	1,400개	1,360개
②	1,400개	1,520개
③	1,600개	1,360개
④	1,600개	1,520개

10. 다음 중 제조간접비 배부차이에 대한 설명으로 가장 옳지 않은 것은?

① 제조간접비 배부차이는 제조간접비 실제발생액과 예정배부액의 차이를 말한다.
② 배부차이 조정방법은 매출원가조정법, 상호배분법, 영업외손익법이 있다.
③ 매출원가조정법은 배부차이를 전액 매출원가에서 조정하는 방법이다.
④ 과소배부는 실제발생액에 비하여 예정배부액이 적을 경우 발생된다.

11. 다음 중 부가가치세법상 면세거래에 해당하는 것을 모두 고른 것은?

A. 칠레에서 수입한 관상용 열대어를 판매하였다.
B. 단순 운반편의를 위해 된장, 고추장을 병입하여 판매하였다.
C. 제조업을 영위하는 '갑'은 공장 주차장으로 사용하던 토지 일부를 매각하였다.
D. 도소매업을 영위하는 '을'은 창고부지의 일부분인 토지를 '병'에게 임대하였다.
E. '정'은 국민주택 규모를 초과하는 주택(부수토지 제외)을 임대하고 월세 수입이 발생하였다.

① A, B, C ② A, D, E ③ B, C, D ④ B, C, E

12. 다음 중 부가가치세법상 법인 사업자가 의제매입세액공제를 적용받을 수 있는 업종으로 가장 옳은 것은?

① 음식점업 ② 자동차매매업
③ 부동산임대업 ④ 소매업

13. 다음 중 부가가치세법상 용역의 공급에 해당하지 않는 것은?

① 건설사업자가 건설자재의 전부 또는 일부를 부담하는 경우의 건설 용역 제공
② 부동산임대업의 임대
③ 산업상 지식, 경험, 숙련에 관한 정보를 제공하는 것
④ 특허권의 양도

14. 다음 중 소득세법상 종합소득세에 대한 설명으로 가장 옳은 것은?

① 퇴직소득세는 종합소득세 합산과세대상이다.
② 종합과세로 신고한 주택임대업의 결손금은 부동산임대소득으로 보아 사업소득에서 공제할 수 없다.
③ 기타소득금액이 300만원 이하이면 선택적 분리과세가 가능하다.
④ 이자, 배당소득의 합계가 4천만원 이하이면 분리과세된다.

15. 다음 중 근로소득자의 총급여액의 크기에 따라 공제금액이 달라지는 항목이 아닌 것은?

① 근로소득공제 ② 개인연금저축 소득공제
③ 의료비 세액공제 ④ 연금계좌 세액공제

실 무

㈜아미전자(1230)는 컴퓨터 및 주변장치의 도·소매업을 주업으로 영위하는 중소기업으로 당기의 회계기간은 20x1.1.1.~20x1.12.31.이다. 전산세무회계 수험용 프로그램을 이용하여 다음 물음에 답하시오.

〈 기 본 전 제 〉

- 문제에서 한국채택국제회계기준을 적용하도록 하는 전제조건이 없는 경우, 일반기업회계기준을 적용하여 회계처리 한다.
- 문제의 풀이와 답안작성은 제시된 문제의 순서대로 진행한다.

문제 1 [일반전표입력] 메뉴를 이용하여 다음의 거래자료를 입력하시오. (15점)

〈 입력 시 유의사항 〉

- 일반적인 적요의 입력은 생략하지만, 타계정 대체거래는 적요 번호를 선택하여 입력한다.
- 채권·채무와 관련된 거래는 별도의 요구가 없는 한 반드시 기등록된 거래처코드를 선택하는 방법으로 거래처명을 입력한다.
- 제조경비는 500번대 계정코드를, 판매비와관리비는 800번대 계정코드를 사용한다.
- 회계처리 시 계정과목은 별도의 제시가 없는 한 등록된 계정과목 중 가장 적절한 과목으로 한다.

[1] 02월 15일 보유 중인 자기주식(취득가액 1,500,000원)을 전량 매도하여 매매대금 1,400,000원이 보통예금 계좌에 입금되었다. (3점)

[2] 05월 10일 4월분 급여 지급 시 원천징수한 소득세 2,000,000원 및 지방소득세 200,000원을 보통예금 계좌에서 이체하여 납부하였다(단, 소득세와 지방소득세를 합하여 하나의 전표로 입력할 것). (3점)

[3] 06월 30일 당사는 자금을 조달할 목적으로 유상증자를 하였다. 보통주 5,000주를 주당 6,000원(주당 액면가액 5,000원)에 발행하고, 증자대금은 보통예금 계좌로 입금되었다(단, 유상증자일 현재 주식할인발행차금 잔액을 조회하여 회계처리 하기로 한다). (3점)

[4] 08월 20일 국민은행으로부터 3년 후 상환 조건으로 50,000,000원을 차입하고, 보통예금 계좌로 입금받았다. (3점)

[5] 09월 30일 회사는 판매부서 직원들에 대해 확정급여형 퇴직연금(DB)에 가입하고 있으며, 9월 불입액인 6,000,000원을 보통예금에서 지급하였다. (3점)

문제 2 [매입매출전표입력] 메뉴를 이용하여 다음의 거래자료를 입력하시오. (15점)

〈입력 시 유의사항〉

- 일반적인 적요의 입력은 생략하지만, 타계정 대체거래는 적요 번호를 선택하여 입력한다.
- 채권・채무 관련 거래는 별도의 요구가 없는 한 반드시 기등록된 거래처코드를 선택하는 방법으로 거래처명을 입력한다.
- 제조경비는 500번대 계정코드를, 판매비와관리비는 800번대 계정코드를 사용한다.
- 회계처리 시 계정과목은 등록된 계정과목 중 가장 적절한 과목으로 한다.
- 입력화면 하단의 분개까지 처리하고, 세금계산서 및 계산서는 전자 여부를 입력하여 반영한다.

[1] 02월 05일 관리부서에서 사용하던 비품(취득원가 1,000,000원, 감가상각누계액 999,000원)을 10,000원(부가가치세 별도)에 ㈜중고환영에 처분하고 전자세금계산서를 발급하였다. 해당 거래의 판매대금은 2월 10일에 받기로 하였다. (3점)

[2] 02월 10일 본사 사옥을 신축하기 위한 토지를 취득하면서, 토지 정지 비용이 발생하여 전자세금계산서를 발급받았다. 대금은 7일 후 지급하기로 하였다. 부채 계정은 미지급금을 사용한다. (3점)

전자세금계산서					승인번호	20250210-10580156-78954816			
공급자	등록번호	130-61-23547	종사업장번호		공급받는자	등록번호	130-81-53506	종사업장번호	
	상호(법인명)	신성건설	성명	박신성		상호(법인명)	㈜아미전자	성명	성장호
	사업장주소	경기도 부천시 길주로 301				사업장주소	경기도 성남시 분당구 고기로 648		
	업태	건설	종목	토목공사		업태	제조, 도소매	종목	컴퓨터 및 주변장치
	이메일	ssin@never.com				이메일	ami@naver.com		
						이메일			

작성일자	공급가액	세액	수정사유	비고
20x1.02.10.	20,000,000	2,000,000		현장 : 경기도 부천시 길주로 101

월	일	품목	규격	수량	단가	공급가액	세액	비고
2	10	토지 정지 비용		1	20,000,000	20,000,000	2,000,000	

합계금액	현금	수표	어음	외상미수금	위 금액을 (청구) 함
22,000,000				22,000,000	

[3] 03월 11일 보통예금 계좌에 330,000원(부가가치세 포함)이 입금되어 확인해보니 비사업자인 김길녀씨에게 상품을 판매한 것으로 세금계산서나 현금영수증을 발행하지 않았다. 단, 거래처를 입력할 것. (3점)

[4] 09월 30일 제2기 부가가치세 예정신고 시 누락된 제조부서의 저녁 회식비용에 대한 다음의 종이 세금계산서를 10월 30일에 발견하였다(단, 제2기 부가가치세 확정신고에 반영되도록 입력 및 설정할 것). (3점)

세금계산서

책 번 호	권	호
일 련 번 호		-

공급자	사업자 등록번호	115-13-51742		공급받는자	사업자 등록번호	130-81-53506
	상호(법인명)	맛나식당	성명(대표자) 이맛나		상호(법인명)	㈜아미전자 / 성명(대표자) 성장호
	사업장 주소	성남시 분당구 분당로 200, 1층			사업장 주소	경기도 성남시 분당구 고기로 648
	업태	음식점업	종목 한식		업태	제조, 도소매 / 종목 컴퓨터 및 주변장치

작성 연	월	일	공급가액 공란수	백	십	억	천	백	십	만	천	백	십	일	세액 십	억	천	백	십	만	천	백	십	일	비고
20x1	9	30							5	0	0	0	0	0						5	0	0	0	0	

월	일	품목	규격	수량	단가	공급가액	세액	비고
09	30	식대				500,000원	50,000원	

합계금액	현금	수표	어음	외상미수금	이 금액을 **청구** 함
550,000원				550,000원	

[5] 10월 20일 ㈜행복가구에서 사무실에 사용할 목적으로 원목 책상을 1,650,000원(부가가치세 포함)에 현금으로 구입하고 현금영수증을 수취하였다(단, 자산으로 처리할 것). (3점)

현 금 영 수 증 (지 출 증 빙 용)
CASH RECEIPT

사업자등록번호	201-88-78491
현금영수증가맹점명	㈜행복가구
대표자	김행복
주소 /전화번호	경기도 수원시 월드컵로 200 /1588-0001

품명	원목 책상	승인번호	12345
거래일시	20x1.10.20	취소일자	

단위		백			천			원
금액 AMOUNT		1	5	0	0	0	0	0
부가세 V.A.T			1	5	0	0	0	0
봉사료 TIPS								
합계 TOTAL		1	6	5	0	0	0	0

문제 3 부가가치세 신고와 관련하여 다음 물음에 답하시오. (10점)

[1] 다음 자료를 보고 20x1년 제1기 부가가치세 확정신고기간(4월~6월)의 [부가가치세신고서]와 [부동산임대공급가액명세서]를 작성하시오(단, 불러온 데이터 값은 무시하고 새로 입력한다. 아래 제시된 자료만 있는 것으로 가정하고 제시된 두 가지 서식만 작성하고, 이자율은 3.1%로 할 것). (5점)

1. 매출자료

(1) 전자세금계산서 발급 과세 매출액 : 공급가액 138,000,000원, 세액 13,800,000원
　－아래의 월세(불야시) 전자세금계산서 발급분을 포함한 것이다.

(2) 신용카드 과세매출액 : 공급가액 152,300,000원, 세액 15,230,000원

(3) 당사의 임대료 매출자료

동수	층수	호수	상호	면적	용도	계약기간	보증금(원)	월세(원)
1	1	101	불야시 (703-01-00770)	224m²	사무실	20x1.1.1.~ 20x2.12.31.	40,000,000	1,280,000 (VAT 제외)

※ 위의 임대료 매출에 대한 부동산임대공급가액명세서를 작성하고, 해당 내용에 대한 간주임대료만을 부가가치세 신고서에 반영한다.

2. 매입자료

- 전자세금계산서 수취 과세 매입액(고정자산 아님) : 공급가액 208,370,000원, 세액 20,837,000원
  －위 전자세금계산서 수취분 매입액 중 대표자 개인적 사용분에 대한 전자세금계산서 공급가액 1,000,000원, 세액 100,000원이 포함되어 있다.
- 20x1년 제1기 예정신고시 누락된 세금계산서(고정자산 아님) 수취분 매입액 : 공급가액 750,000원, 세액 75,000원(종이세금계산서 수취분)

3. 기타

- 예정신고 누락분은 확정신고 시 반영하기로 한다.
- 홈택스에서 기한 내에 직접 전자신고하여 세액공제 받기로 한다(세부담 최소화 가정).
- 과세표준명세와 가산세는 고려하지 않기로 한다.

[2] 다음의 영세율 매출자료를 확인하고, 20x1년 제1기 부가가치세 예정신고기간(1월 1일~3월 31일)의 [수출실적명세서]와 [내국신용장.구매확인서전자발급명세서] 및 [영세율매출명세서]를 작성하시오. 단, 매입매출전표입력은 생략할 것. (5점)

1. 홈택스에서 조회한 구매확인서 및 전자세금계산서 자료

(1) 구매확인서 전자발급명세서

서류구분	서류번호	발급일	공급일	금액
구매확인서	PKT20250330777	20x1년 4월 3일	20x1년 3월 30일	50,000,000원

(2) 영세율전자세금계산서

영세율전자세금계산서					승인번호	20250330 - 77000011 - 33000011		
공급자	등록번호	130 - 81 - 53506	종사업장 번호		공급받는자	등록번호	907 - 88 - 12340	종사업장 번호
	상호(법인명)	㈜아미전자	성명	성장호		상호(법인명)	㈜미래테크	성명: 최강
	사업장	경기도 성남시 분당구 고기로 648				사업장	서울시 금천구 가산디지털1로 1, 105호	
	업태	제조, 도소매	종목	컴퓨터 및 주변장치		업태	도매업	종목: 전자제품
	이메일	ami@naver.com				이메일	mirea1004@naver.com	
						이메일		

작성일자	공급가액	세액	수정사유
20x1.03.30	50,000,000	-	해당 없음
비고			

월	일	품목	규격	수량	단가	공급가액	세액	비고
03	30	전자제품				50,000,000	0	

합계금액	현금	수표	어음	외상미수금	이 금액을 (청구) 함
50,000,000	10,000,000		20,000,000	20,000,000	

2. 홈택스에서 조회한 수출실적명세서 자료(단, 거래처코드와 거래처명은 등록된 거래처를 조회하여 사용할 것).

거래처	수출신고번호	선적일	환가일	통화	수출액	기준환율	
						선적일	환가일
토마스사	13075 - 20 - 080907X	20x1.02.15	20x1.02.18	USD	$50,000	1,450원/$	1,400원/$
요오크사	13889 - 25 - 148890X	20x1.03.17	20x1.03.05	EUR	€32,000	1,300원/€	1,350원/€

※ 위 자료는 직접수출에 해당한다.

문제 4 결산정리사항은 다음과 같다. 관련 메뉴를 이용하여 결산을 완료하시오. (15점)

[1] 당사는 20x1.07.01.에 제조공장 화재보험을 가입하였으며, 화재보험료로 16,800,000원(보험기간 20x1.07.01.~20x2.06.30.)을 지급하면서 전액 비용처리 하였다(단, 보험료는 월할계산으로 하며, 회계처리 시 음수로 입력하지 말 것). (3점)

[2] 다음은 20x1년 제2기 부가가치세 확정신고와 관련된 내용이다. 12월 31일 부가세예수금과 부가세대급금을 정리하는 회계처리를 하시오. 단, 납부세액(또는 환급세액)은 미지급세금(또는 미수금)으로, 경감공제세액은 잡이익으로, 가산세는 세금과공과(판관비)로 회계처리 한다. (3점)

- 부가세예수금 : 35,400,000원
- 부가세대급금 : 22,370,000원
- 세금계산서 지연수취 가산세 : 30,000원
- 전자신고세액공제 : 10,000원(가정)

[3] 제조부서가 1월에 구입한 소모품은 2,000,000원이다. 결산일 현재 미사용한 소모품은 300,000원이다. 회사는 소모품 구입 시 전액 자산(소모품)으로 회계처리 하였다. (3점)

[4] 당기의 법인세 총부담세액은 7,000,000원이며 지방소득세 법인분은 700,000원이다. 당기의 법인세 중간예납세액인 2,000,000원(선납세금으로 회계처리됨)은 신고는 하였으나 납부는 하지 못하였다. (3점)

[5] 결산일 현재 외상매출금 잔액의 3%와 단기대여금 잔액의 3%에 대하여 대손을 예상하고 보충법에 의해 대손충당금을 설정하기로 한다(단, 다른 채권에 대해서는 대손충당금을 설정하지 않음). (3점)

문제 5 원천징수와 관련된 다음의 물음에 답하시오. (15점)

[1] 다음은 사무직 근로자인 반윤상(사번 : 105)의 11월 귀속, 12월 지급분 급여내역이다. 아래의 자료를 이용하여 11월 귀속 [수당공제등록] 및 [급여자료입력]을 작성하시오. 단, [수당공제등록], [급여자료입력]에서 불러온 자료는 무시하고 아래 자료에 따라 입력하되, 사용하는 수당 · 공제 외의 항목은 "부"로 체크하고, 월정액 여부와 통상임금 여부는 무시한다. (5점)

> ※ 급여자료 입력 시 다음에 주의하여 작성한다.
> • 회사는 매월 급여신고 대상이다.
> • 비과세에 해당하는 항목은 모두 충족하며, 최대한 반영하기로 한다.

급 여 명 세 서

귀속연월 : 20x1년 11월　　　　지급연월일 : 20x1년 12월 05일

성명	반 윤 상

세부 내역

급여항목	금액(원)	공제항목	금액(원)
기본급	2,500,000	국민연금	112,500
상여	1,000,000	건강보험	88,620
식대	200,000	장기요양보험	11,470
자가운전보조금	200,000	고용보험	31,600
자격수당	150,000	소득세(100%)	21,000
보육수당	300,000	지방소득세	2,100
		농특세	0
		공제총액	267,290
지급총액	4,350,000	차인지급액	4,082,710

• 식대 : 당사는 구내식당에서 식사를 별도로 제공하고 있다.
• 자가운전보조금 : 본인 명의로 임차한 차량을 회사 업무에 사용하고 있다.
• 자격수당 : 업무 관련 자격증을 취득하여 20x1년 11월부터 지급받기 시작하였다.
• 보육수당 : 만 5세 이하의 자녀가 3명 있다. 자녀 1인당 10만원씩 매월 받고 있다.

[2] 다음은 김로사(사번 : 202, 입사일 : 20x1년 3월 2일) 차장의 20x1년 연말정산 관련 자료이다. 아래의 자료를 이용하여 [연말정산추가자료입력] 메뉴의 [소득명세] 탭, [부양가족] 탭, [신용카드 등] 탭, [의료비] 탭, [연말정산입력] 탭을 작성하시오(기본공제 대상자가 아닌 경우 '부'로 표시하시오). (10점)

자료 1. 부양가족현황

관계	성명	주민번호	소득	비고
본인	김로사	801226 - 2219423	총급여 82,800,000원	전(前)근무지 포함
배우자	이승현	770506 - 1194011	상가임대소득금액 3,000만원	무주택 세대주
부친	김대명	540101 - 1166813	복권 당첨금 800만원	
동생	김혜나	001212 - 4229529	소득없음	대학원생, 장애인(장애인복지법)
자녀	이민지	120304 - 4556787	소득없음	중학생
자녀	이찬	190306 - 3556714	소득없음	유치원생으로 가정할 것

자료 2. 전(前)근무지 소득자료(비과세 급여는 없음)

<table>
<tr><th>근무지</th><th>급여기간</th><th>급여</th><th>상여</th></tr>
<tr><td rowspan="2">㈜남동테크
875 - 88 - 01037</td><td>20x1.1.1.~20x1.02.E.(퇴사)</td><td>12,000,000원</td><td>2,500,000원</td></tr>
<tr><td colspan="3">• 국민연금 : 540,000원, 고용보험 : 96,000원
• 건강보험 : 518,000원, 장기요양보험 : 107,000원
• 원천징수 소득세 : 583,000원, 지방소득세 : 58,300원</td></tr>
</table>

자료 3. 연말정산 관련자료

항목	내용
보험료	• 이승현(배우자) : 보장성 보험료 900,000원 • 김혜나(동생) : 장애인전용 보장성 보험료 1,800,000원
교육비	• 김로사(본인) : 대학원 등록금 4,200,000원 • 김대명(부친) : 노인대학 수강료 1,400,000원 • 이민지(자녀) : 교복 구입비 700,000원 • 이찬(자녀) : 급식비 150,000원
의료비	• 김대명(부친) : 임플란트 비용 3,000,000원(김로사 신용카드로 결제, 실손의료보험금 1,200,000원 수령) • 김혜나(동생) : 라식수술 비용 4,000,000원(김로사 신용카드로 결제) • 이민지(자녀) : 한약 구입비 600,000원(체력증진 목적, 김로사 신용카드로 결제)
신용카드 등 사용금액	• 김로사(본인) : 신용카드 사용액 33,800,000원 • 김혜나(동생) : 김혜나 명의의 신용카드 사용액 7,200,000원(대중교통 260,000원 포함) • 김대명(부친) : 김대명 명의의 신용카드 사용액 3,500,000원(대중교통 500,000원 포함), 직불카드 사용액 5,200,000원, 현금영수증 사용액 1,500,000원 • 이민지(자녀) : 이민지 명의의 직불카드 사용액 520,000원 • 김로사 신용카드 사용액은 의료비 지출액이 모두 포함된 금액이다.
주택임차 차입금 원리금 상환액	• 금융회사의 주택임차차입금 원리금상환액 : 18,500,000원 • 주택임차차입금 원리금상환액 공제요건은 모두 충족한 것으로 본다. • 세대주인 이승현(배우자)가 주택관련 공제를 적용받지 않았다.

자료 4. 기타사항

• 근로자 본인의 세부담이 최소화 되도록 하고, 위의 가족들은 모두 동거하며 생계를 같이 한다.
• 입력된 자료는 무시하고 다음의 자료만을 이용하여 입력하기로 한다.
• 제시된 자료 외의 다른 소득은 없다고 가정한다.
• 위 모든 자료는 국세청 연말정산간소화서비스 자료이다.
• 주어진 자료가 없는 경우에는 공란으로 한다.

이론과 실무문제의 답을 모두 입력한 후 「답안저장(USB로 저장)」을 클릭하여 저장하고, USB메모리를 제출하시기 바랍니다.

제123회 전산세무2급 답안 및 해설

이 론

1	2	3	4	5	6	7	8	9	10	11	12	13	14	15
①	④	②	②	④	③	④	②	④	②	④	①	④	③	②

01. 광고 및 판촉활동비는 판매비와 관리비로써 당기 비용으로 처리된다.

02. ① 무형자산의 상각기간은 독점적 · 배타적인 권리를 부여하고 있는 **관계법령이나 계약에 정해진 경우를 제외하고는 20년을 초과할 수 없다.**

② 무형자산의 잔존가치는 없는 것을 원칙으로 한다.

③ 무형자산의 상각비가 제조와 관련된 경우 제조원가로, 이외에는 판매비와관리비로 처리한다.

03. **도착지 인도조건**으로 판매한 **운송 중인 상품은 판매자의 재고자산에 포함**된다.

04. 감가상각비는 합리적인 기간배분 방법으로 비용을 인식한다.

05.

①	(차) 자기주식(자본조정)	120,000	(대) 현금등	120,000
②	(차) 현금 등	400,000	(대) 자본금	500,000
	주식할인발행차금(자본조정)	100,000		
③	(차) 현금 등	100,000	(대) 자기주식(자본조정)	120,000
	자기주식처분손실(자본조정)	20,000		
④	(차) 자본금	60,000	(대) 현금	55,000
			감자차익(자본잉여금)	5,000

06. 변동원가는 조업도의 변동에 비례하여 **단위당 원가가 변동하지 아니하는 원가**이다.

07. 배부율 = 제조간접비(3,500,000) ÷ 직접재료비(500,000) = 7원/직접재료비

구분	항공기 A	항공기 B	합계
직접재료비	200,000	300,000	500,000
직접노무비	1,800,000	1,200,000	3,000,000
제조간접비	1,400,000	2,100,000	3,500,000
총제조원가	3,400,000	**3,600,000**	7,000,000

08. 개별원가계산은 정확한 원가계산이 장점이며, 종합원가계산은 경제적이고 편리하다는 것이 장점이다.

09. 〈1단계〉 물량흐름파악(선입선출법) 〈2단계〉 완성품환산량 계산

재공품			재료비	가공비
	완성품	1,400		
	–기초재공품	400(70%)	0	280
	–당기투입분	1,000(100%)	1,000	1,000
	기말재공품	600(40%)	600	240
	계	2,000	**1,600**	**1,520**

10. 배부차이 조정방법은 매출원가조정법, 비례배분법, 영업외손익법이 있다. **상호배분법은 보조부문원가의 배분방법에 해당**된다.

11. • A : 국내산 비식용 농·축·수·임산물에 대해서만 면세한다. 외국산은 과세대상이다.
    • D : 토지의 임대는 과세대상이다.
    • E : **국민주택규모를 따지지 않고 주택임대는 면세 대상**이다.

12. 음식점업에 대해서 법인 사업자는 의제매입세액공제를 적용받을 수 있다.

13. **특허권의 양도는 권리의 양도이므로 재화의 공급**이다.

14. ① 퇴직소득, 양도소득은 분류과세대상으로 종합소득세에 합산하지 않는다.
    ② **주택임대소득**은 부동산임대소득이 아닌 **사업소득으로 보아 사업소득에서 결손금 공제**할 수 있다.
    ④ 금융소득(이자, 배당소득)의 합계가 **2천만원 이하이어야 분리과세**된다.

15. 개인연금저축 소득공제는 총급여액과 상관없이 **연간 납입액의 40%를 연 72만원을 한도**로 소득공제한다.

실 무

문제 1 일반전표입력

[1] 일반전표입력(2/15)

(차)	보통예금	1,400,000원	(대) 자기주식	1,500,000원
	자기주식처분손실	100,000원		

☞처분손익 = 처분가액(1,400,000) – 장부가액(1,500,000) = △100,000원(손실)

[2] 일반전표입력(5/10)

(차)	예수금	2,200,000원	(대) 보통예금	2,200,000원

[3] 일반전표입력(6/30)

(차)	보통예금	30,000,000원	(대)	자본금	25,000,000원
				주식할인발행차금	2,000,000원
				주식발행초과금	3,000,000원

☞발행가액(5,000×6,000) - 자본금(5,000×5,000) = 5,000,000원(할증발행)

〈합계잔액시산표〉 6월

차변 잔액	차변 합계	계정과목	대변 합계	대변 잔액
3,500,000	3,500,000	6.자 본 조 정		
2,000,000	2,000,000	주 식 할 인 발행차금		

주식할인발행차금(2,000,000)을 우선 상계 후 잔액(3,000,000)은 주식발행초과금으로 처리한다.

[4] 일반전표입력(8/20)

(차)	보통예금	50,000,000원	(대)	장기차입금(국민은행)	50,000,000원

[5] 일반전표입력(9/30)

(차)	퇴직연금운용자산	6,000,000원	(대)	보통예금	6,000,000원

문제 2 매입매출전표입력

[1] 매입매출전표입력(2/05)

유형:11.과세, 공급가액:10,000원, 부가세:1,000원, 공급처명:㈜중고환영, 전자:여, 분개: 혼합

(차)	미수금	11,000원	(대)	비품	1,000,000원
	감가상각누계액(213)	999,000원		부가세예수금	1,000원
				유형자산처분이익	9,000원

☞처분손익 = 처분가액(10,000) - 장부가액(1,000,000 - 999,000) = 9,000원(이익)

[2] 매입매출전표입력(2/10)

유형:54.불공, 공급가액:20,000,000원, 부가세:2,000,000원, 공급처명:신성건설, 전자:여, 분개:혼합

불공제사유:⑥토지의 자본적 지출 관련

(차)	토지	22,000,000원	(대)	미지급금	22,000,000원

[3] 매출매입전표입력(3/11)

유형:14.건별, 공급가액:300,000원, 부가세:30,000원, 거래처:김길녀, 분개:혼합

(차)	보통예금	330,000원	(대)	상품매출	300,000원
				부가세예수금	30,000원

[4] 매입매출전표입력(9/30)

1. Shift + F5 예정신고누락분 확정신고 → 확정신고 개시연월 : 20x1년 10월 또는 11월 또는 12월 → 확인(Tab)
2. 유형:51.과세, 공급가액:500,000원, 부가세:50,000원, 공급처명:맛나식당, 전자:부, 분개:혼합

(차)	부가세대급금	50,000원	(대) 미지급금	550,000원
	복리후생비(제)	500,000원		

[5] 매입매출전표입력(10/20)

유형:61.현과, 공급가액:1,500,000원, 부가세:150,000원, 거래처:㈜행복가구, 분개:혼합 또는 현금

(차)	비품	1,500,000원	(대) 현금	1,650,000원
	부가세대급금	150,000원		

문제 3 부가가치세

[1] [부동산임대공급가액명세서](4~6월) 이자율 3.1%

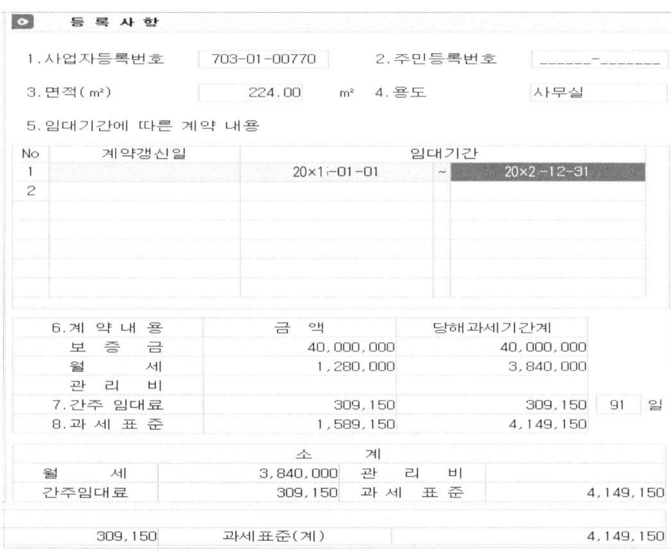

등록사항

1.사업자등록번호 703-01-00770 2.주민등록번호 ______-_______

3.면적(㎡) 224.00 ㎡ 4.용도 사무실

5.임대기간에 따른 계약 내용

No	계약갱신일	임대기간		
1		20x1-01-01	~	20x2-12-31
2				

6.계약내용	금액	당해과세기간계		
보증금	40,000,000	40,000,000		
월세	1,280,000	3,840,000		
관리비				
7.간주임대료	309,150	309,150	91	일
8.과세표준	1,589,150	4,149,150		

소계			
월세	3,840,000	관리비	
간주임대료	309,150	과세표준	4,149,150

309,150	과세표준(계)	4,149,150

2. [부가가치세신고서] 작성(4월~6월)

① 과세표준 및 매출세액

구분				정기신고금액 금액	세율	세액
과세표준및매출세액	과세	세금계산서발급분	1	138,000,000	10/100	13,800,000
		매입자발행세금계산서	2		10/100	
		신용카드·현금영수증발행분	3	152,300,000	10/100	15,230,000
		기타(정규영수증외매출분)	4	309,150		30,915
	영세	세금계산서발급분	5		0/100	
		기타	6		0/100	
	예정신고누락분		7			
	대손세액가감		8			
	합계		9	290,609,150	㉮	29,060,915

② 매입세액

구분			번호	금액		세액
매입세액	세금계산서 수취분	일반매입	10	208,370,000		20,837,000
		수출기업수입분납부유예	11			
		고정자산매입	12			
	예정신고누락분		13	750,000		75,000
	매입자발행세금계산서		14			
	그 밖의 공제매입세액		15			
	합계(10)-(11)+(12)+(13)+(14)+(15)		16	209,120,000		20,912,000
	공제받지못할매입세액		17	1,000,000		100,000
	차감계 (16-17)		18	208,120,000	㉯	20,812,000
납부(환급)세액(매출세액㉮-매입세액㉯)					㉰	8,248,915

- 예정신고누락분

12.매입(예정신고누락분)					
예	세금계산서	41	750,000		75,000
	그 밖의 공제매입세액	42			

- 공제받지못할매입세액

16.공제받지못할매입세액				
공제받지못할 매입세액	53	1,000,000		100,000
공통매입세액면세등사업분	54			

③ 차가감 납부할세액 : 8,243,915원

- 전자신고세액공제 : 5,000원

[2] 수출실적명세서외(1~3월)

1. [내국신용장및구매확인서전자발급명세서]

2. 내국신용장·구매확인서에 의한 공급실적 합계

구분	건수	금액(원)	비고
(9)합계(10+11)	1	50,000,000	
(10)내국신용장			
(11)구매확인서	1	50,000,000	

[참고] 내국신용장 또는 구매확인서에 의한 영세율 첨부서류 방법 변경(영 제64조 제3항 제1의3호)
▶ 전자무역기반시설을 통하여 개설되거나 발급된 경우 내국신용장·구매확인서 전자발급명세서를 제출하고 이 외의 경우 내국신용장 사본을 제출함
=> 2011.7.1 이후 최초로 개설되거나 발급되는 내국신용장 또는 구매확인서부터 적용

3. 내국신용장·구매확인서에 의한 공급실적 명세서

□	(12)번호	(13)구분	(14)서류번호	(15)발급일	품목	거래처정보		(17)금액	전표일자	(18)비고
						거래처명	(16)공급받는자의 사업자등록번호			
□	1	구매확인서	PKT20250330777	220×14-03	전자제품	(주)미래테크	907-88-12340	50,000,000		

2. [수출실적명세서]

구분	건수	외화금액	원화금액	비고
⑨합계	2	82,000.00	115,700,000	
⑩수출재화[=⑫합계]	2	82,000.00	115,700,000	
⑪기타영세율적용				

No	□	(13)수출신고번호	(14)선(기)적일자	(15)통화코드	(16)환율	금액		전표정보	
						(17)외화	(18)원화	거래처코드	거래처명
1	□	13075-20-080907X	20×1-02-15	USD	1,450.0000	50,000.00	72,500,000	00161	토마스사
2	□	13889-25-148890X	20×1-03-17	EUR	1,350.0000	32,000.00	43,200,000	00162	요요크사
		합계				82,000	115,700,000		

3. [영세율매출명세서]

부가가치세법 | 조세특례제한법

(7)구분	(8)조문	(9)내용	(10)금액(원)
	제21조	직접수출(대행수출 포함)	115,700,000
		중계무역 · 위탁판매 · 외국인도 또는 위탁가공무역 방식의 수출	
		내국신용장 · 구매확인서에 의하여 공급하는 재화	50,000,000
		한국국제협력단 및 한국국제보건의료재단에 공급하는 해외반출용 재화	
		(11) 부가가치세법에 따른 영세율 적용 공급실적 합계	165,700,000
		(12) 조세특례제한법 및 그 밖의 법률에 따른 영세율 적용 공급실적 합계	
		(13) 영세율 적용 공급실적 총 합계(11)+(12)	165,700,000

문제 4 결산

[1] 〈수동결산〉

(차)	선급비용	8,400,000원	(대) 보험료(제)	8,400,000원

☞선급비용 = 1년치 보험료(16,800,000) × 6/12 = 8,400,000원

[2] 〈수동결산〉

(차)	부가세예수금	35,400,000원	(대) 부가세대급금	22,370,000원
	세금과공과(판)	30,000원	미지급세금	13,050,000원
			잡이익	10,000원

[3] 〈수동결산〉

(차)	소모품비(제)	1,700,000원	(대) 소모품	1,700,000원

[4] 〈수동/자동결산〉

1. 일반전표입력

(차)	법인세등	7,700,000원	(대) 선납세금	2,000,000원
			미지급세금	5,700,000원

또는, 2. [결산자료입력]

>기간 : 20x1년 1월~20x1년 12월>9)법인세등>1.선납세금 2,000,000원 입력
>2.추가계상액 5,700,000원 입력>F3 전표추가

[5] 〈수동/자동결산〉 다음 (1), (2) 중 선택하여 입력

(1) 결산자료입력에 입력

• F8대손상각>대손율 3%> • 외상매출금 957,000,000원×3% - 7,000,000원 = 21,710,000원 입력
• 대손율 3%> • 단기대여금 50,000,000원×3% = 1,500,000원 입력
>결산반영>F3전표추가

(2) 일반전표입력

(차)	대손상각비(판)	21,710,000원	(대) 대손충당금(109)	21,710,000원
	기타의대손상각비	1,500,000원	대손충당금(115)	1,500,000원

문제 5 원천징수

[1] 급여자료 입력(반윤상)

1. [수당공제등록]

수당등록 | 공제등록

No	코드	과세구분	수당명	근로소득유형 유형	코드	한도	월정액	통상임금	사용여부
5	1005	비과세	식대	식대	P01	(월)200,000	정기	부	부
6	1006	비과세	자가운전보조금	자가운전보조금	H03	(월)200,000	부정기	부	여
7	1007	비과세	야간근로수당	야간근로수당	001	(연)2,400,000	부정기	부	부
8	2001	과세	식대	급여			정기	부	여
9	2002	과세	자격수당	급여			부정기	부	여
10	2003	비과세	보육수당	보육수당	Q02	6세이하자녀1인당(월)20만원	정기	부	여

☞식사를 제공하므로 식대는 과세가 된다. 보육수당은 200,000원/인(개정세법 26)이 비과세임.

2. [급여자료입력](귀속년월 11월, 지급년월일 12월 5일)

급여항목	금액	공제항목	금액
기본급	2,500,000	국민연금	112,500
상여	1,000,000	건강보험	88,620
자가운전보조금	200,000	장기요양보험	11,470
식대	200,000	고용보험	31,600
자격수당	150,000	소득세(100%)	21,000
보육수당	300,000	지방소득세	2,100
		농특세	
과세	3,850,000		
비과세	500,000	공제총액	267,290
지급총액	4,350,000	차인지급액	4,082,710

☞비과세 = 자가운전보조금(200,000) + 보육수당(300,000) = 500,000원

[2] 연말정산(김로사)

1. [소득명세] 탭

근무처명	사업자등록번호	급여	상여	보험료 명세 건강보험	장기요양	고용보험	국민연금	세액명세 소득세	지방소득세	근무기간
㈜남동테크	875-88-01037	12,000,000	2,500,000	518,000	107,000	96,000	540,000	583,000	58,300	1.1~2.E

2. [부양가족] 탭

관계	요건		기본 공제	추가 (자녀)	판단
	연령	소득			
본인(세대원)	–	–	○		총급여액 82,800,000원
부(72)	○	○	○	경로	복권당첨금은 분리과세소득
배우자	–	×	부		종합소득금액 1백만원 초과자
자1(14)	○	○	○	자녀	
자2(7)	○	○	○		
동생(26)	×	○	○	장애(1)	장애인은 연령요건을 따지지 않는다.

소득명세 | 부양가족 | 신용카드 등 | 의료비 | 기부금 | 연금저축 등I | 연금저축 등II | 월세액 | 출산지원금 | 연말정산입력

연말관계	성명	내/외국인	주민(외국인)번호	나이	소득기준초과여부	기본공제	세대주구분	부녀자	한부모	경로우대	장애인	자녀	출산입양	혼인세액
0	김로사	내	1 801226-2219423	46		본인	세대원							
3	이승현	내	1 770506-1194011	49	○	부								
1	김대명	내	1 540101-1166813	72		60세이상				○				
6	김혜나	내	1 001212-4229529	26		장애인					1			
4	이민지	내	1 120304-4556787	14		20세이하						○		
4	이찬	내	1 190306-3556714	7		20세이하								
	합 계 [명]				1	5				1	1	1		

〈연말정산 대상여부 판단〉

항 목	요건		내역 및 대상여부	입력
	연령	소득		
보 험 료	○	○ (×)	• 배우자 보장성 보험료(소득요건 미충족) • 동생 장애인전용 보장성 보험료	× ○(장애 1,800,000)
교 육 비	×	× (개정 26)	• 본인 대학원 등록금 • 부친 노인대학(직계존속은 대상에서 제외) • 자1 중학생 교복(한도 50만원) • 자2 급식비	○(본인 4,200,000) × ○(중학 500,000) ○(취학전 150,000)
의 료 비	×	×	• 부친 임플란트(실손보험료 차감) • 동생 라식수술 • 자1 한약(체력증진 목적이므로 제외)	○(65세 1,800,000) ○(장애 4,000,000) ×
신용카드	×	○	• 본인 신용카드 • 동생 신용카드(형제 자매는 대상에서 제외) • 부친 신용카드외 • 자1 직불카드	○(신용 33,800,000) × ○(신용 3,000,000) ○(대중 500,000) ○(직불 5,200,000) ○(현금 1,500,000) ○(직불 520,000)
주댁자금	본인외		• 본인 주댁임차차입금 원리금 상환액	○(18,500,000)

(1) 보험료(동생 김혜나)

보장성보험-일반			
보장성보험-장애인	1,800,000		1,800,000
합 계	**1,800,000**		**1,800,000**

(2) 교육비

① 김로사(본인)

교육비		
일반		장애인특수
4,200,000	4.본인	

② 이민지(자녀)

교육비		
일반		장애인특수
500,000	2.초중고	

③ 이찬(자녀)

교육비		
일반		장애인특수
150,000	1.취학전	

3. [의료비지급명세서]

소득명세 | 부양가족 | 신용카드 등 | 의료비 | 기부금 | 연금저축 등I | 연금저축 등II | 월세액 | 출산지원금 | 연말정산입력

2025년 의료비 지급명세서

	의료비 공제대상자					지급처			지급명세					14.산후조리원
□	성명	내/외	5.주민등록번호	6.본인등해당여부		9.증빙코드	8.상호	7.사업자등록번호	10.건수	11.금액	11-1.실손보험수령액	12.미숙아선천성이상아	13.난임여부	
□	김대명	내	540101-1166813	2	0	1				3,000,000	1,200,000	X	X	X
□	김혜나	내	001212-4229529	2	0	1				4,000,000		X	X	X
		합계								7,000,000	1,200,000			
	일반의료비(본인)		6세이하,65세이상인 건강보험산정특례자 장애인			7,000,000	일반의료비(그 외)				난임시술비			
											미숙아.선천성이상아			

4. [신용카드 등 사용액] 탭

1 공제대상자 및 대상금액

□ 성명 / 생년월일	자료구분	신용카드	직불,선불	현금영수증	문화체육신용	문화체육직불	문화체육현금	전통시장	대중교통	합계
김로사	국세청	33,800,000								33,800,000
1980-12-26	기타									
김대명	국세청	3,000,000	5,200,000	1,500,000					500,000	10,200,000
1954-01-01	기타									
이승현	국세청									
1977-05-06	기타									
이민지	국세청		520,000							520,000
2012-03-04	기타									
이찬	국세청									
2019-03-06	기타									
합계		36,800,000	5,720,000	1,500,000					500,000	44,520,000

5. 주택임차차입금원리금상환액

구분			한도		
1.주택마련저축공제계(①~③)			연 400만원 한도		
주택임차차입금 원리금상환액	①대출기관		납입액의 40%	18,500,000	4,000,000
	②거주자(총급여 5천만원 이하)				
2.주택차입금원리금상환액(①~②)			1+2 ≤ 연 400만원	18,500,000	4,000,000
장기주택 저당차입금 이자상환액	2011년 이전 차입금	㉠15년 미만	1+2+㉠ ≤ 600만원		
		㉡15년~29년	1+2+㉡ ≤ 1,000만원		
		㉢30년 이상	1+2+㉢ ≤1,500만원		
		15년 이상 ㉣고정금리AND비거치상환	1+2+㉣ ≤2,000만원		
		15년 이상 ㉤고정금리OR비거치상환	1+2+㉤ ≤1,800만원		
	2012년 이후 차입금	15년 이상 ㉥고정AND비거치	1+2+㉥ ≤2,000만원		
		15년 이상 ㉦고정OR비거치	1+2+㉦ ≤1,800만원		
		15년 이상 ㉧그밖의대출	1+2+㉧ ≤800만원		
		10년~15년 ㉨고정OR비거치	1+2+㉨ ≤600만원		
3.장기주택저당차입금이자상환액					

6. [연말정산입력] 탭 → F8 부양가족탭 불러오기 실행

구분			지출액	공제금액
제 소득공제	34.주택차입금 원리금상환액	대출기관	18,500,000	4,000,000
		거주자		
	34.장기주택저당차입금이자상			
	35.특별소득공제 계			7,987,370
36.차감소득금액				47,182,630
그 밖의 소득공제	37.개인연금저축			
	38.소기업,소상공인 공제부금	2015년이전가입		
		2016년이후가입		
	39.주택 마련저축 소득공제	청약저축		
		주택청약		
		근로자주택마련		
	40.투자조합출자 등 소득공제			
	41.신용카드 등 사용액		44,520,000	2,700,000
	42.우리사주조합 출연금	일반 등		
		벤처 등		
	43.고용유지중소기업근로자			
	44.장기집합투자증권저축			
	45.청년형장기집합투자증권저축			
	46.그 밖의 소득공제 계			2,700,000

구분				지출액	공제대상금액	공제금액
액 공 제 특별세액공제	성보험	장애인	1,800,000	1,800,000	1,000,000	150,000
	62.의료비		7,000,000	7,000,000	3,316,000	497,400
	63.교육비		4,850,000	4,850,000	4,850,000	727,500
	64.기부금					
	1)정치자금 기부금	10만원이하				
		10만원초과				
	2)고향사랑 기부금	10만원이하				
		10만원초과-일반				
		10만원초과-재난				
	3)특례기부금(전액)					
	4)우리사주조합기부금					
	5)일반기부금(종교단체외)					
	6)일반기부금(종교단체)					
	65.특별세액공제 계					1,374,900
	66.표준세액공제					
	67.납세조합공제					
	68.주택차입금					
	69.외국납부	▶				
	70.월세액					

제122회 전산세무 2급

합격율	시험년월
46%	2025.09

01. 다음 중 재무상태표의 작성기준에 대한 설명으로 가장 옳지 않은 것은?

① 자산과 부채는 유동성이 높은 계정부터 배열하여 작성해야 한다.
② 자본거래에서 발생한 잉여금과 손익계정에서 발생한 잉여금은 구분하여 표시해야 한다.
③ 자산 항목과 부채 또는 자본 항목을 상계함으로써 순액으로 표시해야 한다.
④ 자산 · 부채 · 자본 중 중요하지 않은 항목은 성격 또는 기능이 유사한 항목에 통합하여 표시할 수 있다.

02. 다음 중 부채에 대한 설명으로 옳지 않은 것은?

① 충당부채는 일정한 요건을 충족한 경우에 재무제표에 부채로 인식한다.
② 부채는 보고기간 종료일로부터 1년 이내에 만기상환일이 도래하는지 여부에 따라 유동, 비유동부채로 분류한다.
③ 부채는 과거의 거래나 사건의 결과로 현재 기업실체에 부담이 있고, 미래에 자원의 유출이 예상되는 의무이다.
④ 우발부채는 자원의 유출가능성이 아주 낮은 경우에도 주석에 기재한다.

03. 다음 중 차량운반구의 감가상각비와 감가상각누계액이 과소 계상되었을 경우 재무제표에 미치는 영향으로 옳은 것은?

① 자산의 과소계상
② 비용의 과대계상
③ 당기순이익의 과대계상
④ 이익잉여금에는 영향이 없다.

04. 다음 중 재무상태표에 표시될 자본에 대한 설명으로 옳지 않은 것은?

① 자본금은 보통주자본금과 우선주자본금으로 구분하여 표시한다.
② 자본잉여금은 주식발행초과금과 기타자본잉여금(감자차익, 자기주식처분이익 등)으로 구분하여 표시한다.
③ 주식할인발행차금, 자기주식 등은 기타자본조정으로 통합하여 표시할 수 있다.
④ 이익잉여금은 법정적립금, 임의적립금 및 미처분이익잉여금으로 구분하여 표시한다.

05. 다음 중 거래형태별 일반기업회계기준에 따른 수익인식 시기로 옳지 않은 것은?

① 위탁판매 : 수탁자가 적송품을 판매한 시점
② 시용판매 : 고객이 구매의사를 표시한 시점
③ 공연입장료 : 행사의 표를 판매하는 시점
④ 일반적인 상품 및 제품의 판매 : 상품 및 제품을 인도하는 시점

06. 다음의 원가 중 기초원가이면서 가공원가에 해당하는 것은?

① 직접재료원가
② 직접노무원가
③ 변동제조간접원가
④ 고정제조간접원가

07. 다음 중 제조원가와 판매비및관리비로 적절하게 구분되지 않은 것은?

	제조원가	판매비및관리비
①	제조공장 재산세	영업부서 직원급여
②	제조 외주가공비	광고선전비
③	제조공장 전력비	이자비용
④	제조부서 차량 감가상각비	영업부서 차량보험료

08. 다음 중 개별원가계산의 특징에 대한 설명으로 옳지 않은 것은?

① 제조지시서를 통해 개별 제품별로 제조를 지시한다.
② 다품종 소량생산에 적합하다.
③ 제조간접비 배부율로 무엇을 사용하는지에 따라 실제개별원가계산과 정상개별원가계산으로 구분할 수 있다.
④ 정유업, 시멘트공업에 적합하다.

09. ㈜미래는 정상원가계산을 채택하고 있고, 제조간접원가를 직접노무시간을 기준으로 배부하고 있다. 다음은 ㈜미래의 원가 관련 자료이다. 제조간접원가의 배부차이를 계산하면 얼마인가?

• 제조간접원가 예산 : 5,000,000원	• 예산 직접노무시간 : 1,000시간
• 실제 제조간접원가 : 6,000,000원	• 실제 직접노무시간 : 1,200시간

① 1,000,000원 과소배부　　② 1,000,000원 과대배부
③ 1,200,000원 과대배부　　④ 배부차이 없음

10. 다음 자료를 이용하여 비정상공손수량을 계산하시오. 단, 정상공손은 당기 완성품의 5%로 가정한다.

• 기초재공품 : 250개
• 기말재공품 : 100개
• 당기착수량 : 700개
• 당기완성량 : 800개

① 5개　　② 10개　　③ 15개　　④ 20개

11. 다음 중 현행 부가가치세법에 대한 설명으로 가장 옳지 않은 것은?

① 부가가치세 납세의무자는 영리목적 유무와 관계없이 과세대상 재화·용역을 공급하는 사업자와 과세대상 재화를 수입하는 자이다.
② 폐업의 경우 해당 과세기간 개시일부터 폐업일까지를 과세기간으로 보며, 폐업일이 속하는 달의 다음달 25일까지 부가가치세를 신고·납부해야 한다.
③ 직매장과 하치장은 부가가치세법상 사업장으로 보지 않는다.
④ 사업자등록 신청은 원칙적으로 사업장마다 사업개시일부터 20일 이내에 해야 한다.

12. 다음의 빈칸에 들어갈 금액을 옳게 나열한 것은?

> 부가가치세법상 직전 연도의 공급대가의 합계액이 (㉠)에 미달하는 개인사업자는 간이과세를 적용받을 수 있다. 다만, 부동산임대업의 사업자는 직전 연도의 공급대가의 합계액이 (㉡) 이상인 경우는 간이과세자를 적용받을 수 없다.

	㉠	㉡
①	104,000,000원	48,000,000원
②	104,000,000원	36,000,000원
③	80,000,000원	48,000,000원
④	80,000,000원	36,000,000원

13. 다음 중 개인사업자의 부가가치세법상 전자세금계산서 의무발급대상자 기준금액으로 옳은 것은?

① 직전 과세기간의 사업장별 총수입금액이 1억원 이상
② 직전 과세기간의 사업장별 총수입금액이 8천만원 이상
③ 직전 과세기간의 사업장별 총수입금액이 5천만원 이상
④ 직전 과세기간의 사업장별 총수입금액이 4천8백만원 이상

14. 다음 중 소득세법상 인적공제에 대한 설명으로 옳지 않은 것은?

① 직계비속은 만 20세가 되는 날이 속하는 과세기간까지 기본공제대상자에 포함한다.
② 기본공제대상자가 70세 이상인 경우 1명당 연 100만원을 추가 공제한다.
③ 기본공제대상자 판정의 기준이 되는 소득금액은 종합소득금액을 말한다.
④ 부녀자공제와 한부모공제가 중복으로 해당되는 경우에는 한부모공제만 적용한다.

15. 다음의 자료를 이용하여 세부담을 최소화한 20x1년 종합소득금액을 계산하면 얼마인가?

> • 사업소득금액(상가 임대업) : 5,000,000원
> • 사업소득금액(커피 전문점) : 20,000,000원
> • 일용근로소득금액 : 700,000원
> ※ 2023년 상가 임대업에서 발생한 결손금은 10,000,000원이며, 이 중 20x0년 종합소득금액 계산 시 이월결손금공제(2,000,000원)를 적용하였다.

① 17,000,000원 ② 17,700,000원 ③ 20,000,000원 ④ 20,700,000원

실 무

㈜우리전자(2122)는 전자제품의 제조 및 도·소매업을 주업으로 영위하는 중소기업으로 당기의 회계기간은 20x1.1.1.~20x1.12.31.이다. 전산세무회계 수험용 프로그램을 이용하여 다음 물음에 답하시오.

문제 1 [일반전표입력] 메뉴를 이용하여 다음의 거래자료를 입력하시오. (15점)

[1] 01월 15일 ㈜전산에게 빌려준 대여금의 이자수입에 대해 원천징수세액 275,000원을 차감한 나머지 725,000원을 보통예금 계좌로 입금받았다. 단, 원천징수세액은 자산계정으로 처리한다. (3점)

[2] 05월 25일 마케팅부서에서는 인터넷쇼핑몰 통신판매업 신고를 하면서 등록면허세 40,500원을 보통예금 계좌에서 지급하였다. (3점)

[3] 08월 30일 ㈜경기로부터 토지(공정가치 7,000,000원)를 증여받고 취득세로 280,000원을 현금으로 지출하였다. 단, 하나의 전표로 입력할 것. (3점)

[4] 09월 12일 단기투자 목적으로 시장성이 있는 주식 1,000주를 주당 5,000원에 매입하고, 매입수수료 150,000원을 포함하여 전액 보통예금에서 지급하였다. (3점)

[5] 09월 30일 장기차입금(우리은행) 70,000,000원을 상환하기로 하고, 이자를 포함하여 70,670,000원을 보통예금 계좌에서 지급하였다. 단, 하나의 전표로 입력할 것. (3점)

문제 2 [매입매출전표입력] 메뉴를 이용하여 다음의 거래자료를 입력하시오. (15점)

[1] 10월 10일 당사가 ㈜톡톡유통에 외상으로 판매한 제품의 공급계약이 해제되어 아래와 같이 수정전자세금계산서를 발급하였다. (3점)

수정전자세금계산서					승인번호	20251010-15368456-85621483			
공급자	등록번호	856-80-11218	종사업장번호		공급받는자	등록번호	150-88-48909	종사업장번호	
	상호(법인명)	㈜우리전자	성명	하누리		상호(법인명)	(주)톡톡유통	성명	이영웅
	사업장주소	경기도 성남시 분당구 분당로 190				사업장주소	광주광역시 광산구 광산로 108		
	업태	제조, 도소매	종목	전자제품		업태	도소매	종목	잡화
	이메일	uri333@naver.com				이메일	toktok@naver.com		
						이메일			

작성일자	공급가액	세액	수정사유	비고
20x1.10.10.	-3,000,000	-300,000	계약해제	20x1.10.09.

월	일	품목	규격	수량	단가	공급가액	세액	비고
10	10	제품				-3,000,000	-300,000	

합계금액	현금	수표	어음	외상미수금	위 금액을 (청구) 함
-3,300,000				-3,300,000	

[2] 10월 17일 영업부서에서 사용하는 개별소비세 과세대상 자동차(7인승, 2,500cc)의 수리비를 전자세금계산서로 다음과 같이 발급받았다. 대금은 한달 후에 지급할 예정이다. (단, 자동차 수리비를 차량유지비로 처리할 것.) (3점)

전자세금계산서					승인번호	20251017-12548678-95438408			
공급자	등록번호	385-25-73519	종사업장번호		공급받는자	등록번호	856-80-11218	종사업장번호	
	상호(법인명)	달려라붕붕	성명	빈수레		상호(법인명)	㈜우리전자	성명	하누리
	사업장주소	부산시 부산진구 서면중앙로 15				사업장주소	경기도 성남시 분당구 분당로 190		
	업태	서비스	종목	차량수리업		업태	제조,도소매	종목	전자제품
	이메일	running_car@daum.net				이메일	uri333@naver.com		
						이메일			

작성일자	공급가액	세액	수정사유	비고
20x1.10.17.	750,000	75,000		

월	일	품목	규격	수량	단가	공급가액	세액	비고
10	17	차량수리비				750,000	75,000	

합계금액	현금	수표	어음	외상미수금	위 금액을 (청구) 함
825,000				825,000	

[3] 10월 30일 다음의 전자세금계산서를 발급받고 대금 중 30%는 현금으로 지급하고 잔액은 다음 달에 지급하기로 하였다. (3점)

전자세금계산서						승인번호	20251030-11053773-60701232			
공급자	등록번호	817-80-12342	종사업장번호		공급받는자	등록번호	856-80-11218	종사업장번호		
	상호(법인명)	㈜으뜸	성명	오으뜸		상호(법인명)	㈜우리전자	성명	하누리	
	사업장주소	서울특별시 종로구 계동길 5				사업장주소	경기도 성남시 분당구 분당로 190			
	업태	도매업	종목	전자부품		업태	제조,도소매	종목	전자제품	
	이메일	ok777@naver.com				이메일	uri333@naver.com			
						이메일				
작성일자	공급가액	세액	수정사유	비고						
20x1.10.30.	20,000,000	2,000,000								

월	일	품목	규격	수량	단가	공급가액	세액	비고
10	30	원재료				20,000,000	2,000,000	

합계금액	현금	수표	어음	외상미수금	위 금액을 (**청구**) 함
22,000,000	6,600,000			15,400,000	

[4] 11월 13일 수출업체인 ㈜두일무역에 제품(공급가액 53,000,000원)을 동일자로 받은 구매확인서에 의해 납품하고 영세율전자세금계산서를 발급하였다. 대금은 전액 다음 달 말일에 입금될 예정이다. 단, 서류번호입력은 생략한다. (3점)

[5] 12월 27일 원재료를 수입하면서 부산세관으로부터 수입전자세금계산서를 발급받았고, 부가가치세는 보통예금에서 지급하였다. 단, 재고자산(원재료) 관련 회계처리는 생략한다. (3점)

수입전자세금계산서					승인번호	20251227-14511412-20345858		
세관명	등록번호	121-83-00561	종사업장번호		수입자	등록번호	856-80-11218	종사업장번호	
	세관명	부산세관	성명	세관장		상호(법인명)	㈜우리전자	성명	하누리
	세관주소	부산광역시 중구 중앙대로26				사업장주소	경기도 성남시 분당구 분당로 190		
수입신고번호 또는 일괄발급기간(총건)		20251227789154				업태	제조, 도소매	종목	전자제품

납부일자	과세표준	세액	수정사유	비고
20x1.12.27.	3,000,000	300,000	해당없음	PX-01278

월	일	품목	규격	수량	단가	공급가액	세액	비고
12	27	수입신고필증 참조		10	300,000	3,000,000	300,000	

합계금액	3,300,000

문제 3 부가가치세 신고와 관련하여 다음 물음에 답하시오. (10점)

[1] 다음의 자료만을 이용하여 20x1년 제2기 부가가치세 예정신고기간(20x1.7.1.~20x1.9.30.)에 취득한 자산에 대하여 [건물등감가상각자산취득명세서] 및 [공제받지못할매입세액명세서]를 작성하시오. 취득 시 모두 전자세금계산서를 발급받았다. 단, 불러온 데이터 값을 무시하고 새로 입력할 것. (4점)

일자	내역	공급가액	부가가치세	상호	사업자등록번호
07.01.	공장 이전 부지 매입과 관련하여 발생한 정지비용	9,000,000원	900,000원	㈜대영건설	210-81-96723
07.20.	공장 건물 매입	60,000,000원	6,000,000원		
09.08.	영업부서 개별소비세 과세 대상 승용차(5인승, 2,000cc) 구입	20,000,000원	2,000,000원	㈜하나상사	561-85-31723

[2] 다음 자료를 이용하여 20x1년 제1기 부가가치세 확정신고기간(20x1.4.1.~20x1.6.30.)의 [부가가치세신고서(과세표준명세 포함)]를 작성하시오. 단, 기존 입력된 자료는 무시하고 문제에 제시된 자료만 직접 입력할 것. (6점)

<table>
<tr><th>구분</th><th>자료</th></tr>
<tr><td>매출자료</td><td>• 전자세금계산서 발급분 과세 매출액 : 공급가액 570,000,000원, 세액 57,000,000원
• 전자세금계산서 발급분 영세율 매출액 : 공급가액 50,000,000원, 세액 0원
• 전자계산서 발급분 면세 매출액 : 공급가액 1,000,000원, 세액 0원
• 신용카드 매출전표 발행금액 : 공급가액 10,000,000원, 세액 1,000,000원
(※ 신용카드 매출전표 발행금액은 전부 전자세금계산서 발급분에 이미 포함된 금액이다.)</td></tr>
<tr><td>매입자료</td><td>• 전자세금계산서를 발급받은 매입내역
<table>
<tr><th colspan="2">구분</th><th>공급가액</th><th>세액</th></tr>
<tr><td rowspan="2">일반 매입</td><td>사업 관련</td><td>250,000,000원</td><td>25,000,000원</td></tr>
<tr><td>사업 관련 없는</td><td>10,000,000원</td><td>1,000,000원</td></tr>
<tr><td>고정자산 매입</td><td>사업 관련</td><td>100,000,000원</td><td>10,000,000원</td></tr>
<tr><td colspan="2">합계</td><td>360,000,000원</td><td>36,000,000원</td></tr>
</table>
• 신용카드 사용분 매입내역
<table>
<tr><th colspan="2">구분</th><th>공급가액</th><th>세액</th></tr>
<tr><td rowspan="2">일반 매입</td><td>사업 관련</td><td>9,000,000원</td><td>900,000원</td></tr>
<tr><td>사업 관련 없는</td><td>1,000,000원</td><td>100,000원</td></tr>
<tr><td>고정자산 매입</td><td>사업 관련</td><td>5,000,000원</td><td>500,000원</td></tr>
<tr><td colspan="2">합계</td><td>15,000,000원</td><td>1,500,000원</td></tr>
</table></td></tr>
<tr><td>기타</td><td>• 매입자료는 모두 과세 매출과 관련된 매입이다.
• 전자세금계산서의 발급 및 전송은 정상적으로 이루어졌다.
• 20x1년 제1기 부가가치세 예정신고 시 미환급된 세액 2,000,000원이 있다.
• 해당 법인은 홈택스를 통해 부가가치세를 직접 전자신고 한다.
• 세부담이 최소화되도록 작성한다.
• 과세표준명세("수입금액제외"에 해당하는 금액은 없음)를 반드시 작성하기로 한다.
• 부가가치세 신고서 외의 부속서류 입력은 생략한다.</td></tr>
</table>

문제 4 결산정리사항은 다음과 같다. 관련 메뉴를 이용하여 결산을 완료하시오. (15점)

[1] 영업부서에서 구입 시 전액 소모품비(판매관리비)로 처리한 소모품 중 미사용액은 3,500,000원이다. (단, 회사는 미사용액에 대하여 자산 처리함.) (3점)

[2] 당기 중 장부상 현금보다 실제 현금이 50,000원이 적어 현금과부족으로 처리했던 금액 중 결산일에 영업부서 직원 식대 간이영수증 30,000원을 발견하였으나, 나머지 금액은 결산일 현재까지도 그 원인을 알 수 없었다. (3점)

[3] 당기 말 현재 보유하고 있는 매도가능증권(비유동자산)의 내역은 다음과 같다. (3점)

- 매도가능증권 취득일 : 20x1.02.19.
- 매도가능증권 취득 주식 수 : 2,000주
- 1주당 취득가액은 5,000원이었으며, 기말 현재 1주당 공정가치는 5,500원이다.
- 매도가능증권 취득 시 거래비용으로 600,000원이 발생하였다.

[4] 당해 연도 말 퇴직급여추계액 및 설정 전 퇴직급여충당부채액이 다음과 같을 때 퇴직급여충당부채를 설정하시오. 회사는 퇴직급여추계액의 100%를 퇴직급여충당부채로 설정하고 있다. (3점)

구분	퇴직급여추계액	설정 전 퇴직급여충당부채액
제조부서	220,000,000원	200,000,000원
영업부서	130,000,000원	100,000,000원

[5] 당기 무형자산에 대한 상각비는 다음과 같다. 무형자산상각비에 대하여 회계처리를 하시오. 전표 입력 시 하나의 전표로 입력할 것. (3점)

- 특허권 상각비 : 5,000,000원
- 개발비 상각비 : 8,000,000원

문제 5 원천징수와 관련된 다음의 물음에 답하시오. (15점)

[1] 다음은 직원 김재열(사번 : 101)의 부양가족 자료이다. 부양가족은 생계를 함께하고 있으며 세부담 최소화를 위해 가능하면 김재열이 모두 공제받고자 한다. 본인 및 부양가족의 소득은 주어진 내용이 전부이다. [사원등록] 메뉴의 [부양가족명세] 탭을 작성하시오. 단, 기본공제대상자가 아닌 경우에도 '부'로 입력하도록 한다. (3점)

성명	관계	주민등록번호	동거 여부	비고
김재열	본인	840213-1345675	-	근로소득 총급여 50,000,000원
박효정	배우자	880415-2215679	동거	일용근로소득 6,000,000원
이혜영	모친	610228-2156771	주거형편상 별거	• 20x1년 5월 사망 • 주권상장 A사 배당소득금액 15,000,000원
김창열	형	820717-1333456	동거	• 「장애인복지법」에 따른 장애인 • 분리과세 신고한 주택임대소득 10,000,000원
김재민	아들	180822-3123458	동거	소득 없음(이란성 쌍둥이 첫째)
김재은	딸	180822-4123451	동거	소득 없음(이란성 쌍둥이 둘째)

※ 제시된 소득 중 원천징수 대상 소득에 대한 원천징수는 정상적으로 이루어졌다.

[2] 다음 자료를 이용하여 이미 작성된 [원천징수이행상황신고서]를 조회하여 마감하고, 국세청 홈택스에 전자신고를 하시오. (2점)

〈전산프로그램에 입력된 소득자료〉

귀속월	지급월	소득구분	신고코드	인원	총지급액	소득세	비고
11월	11월	근로소득	A01	2명	8,333,320원	434,640원	매월(정기)신고

〈유의사항〉

1. 위 자료를 바탕으로 [원천징수이행상황신고서]가 작성되어 있다.
2. [원천징수이행상황신고서] 마감 → [전자신고] → [국세청 홈택스 전자신고변환(교육용)] 순으로 진행한다.
3. [전자신고] 메뉴의 [원천징수이행상황제작] 탭에서 신고인구분은 2.납세자 자진신고를 선택하고, 비밀번호는 "555777000"을 입력한다.
4. [국세청 홈택스 전자신고변환(교육용)] → 전자파일변환(변환대상파일선택) → 찾아보기 에서 전자신고용 전자파일을 선택한다.
5. 전자신고용 전자파일 저장경로는 로컬디스크(C:)이며, 파일명은 "작성연월일.01.t사업자등록번호"다.
6. 형식검증하기 → 형식검증결과확인 → 내용검증하기 → 내용검증결과확인 → 전자파일제출 을 순서대로 클릭한다.
7. 최종적으로 전자파일 제출하기 를 완료한다.

[3] 다음은 영업부에 재직 중인 김민지(사원코드 : 102, 입사일 : 2022.01.01.) 사원의 20x1년 귀속 연말정산 관련 자료이다. 아래의 자료를 이용하여 [연말정산추가자료입력] 메뉴의 [부양가족] 탭, [신용카드 등] 탭, [의료비] 탭, [연금저축 등Ⅰ] 탭을 입력하고 [연말정산입력] 탭을 완성하시오. 단, 근로자 본인의 세부담이 최소화되도록 한다. (10점)

1. 가족사항(모두 거주자이고 내국인에 해당한다. 모두 동거하며, 생계를 같이한다.)

성명	관계	주민등록번호	소득	비고
김민지	본인	870123 - 2835344	총급여 65,700,000원	세대주
강백호	배우자	830221 - 1832013	총급여 100,000,000원	
한미자	김민지의 모	570403 - 2837378	양도소득금액 50만원	
강한	자녀	150902 - 3111374	소득 없음	초등학생
강해	자녀	261111 - 3111111	소득 없음	둘째

※ 제시된 소득이 전부이며 기본공제대상자가 아닌 경우도 기본공제 '부'로 입력할 것.

2. 연말정산 자료(모든 자료는 국세청 홈택스 연말정산간소화서비스에서 조회된 자료이다.)

구분	조회된 자료 내용
보험료	• 김민지(본인) : 보장성보험 500,000원 • 강백호(배우자) : 자동차보험료 1,700,000원 • 한미자(모) : 보장성보험 200,000원 • 강한(자녀) : 보장성보험 200,000원 • 강해(자녀) : 보장성보험 100,000원
교육비	• 김민지(본인) : 대학원 등록금 3,000,000원 • 강한(자녀) : 국내 소재 초등학교(「초 · 중등교육법」상의 정규 교육기관) 방과후 수업료 400,000원
의료비	• 김민지(본인) : 질병 치료 목적 3,570,000원 • 김민지(본인) : 산후조리원 비용 3,000,000원 • 한미자(모) : 허리디스크 수술(치료 목적) 1,300,000원(실손의료비 700,000원 수령) • 강한(자녀) : 질병 치료 목적 530,000원 • 강해(자녀) : 질병 치료 목적 600,000원 ※ 의료비는 전액 김민지의 신용카드로 결제하였다.
신용카드등 사용액	• 김민지(본인) : 신용카드 22,300,000원(대중교통 사용금액 300,000원 포함) • 한미자(모) : 직불카드 5,000,000원(전통시장 사용금액 1,000,000원 포함) • 강백호(배우자) : 신용카드 5,000,000원 • 강한(자녀) : 직불카드 1,700,000원(대중교통 사용금액 500,000원 포함) ※ 김민지(본인)의 신용카드 사용액은 의료비 지출액이 모두 포함된 금액이다.
퇴직연금	• 김민지(본인) : 본인 퇴직연금 계좌 20x1년 납입분 3,000,000원 ※ 퇴직연금계좌는 KEB하나은행에 가입하였고, 계좌번호는 323 - 910522 - 32701이다.

제122회 전산세무2급 답안 및 해설

이 론

1	2	3	4	5	6	7	8	9	10	11	12	13	14	15
③	④	③	③	③	②	③	④	④	②	③	①	②	③	③

01. **자산·부채·자본은 총액으로 기재하는 것을 원칙**으로 한다.

02. 우발부채는 자원의 **유출가능성이 아주 낮은 경우 주석에 기재하지 않는다.**

03. 감가상각누계액의 과소 계상, 즉 감가상각비가 과소 계상되어 자산, 당기순이익 및 이익잉여금이 과대 계상되고, 비용이 과소 계상된다.

04. 자본조정 중 **자기주식은 반드시 별도 항목으로 구분 표시**하여야 하며 나머지 항목은 기타자본조정으로 통합하여 표시할 수 있다.

05. 공연 입장료 : 행사가 개최되는 시점에 수익을 인식한다.

06. • 기초원가 : 직접재료원가, **직접노무원가**
 • 가공원가 : **직접노무원가**, 제조간접원가

07. 제조공장 전력비는 제조원가에 해당하지만, 이자비용은 영업외비용에 해당한다.

08. 정유업, 시멘트공업은 종합원가계산으로 계산하는 것이 적합하다.

09. • 제조간접원가 예정배부율 = 예산(5,000,000) ÷ 예산 직접노무시간(1,000) = 5,000원/시간
 • 제조간접원가 예정배부액 = 실제 직접노무시간(1,200) × 예정배부율(5,000) = 6,000,000원
 예정배부액(6,000,000) = 실제제조간접원가(6,000,000) → 배부차이 없음.

10. • 정상공손 수량 = 당기 완성량(800개) × 5% = 40개

재공품

기초재공품	250개	완성품		800개
		공손품	정상공손	40개
		(50개)	*비정상공손*	*10개*
당기투입	700개	기말재공품		100개
계	950개	계		950개

11. 직매장은 판매시설을 갖춘 장소로 사업장으로 본다.

13. 직전 과세기간의 **사업장별 총수입금액이 8천만원 이상인 개인은 전자세금계산서 의무 발급 대상자**이다.

14. 기본공제대상자 판정의 기준이 되는 소득금액은 **종합소득금액, 퇴직소득금액, 양도소득금액의 합계액**이다.

15.

	사업소득		계
	일반	부동산임대	
1. 종합소득금액(공제전)	20,000,000	5,000,000	25,000,000
2. 이월결손금(부동산임대) 공제		(5,000,000)	(5,000,000)
3. 종합소득금액(공제후)	20,000,000	0	20,000,000

- 일용근로소득은 분리과세된다.
- 상가 임대업에서 발생한 이월결손금 잔액(10,000,000 - 2,000,000)은 **상가 임대업 소득금액 (5,000,000)에서만 공제**하고 미공제 이월결손금은 3,000,000원은 부동산임대업 사업소득금액에서 공제할 수 있다.

실 무

문제 1 일반전표입력

[1] 일반전표입력(1/15)

(차)	선납세금	275,000원	(대)	이자수익	1,000,000원
	보통예금	725,000원			

[2] 일반전표입력(5/25)

(차)	세금과공과금(판)	40,500원	(대)	보통예금	40,500원

[3] 일반전표입력(8/30)

(차)	토지	7,280,000원	(대)	자산수증이익	7,000,000원
				현금	280,000원

[4] 일반전표입력(9/12)

(차)	단기매매증권	5,000,000원	(대)	보통예금	5,150,000원
	수수료비용(영업외비용)	150,000원			

[5] 일반전표입력(9/30)

(차)	장기차입금(우리은행)	70,000,000원	(대)	보통예금	70,670,000원
	이자비용(영업외비용)	670,000원			

문제 2 매입매출전표입력

[1] [매입매출전표입력](10/10)

유형: 11.과세, 공급가액: -3,000,000 원,부가세: -300,000 원,공급처명: ㈜톡톡유통, 전자: 여,분개: 혼합, 외상

(차) 외상매출금 -3,300,000원 (대) 제품매출 -3,000,000원
부가세예수금 -300,000원

[2] 매입매출전표입력(10/17)

유형: 54.불공, 공급가액: 750,000 원, 부가세: 75,000 원, 공급처명: 달려라붕붕, 전자:여, 분개: 혼합
불공제사유 : ③ 개별소비세법 제1조 제2항 제3호에 따른 자동차 구입 · 유지 및 임차

(차) 차량유지비(판) 825,000원 (대) 미지급금 825,000원

[3] 매입매출전표입력(10/30)

유형: 51.과세, 공급가액: 20,000,000 원,부가세: 2,000,000 원, 공급처명: ㈜으뜸, 전자:여, 분개: 혼합

부가세대급금 2,000,000원 (대) 현금 6,600,000원
원재료 20,000,000원 외상매입금 15,400,000원

[4] 매입매출전표입력(11/13)

유형:12.영세, 공급가액:53,000,000 원, 부가세: 0 원, 공급처명: ㈜두일무역, 전자:여, 분개:외상 또는 혼합
영세율구분 : ③내국신용장 · 구매확인서에 의해 공급하는 재화

(차) 외상매출금 53,000,000원 (대) 제품매출 53,000,000원

[5] 매입매출전표입력(12/27)

유형: 55.수입, 공급가액: 3,000,000 원, 부가세: 300,000 원, 공급처명: 부산세관, 전자:여, 분개:혼합

(차) 부가세대급금 300,000원 (대) 보통예금 300,000원

문제 3 부가가치세

[1] [건물등감가상각자산취득명세서], [공제받지못할매입세액명세서]

1. [건물등감가상각자산취득명세서] 메뉴 작성(7~9월)

취득내역

감가상각자산종류	건수	공급가액	세 액	비 고
합 계	2	80,000,000	8,000,000	
건물 · 구축물	1	60,000,000	6,000,000	
기 계 장 치				
차 량 운 반 구	1	20,000,000	2,000,000	
기타감가상각자산				

거래처별 감가상각자산 취득명세

No	월/일	상호	사업자등록번호	자산구분	공급가액	세액	건수
1	07-20	(주)대영건설	210-81-96723	건물,구축물	60,000,000	6,000,000	1
2	09-08	(주)하나상사	561-85-31723	차량운반구	20,000,000	2,000,000	1

2. [공제받지못할매입세액명세서](7~9월) → [공제받지못할매입세액내역] 탭

공제받지못할매입세액내역 | 공통매입세액안분계산내역 | 공통매입세액의정산내역 | 납부세액또는환급세액재계산

매입세액 불공제 사유	세금계산서		
	매수	공급가액	매입세액
①필요적 기재사항 누락 등			
②사업과 직접 관련 없는 지출			
③개별소비세법 제1조제2항제3호에 따른 자동차 구입 · 유지	1	20,000,000	2,000,000
④기업업무추진비 및 이와 유사한 비용 관련			
⑤면세사업등 관련			
⑥토지의 자본적 지출 관련	1	9,000,000	900,000
⑦사업자등록 전 매입세액			
⑧금 · 구리 스크랩 거래계좌 미사용 관련 매입세액			
합계	2	29,000,000	2,900,000

[2] [부가가치세신고서](4~6월)

1. 과세표준 및 매출세액

구분				정기신고금액		
				금액	세율	세액
과세표준및매출세액	과세	세금계산서발급분	1	570,000,000	10/100	57,000,000
		매입자발행세금계산서	2		10/100	
		신용카드 · 현금영수증발행분	3		10/100	
		기타(정규영수증외매출분)	4			
	영세	세금계산서발급분	5	50,000,000	0/100	
		기타	6		0/100	
	예정신고누락분		7			
	대손세액가감		8			
	합계		9	620,000,000	㉮	57,000,000

2. 매입세액

구분				금액		세액
매입세액	세금계산서 수취분	일반매입	10	260,000,000		26,000,000
		수출기업수입분납부유예	11			
		고정자산매입	12	100,000,000		10,000,000
	예정신고누락분		13			
	매입자발행세금계산서		14			
	그 밖의 공제매입세액		15	14,000,000		1,400,000
	합계(10)-(11)+(12)+(13)+(14)+(15)		16	374,000,000		37,400,000
	공제받지못할매입세액		17	10,000,000		1,000,000
	차감계 (16-17)		18	364,000,000	㉯	36,400,000
납부(환급)세액(매출세액㉮-매입세액㉯)					㉰	20,600,000

- 그밖의 공제매입세액

14.그 밖의 공제매입세액					
신용카드매출 수령금액합계표	일반매입	44	9,000,000		900,000
	고정매입	45	5,000,000		500,000
의제매입세액		46		뒤쪽	

- 공제받지못할매입세액

구분		금액	세율	세액
16.공제받지못할매입세액				
공제받지못할 매입세액	53	10,000,000		1,000,000

3. 차가감 납부할 세액 : 18,595,000원

- 전자신고세액공제 5,000원
- 예정신고미환급세액 2,000,000원

4. 과세표준 명세

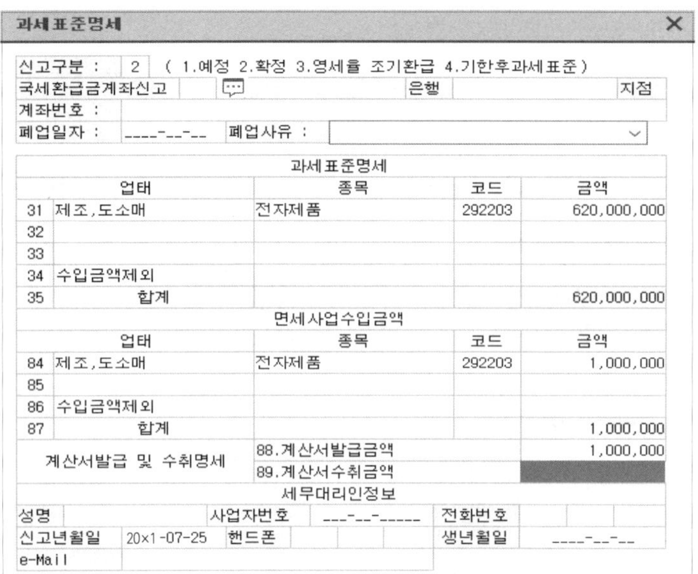

과세표준명세

신고구분 : 2 (1.예정 2.확정 3.영세율 조기환급 4.기한후과세표준)
국세환급금계좌신고 | 은행 | 지점
계좌번호 :
폐업일자 : ____-__-__ 폐업사유 :

	업태	종목	코드	금액
	과세표준명세			
31	제조,도소매	전자제품	292203	620,000,000
32				
33				
34	수입금액제외			
35	합계			620,000,000
	면세사업수입금액			
84	제조,도소매	전자제품	292203	1,000,000
85				
86	수입금액제외			
87	합계			1,000,000
	계산서발급 및 수취명세	88.계산서발급금액		1,000,000
		89.계산서수취금액		

세무대리인정보
성명 | 사업자번호 ___-__-_____ | 전화번호
신고년월일 20x1-07-25 | 핸드폰 | 생년월일 ____-__-__
e-Mail

문제 4 결산

[1] 〈수동결산〉

(차) 소모품 3,500,000원 (대) 소모품비(판) 3,500,000원

[2] 〈수동결산〉

(차) 복리후생비(판) 30,000원 (대) 현금과부족 50,000원
잡손실 20,000원

[3] 〈수동결산〉

(차) 매도가능증권(178) 400,000원 (대) 매도가능증권평가이익 400,000원

☞ 매도가능증권은 취득 시 거래비용을 취득원가에 가산한다.
평가손익 = 공정가액(5,500원×2,000주) - 취득가액(5,000원×2,000주+600,000원) = 400,000원(이익)

[4] 〈수동/자동 결산〉

1. [결산자료입력]> • 퇴직급여(508) 20,000,000원 입력
• 퇴직급여(806) 30,000,000원 입력>F3전표추가

또는 2. 일반전표입력

(차) 퇴직급여(508) 20,000,000원 (대) 퇴직급여충당부채 50,000,000원
퇴직급여(806) 30,000,000원

[5] 〈수동/자동 결산〉

1. [결산자료입력]>4.판매비와일반관리비>6).무형자산상각비> • 특허권 5,000,000원 입력
• 개발비 8,000,000원 입력>F3전표추가

또는, 2. 일반전표입력

(차)	무형자산상각비	13,000,000원	(대)	특허권	5,000,000원
				개발비	8,000,000원

문제 5 원천징수

[1] 부양가족 명세(김재열)(2026)

관계	요건		기본공제	추가(자녀)	판단
	연령	소득			
본인(세대주)	–	–	○		
배우자	–	○	○		일용근로소득은 분리과세소득
모(65)	○	○	○		당해연도 사망자도 대상, 20백만원 이하의 금융소득
형(44)	×	○	○	장애(1)	분리과세 주택임대소득 10백만원
자1(8)	○	○	○	자녀	
자2(8)	○	○	○	자녀	

기본사항 | 부양가족명세 | 추가사항

연말관계	성명	내/외국인	주민(외국인,여권)번호		나이	기본공제	부녀자	한부모	경로우대	장애인	자녀	출산입양	위탁관계
0	김재열	내	1	840213-1345675	42	본인							
1	이혜영	내	1	610228-2156771	65	60세이상							모
3	박효정	내	1	880415-2215679	38	배우자							배우자
4	김재민	내	1	180822-3123458	8	20세이하					○		자녀
4	김재은	내	1	180822-4123451	8	20세이하					○		자녀
6	김창열	내	1	820717-1333456	44	장애인				1			형

[2] 전자신고

1. [원천징수이행상황신고서] 귀속기간 11월, 지급기간 11월, 1.정기신고→마감

원천징수명세및납부세액 | 원천징수이행상황신고서 부표 | 원천징수세액환급신청서 | 기납부세액명세서 | 전월미환급세액 조정명세서 | 차월이월환급세액 승계명세

소득자 소득구분		코드	소득지급		징수세액			당월조정환급세액	납부세액	
			인원	총지급액	소득세 등	농어촌특별세	가산세		소득세 등	농어촌특별세
근로소득	간이세액	A01	2	8,333,320	434,640					
	중도퇴사	A02								
	일용근로	A03								
	연말정산	A04								
	(분납신청)	A05								
	(납부금액)	A06								
	가 감 계	A10	2	8,333,320	434,640				434,640	

2. 전자신고 파일 제작 "비밀번호 555777000"

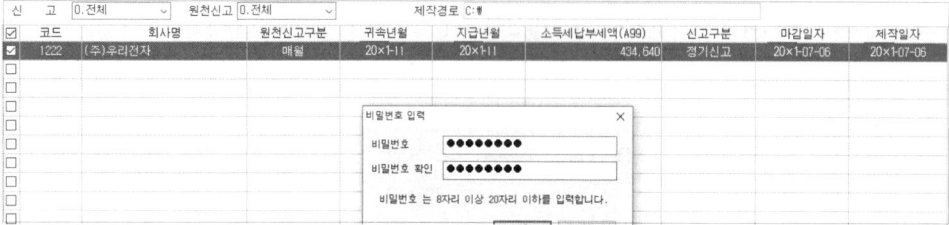

신 고 0.전체 원천신고 0.전체 제작경로 C:₩

☑	코드	회사명	원천신고구분	귀속년월	지급년월	소득세납부세액(A99)	신고구분	마감일자	제작일자
☑	1222	(주)우리전자	매월	20×1-11	20×1-11	434,640	정기신고	20×1-07-06	20×1-07-06

비밀번호 입력

비밀번호 ●●●●●●●●●

비밀번호 확인 ●●●●●●●●●

비밀번호 는 8자리 이상 20자리 이하를 입력합니다.

3. 홈택스 전자파일 변환 및 제출

[3] [연말정산추가자료입력] 김민지(2026)

1. [부양가족] 탭

(1) 인적공제

관계	요건		기본공제	추가(자녀)	판단
	연령	소득			
본인(세대주)	–	–	○		
배우자	–	×	부		총급여액 5백만원 초과자
모(69)	○	○	○		양도소득금액 1백만원 이하자
자1(11)	○	○	○	자녀	
자2(0)	○	○	○	둘째	

소득명세	부양가족	신용카드 등	의료비	기부금	연금저축 등I	연금저축 등II	월세액	출산지원금	연말정산입력

연말관계	성명	내/외국인	주민(외국인)번호	나이	소득기준초과여부	기본공제	세대주구분	부녀자	한부모	경로우대	장애인	자녀	출산입양	혼인세액
0	김민지	내	1 870123-2835344	39		본인	세대주							
1	한미자	내	1 570403-2837378	69		60세이상								
3	강백호	내	1 830221-1832013	43	○	부								
4	강한	내	1 150902-3111374	11		20세이하						○		
4	강해	내	1 261111-3111111	0		20세이하							둘째	
	합 계 [명]				1	4						1		

☞ 강백호 소득기준 초과여부 체크

〈연말정산 대상여부 판단〉

<table>
<tr><th rowspan="2">항 목</th><th colspan="2">요건</th><th rowspan="2">내역 및 대상여부</th><th rowspan="2">입력</th></tr>
<tr><th>연령</th><th>소득</th></tr>
<tr><td>보 험 료</td><td>○</td><td>○</td><td>• 본인 보장성 보험료
• 배우자 소득요건 미충족
• 모 보장성 보험료
• 자1 보장성 보험료
• 자2 보장성 보험료</td><td>○(일반 500,000)
×
○(일반 200,000)
○(일반 200,000)
○(일반 100,000)</td></tr>
<tr><td>교 육 비</td><td>×</td><td>×
(개정 26)</td><td>• 본인 대학원 등록금
• 자1 방과후 수업료.</td><td>○(본인 3,000,000)
○(초등 400,000)</td></tr>
<tr><td>의 료 비</td><td>×</td><td>×</td><td>• 본인 질병치료
• 본인 산후조리비용(한도 2백만원)
• 모 수술비(실손의료비 700,000차감)
• 자1 질병 치료
• 자2 질병 치료</td><td>○(본인 3,570,000)
○(본인 2,000,000)
○(65세 600,000)
○(일반 530,000)
○(6세 이하 600,000)</td></tr>
<tr><td>신용카드</td><td>×</td><td>○</td><td>• 본인 신용카드

• 모 직불카드

• 배우자 소득요건 미충족
• 자1 직불카드</td><td>○(신용 22,000,000)
○(대중 300,000)
○(직불 4,000,000)
○(전통 1,000,000)
×
○(직불 1,200,000)
○(대중 500,000)</td></tr>
<tr><td>퇴직연금</td><td colspan="2">본인</td><td>• 본인 퇴직연금</td><td>○(연금계좌 3,000,000)</td></tr>
</table>

(2) 보험료

① 김민지(본인)

보장성보험-일반	500,000
보장성보험-장애인	
합 계	**500,000**

② 한미자(김민지의 모)

보장성보험-일반	200,000
보장성보험-장애인	
합 계	**200,000**

③ 강한(자녀)

보장성보험-일반	200,000
보장성보험-장애인	
합 계	**200,000**

④ 강해(자녀)

보장성보험-일반	100,000
보장성보험-장애인	
합 계	**100,000**

(3) 교육비

① 김민지(본인)

교육비		
일반		장애인특수
3,000,000	4.본인	

② 강한(자녀)

교육비		
일반		장애인특수
400,000	2.초중고	

3. [신용카드 등] 탭

성명 / 생년월일	자료구분	신용카드	직불,선불	현금영수증	문화체육 신용	문화체육 직불	문화체육 현금	전통시장	대중교통	합계
김민지	국세청	22,000,000							300,000	22,300,000
1987-01-23	기타									
한미자	국세청		4,000,000					1,000,000		5,000,000
1957-04-03	기타									
강백호	국세청									
1983-02-21	기타									
강한	국세청	1,200,000							500,000	1,700,000
2015-09-02	기타									

4. [의료비] 탭

소득명세 | 부양가족 | 신용카드 등 | 의료비 | 기부금 | 연금저축 등I | 연금저축 등II | 월세액 | 출산지원금 | 연말정산입력

20×1년 의료비 지급명세서

의료비 공제대상자					지급처			지급명세				14.산후조리원
성명	내/외	5.주민등록번호	6.본인등 해당여부		9.증빙코드	8.상호	7.사업자 등록번호	10.건수	11.금액	11-1.실손 보험수령액	12.미숙아 선천성이상아	13.난임 여부	
김민지	내	870123-2835344	1	0	1				3,570,000		X	X	X
한미자	내	570403-2837378	2	0	1				1,300,000	700,000	X	X	X
강해	내	251012-3112275	2	0	1				600,000		X	X	X
강한	내	150902-3111374	3	X	1				530,000		X	X	X
김민지	내	870123-2835344	1	0	1				2,000,000		X	X	0
		합계							8,000,000	700,000			

일반의료비(본인)	5,570,000	6세이하,65세이상인 건강보험산정특례자 장애인	1,900,000	일반의료비(그 외)	530,000	난임시술비	
						미숙아.선천성이상아	

5. [연금저축 등 I] 탭

1 연금계좌 세액공제 - 퇴직연금계좌(연말정산입력 탭의 58.과학기술인공제, 59.근로자퇴직연금) 크게보기

퇴직연금 구분	코드	금융회사 등	계좌번호(증권번호)	납입금액	공제대상금액	세액공제금액
1.퇴직연금	305	KEB 하나은행(구. 주식회사	32391052232701	3,000,000	3,000,000	360,000
퇴직연금				3,000,000	3,000,000	360,000
과학기술인공제회						

6. [연말정산입력] 탭 : F8 부양가족탭 불러오기 실행

[소득공제]		
1. 신용카드	① 신용카드 ② 직불카드 ③ 전통시장 ④ 대중교통	22,000,000 5,200,000 1,000,000 800,000
[연금계좌세액공제]	연금저축	3,000,000
[특별세액공제]		
1. 보장성보험료	① 일반	1,000,000
2. 교육비	① 본 인 ② 초중고	3,000,000 400,000
3. 의료비	① 특정(본인) ② 특정(장애, 65세 이상, 산정특례자, 6세 이하) ③ 일반	5,570,000 1,900,000(실손 700,000) 530,000

제121회 전산세무 2급

합격율	시험년월
19%	2025.08

이 론

01. 다음 중 자본에 대한 설명으로 가장 옳지 않은 것은?

① 자기주식을 처분하는 경우 처분금액이 장부금액보다 크다면 차액을 자기주식처분이익으로 하여 영업외수익으로 회계처리한다.

② 주식으로 배당하는 경우 발행주식의 액면금액을 배당액으로 하여 자본금의 증가와 이익잉여금의 감소로 회계처리한다.

③ 기업이 매입 등을 통하여 취득하는 자기주식은 취득원가를 자기주식의 과목으로 하여 자본조정으로 회계처리한다.

④ 주식을 이익으로 소각하는 경우에는 주식의 취득원가에 해당하는 이익잉여금을 감소시킨다.

02. 다음 중 퇴직연금부담금이 정상적으로 납부된 경우 일반기업회계기준상 퇴직급여에 대한 설명으로 가장 옳은 것은?

① 확정급여형 퇴직연금제도(DB형)를 설정하는 경우에는 당해 회계기간에 대하여 기업이 납부하여야 할 부담금은 퇴직급여(비용)로 인식한다.

② 확정급여형 퇴직연금제도(DB형)를 설정하는 경우에는 근로자가 직접 적립금을 운용하여 퇴직급여가 장래에 달라지는 제도이다.

③ 확정기여형 퇴직연금제도(DC형)를 설정하는 경우에는 회사는 매년 퇴직급여를 비용으로 회계처리 한다.

④ 확정기여형 퇴직연금제도(DC형)를 설정하는 경우에는 운용되는 자산은 회사가 직접 보유하고 있는 것으로 보아 회계처리를 한다.

03. ㈜도일건설은 부천시와 주차타워 신축공사 도급계약을 체결하였다. 도급금액은 1,200,000,000원이고 20x0년까지 발생된 누적공사원가는 400,000,000원이다. 20x0년까지 누적공사진행률이 40%라면 20x1년 발생된 공사원가가 250,000,000원일 때 다음의 설명 중 옳지 않은 것은?

① 총공사예정원가는 1,000,000,000원이다.
② 20x0년까지 인식한 누적공사수익은 480,000,000원이다.
③ 20x1년 인식할 공사이익은 300,000,000원이다.
④ 20x1년말 누적공사진행률은 65%이다.

04. 다음 중 유가증권에 대한 설명으로 옳지 않은 것은?

① 단기매매증권은 주로 단기간 내 매매차익을 목적으로 취득한 유가증권을 의미한다.
② 단기매매증권, 매도가능증권, 만기보유증권은 모두 공정가치로 평가한다.
③ 유가증권은 증권의 종류에 따라 지분증권과 채무증권으로 분류할 수 있다.
④ 단기매매증권과 매도가능증권은 지분증권으로 분류할 수 있으나 만기보유증권은 지분증권으로 분류할 수 없다.

05. 다음 중 무형자산에 대한 설명으로 옳지 않은 것은?

① 다른 자산과의 교환으로 취득하는 경우 교환으로 제공한 자산의 공정가치로 원가를 측정한다.
② 내부적으로 창출한 영업권은 자산으로 인식하지 않는다.
③ 공정가치가 증가하는 경우 원가와의 차액 부분을 반영하여 상각한다.
④ 상각은 자산이 사용가능한 때부터 시작한다.

06. 다음 중 변동원가와 고정원가에 대한 설명으로 가장 옳은 것은?

① 고정원가는 조업도 증감에 반비례하여 총원가가 증감하는 원가이다.
② 변동원가는 조업도와 관계없이 총원가가 일정한 원가이다.
③ 준변동원가는 조업도의 변화에 관계없이 총원가가 일정한 고정원가와 조업도에 비례하여 총원가가 증가하는 변동원가의 두 부분으로 구성된 원가를 의미한다.
④ 준고정원가는 특정 범위를 벗어나도 총원가가 일정한 원가이며, 혼합원가라고도 한다.

07. 가구를 제작하여 판매하는 ㈜튼튼이 20x1년 가구 제작에 사용한 원재료는 800,000원이다. 20x1년 말 원재료 재고액이 20x1년 초 원재료 재고액보다 70,000원 크다면 20x1년의 원재료 매입액은 얼마인가?

① 660,000원 ② 730,000원 ③ 800,000원 ④ 870,000원

08. 제조간접원가는 기계작업시간을 기준으로 예정배부한다고 가정할 때, 다음 자료에 의해 제조간접원가 배부액과 제조원가를 계산하면 얼마인가?

- 제조간접원가 총액(예정) : 2,000,000원
- 직접재료원가 : 5,000,000원
- 실제기계작업시간 : 10,000시간
- 직접노무원가 : 3,500,000원
- 예정기계작업시간 : 8,000시간

	제조간접원가 배부액	제조원가		제조간접원가 배부액	제조원가
①	1,600,000원	10,100,000원	②	2,000,000원	10,500,000원
③	2,500,000원	10,500,000원	④	2,500,000원	11,000,000원

09. ㈜부천은 두 개의 제조부문 '대한'과 '민국', 그리고 두 개의 보조부문 'R', 'M'을 두고 있다. 각 보조부문 'R'과 'M'의 당월 배분 전 원가가 각각 1,500,000원과 2,400,000원이라면, 상호배분법에 따라 제조부문 '민국'에 배분될 보조부문의 원가는 얼마인가?

사용부문 / 제공부문	보조부문		제조부문	
	R	M	대한	민국
R	-	0.5	0.2	0.3
M	0.2	-	0.5	0.3

① 1,020,000원 ② 1,710,000원 ③ 1,800,000원 ④ 2,190,000원

10. 다음 중 종합원가계산에 대한 설명으로 가장 옳지 않은 것은?

① 다품종 대량생산하는 조선업, 화학업, 식품가공업 등 업종에 적합하다.
② 완성품환산량 계산이 어려우며, 개별원가계산에 비해 상대적으로 제조원가 계산이 부정확하다.
③ 기초재공품이 없는 경우 종합원가계산에 의한 원가배분 시 평균법과 선입선출법은 결과가 동일하다.
④ 종합원가계산은 원가를 재료원가와 가공원가로 구분하여 계산한다.

11. 아래의 세금계산서 발급 및 오류내용에 따른 수정세금계산서의 발급방법으로 옳은 것은?

세금계산서 발급내용

작성연월일	품목	공급가액	세액	비고
20x1. 05. 31.	제품판매	3,000,000원	90,000원	영수필

오류발견내용

20x1년 7월 15일에 제품판매(공급가액 3,000,000원(부가세 별도)) 세금계산서의 세액이 공급가액의 10%가 아님을 발견했다.

①

작성일자	공급가액	세액	수정사유	비고
20x1.05.31.	-3,000,000	-90,000		

월	일	품목	규격	수량	단가	공급가액	세액	비고
5	31	제품판매				-3,000,000	-90,000	

작성일자	공급가액	세액	수정사유	비고
20x1.05.31.	3,000,000	300,000		

월	일	품목	규격	수량	단가	공급가액	세액	비고
5	31	제품판매				3,000,000	300,000	

②

작성일자	공급가액	세액	수정사유	비고
20x1.05.31.	0	210,000		

월	일	품목	규격	수량	단가	공급가액	세액	비고
5	31	제품판매				0	210,000	

③

작성일자	공급가액	세액	수정사유	비고
20x1.07.15.	-3,000,000	-90,000		당초 20x1.05.31.

월	일	품목	규격	수량	단가	공급가액	세액	비고
7	15	제품판매				-3,000,000	-90,000	

작성일자	공급가액	세액	수정사유	비고
20x1.07.15.	3,000,000	300,000		당초 20x1.05.31.

월	일	품목	규격	수량	단가	공급가액	세액	비고
7	15	제품판매				3,000,000	300,000	

④

작성일자	공급가액	세액	수정사유	비고
20x1.07.15.	0	210,000		

월	일	품목	규격	수량	단가	공급가액	세액	비고
7	15	제품판매				0	210,000	

12. 다음 중 부가가치세에 대한 설명으로 옳지 않은 것은?

① 부가가치세는 학교와 같은 비영리단체는 납세의무자가 될 수 없다.
② 부가가치세는 재화나 용역이 최종소비자에게 도달할 때까지의 모든 거래 단계마다 부가가치세를 과세하는 다단계거래세이다.
③ 부가가치세는 국제거래되는 무역상품에 대한 이중과세 방지를 위해 소비지국과세원칙을 채택하고 있다.
④ 부가가치세는 납세의무자와 실질적인 담세자가 일치하지 않는 간접세이다.

13. 다음 중 부가가치세가 면세되는 재화 · 용역의 공급에 해당하는 개수는?

• 신문(광고는 제외)	• 단순한 의약품의 판매	• 복권	• 토지의 매매
• 주택임대용역	• 우표(수집용 우표 제외)	• 영유아용 기저귀	• 항공기에 의한 여객운송용역

① 4개　② 5개　③ 6개　④ 7개

14. 다음의 빈칸에 들어갈 내용으로 바르게 짝지어진 것은?

> 직전 연도의 상시고용인원이 (㉠) 이하인 원천징수의무자는 원천징수세액을 그 징수일이 속하는 반기의 마지막 달의 다음달 10일까지 납부할 수 있다. 다만, (㉡)에 대한 원천징수세액은 반기 납부 대상이 아니다.

	㉠	㉡
①	10명	연말정산 사업소득
②	10명	비거주자의 국내원천 기타소득
③	20명	비영업대금의 이익
④	20명	법인세 신고 시 처분된 상여

15. 다음 중 소득세법상 지급명세서 및 간이지급명세서에 대한 설명으로 옳지 않은 것은?

① 사업소득 간이지급명세서는 지급일이 속하는 달의 다음 달 말일까지 제출하여야 한다.
② 2026년 7월~12월의 지급분 근로소득 간이지급명세서는 다음연도 1월 31일까지 제출하여야 한다.
③ 이자 · 배당지급명세서는 지급일이 속하는 연도의 다음연도 3월 10일까지 제출하여야 한다.
④ 폐업하는 경우에는 폐업일이 속하는 달의 다음다음 달 말일까지 지급명세서를 제출하여야 한다.

실 무

㈜옥이전자(2121)는 컴퓨터 및 주변장치의 제조 및 도 · 소매업을 주업으로 영위하는 중소기업으로 당기의 회계기간은 20x1.1.1.~20x1.12.31.이다. 전산세무회계 수험용 프로그램을 이용하여 다음 물음에 답하시오.

문제 1 [일반전표입력] 메뉴를 이용하여 다음의 거래자료를 입력하시오. (15점)

[1] 01월 25일 ㈜죽암전자 장기대여금에 대한 이자 1,500,000원 중 원천징수세액 412,500원을 차감한 잔액 1,087,500원이 보통예금으로 입금되었다. 단, 원천징수세액은 자산으로 처리하시오. (3점)

[2] 02월 21일 제조부서 강하나 과장의 급여가 보통예금에서 지급되었다. 임금과 상여금 계정을 사용하여 분개하기로 하며, 예수금은 하나의 계정으로 처리하시오. (3점)

이름	강하나	지급일	2월 21일
기본급	3,000,000원	소득세	91,460원
식대	100,000원	지방소득세	9,140원
상여	1,000,000원	국민연금	135,000원
		건강보험	106,350원
		장기요양보험	13,770원
		고용보험	-
급여계	4,100,000원	공제합계	355,720원
		지급총액	3,744,280원

[3] 04월 15일 회사가 제조한 제품(제조원가 1,000,000원)을 무상으로 지방자치단체에 기부하였다. (3점)

[4] 07월 01일 ㈜성남으로부터 매출대금으로 수령한 아래의 약속어음을 거래은행에서 할인하고 할인료 500,000원을 차감한 잔액을 보통예금으로 수령하였다. 단, 당해 어음할인은 매각거래로 간주한다. (3점)

전 자 어 음

㈜옥이전자 귀하

금 일천만원정 **10,000,000원**

위의 금액을 귀하 또는 귀하의 지시인에게 지급하겠습니다.

지급기일	20x1년 12월 1일	**발행일**	20x0년 12월 1일
지 급 지	기업은행	**발행지 주 소**	서울특별시 성동구 마장로 10
지급장소	서초지점	**발행인**	㈜성남

[5] 08월 15일 업무용승용차를 구입하기 위하여 액면금액 1,800,000원의 10년 만기 무이자부 국공채를 액면금액으로 취득하고 대금은 보통예금 계좌에서 지급하였다. 당 회사는 해당 국공채를 만기까지 보유할 예정이며, 보유할 수 있는 의도와 능력이 충분하다. 구입 당시 만기보유증권의 공정가액은 800,000원이다. (3점)

문제 2 **[매입매출전표입력] 메뉴를 이용하여 다음의 거래자료를 입력하시오. (15점)**

[1] 07월 20일　제품의 제작에 사용할 원재료를 수입하면서 부산세관으로부터 다음의 수입전자세금계산서를 발급받고, 부가가치세를 보통예금 계좌에서 이체하여 지급하였다. (3점)

수입전자세금계산서					승인번호	20250720 - 11122233 - 55577788			
세관명	등록번호	780 - 83 - 15335	종사업장번호		수입자	등록번호	126 - 85 - 01287	종사업장번호	
	세관명	부산세관	성명	부산세관장		상호(법인명)	㈜옥이전자	성명	김여울
	세관주소	부산광역시 중구 중앙대로 10				사업장주소	대전광역시 서구 계룡로 491번길 20		
수입신고번호 또는 일괄발급기간(총건)		1234567891011M				업태	제조업 외	종목	컴퓨터 및 주변장치

납부일자	과세표준	세액	수정사유	비고
20x1.07.20	35,000,000원	3,500,000원	해당 없음	

월	일	품목	규격	수량	단가	공급가액	세액	비고
07	20	수입신고필증 참조				35,000,000원	3,500,000원	
합계금액		38,500,000원						

[2] 08월 01일　업무용으로 사용하던 아래의 5인승 승용차(2,250cc)를 스타자동차에 처분하고 전자세금계산서를 발급하였다. 처분대가는 월말에 지급 받을 예정이다. (3점)

차량운반구 취득일	2022년 7월 1일
차량운반구 취득가액	50,000,000원
처분일 현재 감가상각누계액	20,000,000원

전자세금계산서					승인번호	20250801 - 10000005 - 00004158			
공급자	등록번호	126 - 85 - 01287	종사업장번호		공급받는자	등록번호	123 - 11 - 87892	종사업장번호	
	상호(법인명)	㈜옥이전자	성명	김여울		상호(법인명)	스타자동차	성명	김스타
	사업장주소	대전광역시 서구 계룡로 491번길 20				사업장주소	서울시 서초구 서초대로85번길12		
	업태	도소매 외	종목	컴퓨터 및 주변장치		업태	금융업	종목	차량리스외
	이메일	Lee@naver.com				이메일	star87898@naver.com		
						이메일			

작성일자	공급가액	세액	수정사유	비고
20x1.08.01.	25,000,000원	2,500,000원		배기량 2,250cc차량, 5인승

월	일	품목	규격	수량	단가	공급가액	세액	비고
08	01	125너7894				25,000,000원	2,500,000원	

합계금액	현금	수표	어음	외상미수금	위 금액을 (청구) 함
27,500,000원				27,500,000원	

[3] 08월 30일 ㈜코스트코리아에서 제조부 사원들을 위해 공장에 비치할 목적으로 에어컨을 3,300,000원(부가가치세 포함)에 구입하고, 대금은 보통예금에서 계좌이체 한 후 현금영수증(지출증빙용)을 수취하였다(단, 자산으로 처리할 것). (3점)

㈜코스트코리아

107-81-63829 조만수

경기도 부천시 길주로 284 TEL 1899-9900

홈페이지 costco.co.kr

현금영수증(지출증빙용)

구매 20x1/08/30/13:27 거래번호 : 2025-07200119

상품명	수량	단가	금액
에어컨	3	1,100,000원	3,300,000원
		과 세 물 품 가 액	3,000,000원
		부 가 가 치 세 액	300,000원
		합 계	3,300,000원
		받 은 금 액	3,300,000원

[4] 09월 05일 미국 스토브사에 제품을 $5,000에 해외 직수출하고, 수출대금 전액을 9월 25일 USD($)로 받기로 하였다. 수출과 관련된 내용은 다음과 같다(단, 수출신고번호는 생략함). (3점)

일자	9월 3일(수출신고일)	9월 5일(선적일)	9월 25일(대금회수일)
기준환율	1,300원/$	1,200원/$	1,350원/$

[5] 09월 10일 영업부서 업무용승용차의 수리를 위해 ㈜서울모터스에서 아래의 전자세금계산서를 발급받았다(단, 해당 차량은 개별소비세 과세대상에 해당하고, 수리비는 차량유지비로 회계처리하며 대금은 전액 보통예금 계좌에서 즉시 지급하였다). (3점)

전자세금계산서					승인번호	20250910-15126689-00004158			
공급자	등록번호	129-85-84235	종사업장번호		공급받는자	등록번호	126-85-01287	종사업장번호	
	상호(법인명)	㈜서울모터스	성명	신민아		상호(법인명)	㈜옥이전자	성명	김여울
	사업장주소	서울시 강남구 강남대로 15길				사업장주소	대전광역시 서구 계룡로 491번길 20		
	업태	제조업, 서비스업	종목	차량수리		업태	제조업 외	종목	컴퓨터 및 주변장치
	이메일	dfas12@naver.com				이메일	Lee@naver.com		
						이메일			

작성일자	공급가액	세액	수정사유	비고
20x1.09.10.	1,000,000원	100,000원	해당없음	

월	일	품목	규격	수량	단가	공급가액	세액	비고
9	10	차량수리비				1,000,000원	100,000원	

합계금액	현금	수표	어음	외상미수금	위 금액을 (영수) 함
1,100,000원	1,100,000원				

문제 3 부가가치세 신고와 관련하여 다음 물음에 답하시오. (10점)

[1] 다음 자료를 보고 20x1년 제1기 부가가치세 예정신고기간의 [수출실적명세서]를 작성(거래처코드 입력할 것)하고, [영세율매출명세서]에 추가로 반영하시오. 단, 매입매출전표입력은 생략할 것. (3점)

거래처	수출신고번호	선적일	환가일	통화	수출액	적용환율	
						선적일	환가일
브링사	13031-10-031807X	20x1.1.15.	20x1.1.18.	USD	$100,000	1,100원/$	1,150원/$
조인상사	13085-20-019870X	20x1.2.10.	20x1.2.7.	USD	$150,000	1,200원/$	1,100원/$
혼마상사	13073-30-268371X	20x1.3.13.	20x1.3.19.	JPY	¥2,000,000	750원/100¥	800원/100¥

[2] 다음의 자료를 이용하여 20x1년 제1기 부가가치세 확정신고(20x1.04.01.~20x1.06.30.)의 [부가가치세 신고서]를 작성하시오. 단, 불러오는 자료는 무시할 것. (5점)

구분	내용
매출자료	• 세금계산서 발급분 : 공급대가 550,000,000원, 모두 전자세금계산서 발급분이다. • 현금영수증 매출 발행분 : 공급대가 33,000,000원 • 대손이 확정된 외상매출금(공급대가 2,200,000원)에 대하여 대손세액공제를 적용한다.
매입자료	• 수취한 매입세금계산서는 공급가액 200,000,000원, 세액 20,000,000원이다. - 이 중 고정자산 세금계산서 수취분은 공급가액 10,000,000원, 세액 1,000,000원이고, 이 고정자산은 개별소비세 과세대상 승용차 관련 매입분이다. • 현금영수증 상품 매입분 : 공급가액 20,000,000원, 세액 2,000,000원 • 제1기 예정신고 시 누락된 공제가능한 신용카드매출전표(일반매입) : 공급가액 5,000,000원, 세액 500,000원
유의사항	• 매출자료 중 전자세금계산서 지연전송분 : 공급가액 8,000,000원, 세액 800,000원 • 예정신고 누락분은 확정신고 시 반영하기로 한다. • 해당 법인은 홈택스 사이트를 통해 전자적인 방법으로 부가가치세 신고를 직접 한다. • 세부담 최소화를 가정한다. • 불러온 자료는 무시하고 문제에 제시된 자료만 직접 입력한다. • 부가가치세 신고서 이외의 과세표준명세 등 기타 부속서류의 작성은 생략한다.

[3] 다음의 자료를 이용하여 20x1년 제2기 확정 부가가치세 신고서 및 관련 부속서류를 전자신고 하시오. (2점)

- 부가가치세 신고서와 관련 부속서류는 마감되어 있다.
- [전자신고] → [국세청 홈택스 전자신고변환(교육용)] 순으로 진행한다.
- 전자신고용 전자파일 제작 시 신고인 구분은 "2.납세자 자진신고"로 선택하고, 비밀번호는 "13001300"으로 입력한다.
- 전자신고용 전자파일 저장경로는 로컬디스크(C:)이며, 파일명은 "enc작성연월일.101.v사업자등록번호"이다.
- 최종적으로 국세청 홈택스에서 [전자파일 제출하기]를 완료한다.

문제 4 결산정리사항은 다음과 같다. 관련 메뉴를 이용하여 결산을 완료하시오. (15점)

[1] 20x1년에 ㈜아이마켓에서 차입한 외화장기차입금은 70,000달러이다. 차입일의 기준환율은 1달러당 1,350원이고, 기말 현재 기준환율은 1달러당 1,420원이다. (3점)

[2] 당사는 재평가모형에 따라서 유형자산을 인식하고 있다. 20x1년 12월 31일 보유하고 있던 토지에 대한 감정평가를 시행한 결과는 아래와 같이 평가액이 산정되었다. 유형자산의 재평가손익을 반영하시오. (3점)

- 20x1년 1월 20일 토지 매입금액 : 150,000,000원(장부가액)
- 20x1년 12월 31일 토지 감정평가액 : 190,000,000원

[3] 일반기업회계기준에 따라 20x1년 말 현재 보유 중인 매도가능증권(20x0년 중 취득)에 대하여 결산일의 회계처리를 하시오(단, 매도가능증권은 비유동자산으로 가정함). (3점)

주식명	주식 수	1주당 취득원가	20x0년말 1주당 공정가치	20x1년말 1주당 공정가치
㈜일성전자	1,000주	50,000원	80,000원	45,000원

[4] 아래의 자료를 이용하여 정기예금의 당기분 경과이자에 대한 회계처리를 하시오(단, 월할 계산할 것). (3점)

- 정기예금액 : 120,000,000원
- 예금가입기간 : 20x1.12.01.~20x2.11.30.
- 연이자율 : 4.2%
- 이자는 만기일(20x2.11.30.)에 일시 수령한다.

[5] 외상매출금과 미수금의 기말잔액에 대해서만 1%의 대손율을 적용하여 보충법에 의해 대손충당금을 설정하시오. (3점)

문제 5 원천징수와 관련된 다음의 물음에 답하시오. (15점)

[1] 다음은 총무부 박대영 부장(사번 : 500)의 11월과 12월 급여와 관련된 자료이다. 지급시기별로 [급여자료입력]과 [원천징수이행상황신고서]를 각각 작성하시오. (5점)

〈11월 급여자료〉

급여항목	금액	공제항목	금액
기본급	4,500,000원	국민연금	202,500원
식대(비과세)	200,000원	건강보험	159,520원
		장기요양보험	20,650원
		고용보험	40,500원
		소득세	293,150원
		지방소득세	29,310원
		공제총액	745,630원
지급총액	4,700,000원	차인지급액	3,954,370원

〈12월 급여자료〉

급여항목	금액	공제항목	금액
기본급	4,500,000원	국민연금	-
식대(비과세)	200,000원	건강보험	159,520원
		장기요양보험	20,650원
		고용보험	40,500원
		소득세	293,150원
		지방소득세	29,310원
		공제총액	543,130원
지급총액	4,700,000원	차인지급액	4,156,870원

※ 유의사항

- 사용하지 않는 급여항목과 공제항목은 그대로 둔다.
- 11월 급여와 12월 급여를 20x2년 1월 10일에 지급하였다.
- 소득세법상 1월~11월 귀속 근로소득을 12월까지 지급하지 않은 경우 12월 31일에 지급한 것으로 보고, 12월 귀속 근로소득을 다음 연도 2월까지 지급하지 않은 경우 2월 말일에 지급한 것으로 보아 소득세를 원천징수한다.

[2] 다음은 나현수(사번 : 101, 입사일 : 2020년 1월 1일) 사원의 20x1년 귀속 연말정산 관련 자료이다. [연말정산추가자료입력] 메뉴의 [부양가족] 탭, [의료비] 탭, [신용카드 등] 탭, [월세액] 탭을 작성하고 [연말정산입력] 탭에서 연말정산을 완료하시오(단, 제시된 소득 이외의 소득은 없으며, 세부담 최소화를 가정한다). (10점)

가족사항

성명	관계	주민번호	소득	비고
나현수	본인	620405-1116801	총급여 8천만원	무주택 세대주
손나현	배우자	650312-2166805	사업소득금액 3,500만원	
나일남	부친	400612-1335701	소득없음	
김옥이	모친	450828-2118971	소득없음	
나윤솔	딸	990301-2126834	일용근로소득 300만원	대학생
나윤열	아들	060710-3126876	소득없음	고등학생

- 기본공제대상자가 아닌 경우 기본공제 여부에 '부'로 표시할 것
- 위의 가족은 모두 내국인이며 생계를 같이 하는 동거가족으로, 제시된 자료 외 다른 소득은 없다.

20x1년도 연말정산 자료

항목	내용
보험료	• 나현수(본인) : 일반 보장성 보험료 600,000원 • 나윤솔(딸) : 일반 보장성 보험료 500,000원
교육비	• 나현수(본인) : 사이버대학교 학비 3,000,000원 • 나윤솔(딸) : 대학교 학비 8,000,000원 • 나윤열(아들) : 방과후과정 학교수업비 500,000원, 교복구입비 700,000원(교복구입비는 나현수 신용카드로 결제함)
의료비	• 나현수(본인) : 라식수술비 1,500,000원 • 나일남(부친) : 보청기 구입비 1,000,000원 • 김옥이(모친) : 질병 치료비 4,220,000원(나현수 신용카드로 결제) 　-「보험업법」에 따른 보험회사에서 실손의료보험금 2,500,000원 수령(20x1년 귀속분) • 나윤열(아들) : 시력보정용 안경 구입비 800,000원(나현수 신용카드로 결제) 　- 안경 구입처 : 밝은안경(사업자등록번호 233-31-18875) 　- 의료증빙코드는 기타영수증으로 하고, 상호와 사업자등록번호 모두 입력할 것
신용카드 등 사용액	• 나현수(본인) : 신용카드 사용액 20,500,000원(전통시장/대중교통/문화·체육 등 사용분은 없음) • 나윤솔(딸) : 직불카드 사용액 1,500,000원(대중교통분 600,000원 포함) ※ 나현수(본인) 신용카드 사용액에는 의료비 지출의 결제액이 포함되어 있다.

<table>
<tr><td rowspan="2">20x1년도
연말정산
자료</td><td>항목</td><td>내용</td></tr>
<tr><td>월세액/
주택임차
차입금
원리금
상환액</td><td>※ 월세 관련 정보
• 임대인 : 김주택(주민등록번호 650426-1834704)
• 유형 및 면적 : 아파트, 84.19㎡
• 임대주택 주소지 : 경기도 하남시 미사강변북로 373, 301호
• 임대차 기간 : 20x1.01.01.~20x2.12.31.
• 임차보증금 : 100,000,000원 / 연간 월세액 : 12,000,000원
※ 주택임차차입금원리금 상환액 공제요건을 충족한다고 가정한다(대출기관으로부터 차입).
• 이자상환액 : 400,000원
• 원금상환액 : 4,000,000원</td></tr>
<tr><td></td><td colspan="2">※ 국세청 홈택스 및 기타 증빙을 통해 확인된 자료이며, 별도의 언급이 없는 한 국세청 홈택스 연말정산간소화서비스에서 조회된 자료이다.
※ 부양가족의 소득공제 및 세액공제 내용 중 나현수(본인)이 공제받을 수 있는 내역은 모두 나현수가 공제받는 것으로 한다.</td></tr>
</table>

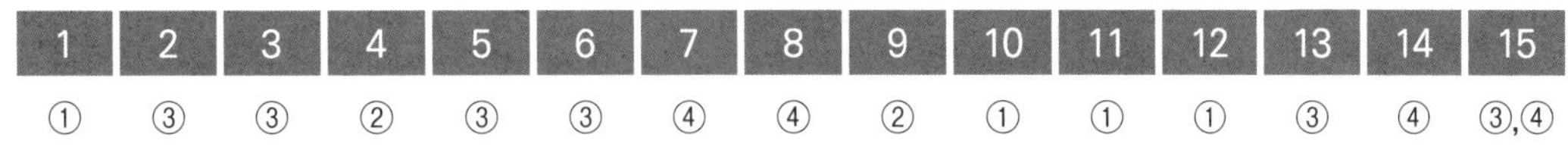

제121회 전산세무2급 답안 및 해설

이 론

1	2	3	4	5	6	7	8	9	10	11	12	13	14	15
①	③	③	②	③	③	④	④	②	①	①	①	③	④	③,④

01. **자기주식처분이익은 자본잉여금**으로 회계처리 한다.

02. ① 기업이 납부하여야 할 부담금은 자산(퇴직연금운용자산)으로 인식한다.
   ② 회사에서 운영하여 장래에 달라지는 제도이다.
   ④ **확정기여형 퇴직연금제도(DC형)는 근로자가 직접 적립금을 운용**한다.

03. ① 총공사예정원가 = 누적공사원가(400,000,000) ÷ 누적공사진행률(40%) = 1,000,000,000원
   ② 20x0년 공사수익 = 도급금액(12억) × 누적공사진행률(40%) = 480,000,000원
   ③ 20x1년 공사수익 = 도급금액(1,200,000,000) × (65% - 40%) = 300,000,000원
   20x1년 공사이익 = 공사수익(300,000,000) - 공사원가(250,000,000) = 50,000,000원
   ④ 20x1년 누적공사진행률 = [전기 누적(400,000,000) + 당기(250,000,000)] ÷ 1,000,000,000원
   = 65%

   〈별해〉 본 문제는 전산세무1급에서 나오던 문제입니다.

	20x0년	20x1년
누적공사원가(A)	400,000,000	650,000,000
총 공사계약원가(B)	1,000,000,000①	1,000,000,000
누적진행률(A/B)	40%	**65%**④
총공사계약금액	1,200,000,000	
당기누적계약수익	**480,000,000**②	780,000,000
당기계약수익	480,000,000	300,000,000
당기계약원가	400,000,000	250,000,000
당기계약이익(손실)	**80,000,000**	**50,000,000**③

04. 단기매매증권과 매도가능증권은 원칙적으로 공정가치로 평가하고, **만기보유증권은 상각후원가로 평가**한다.

05. **무형자산은 취득원가 모형만 허용**한다. 따라서 무형자산을 취득원가로 측정하고, 공정가치 변동은 반영하지 않는다.

06. ① 고정원가는 조업도와 관계없이 총원가가 일정한 원가를 의미한다.
② 변동원가는 조업도의 변화에 정비례하여 총원가가 변동하는 원가를 의미한다.
④ 준고정원가는 총원가가 일정하지만, 조업도가 특정 범위를 벗어나면 일정액만큼 증가 또는 감소하는 원가를 의미한다. 계단형 행태를 취하기 때문에 계단원가라고도 한다.

07.

원재료

기초재고	0	직접재료원가	800,000
구입	**870,000**	기말재고	70,000
계	870,000	계	870,000

08. 예정배부율 = 예산(2,000,000) ÷ 예정조업도(8,000) = 250원/시간
제조간접원가 배부액 = 실제조업도(10,000) × 예정배부율(250원/시간) = 2,500,000원
제조원가 = 직 · 재(5,000,000) + 직 · 노(3,500,000) + 제 · 간(2,500,000) = 11,000,000원

09. 각 보조부문에서 배분할 총액을 각각 'R', 'M'이라 하면,
R = 자기부문발생원가(1,500,000) + M부문에서 배분받은 원가(0.2M)
M = 자기부문발생원가(2,400,000) + R부문에서 배분받은 원가(0.5R)
∴ R = 2,200,000원, M = 3,500,000원

제공부문 \ 사용부문		보조부문 R	보조부문 M	제조부문 대한	제조부문 민국
배부전원가		1,500,000	2,400,000		
보조부문 배부	A(50% : 20% : 30%)	(2,200,000)	1,1000,000	440,000	660,000
	B(20% : 50% : 30%)	700,000	(3,500,000)	1,750,000	1,050,000
보조부문 배부후 원가		–	–	2,190,000	*1,710,000*

10. **다품종 소량생산 조선업에는 개별원가계산이 적합**하다.

11. 필요적 기재사항 등이 착오 등으로 잘못 적힌 경우 **처음에 발급한 세금계산서(05.31)의 내용대로 세금계산서를 붉은색 글씨로 쓰거나 음의 표시를 하여 발급**하고, 수정하여 발급하는 세금계산서는 검은색 글씨로 작성하여 발급한다.

12. 사업목적이 **영리이든 비영리이든 관계없이 납세의무자**가 될 수 있다.

13. 과세 : 단순한 의약품의 판매, 항공기에 의한 여객운송용역

15. ③ 이자 · 배당지급명세서는 지급일이 속하는 연도의 다음연도 2월 말일까지 제출하여야 한다.
④ 폐업하는 경우 지급명세서는 폐업일이 속하는 달의 다음 다음달 말 일까지, **일용근로소득 지급명세서는 폐업일이 속하는 달의 다음 달 말일까지 제출**하여야 한다.

실 무

문제 1 일반전표입력

[1] 일반전표입력(1/25)

(차)	보통예금	1,087,500원	(대)	이자수익	1,500,000원
	선납세금	412,500원			

[2] 일반전표입력(2/21)

(차)	임금(제)	3,100,000원	(대)	예수금	355,720원
	상여금(제)	1,000,000원		보통예금	3,744,280원

[3] 일반전표입력(4/15)

(차)	기부금	1,000,000원	(대)	제품	1,000,000원
				(적요 8. 타계정으로 대체액)	

[4] 일반전표입력(7/01)

(차)	매출채권처분손실	500,000원	(대)	받을어음(㈜성남)	10,000,000원
	보통예금	9,500,000원			

[5] 일반전표입력(8/15)

(차)	차량운반구	1,000,000원	(대)	보통예금	1,800,000원
	만기보유증권(181)	800,000원			

문제 2 매입매출전표입력

[1] 매입매출전표입력(7/20)

유형: 55.수입, 공급가액: 35,000,000 원,부가세: 3,500,000 원, 공급처명: 부산세관, 전자:여, 분개: 혼합

(차)	부가세대급금	3,500,000원	(대)	보통예금	3,500,000원

[2] 매입매출전표입력(8/01)

유형: 11.과세, 공급가액: 25,000,000 원,부가세: 2,500,000 원, 공급처명: 스타자동차, 전자:여, 분개:혼합

(차)	감가상각누계액(209)	20,000,000원	(대)	부가세예수금	2,500,000원
	미수금	27,500,000원		차량운반구	50,000,000원
	유형자산처분손실	5,000,000원			

☞ 처분손익 = 처분가액(25,000,000) - 장부가액(50,000,000 - 20,000,000) = △5,000,000원(손실)

[3] 매입매출전표입력(8/30)

유형: 61.현과, 공급가액: 3,000,000 원,부가세: 300,000 원, 공급처명: ㈜코스트코리아, 분개:혼합

(차)	부가세대급금	300,000원	(대)	보통예금	3,300,000원
	비품	3,000,000원			

[4] 매입매출전표입력(9/05)

유형: 16.수출, 공급가액: 6,000,000 원,부가세: 0 원, 공급처명: 미국 스토브사, 분개:외상 또는 혼합 영세율구분:①직접수출(대행수출 포함)

(차)	외상매출금	6,000,000원	(대)	제품매출	6,000,000원

☞ 공급가액(제품매출) = $5,000 × 1,200원(선적일 환율) = 6,000,000원

[5] 매입매출전표입력(9/10)

유형: 54.불공, 공급가액: 1,000,000 원,부가세: 100,000 원, 공급처명: ㈜서울모터스, 전자:여, 분개: 혼합 불공제사유:③개별소비세법 제1조 제2항 제3호에 따른 자동차 구입 · 유지 및 임차

(차)	차량유지비(판)	1,100,000원	(대)	보통예금	1,100,000원

문제 3 부가가치세

[1] [수출실적명세서]외

1. [수출실적명세서](1~3월)

구분	건수	외화금액	원화금액	비고
⑨합계	3	2,250,000.00	290,000,000	
⑩수출재화[=⑫합계]	3	2,250,000.00	290,000,000	
⑪기타영세율적용				

No	□	(13)수출신고번호	(14)선(기)적일자	(15)통화코드	(16)환율	금액 (17)외화	금액 (18)원화	전표정보 거래처코드	전표정보 거래처명
1	□	13031-10-031807x	01-15	USD	1,100.0000	100,000.00	110,000,000	00169	브링사
2	□	13085-20-019870x	02-10	USD	1,100.0000	150,000.00	165,000,000	00170	조인상사
3	□	13073-30-268371x	03-13	JPY	7.5000	2,000,000.00	15,000,000	00171	혼마상사

☞ **조인상사의 경우 환가일(2.7)이 선적일(2.10)보다 빠르므로 환가일 환율(1,100/$)을 적용해야 한다.**

2. [영세율매출명세서](1~3월)

부가가치세법 | 조세특례제한법

(7)구분	(8)조문	(9)내용	(10)금액(원)
	제21조	직접수출(대행수출 포함)	290,000,000
		중계무역 · 위탁판매 · 외국인도 또는 위탁가공무역 방식의 수출	
		내국신용장 · 구매확인서에 의하여 공급하는 재화	
		한국국제협력단 및 한국국제보건의료재단에 공급하는 해외반출용 재화	
		수탁가공무역 수출용으로 공급하는 재화	

[2] [부가가치세신고서](4~6월)

1. 과세표준 및 매출세액

구분				정기신고금액 금액	세율	세액
과세표준및매출세액	과세	세금계산서발급분	1	500,000,000	10/100	50,000,000
		매입자발행세금계산서	2		10/100	
		신용카드 · 현금영수증발행분	3	30,000,000	10/100	3,000,000
		기타(정규영수증외매출분)	4			
	영세	세금계산서발급분	5		0/100	
		기타	6		0/100	
	예정신고누락분		7			
	대손세액가감		8			-200,000
	합계		9	530,000,000	㉮	52,800,000

2. 매입세액

구분				정기신고금액 금액	세율	세액
과세표준및매출세액	과세	세금계산서발급분	1	500,000,000	10/100	50,000,000
		매입자발행세금계산서	2		10/100	
		신용카드 · 현금영수증발행분	3	30,000,000	10/100	3,000,000
		기타(정규영수증외매출분)	4			
	영세	세금계산서발급분	5		0/100	
		기타	6		0/100	
	예정신고누락분		7			
	대손세액가감		8			-200,000
	합계		9	530,000,000	㉮	52,800,000
매입세액	세금계산서수취분	일반매입	10	190,000,000		19,000,000
		수출기업수입분납부유예	10-1			
		고정자산매입	11	10,000,000		1,000,000
	예정신고누락분		12	5,000,000		500,000
	매입자발행세금계산서		13			
	그 밖의 공제매입세액		14	20,000,000		2,000,000
	합계(10)-(10-1)+(11)+(12)+(13)+(14)		15	225,000,000		22,500,000
	공제받지못할매입세액		16	10,000,000		1,000,000
	차감계 (15-16)		17	215,000,000	㉯	21,500,000
납부(환급)세액(매출세액㉮-매입세액㉯)					㉰	31,300,000

- 예정신고누락분 및 그밖의 공제매입세액

12.매입(예정신고누락분)					
예	세금계산서	38			
	그 밖의 공제매입세액	39	5,000,000		500,000
	합계	40	5,000,000		500,000

14.그 밖의 공제매입세액					
신용카드매출 수령금액합계표	일반매입	41	20,000,000		2,000,000
	고정매입	42			

- 공제받지못할매입세액

구분		금액	세율	세액
16.공제받지못할매입세액				
공제받지못할 매입세액	50	10,000,000		1,000,000
공통매입세액면세등사업분	51			

3. 차가감 납부할세액 : 31,319,000원

- 전자신고세액공제 : 5,000원
- 전자신고 지연전송 가산세 : 24,000원

전자세금 발급명세	지연전송	65	8,000,000	3/1,000	24,000
	미전송	66		5/1,000	

[3] 전자신고(10~12월)

1. [부가가치세신고서] 및 부속서류 마감 확인(10~12월)

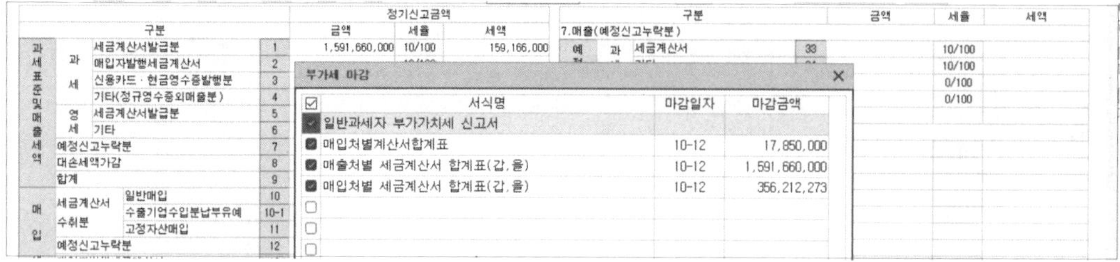

※ 신고서 마감 확인은 생략하여도 무방함.

2. 전자신고 데이터 제작 : 비밀번호"13001300"

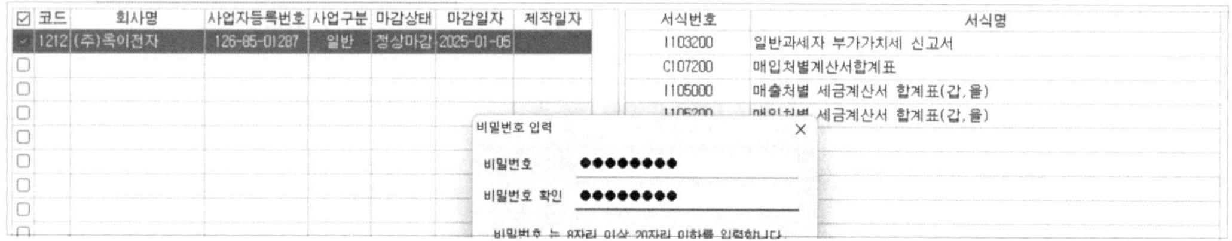

3. 국세청 홈택스 전자신고변환(교육용) 및 전자신고

문제 4 결산

[1] 〈수동결산〉

(차) 외화환산손실 4,900,000원 (대) 외화장기차입금 4,900,000원
((주)아이마켓)

☞ 환산손익(부채) = $70,000×(1,420원/달러 - 1,350원/달러) = 4,900,000원(손실)

[2] 〈수동결산〉

(차) 토지 40,000,000원 (대) 재평가차익 40,000,000원
(기타포괄손익누계액 : 392)

[3] 〈수동결산〉

(차) 매도가능증권 평가이익(394) 30,000,000원 (대) 매도가능증권(178) 35,000,000원
매도가능증권 평가손실(395) 5,000,000원

〈매도가능증권 평가〉

	취득가액	공정가액	평가이익	평가손실
전기	50,000,000	80,000,000	30,000,000	0
당기		45,000,000	**△30,000,000**	**5,000,000**
계			0	5,000,000

[4] 〈수동결산〉

(차) 미수수익 420,000원 (대) 이자수익 420,000원

☞ 미수수익 = 정기예금(120,000,000)×연이자율(4.2%)×1/12 = 420,000원

[5] 〈수동/자동결산〉

- 대손충당금(외상매출금) : 925,039,000원×1% - 2,220,000원 = 7,030,390원
- 대손충당금(미수금) : 40,000,000원×1% = 400,000원

1. 일반전표입력(12/31)

(차) 대손상각비(판) 7,030,390원 (대) 대손충당금(외상매출금) 7,030,390원
기타의대손상각비(954) 400,000원 대손충당금(미수금) 400,000원

또는,

2. [결산자료입력] → F8 대손상각 → 대손율 : 1%
→ 외상매출금과 미수금을 제외한 계정의 추가설정액 삭제
→ 결산반영 → F3 전표추가

문제 5 원천징수

[1] 급여자료 입력 외(박대영)

1. [급여자료입력]

① 귀속년월 11월, <u>지급년월일 12월 31일 - 지급시기의제)</u>

급여항목	금액	공제항목	금액
기본급	4,500,000	국민연금(60세이상)	202,500
상여		건강보험	159,520
직책수당		장기요양보험	20,650
월차수당		고용보험	40,500
식대	200,000	소득세(100%)	293,150
자가운전보조금		지방소득세	29,310
야간근로수당		농특세	
과 세	4,500,000		
비 과 세	200,000	공 제 총 액	745,630
지 급 총 액	4,700,000	차 인 지 급 액	3,954,370

② 귀속년월 12월, <u>지급년월일 익년도 1월 10일)</u>

급여항목	금액	공제항목	금액
기본급	4,500,000	국민연금(60세이상)	
상여		건강보험	159,520
직책수당		장기요양보험	20,650
월차수당		고용보험	40,500
식대	200,000	소득세(100%)	293,150
자가운전보조금		지방소득세	29,310
야간근로수당		농특세	
과 세	4,500,000		
비 과 세	200,000	공 제 총 액	543,130
지 급 총 액	4,700,000	차 인 지 급 액	4,156,870

2. [원천징수이행상황신고서]

① 귀속기간 11월, 지급기간 12월, 1.정기신고

원천징수명세및납부세액 | 원천징수이행상황신고서 부표 | 원천징수세액환급신청서 | 기납부세액명세서 | 전월미환급세액 조정명세서 | 차월이월환급세액 승계명세

소득자 소득구분		코드	소득지급		징수세액			당월조정 환급세액	납부세액	
			인원	총지급액	소득세 등	농어촌특별세	가산세		소득세 등	농어촌특별세
근로소득	간이세액	A01	1	4,700,000	293,150					
	중도퇴사	A02								
	일용근로	A03								
	연말정산	A04								
	(분납신청)	A05								
	(납부금액)	A06								
	가 감 계	A10	1	4,700,000	293,150				293,150	

② 귀속기간 12월, 지급기간 익년도 1월, 1.정기신고

소득자 소득구분		코드	소득지급		징수세액			당월조정 환급세액	납부세액	
			인원	총지급액	소득세 등	농어촌특별세	가산세		소득세 등	농어촌특별세
근로소득	간이세액	A01	1	4,700,000	293,150					
	중도퇴사	A02								
	일용근로	A03								
	연말정산	A04								
	(분납신청)	A05								
	(납부금액)	A06								
	가 감 계	A10	1	4,700,000	293,150				293,150	

[2] 연말정산(나현수)

1. [부양가족] 탭

관계	요 건		기본공제	추가(자녀)	판 단
	연령	소득			
본인(세대주)	-	-	○		
배우자	-	×	부		종합소득금액 1백만원 초과자
부(86)	○	○	○	경로	
모(81)	○	○	○	경로	
자1(27)	×	○	부		일용근로소득은 분리과세소득
자2(20)	○	○	○	자녀	

☞ 배우자 소득기준초과여부("1.여")를 체크해야 합니다.

〈연말정산 대상여부 판단〉

항 목	요건		내역 및 대상여부	입력
	연령	소득		
보 험 료	○	○	• 본인 생명보험료 • 자1 : 연령요건 미충족	○(일반 600,000) ×
교 육 비	×	× (개정 26)	• 본인 사이버대학교 학비 • 자1 대학교 학비 • 자2 고등학교 수업비외(교복 50만원 한도)	○(본인 3,000,000) ○(대학 8,000,000) ○(고등 1,000,000)
의 료 비	×	×	• 본인 라식수술비 • 부친 보청기 구입비 • 모친 질병치료비(실손보험금 2,500,000) • 자2 안경구입비**(500,000한도)**	○(본인 1,500,000) ○(65세 1,000,000) ○(65세 1,720,000) ○(일반 500,000)
신용카드	×	○	• 본인 신용카드 • 자1 직불카드외	○(신용 20,500,000) ○(직불 900,000) ○(대중 600,000)
월세	본인외		• 월세세액공제	○(12,000,000)
주택임차	본인		• 주택임차차입금 원리금 상환액	○(원리금 4,400,000)

(1) 보험료

① 나현수(본인)

보장성보험-일반	600,000
보장성보험-장애인	
합 계	**600,000**

(2) 교육비

① 나현수(본인)

교육비		
일반		장애인특수
3,000,000	4.본인	

② 나윤솔(딸)

교육비		
일반		장애인특수
8,000,000	3.대학생	

③ 나윤열(아들)

교육비		
일반		장애인특수
1,000,000	2.초중고	

2. [신용카드 등] 탭

성명 / 생년월일	자료구분	신용카드	직불,선불	현금영수증	문화체육 신용	문화체육 직불	문화체육 현금	전통시장	대중교통	합계
나현수	국세청	20,500,000								20,500,000
1962-04-05	기타									
나윤솔	국세청		900,000						600,000	1,500,000
1999-03-01	기타									
합계		20,500,000	900,000						600,000	22,000,000

3. [의료비] 탭

의료비 공제대상자					지급처			지급명세					14.산후조리원
성명	내/외	5.주민등록번호	6.본인등 해당여부		9.증빙코드	8.상호	7.사업자등록번호	10.건수	11.금액	11-1.실손보험수령액	12.미숙아 선천성이상아	13.난임여부	
나현수	내	620405-1116801	1	0	1				1,500,000		X	X	X
나일남	내	400612-1335701	2	0	1				1,000,000		X	X	X
김옥이	내	450828-2118971	2	0	1				4,220,000	2,500,000	X	X	X
나윤열	내	060710-3126876	3	X	5	밝은안경	233-31-18875	1	500,000		X	X	X
합계								1	7,220,000	2,500,000			

일반의료비(본인)	1,500,000	6세이하,65세이상인 건강보험산정특례자 장애인	5,220,000	일반의료비(그 외)	500,000	난임시술비	
						미숙아.선천성이상아	

4. [월세액] 탭 ■ 무주택자 해당 여부 √ 여, 부 를 체크

1 월세액 세액공제 명세(연말정산입력 탭의 70.월세액) [참고]월세액공제

임대인명(상호)	주민등록번호(사업자번호)	유형	계약면적(㎡)	임대차계약서 상 주소지	계약서상 임대차 계약기간 개시일	~	종료일	연간 월세액	배우자 연간월세액 공제대상액	공제대상액
김주택	650426-1834704	아파트	84.19	경기도 하남시 미사강변북로	2026-01-01	~	2027-12-31	12,000,000		10,000,000

5. [연말정산입력] 탭

① 주택임차차입금원리금상환액 입력

구분	항목	한도	납입/상환액	공제금액
주택임차차입금 원리금상환액	①대출기관	납입액의 40%	4,400,000	1,760,000
	②거주자(총급여 5천만원 이하)			
2.주택차입금원리금상환액(①~②)		1+2 ≤ 연 400만원	4,400,000	1,760,000

② F8 부양가족 탭 불러오기 실행

구분			지출액	공제금액
제 소득공제	고용보험료		719,920	719,920
	34.주택차입금 원리금상환액	대출기관	4,400,000	1,760,000
		거주자		
	34.장기주택저당차입금이자상			
	35.특별소득공제 계			5,683,110
36.차감소득금액				48,966,970
그 밖의 소득공제	37.개인연금저축			
	38.소기업,소상공인 공제부금	2015년이전가입		
		2016년이후가입		
	39.주택마련저축 소득공제	청약저축		
		주택청약		
		근로자주택마련		
	40.투자조합출자 등 소득공제			
	41.신용카드 등 사용액		22,000,000	585,000
	42.우리사주조합 출연금	일반 등		
		벤처 등		
	43.고용유지중소기업근로자			
	44.장기집합투자증권저축			
	45.청년형장기집합투자증권저축			

구분				지출액	공제대상금액	공제금액
액 공 제 특별세액공제	61.보장성보험	일반	600,000	600,000	600,000	72,000
		장애인				
	62.의료비		7,220,000	7,220,000	2,320,000	348,000
	63.교육비		12,000,000	12,000,000	12,000,000	1,800,000
	64.기부금					
	1)정치자금 기부금	10만원이하				
		10만원초과				
	2)고향사랑 기부금	10만원이하				
		10만원초과				
	3)특례기부금(전액)					
	4)우리사주조합기부금					
	5)일반기부금(종교단체외)					
	6)일반기부금(종교단체)					
	65.특별세액공제 계					2,220,000
	66.표준세액공제					
	67.납세조합공제					
	68.주택차입금					
	69.외국납부	▶				
	70.월세액			12,000,000	10,000,000	1,500,000

제120회 전산세무 2급

합격율	시험년월
38%	2025.06

이 론

01. 다음 중 주식 수와 자본총계의 변동에 대한 설명으로 옳지 않은 것은?

	구분	주식 수	자본총계
①	주식분할	증가	변동없음
②	주식배당	증가	증가
③	자기주식 취득	변동없음	감소
④	유상증자	증가	증가

02. 다음 중 재무제표에 대한 설명으로 옳지 않은 것은?

① 재무상태표는 일정시점의 재무상태를 보고하는 보고서이다.
② 손익계산서는 일정시점의 경영성과를 보고하는 보고서이다.
③ 현금흐름표는 일정기간동안 영업활동, 투자활동, 재무활동으로 나누어서 현금의 유출과 유입에 관한 정보를 보고하는 보고서이다.
④ 자본변동표는 일정기간동안 소유주의 투자와 분배에 관한 정보를 보고하는 보고서이다.

03. 다음 자료를 이용하여 20x1년도 손익계산서에 표시할 감가상각비를 계산하면 얼마인가?

- 건물을 100,000,000원에 취득하여 20x0년 12월 31일까지 정액법(내용연수 20년, 잔존가치 0원)으로 18년간 감가상각하여 전년도 재무상태표는 다음과 같다.

20x0.12.31. 재무상태표	
건물	100,000,000원
감가상각누계액	(90,000,000원)

- 20x1년 1월 1일 위 건물의 감가상각방법을 정액법에서 연수합계법으로 변경하면서 잔존가치는 1,000,000원 그리고 향후 5년을 더 사용할 수 있을 것으로 예상했다.

① 5,000,000원 ② 3,000,000원 ③ 2,000,000원 ④ 1,800,000원

04. 다음 자료를 이용하여 20x1년 손익계산서상 매출원가를 구하면 얼마인가?

- 기초재고액 : 80,000원
- 매입환출액 : 40,000원
- 당기매입액 : 240,000원
- 매입할인 : 30,000원
- 기말재고액 : 50,000원
- 타계정대체액 : 10,000원(불우이웃 돕기 기부)

① 190,000원 ② 200,000원 ③ 210,000원 ④ 230,000원

05. 다음 중 충당부채 및 우발부채에 대한 설명으로 가장 잘못된 것은?

① 충당부채는 최초인식시점에서 의도한 목적과 용도에만 사용하여야 한다.
② 충당부채는 보고기간 말마다 그 잔액을 검토하고, 보고기간 말 현재 최선의 추정치를 반영하여 증감 조정한다.
③ 당해 의무를 이행하기 위하여 자원이 유출될 가능성이 높지 않은 경우에도 충당부채 인식은 가능하다.
④ 우발부채는 부채로 인식하지 아니한다.

06. 다음에 제시된 원가의 행태에 따른 분류와 그래프를 가장 적절하게 표시한 것은?

> • 산업용 전력요금(고압 A) = 기본요금 9,810원 + 전력량요금 138.9원/kwh

① 준고정원가

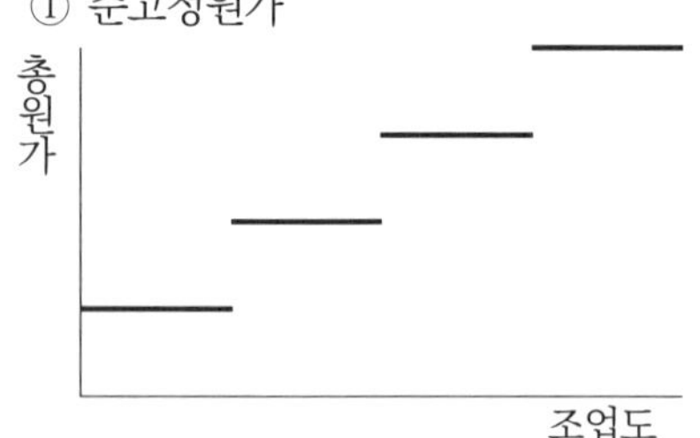

② 고정원가

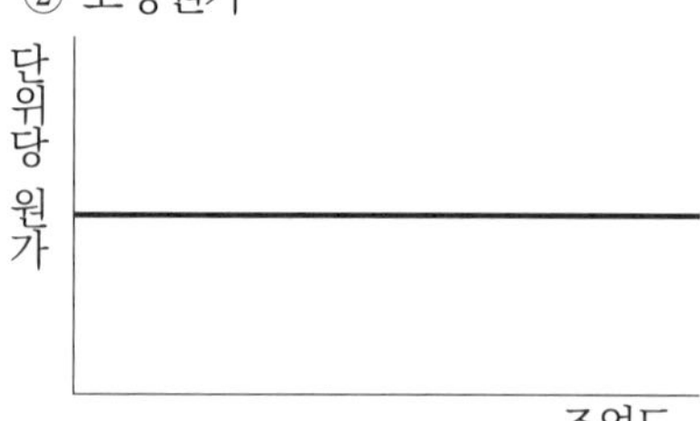

③ 준변동원가

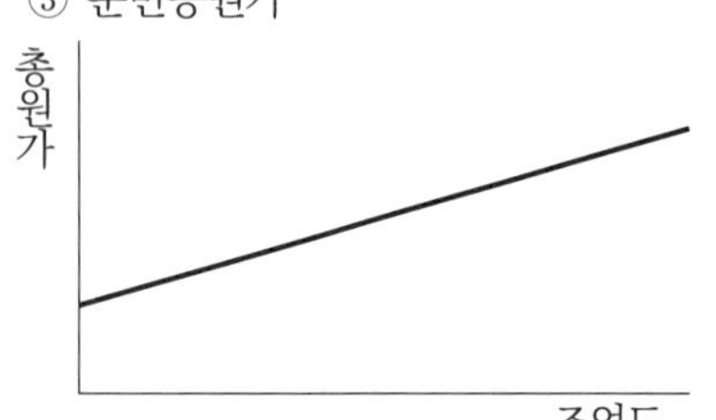

④ 변동원가

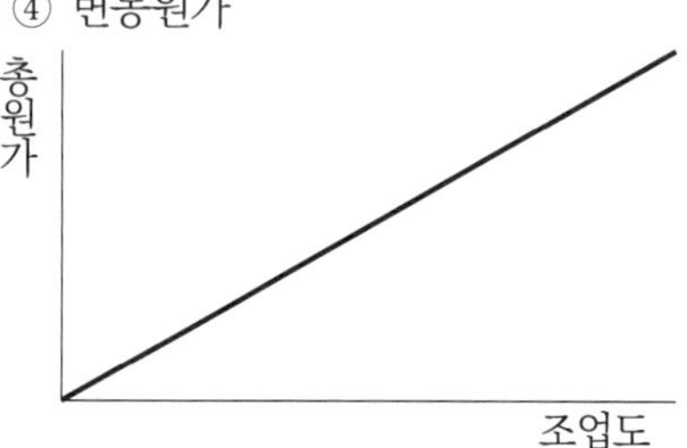

07. 다음 중 변동비에 대한 설명으로 옳은 것만 선택한 것은?

> 가. 조업도의 증가에 따라 단위당 원가는 감소한다.
> 나. 조업도의 증감에 따라 원가 총액이 증감한다.
> 다. 조업도 대비 단위당원가를 나타내는 그래프는 우하향하는 형태로 나타난다.
> 라. 조업도 대비 총변동비를 나타내는 그래프는 우상향하는 형태로 나타난다.
> 마. 전력비, 기계장치 감가상각비, 생산직원의 인건비 등이 대표적인 변동비의 예시이다.
> 바. 단위당 원가는 조업도의 변동에 관계없이 일정하다.

① 가, 나, 다, 라　　② 가, 나, 라, 마
③ 나, 다, 마　　④ 나, 라, 바

08. 시계를 제작하여 판매하는 ㈜똑딱은 두 가지 종류의 시계를 제작하고 있다. 제조와 관련하여 발생한 직접원가는 아래와 같고, 직접노무원가를 기준으로 제조간접원가를 배부하고 있다. 실제제조간접원가는 2,500,000원이다. 산업용 시계의 총제조원가를 계산하면 얼마인가?

구분	산업용 시계	가정용 시계	합계
직접재료원가	800,000원	200,000원	1,000,000원
직접노무원가	3,500,000원	1,500,000원	5,000,000원

① 4,800,000원　② 5,050,000원　③ 6,050,000원　④ 6,300,000원

09. 다음 중 부문공통비와 배부기준의 연결이 가장 옳지 않은 것은?

	부문공통비	배부기준
①	운반비	부문별 운반거리
②	간접노무비	부문별 직접노동시간
③	전력비	부문별 전력소비량
④	기계의 감가상각비	부문별 면적

10. 다음은 종합원가계산에 따른 물량 흐름에 관한 자료이다. 자료를 이용하여 가공비의 완성품환산량을 계산하면 얼마인가?

- 재료비는 공정 초에 모두 발생하며, 가공비는 공정 전반에 걸쳐 균등하게 발생한다.
- 기초재공품 : 2,000개, 당기 착수량 : 8,000개, 당기 완성품 : 6,000개
- 기말재공품의 가공비 완성도는 37.5%이며, 평균법에 따라 계산한다.

① 6,000개　② 7,500개　③ 10,000개　④ 17,500개

11. 다음 중 부가가치세법상 영세율에 대한 설명으로 가장 옳은 것은?

① 비거주자는 어떠한 경우에도 영세율을 적용받을 수 없다.
② 영세율이 적용되면 부가가치세의 납세의무가 면제된다.
③ 재화의 수출은 내국물품을 외국으로 반출하는 것으로서 내국물품에는 대한민국 선박에 의해 채집된 수산물을 제외한다.
④ 국내에 해당 사업장이 있는 사업자가 국외에서 공급하는 용역에 대하여는 영세율을 적용한다.

12. 다음 중 부가가치세법상 세금계산서 수수에 대한 설명으로 옳지 않은 것은?

① 세금계산서는 원칙적으로 재화 또는 용역의 공급시기에 발급하여야 한다.
② 재화를 단기할부판매로 공급하는 경우에는 대가의 각 부분을 받기로 한 때 각각 세금계산서를 발급해야 한다.
③ 사업자가 재화 또는 용역의 공급시기가 되기 전에 세금계산서를 발급하고 그 세금계산서 발급일로부터 7일 이내에 대가를 받으면 해당 세금계산서를 발급한 때를 공급시기로 본다.
④ 수탁자가 재화를 인도하는 경우에는 위탁자의 명의로 세금계산서를 발급하고 비고란에 수탁자의 사업자등록번호를 부기한다.

13. 다음은 계속사업자인 ㈜국민의 과세매출에 대한 공급가액 자료이다. 부가가치세 예정고지 대상기간으로 옳은 것은?

20x0년				20x1년				20x2년	
1월~ 3월	4월~ 6월	7월~ 9월	10월~ 12월	1월~ 3월	4월~ 6월	7월~ 9월	10월~ 12월	1월~ 3월	4월~ 6월
1억원	8천만원	1억원	2억원	7천만원	6천만원	1억원	6천만원	8천만원	1억원

① 20x0년 제2기 예정
② 20x1년 제1기 예정
③ 20x1년 제2기 예정
④ 20x2년 제1기 예정

14. 다음 중 소득세법상 원천징수시기에 대한 설명으로 잘못된 것은?

① 12월분 급여를 다음 연도 2월 말일까지 미지급한 경우 다음 연도 2월 말일에 지급한 것으로 보아 소득세를 원천징수한다.
② 7월분 급여를 12월 31일까지 미지급한 경우 12월 31일에 지급한 것으로 보아 소득세를 원천징수한다.
③ 11월분 급여를 12월 31일까지 미지급한 경우 12월 31일에 지급한 것으로 보아 소득세를 원천징수한다.
④ 1월분 급여를 6월 30일까지 미지급한 경우 6월 30일에 지급한 것으로 보아 소득세를 원천징수한다.

15. 다음 중 소득세법상 근로소득이 있는 거주자의 특별소득공제 대상에 해당하는 것은?

① 개인연금저축　　② 국민연금보험료
③ 신용카드등 사용액　　④ 장기주택저당차입금이자상환액

실 무

㈜한양상사(2120)는 전자제품의 제조 및 도·소매업을 주업으로 영위하는 중소기업으로 당기의 회계기간은 20x1.1.1.~20x1.12.31.이다. 전산세무회계 수험용 프로그램을 이용하여 다음 물음에 답하시오.

문제 1 **[일반전표입력] 메뉴를 이용하여 다음의 거래자료를 입력하시오. (15점)**

[1] 03월 30일　당사는 ㈜엘에스의 상장주식 500주를 단기간 내의 매매차익을 목적으로 주당 40,000원에 매입하고, 대금 수수료 20,000원을 포함하여 법인 보통예금 계좌에서 전액 지급하였다. (3점)

[2] 07월 13일　사용중인 공장건물을 새로 신축하기 위해 기존건물을 철거하였다. 철거당시 건물의 취득가액은 300,000,000원(철거 당시 감가상각누계액 250,000,000원)이며, 건물철거비용으로 8,000,000원을 보통예금 계좌에서 지출하였다. 단, 건물철거비용은 간이과세자로부터 영수증을 수취하였으며, 가산세는 고려하지 말 것. (3점)

[3] 07월 26일 제조부 공장건물에 대한 다음의 재산세 고지서를 수령하고, 보통예금 계좌에서 이체하여 지급하였다. (3점)

납세자보관용 20x1년 07월(건물분) 재산세 도시지역분 지방교육세 고지서

전자납부번호
12300 - 1 - 12300 - 123001

구 분	납기 내 금액	납기 후 금액
합 계	**1,000,000**	**1,030,000**
납부기한	20x1.07.31.까지	20x1.08.31.까지

납 세 자 ㈜한양상사

주 소 지 서울시 마포구 효창원로 98길 1 - 1

과세대상 서울시 마포구 효창원로 98길 1 - 2

※이 영수증은 과세증명서로 사용 가능

위의 금액을 납부하시기 바랍니다.
20x1년 7월 10일

[4] 08월 30일 신축중인 본사건물을 건설하기 위해 장기차입금 이자 2,500,000원을 보통예금 계좌에서 이체하여 지급하였다. 본사건물은 20x2년 1월 31일 완공 예정이며, 해당 지출은 자본화 요건을 충족한 것으로 본다. (3점)

[5] 12월 11일 경리부서 직원들의 직무교육 목적으로 외부전문강사를 초빙하여 교육한 후 강의료 800,000원에서 원천징수세액(지방소득세 포함) 26,400원을 차감한 금액을 보통예금 계좌에서 지급하였다(단, 예수금의 경우 소득세와 지방소득세를 합한 전체금액을 기재하시오). (3점)

문제 2 **[매입매출전표입력] 메뉴를 이용하여 다음의 거래자료를 입력하시오. (15점)**

[1] 10월 27일　매출목표를 초과달성한 영업부는 회식을 하고 식사비용을 법인카드로 결제하고 다음의 영수증을 받았다. (3점)

신용카드매출전표

카 드 종 류 : 하나카드
회 원 번 호 : 1001 - 2002 - 3003 - 5001
거 래 유 형 : 신용승인
결 제 방 법 : 일시불
승 인 번 호 : 202510270011

매 출 액 : 2,000,000원
부 가 세 : 200,000원
합 계 금 액 : 2,200,000원

가 맹 점 번 호 : 123456789
사업자등록번호 : 153 - 81 - 15320
가 맹 점 명 : ㈜맛집
- 이하생략 -

[2] 10월 31일　업무용승용차를 ㈜아주캐피탈로부터 운용리스 조건으로 리스하였다. 제조부서에서 사용하고 리스료 1,500,000원은 전자계산서를 발급받았다. 대금은 다음 달 10일에 지급하기로 하였다(단, 리스료는 임차료 계정과목을 사용할 것). (3점)

전자계산서				승인번호	20251031 – 10000002 – 00041587		
공급자	등록번호	123 – 81 – 89535	종사업장번호	공급받는자	등록번호	125 – 81 – 55574	종사업장번호
	상호(법인명)	㈜아주캐피탈	성명: 김아주		상호(법인명)	㈜한양상사	성명: 김한양
	사업장주소	서울특별시 강남구 개포동4동			사업장주소	서울특별시 마포구 효창원로 98길 1 – 1	
	업태	금융보험	종목: 운용리스업		업태	제조업외	종목: 전자제품
	이메일	Aj@naver.com			이메일	Hy@naver.com	
					이메일		

작성일자	공급가액	수정사유	비고
20x1.10.31.	1,500,000		185오 7809

월	일	품목	규격	수량	단가	공급가액	비고
10	31	185오 7809				1,500,000	

합계금액	현금	수표	어음	외상미수금	위 금액을 (청구) 함
1,500,000				1,500,000	

[3] 11월 30일 아래와 같이 ㈜오성기계와 체결한 계약서에 따라 로봇(기계장치)을 인도받아 시험가동을 완료하고 잔금을 보통예금 계좌에서 이체하여 지급하고 전자세금계산서(공급가액 10,000,000원, 세액 1,000,000원)를 발급받았다. 계약금은 11월 1일에 보통예금에서 이체하였다. (3점)

다관절 로봇 공급계약서

제 1 조 (생략)

제 2 조 위 공급계약의 총 계약금액은 11,000,000원(부가세 포함)으로 하며, 아래와 같이 지불하기로 한다.

계 약 금	일금 일백만원정 (₩ 1,000,000)은 계약 시에 지불하고 영수함.
잔 금	일금 일천만원정 (₩ 10,000,000)은 20x1년 11월 30일까지 시험가동이 완료된 때 지불한다.

(이하 생략)

[4] 12월 01일 수출업체인 ㈜세계로상사에 제품을 같은 날짜로 받은 구매확인서에 의해 납품하고 다음의 영세율 전자세금계산서를 발급하였다. 대금 중 20,000,000원은 어음으로 받고, 나머지는 외상으로 하였다. 단, 서류번호 입력은 생략함. (3점)

영세율전자세금계산서					승인번호	20251201-10000013-00001259			
공급자	등록번호	125-81-55574	종사업장번호		공급받는자	등록번호	180-81-38077	종사업장번호	
	상호(법인명)	㈜한양상사	성명	김한양		상호(법인명)	㈜세계로상사	성명	이세계
	사업장	서울특별시 마포구 효창원로 98길 1-1				사업장	인천광역시 남동구 논현동 348		
	업태	제조업 외	종목	전자제품		업태	도소매	종목	컴퓨터 및 주변장치 외
	이메일	Hy@naver.com				이메일	segyero@naver.com		
						이메일			

작성일자	공급가액	세액	수정사유
20x1.12.01	35,000,000	-	해당 없음
비고			

월	일	품목	규격	수량	단가	공급가액	세액	비고
12	01	A제품				35,000,000	0	

합계금액	현금	수표	어음	외상미수금	이 금액을 (청구) 함
35,000,000			20,000,000	15,000,000	

[5] 12월 08일 ㈜한국기업에 제품을 8,000,000원(부가가치세 별도)에 판매하고 전자세금계산서를 발급하였다. 대금은 당사가 ㈜대한상사에 지급할 외상매입금 3,000,000원을 ㈜한국기업이 지급하기로 하였으며 나머지는 보통예금 계좌에 입금되었다. (3점)

전자세금계산서				승인번호	20251208-459300015-7225864		
공급자	등록번호	125-81-55574	종사업장번호	공급받는자	등록번호	123-85-85968	종사업장번호
	상호(법인명)	㈜한양상사	성명: 김한양		상호(법인명)	㈜한국기업	성명: 김한국
	사업장	서울특별시 마포구 효창원로 98길 1-1			사업장	서울시 관악구 난곡로 8길 30	
	업태	제조, 도소매	종목: 전자제품		업태	제조업	종목: 전자제품
	이메일	Hy@naver.com			이메일	good107@gmail.com	
					이메일		

작성일자	공급가액	세액	수정사유
20x1.12.08.	8,000,000	800,000	해당 없음
비고			

월	일	품목	규격	수량	단가	공급가액	세액	비고
12	08	B제품		1	8,000,000	8,000,000	800,000	

합계금액	현금	수표	어음	외상미수금	
8,800,000	8,800,000				이 금액을 (영수) 함

문제 3 **부가가치세 신고와 관련하여 다음 물음에 답하시오. (10점)**

[1] 다음 자료를 이용하여 제2기 예정신고기간(20x1.7.1. ~ 20x1.9.30.)의 [부동산임대공급가액명세서]를 작성하시오(단, 간주임대료에 대한 정기예금 이자율은 3.1%로 가정한다). (3점)

1\. 임차인 : ㈜하늘전자(890-81-70776)

동수	층수	호수	면적(㎡)	용도	임대기간	보증금	월세	관리비
1	1	5	100	사무실	20x0.08.01.~20x1.07.31.	80,000,000원	2,500,000원	300,000원

2\. 임차인 : ㈜대한상사(120-81-66663)

동수	층수	호수	면적(㎡)	용도	임대기간	보증금	월세	관리비
1	1	5	100	사무실	20x1.08.01.~20x3.07.31.	100,000,000원	3,000,000원	400,000원

- 기존 임차인인 ㈜하늘전자와의 계약이 만료되고 새로운 임차인인 ㈜대한상사와 임대차 계약을 하였다.
- 월세와 관리비 수입은 모두 정상적으로 전자세금계산서를 발급하였으며, 간주임대료에 대한 부가가치세는 임대인이 부담하고 있다.

[2] 다음 자료를 이용하여 20x1년 제1기 확정신고기간의 [부가가치세신고서]만을 작성하시오(단, 불러오는 데이터 값은 무시하고 새로 입력할 것). (5점)

<table>
<tr><th>구분</th><th colspan="3">자료</th></tr>
<tr><td>매출자료</td><td colspan="3">1. 전자세금계산서 발급분 과세 매출 : 공급가액 180,000,000원, 세액 18,000,000원
2. 종이세금계산서 발급분 과세 매출 : 공급가액 9,000,000원, 세액 900,000원
3. 구매확인서에 의한 영세율 매출 : 공급가액 20,000,000원, 세액 0원
4. 사업상증여 해당금액 : 공급대가 22,000,000원
5. 20x1년 제1기에 대손세액공제요건이 충족된 외상매출금 : 11,000,000원(부가가치세 포함)</td></tr>
<tr><td rowspan="13">매입자료</td><td colspan="3">1. 전자세금계산서를 발급받은 매입내역</td></tr>
<tr><th>구분</th><th>공급가액</th><th>세액</th></tr>
<tr><td>일반 매입</td><td>150,000,000원</td><td>15,000,000원</td></tr>
<tr><td>사업 무관 매입
(고정자산 아님)</td><td>10,000,000원</td><td>1,000,000원</td></tr>
<tr><td>기계장치 구입</td><td>15,000,000원</td><td>1,500,000원</td></tr>
<tr><td>합계</td><td>175,000,000원</td><td>17,500,000원</td></tr>
<tr><td colspan="3">2. 신용카드 사용분 매입내역</td></tr>
<tr><th>구분</th><th>공급가액</th><th>세액</th></tr>
<tr><td>일반 매입</td><td>16,000,000원</td><td>1,600,000원</td></tr>
<tr><td>고정자산 매입</td><td>2,000,000원</td><td>200,000원</td></tr>
<tr><td>예정신고 누락분
(고정자산 아님)</td><td>1,000,000원</td><td>100,000원</td></tr>
<tr><td>합계</td><td>19,000,000원</td><td>1,900,000원</td></tr>
<tr><td colspan="3"></td></tr>
<tr><td>기타</td><td colspan="3">1. 예정신고 누락분은 확정신고 시에 반영하기로 한다.
2. 해당 법인은 홈택스를 통해 전자적인 방법으로 부가가치세 신고를 직접 한다.
3. 세부담이 최소화되도록 작성한다.
4. 기존 입력된 자료는 무시하고 문제에 제시된 자료만 직접 입력한다.
5. 부가가치세 신고서 외의 부속서류 및 과세표준명세 입력은 생략한다.</td></tr>
</table>

[3] 다음의 자료를 이용하여 20x1년 제1기 부가가치세 예정신고기간(1월 1일~3월 31일)의 [부가가치세신고서] 및 관련 부속서류를 전자신고하시오. (2점)

1. 부가가치세 신고서와 관련 부속서류는 마감되어 있다.
2. [전자신고] → [국세청 홈택스 전자신고변환(교육용)] 순으로 진행한다.
3. [전자신고]의 [전자신고제작] 탭에서 신고인구분은 **2.납세자 자진신고**를 선택하고, 비밀번호는 "**12345678**"로 입력한다.
4. [국세청 홈택스 전자신고변환(교육용)] → 전자파일변환(변환대상파일선택) → 찾아보기 에서 전자신고용 전자파일을 선택한다.
5. 전자신고용 전자파일 저장경로는 로컬디스크(C:)이며, 파일명은 "enc작성연월일.101.v사업자등록번호"이다.
6. 형식검증하기 → 형식검증결과확인 → 내용검증하기 → 내용검증결과확인 → 전자파일제출 을 순서대로 클릭한다.
7. 최종적으로 전자파일 제출하기 를 완료한다.

문제 4 결산정리사항은 다음과 같다. 관련 메뉴를 이용하여 결산을 완료하시오. (15점)

[1] 장부에 계상한 이자수익 중 450,000원은 20x2년의 이자수익이다(단, 음수(-)로 회계처리하지 말 것). (3점)

[2] 영업부서에서 사용하는 본사 사옥에 대한 건물화재보험료 전액을 납부일에 즉시 비용으로 처리하였다. 결산일에 필요한 회계처리를 하시오(보험료는 월할 계산할 것). (3점)

구분	보장기간	납부일	납부액
영업부 본사 사옥 화재보험료	20x1.08.01.~20x2.07.31.	20x1.08.01.	1,800,000원

[3] 기말에 파악된 제품의 재고현황은 다음과 같다. 제품과 관련한 감모손실을 [일반전표입력] 메뉴에 입력하고, [결산자료입력] 메뉴에 기말제품재고액을 반영하여 전표를 추가하시오. (3점)

구분	금액	비고
장부상 재고	2,000원/개×10,000개	확인된 감모손실 중 85%는 정상감모손실로 파악되었다.
실사상 재고	2,000원/개×8,750개	

[4] 20x1년 결산을 하면서 법인세 15,700,000원, 법인지방소득세 3,500,000원을 확정하였다. 중간예납세액 7,240,000원은 자산으로 계상되어 있다. (3점)

[5] 당기(20x1년)의 이익잉여금 처분은 다음과 같이 결의되었다. 이익잉여금처분계산서에 다음의 내용을 입력하고 전표를 추가하시오. (3점)

- 당기처분 예정일 : 20x2년 3월 25일
- 전기처분 확정일 : 20x1년 2월 28일
- 보통주 현금배당 : 30,000,000원
- 보통주 주식배당 : 30,000,000원
- 이익준비금 : 현금배당액의 10%
- 사업확장적립금 : 10,000,000원

문제 5 원천징수와 관련된 다음의 물음에 답하시오. (15점)

[1] 다음은 퇴사자 이영주 사원(사번 : 130)의 20x1년 5월 급여이다. [사원등록] 메뉴에서 퇴사연월일을 반영하고, 5월의 [급여자료입력] 메뉴와 [원천징수이행상황신고서]를 작성하시오(단, 반드시 [급여자료입력] 메뉴의 [F7 중도퇴사정산]을 이용하여 중도퇴사자 정산내역을 급여자료에 반영할 것). (5점)

- 5월 급여자료(이영주 관련 급여자료만 입력할 것.)

이름 : 이영주(입사 : 20x0년 1월 1일)		지급일 : 20x1년 5월 31일	
기본급	4,200,000원	국민연금	218,250원
직책수당	500,000원	건강보험	171,930원
식대	250,000원	장기요양보험	22,260원
자가운전보조금	300,000원	고용보험	43,650원
		중도정산소득세	-603,320원
		중도정산지방소득세	-60,310원
급여합계	5,250,000원	공제총액	-207,540원
		차인지급액	5,457,540원

- 퇴사일은 20x1년 5월 30일이고, 5월 급여는 20x1년 5월 31일 지급되었다.
- 식대를 지급하면서 별도의 식사 제공은 없다.
- 본인 차량을 업무에 사용하고, 별도 여비를 지급하지 않는다.
- 수당 및 공제항목은 중도퇴사자 정산과 관련된 부분을 제외하고 추가 및 변경하지 않기로 하며, 사용하지 않는 항목은 그대로 둔다.

※ 사용하지 않은 항목을 '부'로 변경하여 입력한 답안도 정답으로 인정합니다.

[2] 다음은 이기준(사번 : 15, 입사일 : 20x1.06.01.) 사원의 20x1년 연말정산 관련 자료이다. 아래의 자료를 이용하여 [연말정산추가자료입력] 메뉴의 [부양가족] 탭, [신용카드 등] 탭, [의료비] 탭, [연금저축] 탭을 입력하여 [연말정산입력] 탭을 완성하시오(단, 근로자 본인의 세부담 최소화를 가정한다). (10점)

1. 전(前)근무지 근로소득원천징수영수증
- 근무기간 : 20x1.01.01. ~ 20x1.05.31.
- 근무처 : 주식회사 세종(사업자등록번호 : 130 - 86 - 61113)
- 소득명세 : 급여 20,000,000원, 상여 5,000,000원(비과세 급여, 비과세 상여 및 감면소득 없음)

세액명세	소득세	지방소득세	공제보험료 명세	건강보험료	407,200원
결정세액	140,000원	14,000원		장기요양보험료	106,900원
기납부세액	420,000원	42,000원		고용보험료	252,000원
차감징수세액	-280,000원	-28,000원		국민연금보험료	1,125,000원

2. 가족사항(모두 생계를 같이 하는 부양가족에 해당한다. 제시된 자료 외의 다른 소득은 없다)

	성명	주민등록번호	소득	비고
본인	이기준	831030 - 1224111	현근무지 총급여액 65,000,000원	세대주
어머니	편미선	530511 - 2047718	국내 예금 이자소득 5,000,000원	
배우자	김미진	860115 - 2374234	일용근로소득 12,000,000원	
아들	이도진	170131 - 3165611	소득 없음	초등학생
아들	이시진	210121 - 4165112	소득 없음	유치원생

※ 기본공제대상자가 아닌 경우에는 기본공제를 "부"로 입력할 것

3. 연말정산 자료

※ 국세청 홈택스 및 기타 증빙을 통해 확인된 자료이며, 별도의 언급이 없는 한 국세청 홈택스 연말정산간소화서비스에서 조회된 자료라고 가정한다.

구분	내용
보험료	• 이기준 보장성보험료 : 360,000원 • 이도진 보장성보험료 : 540,000원
교육비	• 이기준 : 정규 교육 과정 대학원 교육비 3,000,000원 • 이도진 : 국내 소재 사립초등학교(「교육법」상의 정규 교육기관) 수업료 9,000,000원 • 이시진 : 「영유아보육법」상의 유치원 교육비 2,600,000원
의료비	• 이기준 시력보정용 렌즈 구입비용 : 650,000원(이기준 신용카드 결제) - 구입처 : 신세계백화점(사업자등록번호 210 - 81 - 32199) - 의료비 증빙코드는 기타영수증으로 입력할 것 • 편미선 질병 치료비 : 6,000,000원(이기준 신용카드 결제) - 「보험업법」에 따른 보험회사에서 실손의료보험금 2,500,000원을 지급 받음 • 이시진 질병 치료비 : 3,250,000원(이기준 신용카드 결제)

구분	내용
신용카드 등 사용액	• 이기준 신용카드 사용액 : 22,520,000원(전통시장/대중교통/문화 · 체육 등 사용분 없음) ※ 이기준 신용카드 사용액은 의료비 지출액이 모두 포함된 금액이다. ※ 이기준 신용카드 사용액에는 재직 중인 ㈜한양상사의 비용을 본인 신용카드로 결제한 금액 2,000,000원이 포함되어 있다. • 이기준 현금영수증 사용액 : 2,300,000원(전통시장/대중교통/문화 · 체육 등 사용분 없음) • 김미진 신용카드 사용액 : 26,020,000원(전통시장/대중교통/문화 · 체육 등 사용분 없음)
기타	• 이기준 개인연금저축(삼성생명) : 3,000,000원(20x1년도 납입분, 계좌번호 : 153-05724-72999)

제120회 전산세무2급 답안 및 해설

이 론

1	2	3	4	5	6	7	8	9	10	11	12	13	14	15
②	②	②	①	③	③	④	③	④	②	④	②	③	④	④

01. 주식배당은 이익잉여금을 자본금으로 변경하는 효과이므로 **자본 총계는 변동 없다.**

(차) 이익잉여금 XXX (대) 자본금 XXX

02. 손익계산서는 **일정기간의 경영성과**를 보고하는 보고서이다.

03. 회계변경 전 장부가액 = 취득가액(100,000,000) - 감가상각누계액(90,000,000) = 10,000,000원

내용연수합계 = 내용연수(5) × (5 + 1) ÷ 2 = 15년

회계(추정)변경 후 감가상각비 = [장부가액(10,000,000) - 잔존가치(1,000,000)] × 5/15 = 3,000,000원

04.

상품계정

기초재고	80,000	*매출원가*	*190,000*
당기매입액	240,000		
매입환출	(-)40,000	타계정대체(기부금)	10,000
매입할인	(-)30,000	기말재고	50,000
합계	250,000	합계	250,000

05. 충당부채는 **다음 요건을 모두 충족하는 경우에 인식**한다.

1) 과거사건이나 거래의 결과로 현재의무가 존재한다.
2) 당해 의무를 이행하기 위하여 **자원이 유출될 가능성이 매우 높다.**
3) 그 의무의 이행에 소요되는 금액을 신뢰성 있게 추정할 수 있다.

06. 제시된 원가인 전력요금은 **고정원가와 변동원가가 혼합된 준변동원가**에 해당한다.

준변동원가의 그래프는 조업도에 따라 일정하게 증가하며 **생산량이 0인 경우에도 기본료로 인해 일정금액의 원가가 발생하므로 그래프의 시작점이 0이 아닌 특징**이 있다.

07. 가, 다 : 고정비에 대한 설명이다.

마 : 전력비는 준변동원가, 기계장치 감가상각비는 준고정원가이다.

08. 제조간접원가 배부율 = 제조간접원가(2,500,000) ÷ 직접노무원가(5,000,000) = 50%

산업용 시계 제조간접원가 배부액 = 직접노무원가(3,500,000) × 배부율(50%) = 1,750,000원

산업용 시계 총제조원가 = 직접재료원가(800,000) + 직접노무원가(3,500,000)
+ 제조간접원가(1,750,000) = 6,050,000원

09. 기계의 감가상각비는 **부문별 기계의 사용시간이 배부기준으로 적합**하다.

10. 가공원가 완성품환산량

〈1단계〉 물량흐름파악			〈2단계〉 완성품환산량 계산	
평균법			재료비	가공비
	완성품	6,000(100%)	6,000	6,000
	기말재공품	4,000(37.5%)	4,000	1,500
	계	10,000	10,000	*7,500*

11. ① 비거주자도 그 해당 국가에서 대한민국의 거주자 또는 내국법인에 대하여 **동일하게 면세하는 경우에는 영세율을 적용(상호면세주의)**한다.
② 영세율은 과세표준에 **0%의 세율을 적용할 뿐 납세의무는 면제되지 않는다.**
③ 재화의 수출은 내국물품을 외국으로 반출하는 것으로서 **내국물품에는 대한민국 선박에 의해 채집된 수산물을 포함**한다.

12. **단기할부판매는 인도시점**에 세금계산서를 발급하며, 장기할부판매의 경우는 대가의 각 부분을 받기로 한 때에 세금계산서를 발급한다.

13. 예정고지 대상기간은 **직전 과세기간 공급가액의 합계액이 1억 5천만원 미만**인 경우이다.

20x0년		20x1년		20x2년
1기	2기	1기	2기	1기
1.8억	3억원	**1.3억**	1.6억	1.8억
-	-	-	**예정고지 대상기간**	-

14. **1월분 급여를 12월 31일까지 미지급한 경우 12월 31일에 지급한 것**으로 보아 소득세를 원천징수한다.(지급시기 의제 규정)

15. 특별소득공제는 **(사회)보험료공제(건강보험료 등)와 주택자금공제(장기주택저당차입금 이자상환액 등)공제**가 있다.

실 무

문제 1 일반전표입력

[1] 일반전표입력(3/30)

(차)	단기매매증권	20,000,000원	(대)	보통예금	20,020,000원
	수수료비용(984)	20,000원			

[2] 일반전표입력(7/13)

(차)	감가상각누계액(203)	250,000,000원	(대)	건물	300,000,000원
	유형자산처분손실	58,000,000원		보통예금	8,000,000원

☞ 처분손익 = 처분가액(0) - 장부가액(300,000,000 - 250,000,000) + 철거비용(8,000,000) = 58,000,000원(손실)

[3] 일반전표입력(7/26)

(차) 세금과공과(제) 1,000,000원 (대) 보통예금 1,000,000원

[4] 일반전표입력(8/30)

(차) 건설중인자산 2,500,000원 (대) 보통예금 2,500,000원

[5] 일반전표입력(12/11)

(차) 교육훈련비(판) 800,000원 (대) 예수금 26,400원
OR (제) 보통예금 773,600원

문제 2 매입매출전표입력

[1] 매입매출전표입력(10/27)

유형: 57.카과, 공급가액: 2,000,000 원,부가세: 200,000 원, 공급처명: ㈜맛집, 분개: 카드 또는 혼합
신용카드사:하나카드

(차) 부가세대급금 200,000원 (대) 미지급금(하나카드) 2,200,000원
복리후생비(판) 2,000,000원

[2] 매입매출전표입력(10/31)

유형: 53.면세, 공급가액: 1,500,000 원,부가세: 0 원, 공급처명: ㈜아주캐피탈, 전자:여, 분개: 혼합

(차) 임차료(제) 1,500,000원 (대) 미지급금 1,500,000원

[3] 매입매출전표입력(11/30)

유형: 51.과세, 공급가액:10,000,000 원,부가세: 1,000,000 원, 공급처명: ㈜오성기계, 전자:여, 분개: 혼합

(차) 기계장치 10,000,000원 (대) 보통예금 10,000,000원
부가세대급금 1,000,000원 선급금 1,000,000원

[4] 매입매출전표입력(12/01)

유형: 12.영세, 공급가액: 35,000,000 원, 부가세: 0 원, 공급처명: ㈜세계로상사, 전자: 여, 분개: 혼합
영세율구분:③내국신용장, 구매확인서에 의하여 공급하는 재화

(차) 외상매출금 15,000,000원 (대) 제품매출 35,000,000원
받을어음 20,000,000원

[5] 매입매출전표입력(12/08)

유형: 11.과세, 공급가액: 8,000,000 원,부가세: 800,000 원, 공급처명: ㈜한국기업, 전자:여, 분개: 혼합

(차) 외상매입금(㈜대한상사) 3,000,000원 (대) 부가세예수금 800,000원
보통예금 5,800,000원 제품매출 8,000,000원

문제 3 부가가치세

[1] [부동산임대공급가액명세서](7~9월)

(1) ㈜하늘전자(1동,1층,5호)

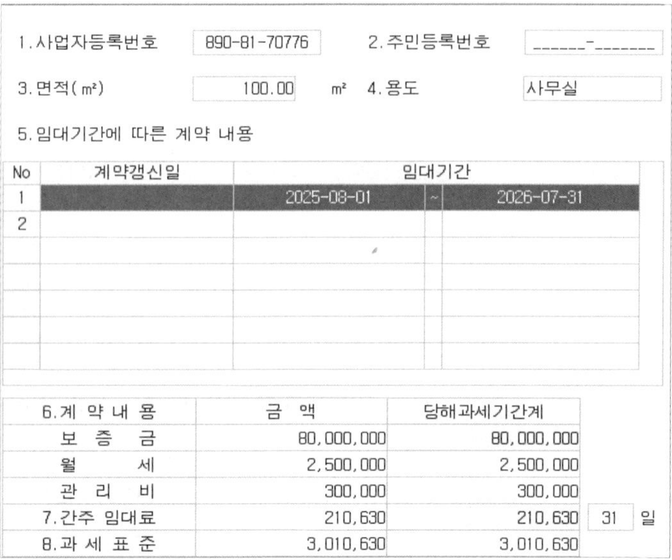

1.사업자등록번호 890-81-70776 2.주민등록번호 ______-_______

3.면적(㎡) 100.00 ㎡ 4.용도 사무실

5.임대기간에 따른 계약 내용

No	계약갱신일	임대기간		
1		2025-08-01	~	2026-07-31
2				

6.계 약 내 용	금 액	당해과세기간계	
보 증 금	80,000,000	80,000,000	
월 세	2,500,000	2,500,000	
관 리 비	300,000	300,000	
7.간주 임대료	210,630	210,630	31 일
8.과 세 표 준	3,010,630	3,010,630	

(2) ㈜대한상사(1동,1층,5호)

1.사업자등록번호 120-81-66663 2.주민등록번호 ______-_______

3.면적(㎡) 100.00 ㎡ 4.용도 사무실

5.임대기간에 따른 계약 내용

No	계약갱신일	임대기간		
1		2026-08-01	~	2028-07-31
2				

6.계 약 내 용	금 액	당해과세기간계	
보 증 금	100,000,000	100,000,000	
월 세	3,000,000	6,000,000	
관 리 비	400,000	800,000	
7.간주 임대료	518,082	518,082	61 일
8.과 세 표 준	3,918,082	7,318,082	

전 체 합 계					
월세등	9,600,000	간주임대료	728,712	과세표준(계)	10,328,712

[2] [부가가치세신고서] (4~6월)

1. 과세표준 및 매출세액

구분				정기신고금액 금액	세율	세액
과세표준및매출세액	과세	세금계산서발급분	1	189,000,000	10/100	18,900,000
		매입자발행세금계산서	2		10/100	
		신용카드·현금영수증발행분	3		10/100	
		기타(정규영수증외매출분)	4	20,000,000		2,000,000
	영세	세금계산서발급분	5	20,000,000	0/100	
		기타	6		0/100	
	예정신고누락분		7			
	대손세액가감		8			-1,000,000
	합계		9	229,000,000	㉮	19,900,000

2. 매입세액

구분				금액		세액
매입세액	세금계산서 수취분	일반매입	10	160,000,000		16,000,000
		수출기업수입분납부유예	10-1			
		고정자산매입	11	15,000,000		1,500,000
	예정신고누락분		12	1,000,000		100,000
	매입자발행세금계산서		13			
	그 밖의 공제매입세액		14	18,000,000		1,800,000
	합계(10)-(10-1)+(11)+(12)+(13)+(14)		15	194,000,000		19,400,000
	공제받지못할매입세액		16	10,000,000		1,000,000
	차감계 (15-16)		17	184,000,000	㉯	18,400,000
납부(환급)세액(매출세액㉮-매입세액㉯)					㉰	1,500,000

- 예정신고누락분

12.매입(예정신고누락분)					
예	세금계산서	38			
	그 밖의 공제매입세액	39	1,000,000		100,000
	합계	40	1,000,000		100,000

- 그 밖의 공제매입세액

14.그 밖의 공제매입세액					
신용카드매출 수령금액합계표	일반매입	41	16,000,000		1,600,000
	고정매입	42	2,000,000		200,000
의제매입세액		43		뒤쪽	

- 공제받지못할매입세액

구분		금액	세율	세액
16.공제받지못할매입세액				
공제받지못할 매입세액	50	10,000,000		1,000,000

3. 차가감 납부할 세액 : 1,585,000원

- 전자신고세액공제 : 5,000원(개정세법 26)
- 가산세(전자세금계산서 미발급 - 종이세금계산서 발급)

세금계산서	지연발급 등	65		1/100	
	지연수취	66		5/1,000	
	미발급 등	67	9,000,000	뒤쪽	90,000

[3] 전자신고(1~3월)

1. [부가가치세신고서] 및 관련 부속서류 마감 확인

부가세 마감

☑	서식명	마감일자	마감금액
☑	일반과세자 부가가치세 신고서		
☑	공제받지못할매입세액명세서		
☑	건물 등 감가상각자산 취득명세서		
☑	매출처별 세금계산서 합계표(갑,을)	01-03	2,160,480,000
☑	매입처별 세금계산서 합계표(갑,을)	01-03	964,956,000
☐			
☐			
☐			

2. [전자신고] → [전자신고제작] 탭 → F4 제작 → 비밀번호(12345678) 입력

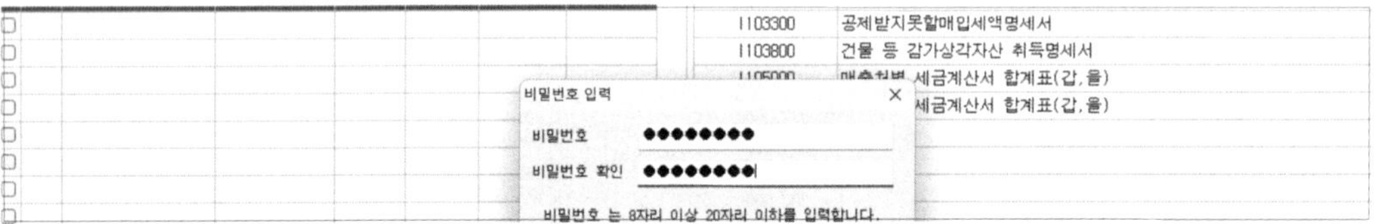

3. 국세청 홈택스 전자신고변환(교육용)

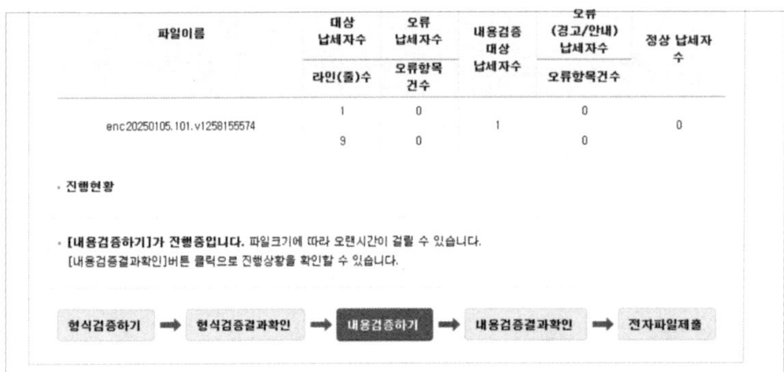

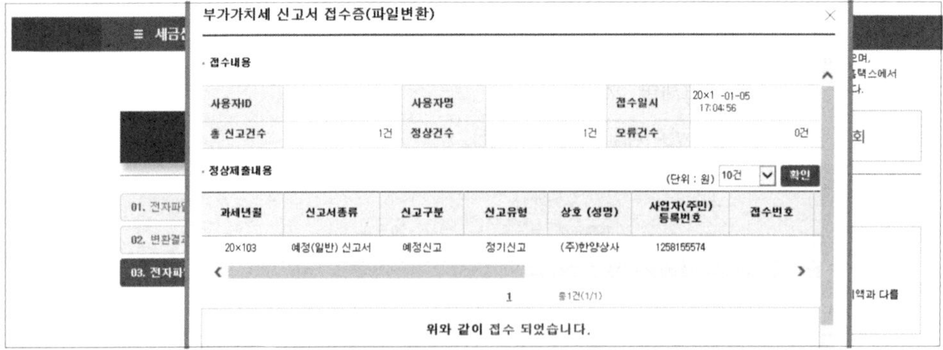

문제 4 결산

[1] 〈수동결산〉

(차)	이자수익	450,000원	(대)	선수수익	450,000원

[2] 〈수동결산〉

(차)	선급비용	1,050,000원	(대)	보험료(판)	1,050,000원

☞ 선급비용 = 1년 분 보험료(1,800,000)×7개월/12개월 = 1,050,000원

[3] 〈수동/자동결산〉

- 감모수량 = 장부상 재고(10.000) - 실사상 재고(8,750) = 1,250개
- 비정상감모손실 = 1,250개×15%×2,000원 = 375,000원⇒영업외비용

1. 일반전표입력

(차)	재고자산감모손실 (영업외비용)	375,000원	(대)	제품 (8.타계정대체)	375,000원

2. [결산자료입력]

>기간 : 20x1년 1월~20x1년 12월
>2.매출원가 >9)당기완성품제조원가 >⑩기말 제품 재고액 17,500,000원(실사상 재고) 입력
>F3 전표추가

[4] 〈수동/자동결산〉

1. 일반전표입력

(차)	법인세등	19,200,000원	(대)	미지급세금	11,960,000원
				선납세금	7,240,000원

또는

2. [결산자료입력]

>기간 : 20x1년 1월~20x1년 12월

>9)법인세등 >1.선납세금 7,240,000원 입력

>2.추가계상액 11,960,000원 입력

>F3 전표추가

[5] [이익잉여금처분계산서]

• 당기처분 예정일 : 20x2년 3월 25일 • 전기처분 확정일 : 20x1년 2월 28일

• 이익준비금 3,000,000원, 미지급배당금 30,000,000원, 미교부주식배당금 30,000,000원, 사업확장적립금 10,000,000원 입력 후 F6 전표추가

III.이익잉여금처분액				73,000,000		
1.이익준비금	0351	이익준비금	3,000,000			
2.재무구조개선적립금	0354	재무구조개선적립금				
3.주식할인발행차금상각액	0381	주식할인발행차금				
4.배당금			60,000,000			
가.현금배당	0265	미지급배당금	30,000,000			
주당배당금(률)		보통주				
		우선주				
나.주식배당	0387	미교부주식배당금	30,000,000			
주당배당금(률)		보통주				
		우선주				
5.사업확장적립금	0356	사업확장적립금	10,000,000			
6.감채적립금	0357	감채적립금				
7.배당평균적립금	0358	배당평균적립금				
8.기 업 합 리화 적립금	0352	기업합리화적립금				

문제 5 원천징수

[1] 중도 퇴사자(이영주 사원)

1. [사원등록] 메뉴 → [기본사항] 탭

  - 16.퇴사년월일 : 20x1년 5월 30일

2. [급여자료입력] 메뉴(귀속년월 5월, 지급년월일 5월 31일) → 상단 **F7 중도퇴사자정산 ▾** 반영

급여항목	금액	공제항목	금액
기본급	4,200,000	국민연금	218,250
상여		건강보험	171,930
직책수당	500,000	장기요양보험	22,260
월차수당		고용보험	43,650
식대	250,000	소득세(100%)	
자가운전보조금	300,000	지방소득세	
야간근로수당		농특세	
		중도정산소득세	-603,320
		중도정산지방소득세	-60,310
과 세	4,850,000		
비 과 세	400,000	공 제 총 액	-207,540
지 급 총 액	5,250,000	차 인 지 급 액	5,457,540

3. [원천징수이행상황신고서] (귀속기간 5월, 지급기간 5월, 1.정기신고)작성

원천징수명세및납부세액 | 원천징수이행상황신고서 부표 | 원천징수세액환급신청서 | 기납부세액명세서 | 전월미환급세액 조정명세서 | 차월이월환급세액 승계명세

소득자 소득구분		코드	소득지급		징수세액			당월조정 환급세액	납부세액	
			인원	총지급액	소득세 등	농어촌특별세	가산세		소득세 등	농어촌특별세
근로소득	간이세액	A01	1	5,050,000						
	중도퇴사	A02	1	17,650,000	-603,320					
	일용근로	A03								
	연말정산	A04								
	(분납신청)	A05								
	(납부금액)	A06								
	가 감 계	A10	2	22,700,000	-603,320					

[2] 연말정산(이기준)

1. [소득명세] 탭

소득명세	부양가족	신용카드 등	의료비	기부금	연금저축 등 I	연금저축 등 II	월세액	출산지원금	연말정산입력

		구분	합계	주(현)	납세조합	종(전) [1/2]
소득명세		9.근무처명		(주)한양상사		주식회사 세종
		9-1.종교관련 종사자		부		부
		10.사업자등록번호		125-81-55574	___-__-_____	130-86-61113
		11.근무기간		20×1-06-01 ~ 20×1-12-31	____-__-__ ~ ____-__-__	20×1-01-01 ~ 20×1-05-31
		12.감면기간		____-__-__ ~ ____-__-__	____-__-__ ~ ____-__-__	____-__-__ ~ ____-__-__
		13-1.급여(급여자료입력)	85,000,000	65,000,000		20,000,000
		13-2.비과세한도초과액				
		13-3.과세대상추가(인정상여추가)				
		14.상여	5,000,000			5,000,000
		15.인정상여				
		15-1.주식매수선택권행사이익				
		15-2.우리사주조합 인출금				
		15-3.임원퇴직소득금액한도초과액				
		15-4.직무발명보상금				
		16.계	90,000,000	65,000,000		25,000,000
		18.국외근로				
공제보험료명세	직장	건강보험료(직장)(33)	2,711,390	2,304,190		407,200
		장기요양보험료(33)	405,240	298,340		106,900
		고용보험료(33)	836,990	584,990		252,000
		국민연금보험료(31)	4,049,950	2,924,950		1,125,000
	공적연금보험료	공무원 연금(32)				
		군인연금(32)				
		사립학교교직원연금(32)				
		별정우체국연금(32)				
세액명세	기납부세액	소득세	8,995,840	8,855,840		140,000
		지방소득세	899,570	885,570		14,000
		농어촌특별세				
	납부특례세액	소득세				
		지방소득세				
		농어촌특별세				

2. [부양가족] 탭

(1) 인적공제 : 모두 기본공제 대상자이다.

관계	요건		기본공제	추가(자녀)	판단
	연령	소득			
본인(세대주)	–	–	○		
모(73)	○	○	○	경로	2천만원이하의 이자소득은 분리과세소득
배우자	–	○	○		일용근로소득은 분리과세소득
자1(9)	○	○	○	자녀	
자2(5)	○	○	○		

(2) 〈연말정산 대상여부 판단〉

항 목	요건		내역 및 대상여부	입력
	연령	소득		
보 험 료	○	○	• 본인 보장성 보험료 • 자1 보장성 보험료	○(일반 360,000) ○(일반 540,000)
교 육 비	×	○	• 본인 대학원 교육비 ☞ 대학원은 본인만 대상 • 자1 초등학교 수업료 • 자2 유치원 교육비	○(본인 3,000,000) ○(초중고 한도 3,000,000) ○(취학전 2,600,000)
의 료 비	×	×	• 본인(렌즈 구입비 한도 50만원) • 모 질병치료비(6,000,000원) (실손의료보험금 2,500,000원 차감) • 자2 질병치료비	○(본인 500,000) ○(65세 이상 3,500,000) ○(6세 이하 3,250,000)
신용카드	×	○	• 본인 신용카드(회사 비용 차감) • 본인 현금영수증 • 배우자 신용카드	○(신용 20,520,000) ○(현금 2,300,000) ○(신용 26,020,000)
기타	–		• 개인연금 저축	○(3,000,000)

(3) 보험료

① 이기준

보장성보험-일반	360,000
보장성보험-장애인	

② 이도진

보장성보험-일반	540,000
보장성보험-장애인	

(4) 교육비

① 이기준

교육비		
일반		장애인특수
3,000,000	4.본인	

② 이도진

교육비		
일반		장애인특수
9,000,000	2.초중고	

☞ 교육비를 한도금액인 3,000,000원으로 입력한 답안도 정답으로 인정합니다.

③ 이시진

교육비		
일반		장애인특수
2,600,000	1.취학전	

3. [의료비] 탭

의료비 공제대상자					지급처			지급명세					14.산후조리원
성명	내/외	5.주민등록번호	6.본인등 해당여부		9.증빙코드	8.상호	7.사업자등록번호	10.건수	11.금액	11-1.실손보험수령액	12.미숙아 선천성이상아	13.난임여부	
편미선	내	530511-2047718	2	0	1				6,000,000	2,500,000	X	X	X
이기준	내	831030-1224111	1	0	5	신세계백화점	210-81-32199	1	500,000		X	X	X
이시진	내	210121-4165112	2	0	1				3,250,000		X	X	X
					합계			1	9,750,000	2,500,000			
일반의료비(본인)		500,000	6세이하,65세이상인 건강보험산정특례자 장애인			9,250,000	일반의료비(그 외)			난임시술비			
										미숙아.선천성이상아			

4. [신용카드 등] 탭

성명 / 생년월일	자료구분	신용카드	직불,선불	현금영수증	문화체육 신용	문화체육 직불	문화체육 현금	전통시장	대중교통	합계
이기준	국세청	20,520,000		2,300,000						22,820,000
1983-10-30	기타									
김미진	국세청	26,020,000								26,020,000
1986-01-15	기타									

5. [연금저축 등 I] 탭(1.개인연금저축)

연금저축구분	코드	금융회사 등	계좌번호(증권번호)	납입금액	공제대상금액
1.개인연금저축	405	삼성생명보험 (주)	153-05724-72999	3,000,000	

6. [연말정산입력] 탭

구분			지출액	공제금액
공제	34.장기주택저당차입금이자상			
	35.특별소득공제 계			3,953,620
36.차감소득금액				59,246,430
그 밖의 소득공제	37.개인연금저축		3,000,000	720,000
	38.소기업,소상공인 공제부금	2015년이전가입		
		2016년이후가입		
	39.주택마련저축 소득공제	청약저축		
		주택청약		
		근로자주택마련		
	40.투자조합출자 등 소득공제			
	41.신용카드 등 사용액		48,840,000	2,500,000
	42.우리사주조합 출연금	일반 등		
		벤처 등		
	43.고용유지중소기업근로자			
	44.장기집합투자증권저축			
	45.청년형장기집합투자증권저축			
	46.그 밖의 소득공제 계			3,220,000
47.소득공제 종합한도 초과액 ▶				

구분				지출액	공제대상금액	공제금액
세액공제	특별세액공제	63.교육비	14,600,000	14,600,000	8,600,000	1,290,000
		64.기부금				
		1)정치자금 기부금	10만원이하			
			10만원초과			
		2)고향사랑 기부금	10만원이하			
			10만원초과			
		3)특례기부금(전액)				
		4)우리사주조합기부금				
		5)일반기부금(종교단체외)				
		6)일반기부금(종교단체)				
		65.특별세액공제 계				2,080,500
	66.표준세액공제					
	67.납세조합공제					
	68.주택차입금					
	69.외국납부 ▶					
	70.월세액					
	71.세액공제 계					2,830,500
72.결정세액((49)-(54)-(71))						4,855,843
82.실효세율(%) [(72/21)]X100						5.4

저자약력

■ **김영철 세무사**

· 고려대학교 공과대학 산업공학과
· 한국방송통신대학 경영대학원 회계 · 세무전공
· (전)POSCO 광양제철소 생산관리부
· (전)삼성 SDI 천안(사) 경리/관리과장
· (전)강원랜드 회계팀장
· (전)코스닥상장법인CFO(ERP. ISO추진팀장)
· (전)농업진흥청/농어촌공사/소상공인지원센타 세법 · 회계강사

로그인 essence 전산세무 2급

8 판 발 행 : 2026년 2월 12일
저 자 : 김 영 철
발 행 인 : 허 병 관
발 행 처 : 도서출판 어울림
주 소 : 서울시 영등포구 양산로 57-5, 1301호 (양평동3가)
전 화 : 02-2232-8607, 8602
팩 스 : 02-2232-8608
등 록 : 제2-4071호
Homepage : http://www.aubook.co.kr

저자와의 협의하에 인지생략

ISBN 979－11－7616－006－3 13320 정 가 : 28,000 원

도서출판 어울림 발행도서는 정확하고 권위 있는 해설 및 정보의 제공을 목적으로 하고 있습니다. 그러나 항상 그 완전성이 보장되는 것은 아니기 때문에 적용결과에 대하여 당사가 책임지지 아니합니다. 따라서 실제 적용할 경우에는 충분히 검토하시고 저자 또는 전문가와 상의하시기 바랍니다.

본서의 무단전재 및 복제행위는 저작권법에 의거, 5년 이하의 징역 또는 5,000만원 이하의 벌금에 처하거나 이를 병과할 수 있습니다.

파본은 구입하신 서점이나 출판사에서 교환해 드립니다.